ELEIÇÕES MUNICIPAIS
A LEGISLAÇÃO PASSO A PASSO

Clésio Mucio Drumond
Clermon Augusto Drumond

ELEIÇÕES MUNICIPAIS
A LEGISLAÇÃO PASSO A PASSO

1ª reimpressão

Belo Horizonte

EDITORA Fórum

2012

© 2012 Editora Fórum Ltda.

2012 1ª reimpressão

É proibida a reprodução total ou parcial desta obra, por qualquer meio eletrônico, inclusive por processos xerográficos, sem autorização expressa do Editor.

Conselho Editorial

Adilson Abreu Dallari
Alécia Paolucci Nogueira Bicalho
Alexandre Coutinho Pagliarini
André Ramos Tavares
Carlos Ayres Britto
Carlos Mário da Silva Velloso
Carlos Pinto Coelho Motta (*in memoriam*)
Cármen Lúcia Antunes Rocha
Cesar Augusto Guimarães Pereira
Clovis Beznos
Cristiana Fortini
Dinorá Adelaide Musetti Grotti
Diogo de Figueiredo Moreira Neto
Egon Bockmann Moreira
Emerson Gabardo
Fabrício Motta
Fernando Rossi
Flávio Henrique Unes Pereira

Floriano de Azevedo Marques Neto
Gustavo Justino de Oliveira
Inês Virgínia Prado Soares
Jorge Ulisses Jacoby Fernandes
José Nilo de Castro (*in memoriam*)
Juarez Freitas
Lúcia Valle Figueiredo (*in memoriam*)
Luciano Ferraz
Lúcio Delfino
Marcia Carla Pereira Ribeiro
Márcio Cammarosano
Maria Sylvia Zanella Di Pietro
Ney José de Freitas
Oswaldo Othon de Pontes Saraiva Filho
Paulo Modesto
Romeu Felipe Bacellar Filho
Sérgio Guerra

Fórum EDITORA

Luís Cláudio Rodrigues Ferreira
Presidente e Editor

Coordenação editorial: Olga M. A. Sousa
Revisão: Marcelo Belico
Bibliotecária: Izabel Antonina A. Miranda – CRB 2904 – 6ª Região
Capa, projeto gráfico e diagramação: Walter Santos

Av. Afonso Pena, 2770 – 15º/16º andares – Funcionários – CEP 30130-007
Belo Horizonte – Minas Gerais – Tel.: (31) 2121.4900 / 2121.4949
www.editoraforum.com.br – editoraforum@editoraforum.com.br

D795e	Drumond, Clésio Mucio
	Eleições municipais: a legislação passo a passo / Clésio Mucio Drumond, Clermon Augusto Drumond. 1. reimpr. Belo Horizonte: Fórum, 2012.
	433 p.
	ISBN 978-85-7700-559-8
	1. Direito eleitoral. 2. Direito público. I. Drumond, Clermon Augusto. II. Título.
	CDD: 342.07
	CDU: 342.8

Informação bibliográfica deste livro, conforme a NBR 6023:2002 da Associação Brasileira de Normas Técnicas (ABNT):

DRUMOND, Clésio Mucio; DRUMOND, Clermon Augusto. *Eleições municipais*: a legislação passo a passo. 1. reimpr. Belo Horizonte: Fórum, 2012. 433 p. ISBN 978-85-7700-559-8.

Dedico este livro a minha família, que é a toda a minha força. A minha mãe Gema Galgani, guerreira, batalhadora, pelo carinho, amor e dedicação aos filhos.

A meu pai, Esmeraldo Drumond, homem de força e trabalho e hoje vice prefeito, que com seriedade e respeito me fez querer ser uma pessoa melhor.

A meu irmão Dr. Clermon, pelo amor, pela atenção e dedicação total à nossa família e pelo companheiro de sempre.

A minha querida irmã futura Dra. Camilla, meu braço direito, por quem todos nós torcemos e esperamos muito sucesso.

A meu irmão Anderson, sua garra e simplicidade nos conquista, pela amizade, pelo amor e grande dedicação e respeito q tem por mim.

Em especial a meus filhos que é o que eu tenho de mais importante na vida. A você futuro Dr. Clesinho, já no caminho de fazer parte da justiça, meu amigo, meu parceiro, meu companheiro de todas as horas.

A minha filha Larissa, minha princesa, meu orgulho de menina, minha confiança total.

A meus filhos Enzo e Henry, carinhosos, amorosos, com brilho de amor... Papai ama vocês!

A minha querida companheira de todas as horas, orgulho de mãe de filha e de esposa, Dra. Joana D'Arc.

Clésio Mucio Drumond

Dedico este trabalho às três grandes mulheres da minha vida: minha mãe dona Gema, minha esposa Juliana e minha filha Ana Giulia. Cada uma é importante, tem seu significado, lugar e sua forma especial de ser amada. Amo todas vocês!

Clermon Augusto Drumond

Agradecimentos

Aos Vereadores e Prefeitos de todo o país que me incentivam e contribuem na minha carreira.

Aos meus amigos e colegas de trabalho Fábio Carvalho, e Sandra Viana, que contribuem incondicionalmente para o meu crescimento profissional.

Clésio Mucio Drumond

Agradeço primeiramente a Deus, pela oportunidade de participar deste trabalho.

Diz o ditado popular que o homem só é plenamente realizado quando educa um filho, planta uma árvore e escreve um livro, por isto, agradeço também o Dr. Clésio Mucio Drumond, meu irmão, por neste momento me ajudar a completar o ciclo de realizações.

Agradeço de forma especial a minha irmã Camilla, pessoa que amo, companheira, e que muito contribui para o meu crescimento.

Agradeço a toda minha família e meus amigos, que são importantes no processo de aprendizagem e conhecimento.

Muito obrigado a todos!

Clermon Augusto Drumond

Os sonhos não determinam o lugar onde vocês vão chegar, mas produzem a força necessária para tirá-los do lugar em que vocês estão. Sonhem com as estrelas para que vocês possam pisar pelo menos na Lua. Sonhem com a Lua para que vocês possam pisar pelo menos nos altos montes. Sonhem com os altos montes para que vocês possam ter dignidade quando atravessarem os vales das perdas e das frustrações.

(Augusto Cury, *Filhos brilhantes, alunos fascinantes*)

SUMÁRIO

PREFÁCIO 13

CAPÍTULO 1
COMO GANHAR UMA ELEIÇÃO 15
1.1 Um segmento, uma marca 16
1.2 Análise do meio ambiente 18
1.3 A pesquisa de opinião 21
1.4 A metodologia 22
1.4.1 Os grupos de trabalho 22
1.4.2 As ações políticas 24
1.4.3 Difusão de campanha 24
1.4.4 Programas especiais 25
1.5 A estrutura da campanha 28

CAPÍTULO 2
O NÚMERO DE VEREADORES 33

CAPÍTULO 3
INELEGIBILIDADE E DESINCOMPATIBILIZAÇÃO 37
3.1 Constituição Federal 38
3.2 Código Civil 39
3.3 Prazo de desincompatibilização 41

CAPÍTULO 4
COLIGAÇÕES 49

CAPÍTULO 5
COMO TEM JULGADO O TSE 51

CAPÍTULO 6
PERGUNTAS E RESPOSTAS 65

CAPÍTULO 7
LEI DA FICHA LIMPA
LC Nº 135/2010 – ALTERA A LC Nº 64/1990 79
7.1 Introdução 79
7.2 Interpretação da lei 79
7.3 Convocação para preenchimento de vagas em caso de cancelamento do registro ou anulação do diploma já concedido 90

LEGISLAÇÃO ANOTADA

Lei nº 9.504, de 30 de setembro de 1997 95
Lei Complementar nº 64, de 18 de maio de 1990 195
Lei nº 9.096, de 19 de setembro de 1995 219

RESOLUÇÕES EXPEDIDAS PELO TSE PARA AS ELEIÇÕES DE 2012

Resolução nº 23.341, de 28 de junho de 2011 255
Resolução nº 23.358, de 13 de outubro de 2011 276
Resolução nº 23.359, de 13 de outubro de 2011 279
Resolução nº 23.362, de 20 de outubro de 2011 290
Resolução nº 23.363, de 17 de novembro de 2011 304
Resolução nº 23.364, de 17 de novembro de 2011 307
Resolução nº 23.365, de 17 de novembro de 2011 312
Resolução nº 23.367, de 13 de dezembro de 2011 325
Resolução nº 23.370, de 13 de dezembro de 2011 335
Resolução nº 23.372, de 14 de dezembro de 2011 355
Resolução nº 23.373, de 14 de dezembro de 2011 391
Resolução nº 23.376, de 1º de março de 2012 407
Resolução nº 23.377, de 1º de março de 2012 429

REFERÊNCIAS 431

PREFÁCIO

O aperfeiçoamento do sistema eleitoral a cada ano ganha mais destaque, sendo objeto de intensos debates, tanto no campo político quanto no jurídico, tendo em vista a busca incessante da concretização dos preceitos constitucionais.

A cada nova eleição, vêm ressurgindo novas discussões e posicionamentos em relação à legislação eleitoral.

O mundo gira e neste giro há mudanças para que a democracia se fortaleça. Chegou a internet, junto a ela novos hábitos, novos dias e um novo conceito de se fazer política e se democratizar.

Continuamos a discutir uma reforma política de variadas formas e ideias, mas não avançamos.

Participamos ativamente dos processos eleitorais deste país, seja nas eleições municipais ou nas eleições estaduais e nacionais, como candidatos a vereador, vice-prefeito ou mesmo deputado federal, e sentimos a carência de uma referência que contribuísse para a legalidade do processo eleitoral para aqueles que participam das eleições municipais.

Com objetivo de viabilizar aos candidatos a prefeitos, vice-prefeitos, vereadores, juízes eleitorais, promotores de justiça, advogados, estudantes, contadores, coordenadores dos partidos políticos e aos que fazem e participam deste processo tão importante para o municipalismo e a democracia.

Assim, procurando a cada ano auxiliar ainda mais os nossos administradores e gestores públicos, esperamos que esta obra possa ser útil e contribuir ainda mais para o processo que simboliza o maior evento democrático deste país: as eleições municipais.

Clésio Mucio Drumond
Clermon Augusto Drumond

CAPÍTULO 1

COMO GANHAR UMA ELEIÇÃO

Para se conseguir resultados positivos numa eleição faz-se necessário: *organização, aplicação* e *determinação,* de forma que o processo de execução da campanha tenha uma ordem e um embasamento. Ou seja, o candidato precisa:
- dizer o que pretende;
- quais as metas a serem alcançadas;
- de que forma; e
- por quais meios, a fim de que o objetivo maior, a vitória, seja alcançado.

Sejamos francos, a vida é uma luta, a eleição é uma luta, especialmente em um mundo cheio de tribulações como o de hoje; é preciso muita fé, muita coragem e um bocado de luta para alcançar o objetivo, que é a vitória.

Mas o problema com alguns de nós é que paramos de lutar quando a vida nos tenta.

Algumas pessoas enfraquecem, elas mentalmente desistem, elas desistem espiritualmente.

Mas a vontade é poderosa, uma forte fé, unida a força de vontade, trabalho e garra, tem muitas vezes superado dificuldades aparentemente insuperáveis.

Mesmo que vida seja maravilhosa e excitante, há momentos em nossas vidas em que sentimos como se tivéssemos chegado ao fim da linha, ao fundo do poço, e tudo parece absolutamente sem sentido, nós nos sentimos totalmente derrotados.

Talvez você tenha ficado desiludido e amargo por causa das injustiças e maldades do mundo de hoje, por dificuldades encontradas no dia a dia da campanha, do tratamento com a politicagem, do assédio do eleitor que você até pensa:

"Ora de que adianta eu lutar, ter princípios hoje em dia, de que adianta eu me levantar pelo que eu sei que é verdade, correto e justo?"

Você fica imaginando se a campanha vai dar certo, se terá forças ou inspirações para chegar ao seu objetivo.

Bem, nós esperamos que este capítulo possa encorajar e contribuir com você.

Demonstrar que algumas das maiores vitórias da vida podem brotar de momentos difíceis, e que às vezes quando tudo parece terminado.

Quando parece que nem adianta tentar, quando nos sentimos impossibilitados, quando nos sentimos derrotados, dessa própria derrota poderá vir uma poderosa força e conseguiremos a vitória.

Jamais podemos nos entregar.

Te desencorajaram, você por baixo ficou
Abatido enganado e maltratado.
Você está pra cair de tanto golpe que levou
Tão iludido e derrotado
Levante, não é o fim você tem que continuar lutando até vencer
Como um boxeador sem temer, levante a sua guarda e lute pra valer
Você tem que se firmar e atacar primeiro
Só vence a luta quem é mais ligeiro
Mesmo que o inimigo seja de assustar, você só vai vencer se continuar a lutar!
Continue a lutar! CONTINUE A LUTAR!

1.1 Um segmento, uma marca

A campanha política não é um processo empírico. Contrariamente, se constitui num processo que, por decorrência, tem um início, um meio e um fim.

Modernamente, exige-se dos candidatos um segmento, uma marca. As titulações de Marcos do Peixe, Antônio Taxista, César Locutor, Ferreira da Bicicleta e Maria do INSS, por exemplo, representam associações até pejorativas, e apesar de muitos ainda resistirem durante mandatos sucessivos, é cada vez menor o número dos que sobrevivem politicamente nessas condições vinculativas.

Hoje em dia, o eleitorado mais exigente propugna que os candidatos engajem-se em vetores de natureza macro, como Educação, Transportes, Trabalho, Saúde, Cidadania, Meio Ambiente, Agricultura ou mesmo vínculos a representações religiosas.

A marca do candidato tanto pode ser expressa por meio de slogans (lema) que referendem sua bandeira principal, como "Educação e trabalho", "Trabalho e cidadania", "Saúde e educação", quanto por meio de frases que retratem sua tendência de atividade ou ação, como "Um voto de confiança", "Educação: uma prioridade" ou "União e austeridade".

Quanto aos símbolos básicos da campanha, alinhamos aqueles expressos pelas mãos e que logo se disseminam pelo eleitorado, pois permitem forte velocidade de comunicação, como:

- V ("Vencer ou vencer" ou "Vitória e vitória");
- Mão aberta ("Meu voto em sua mão");
- Polegar ("Certeza da vitória");
- Punho cerrado ("Força e poder");
- Mãos apertadas ("União e amizade").

Mostramos aqui alguns símbolos e marcas que podem ajudar na sua campanha, mas o que não podemos esquecer é de trabalho muito trabalho, já que a campanha é uma estratégia, uma luta e você não pode se deixar abater. Veja esta história.

Taberlane, o grande conquistador mongol do século XIV, costumava contar aos seus amigos essa história do começo de sua vida:

"Certa vez fui forçado a me refugiar num edifício em ruínas, onde me sentei sozinho por muitas horas — contava ele.

Na tentativa de distrair minha mente naquela desesperada situação, fixei meus olhos numa formiga, que carregava um grão de milho, bem maior do que ela própria subindo uma alta parede, eu contei quantas vezes ela tentou, em vão, completar aquela tarefa.

O grão caiu de volta ao chão, sessenta e nove vezes, mas o inseto se recusou a desistir, até que na septuagésima vez alcançou o topo.

Aquele acontecimento me deu a coragem que eu tanto precisava naquele momento para não desistir, e eu nunca me esqueci daquela lição".

Essa história me faz lembrar de um poema chamado *Tente outra vez*:

É uma lição pra se aprender
Tente, tente outra vez

Se a princípio não vencer
Tente, tente outra vez

Para que a coragem possa vir
Pois se você não desistir
Vai conquistar, vai reagir
Então, tente, tente,
Tente outra vez.

Se a maneira de tentar
Quando tudo mais falhar,
É tentar outra vez.

Foi o grande poeta e escritor Edgar Guest quem escreveu.
Alguém disse que não dava pra fazer. Mas, ele respondeu com um sorriso animado que talvez não desse, mas, que ele não ia ser o que isso ia dizer, até ter tentado.
Ele pôs mãos a obra e com um sorriso tranquilo, à preocupação ele não deu vez, começou a cantar quando fazia aquilo que NÃO DAVA PRA FAZER, e ele fez.
"Você nunca conseguirá", alguém zombou, "nunca ninguém conseguiu até agora".
Mas logo o paletó e o chapéu ele tirou e começou a trabalhar sem demorar, com o rosto erguido e um sorriso tranquilo sem duvidar nem mostrar flacidez, começou a cantar enquanto fazia aquilo que NÃO DAVA PRA FAZER, *e ele fez*.
Há milhares de pessoas que dizem que não dá pra fazer, milhares profetizam que não pode ser, há milhares pra mencionar e dizer, um por um, os perigos que você vai correr, mas encare-os com um sorriso tranquilo, tire o paletó e comece a trabalhar, comece a cantar quando faz aquilo que NÃO DÁ PRA FAZER, *e você fará*.

1.2 Análise do meio ambiente

Uma atenção mais acurada dos candidatos deve ser, sem dúvida, a do meio ambiente que será o palco das eleições a serem realizadas.

Dois aspectos merecem destaque:
- o ponto de vista político;
- o ponto de vista legal.

No *aspecto político*, os candidatos devem estar atentos às coligações, aos concorrentes, às suas chances e às dos demais candidatos, não se esquecendo do quociente mínimo para as eleições proporcionais e o número de votos estimados para a eleição majoritária. Participar das reuniões, encontros e conchavos envolvendo seu partido ou os partidos coligados é primordial, sob pena de ficar totalmente por fora ou ficar engabelado.

Outro item que devemos assinalar é *qual a expectativa dos eleitores a ser exigida dos candidatos*: se uma postura moralista, de probidade administrativa, ou mais tendente a projetos e programas arrojados, ou ainda as duas coisas.

Para os novos candidatos, é importante que planos e programas sejam apresentados, junto com a viabilidade de sua execução e meios para tal. Para os que tentam reeleição, é fundamental uma prestação de contas de sua ação administrativa (executivos) ou legislativa (parlamentares) que convença os que sufragaram seu nome e que também possa conquistar novos eleitores.

Quanto ao *aspecto legal*, os candidatos deverão recorrer ao diretório do seu partido, seus advogados e assessores jurídicos, a fim de que todas as dúvidas sobre a legislação em vigor sejam esclarecidas. Merecem atenção especial os prazos e as imputações legais que punem rigorosamente os candidatos que praticam o aliciamento ou a compra de votos, caso em que podem perder o mandato e ser penalizados com rigorosas multas.

Todos devem ter em mente que não adianta ganhar e não levar.

> Depois de relatar sobre a questão da escolha de partidos e coligações e também alertar sobre o aspecto da legalidade da campanha, não podemos esquecer do trabalho, da perseverança, da luta, atenção nesta história.
>
> Foi o grande navegador e herói americano, do século XIX, capitão John Paul John, que, com seu navio afundando, sua tripulação massacrada e com seu próprio braço quase arrancado, ouviu o inimigo exigindo que se rendesse e gritou de volta:
>
> "NUNCA, NÓS NEM COMEÇAMOS A LUTAR!" — E ele estava certo, ele ainda não havia começado mesmo a lutar, mas começou, e no final, ganhou a batalha.

Abaixo uma música, que fala de grandes lutadores da história, entre eles Sansão, Davi e Jesus Cristo.

O navio de John Paul John afundava com a sua tripulação quase no fim
Com a metade do braço arrancado ele estava quando o inimigo gritou assim:
"Pronto pra se render?"
E John respondeu:
"Nunca, nós nem começamos a lutar!"
E no final ele ganhou a batalha porque se recusou a se entregar.
O homem bom não se pode derrubar, pois torna a ficar erguido
Se você acha que o venceu você vai ver, ele não pode ser vencido.
Sansão foi um rebelde, que pelo bem se levantou
Não se dava bem com os filisteus que contra ele sempre lutou
Eles amarraram suas mãos com cordas, mesmo assim com só com um murro
Arrebentou as cordas e matou mil filisteus com a queixada de um burro
Davi era um menino, ninguém podia acreditar
Que ele vencesse o gigante, quando o estilingue começou a rodar
Com uma pequena pedra e uma oração, seu estilingue ele girou e girou
E a multidão ficou impressionada, quando Golias no chão tombou.
E há dois mil anos atrás viveu o melhor homem que esse mundo jamais conheceu
Amor, paz e verdade, foi tudo que ele ofereceu
Mas o pegaram e o mataram e pregaram ele numa cruz, mas três dias depois ele se levantou, pra libertar o mundo com sua luz.

Uma canção que fala sobre alguns famosos lutadores da nossa história, um homem bom não se pode derrubar, porque ele sempre torna a se erguer.

1.3 A pesquisa de opinião

É um importante instrumento de apoio a uma campanha eleitoral, pois serve de guia ou bússola que indica o norte a ser seguido. Nela, o candidato pode detectar suas chances, as áreas em que está bem ou mal e o perfil do seu eleitorado.

Apesar dos elevados custos, a pesquisa de opinião é uma ferramenta de trabalho da qual os candidatos, especialmente majoritários, não podem prescindir.

Hoje, numa campanha presidencial, com uma amostra de 1.000 eleitores é cientificamente possível indicar os vencedores, com uma margem de erro de no máximo 3%.

Quem não puder utilizar a pesquisa de opinião na sua campanha pode utilizar formas mais econômicas de aferição de tendência do eleitorado, como, por exemplo, a aplicação de questionários casa a casa nas zonas onde cada candidato espera ser votado mais consistentemente.

> Lembram a da canção que fala sobre alguns famosos lutadores da história? Um homem bom não se pode derrubar, porque ele sempre torna a se erguer; o que me faz lembrar de um pequeno poema sobre a rolha e a baleia:
>
>> Uma pequena rolha marrom
>> Caiu junto a uma baleia
>> Que tentou com um safanão
>> Afogá-la na maré cheia.
>
>> E apesar do que fazia
>> A rolha sempre subia
>> E boiava ali feliz
>> Bem em frente ao seu nariz.
>
>> Disse a rolha à baleia:
>> "Você pode bater cauda,
>> E até me olhar de cara feia,
>> Mas no fundo nunca vai me segurar
>> Pois sou feita de cortiça
>> Sou pequena, assim roliça,
>> Eu não sei nem me afogar
>> Só aprendi a flutuar."

1.4 A metodologia

Os candidatos não podem se dar ao luxo de fazer campanha como antigamente, ou seja, utilizar um único sistema de ação.

Modernamente, há de se adotar sistemas múltiplos de ação ou metodologia polivalente, em que muitos vetores sejam utilizados de forma convergente, para se atingir uma resultante desse trabalho, expresso em votos que venham se traduzir na vitória final.

1.4.1 Os grupos de trabalho

São uma forma moderna de ação política, pois por meio dos grupos de trabalho os resultados, quando bem coordenados, serão com certeza mais auspiciosos.

Formulação dos grupos de trabalho:
- Consultivo – Formado por profissionais liberais, empresários e outras destacadas figuras da cidade que possam, reunidos, fornecer ideias, críticas, planos e projetos que ajudem sua ação e seu trabalho. São pessoas amigas que basicamente não precisam do candidato;
- Senhoras ou damas – Formado por donas de casa com idade superior a 25 anos. Podem ajudar na campanha de múltiplas formas e ainda agregam suas famílias e sua ação política. Geralmente, o grupo de senhoras ou damas influi decisivamente para que ascendentes ou descendentes formem quadros noutros grupos, como jovens e comissárias;
- Jovens – A importância do jovem está acima de tudo, pois, pela energia e irradiação do seu trabalho, o jovem leva a campanha à escola e à família com significativos resultados. É importante a criação de um clube de jovens, formado por estudantes de diversas escolas numa ação de solidariedade permanente. "No jovem encontramos a chama acesa da esperança no futuro";
- Comissárias – São moças que ainda estudam que recebem delegação para realizar tarefas especiais na campanha política. Um exemplo desse trabalho pode ser as aspirações e pleitos das comunidades, inclusive com o que pensam em relação ao candidato e a campanha eleitoral, subsidiando o planejamento da campanha política;
- Família – São inúmeras as informações de candidatos que "racharam" a família e perderam as eleições. É muito válida

a ideia da congregação familiar como grande reforço para a campanha política. A união da família soma importantes votos que antes seriam dispersos ou perdidos;
- Líderes de bairro – São peças importantes a serem utilizadas. Conhecem sua região ou zona e sabem os problemas da comunidade. Os líderes de bairro têm votos! Não tanto quanto dizem, mas têm. Por essas razões, devem fazer parte da campanha.

Todos estes trabalhos em grupo deverão ser conjugados de forma que uns entrelacem suas ações aos outros e que toda a ação culmine com uma grande reunião, em que os resultados sejam anunciados.

Temos que ficar atentos a tudo, prestar atenção a todos, em nossas atitudes. Veja a história a seguir:

"Era uma vez uma jovem, que havia estudado balé desde menina, quando finalmente se sentiu pronta pra se dedicar ao estudo e à disciplina necessários para fazer do balé uma carreira; ela queria ser uma primeira bailarina, mas antes queria ter certeza de que possuía o talento especial.

Então quando a companhia de balé veio a sua cidade, ela foi aos bastidores do teatro após o espetáculo, e falou ao diretor e coreógrafo: 'Eu quero ser uma grande bailarina', disse ela, 'mas eu não sei se tenho talento.'

'Dance para mim', disse o coreógrafo, e após um minuto apenas, ele balançou a cabeça e disse:

'Não, não, não, você nunca será uma grande bailarina!'

A moça foi pra casa arrasada, jogou suas sapatilhas no fundo do armário e nunca mais as calçou; ao invés disso casou-se, teve filhos, e quando seus filhos já estavam crescidos o bastante ela arranjou um emprego de meio expediente como caixa na loja da esquina.

Anos depois, foi assistir uma apresentação do balé e ao sair encontrou o velho coreógrafo, já com seus oitenta anos, ela contou sua história o fez lembrar da vez que se encontraram anos antes, mostrou fotos dos filhos, contou sobre o emprego da loja da esquina, e então disse:

'Só tem uma coisa que nunca me saiu da cabeça, como é que o senhor pôde, em apenas um minuto, afirmar que eu jamais seria uma grande bailarina?'

'Ora eu praticamente, nem olhei pra você enquanto você dançava', disse ele.

'É o que eu sempre digo a todos que veem a mim.'

'Mas isso é imperdoável' gritou ela 'você arruinou a minha vida, eu poderia ter sido uma grande bailarina'.

'Não, não, eu não acredito', disse o velho mestre.

'Se você tivesse o que uma grande bailarina precisa ter, você nem teria dado ouvidos ao que eu disse'."

1.4.2 As ações políticas

As ações políticas podem ser desenvolvidas em grupo ou individualmente, por meio de visitas, reuniões, almoços, cafés da manhã, casas amigas e passeios.

O importante é que o candidato fique próximo ao eleitor e, assim, possa transmitir segurança e confiança, ao mesmo tempo em que fica sabendo o que o eleitor pensa.

1.4.3 Difusão de campanha

É a forma de sua mensagem chegar até ao eleitor. Para isso, são muitas as formas de ação, destacando-se:
- a mala direta com o cadastro dos eleitores;
- o jornal informativo, no qual o candidato divulga seu trabalho;
- participação em programas de rádio e TV.

A mala direta deve ser utilizada para o envio de mensagens de aniversário, páscoa, batizado, casamento, festas natalinas, etc.

Nunca inclua na mala direta nome e endereço de pessoas que não o conhecem, pois o destino da correspondência será o cesto de lixo.

É muito usual o candidato utilizar relações nominais de pessoas obtidas através de companhias de eletricidade, água e esgoto ou telefônicas, numa prática que desaconselhamos. As pessoas não o conhecem.

> Veja que a campanha é muito dinâmica. Precisamos demuita percepção, sensibilidade, muito trabalho, é preciso uma boa equipe. Não se esqueça que você está numa campanha.
>
> Lute.
>
> Quando você se ver no meio das batalhas da vida, não importa o que você faça, não desista, continue lutando e aguente firme. O Duque de Wellington, que venceu Napoleão na batalha de Waterloo, disse: "Não é que os soldados ingleses fossem mais valentes do que os soldados franceses, mas é que os ingleses não desistiram, eles continuaram lutando".
>
> A vitória inglesa foi determinada pelo fato de terem aguentado firme, e quando você aguenta firme, coisas maravilhosas podem acontecer naquele pequeno espaço de tempo quando você não desiste, continua acreditando e lutando.
>
> Mas é verdade: quando um homem está determinado, quem o pode parar? Ser um aleijado não impediu Shakespeare de escrever as melhores peças do mundo.
>
> Ser cego não impediu John Milton de escrever o maior poema inglês, *Paraíso Perdido*.

A surdez não pôde impedir Beethoven de escrever algumas das mais belas sinfonias já escritas; na verdade a história do mundo esta cheia de grandes personagens, que realizaram grandes feitos apesar de terem que superar sérias dificuldades e defeitos:
- Alexandre, o Grande, era corcunda.
- Homero era um menestrel cego.
- Renoir pintou algumas das mais belas obras primas com seus dedos retorcidos pelo reumatismo, tendo o pincel amarrado à sua mão.
- Handel tinha o lado direito do seu corpo totalmente paralisado quando compôs o seu mais grandioso trabalho, o coral *Aleluia*.
- Thomas Edison estava surdo quando inventou o fonógrafo.

Frequentemente o defeito físico revela o melhor nas pessoas, e as forçam a lutar contra as expectativas, e alcançar altas realizações, que de outra forma elas jamais tentariam alcançar.

Eis um exemplo mais atual. Na pequena cidade de Rockover, no interior dos Estados Unidos, existe um casal que é indispensável.

Joe e Laura Corfil operam a companhia telefônica dos fazendeiros de Rockover, e têm a mesa telefônica instalada em sua própria casa. Os dois se revezam como telefonista, e conhecem cada um dos seus 200 assinantes pela voz, o pessoal de Rockover não usa números para fazer ligações, eles apenas dizem: "Me liga com o John Jones" ou qualquer pessoal com quem desejem falar.

Joe Corfil é um grande mestre escoteiro. Sua tropa já formou oito escoteiros águia, o que é bem raro, pois a maioria das cidades pequenas conseguem formar apenas um escoteiro águia a cada dez anos. Joe sempre leva sua turma em escaladas, onde demonstra técnicas de acampamento, conhecimentos gerais sobre vida ao ar livre, leitura de bússola, artesanato e tudo mais. O casal de meia-idade também faz vassouras e tecem tapetes nas horas de folga, fabricam belos cintos e bolsas de couro, e Joe também é especialista em restauração de mobílias de antiguidade.

Ambos Joe e Laura são cristãos e ambos dizem que a sua fé tem ajudado mais do que qualquer coisa na sua constante busca de um sentido para suas vidas.

Joe e Laura são cegos.

1.4.4 Programas especiais

Programas especiais de grande sucesso e participação comunitária devem ser adotados, como, por exemplo:
- Pró-trabalho – Voltado à preparação de pessoas ao primeiro emprego, por meio de cursos sobre uma temática básica que ajudarão no ingresso no mercado de trabalho, como relações humanas, métodos do trabalho, informática, vendas, produção, etc.;

- Pró-educação – Proporciona a estudantes pobres a oportunidade de preparação para a universidade, por meio de "aulões" realizados em ginásios esportivos, onde são ministradas aulas das disciplinas básicas. Ainda faz parte do programa bolsas de estudos parciais, obtidas na rede particular, abrindo acesso a uma melhor qualidade de ensino;
- Pró-saúde – Cria um plano de saúde gratuito, livre de mensalidades, em que os afiliados auferem o direito a descontos na rede médico-hospitalar particular, onde somente são pagos os procedimentos realizados. Sem taxas nem emolumentos.

Como você pode ver, fazer política dá muito trabalho e necessita também de estratégia.

O general Douglas MacArthur foi provavelmente o maior general e estrategista do século passado; ele não apenas era um corajoso lutador no campo de batalha, era também um homem de uma tremenda coragem moral, que jamais deixou de levantar-se e lutar por suas convicções. Certa vez, ele concluiu um dos seus inspiradores discursos dizendo:

"E finalmente, mas principalmente, tenham coragem, coragem moral, coragem por suas convicções, coragem para ver as coisas concluídas; o mundo está em constante conspiração contra os bravos, é um antigo combate, é o rugir das multidões de um lado e a voz da sua consciência do outro."

Portanto, quando você estiver decidido a fazê-lo, quando seu julgamento lhe mostrar que é correto, quando sua consciência lhe der permissão, se entregue a tarefa direto, não deixe nada lhe deter, por mais que tudo lhe esteja assustando, todo obstáculo vai desaparecer conforme os dias vão passando, se você estiver decidido e disser "Eu vou fazê-lo, venha o que vier".

Como é verdadeiro o provérbio que diz: "O homem que realmente quer fazer algo, encontra uma maneira, o que não quer, encontra uma desculpa".

E para alcançar tudo que é possível na vida, temos que tentar o impossível, para chegar a ser o que podemos ser, temos que sonhar em ser MAIS.

Na sua campanha, em suas reuniões, onde você estiver você tem que demonstrar que está otimista.

Aqui vão mais alguns provérbios para inspirar você a manter seu olhar para o alto, buscar o melhor e continuar lutando:

"Cada dia é uma batalha, portanto você tem que continuar lutando todos os dias."

O famoso missionário e explorador David Linton disse certa vez: "estou pronto para ir a qualquer parte, contanto que seja para frente".

"A vitória não é apenas jogar a bola dentro do gol, é a luta para transpor a defesa do adversário para chegar ao gol."

Foi a Rainha Vitória quem disse: "Nós não estamos interessados nas possibilidades de derrota, essas possibilidades não existem".

O grande primeiro-ministro inglês, Winston Churchill, certa vez deu este conselho: "Nunca se rendam, nunca se rendam, nunca, nunca, nunca, seja por motivos grandiosos ou pequenos, abundantes ou irrisórios, nunca se rendam, a não ser às convicções de honra e bom senso".

E finalmente, lembre-se que se por alguma razão a maré da batalha virar contra você é melhor em vão ter lutado, sinceramente, buscando a linha de chegada, do que ter existido apenas e estar por trás de uma alma tímida e descansada.

É melhor ter brigado e gastado sua coragem, se esquecendo da fama, do que estar satisfeito lembrando o passado, sem se aventurar a acender uma chama, pois aquele que tenta e falha, talvez seja o fundador de um novo dia, e por mais que a vitória ele jamais veja, dele aprenderão outros, e verão o que ele não viu.

Da forma que colocamos aqui parece tudo fácil não é?

Não é fácil, na vida, no dia a dia, na campanha, vão ocorrer inúmeros problemas.

Falta material, falta gasolina, falta mão de obra, enfim são muitos, muitos problemas.

Geralmente, a melhor maneira de superar e esquecer nossos próprios problemas é ajudar alguém a resolver os dele.

Conta-se uma história do famoso indiano Sadhu Sundar Singh, que estava atravessando os Himalaias com seu companheiro tibetano num dia extremamente frio.

A neve caía forte e ambos os homens estavam quase congelados ao ponto de não poderem avançar mais, e pensaram que jamais sobreviveriam àquela dura experiência. Eles se esforçaram um pouco mais até que alcançaram um alto precipício, onde viram que um homem havia escorregado e caído e estava deitado quase a morte, numa laje de gelo, um pouco mais abaixo. Sundar sugeriu que eles tentassem resgatar o pobre homem, e carregá-lo para um lugar mais seguro; no entanto, o tibetano se recusou a ajudar dizendo que o máximo que ele podia fazer era tentar salvar-se a si mesmo, e continuou, deixando o indiano para trás.

Com grande dificuldade Sundar conseguiu puxar o homem quase morto, para onde ele estava, e colocá-lo em suas costas, prosseguindo assim através da neve torrencial com sua pesada carga. Pouco tempo depois, para sua tristeza, ele encontrou o corpo do seu companheiro, o tibetano; ele havia morrido congelado.

Sundar continuou lutando para avançar, e aos poucos, o moribundo recebendo calor, devido a fricção do seu próprio corpo com o corpo do indiano começou a ganhar vida, enquanto Sundar também se esquentava com todo aquele trabalho.

Finalmente eles chegaram a uma vila a salvo.

A melhor maneira de superar suas dificuldades é não deixar que elas cresçam, de um montinho, até virarem uma montanha.

Na verdade, dizem, que a menor maneira de se sair de uma dificuldade, é atravessá-la.

A única maneira de, realmente, superar um problema, é encará-lo, frente a frente, e atacá-lo. Foi o poeta Edmund Cooke quem certa vez escreveu: "Ah! um problema pesa uma tonelada, ou um problema pesa um grama, e não é o fato da dor a parte mais importante da trama, o problema é o que você o faz, e como você o vê é o que pesa mais".

1.5 A estrutura da campanha

É a base de apoio que será útil durante toda a campanha. Dela é que dependerá a vitória. Por isso, é importante que o candidato saiba com quantas pessoas contará, quais os coordenadores, quantos veículos, que recursos financeiros serão oferecidos legalmente (pessoa física e pessoa jurídica), e até qual a previsão de uso de retratos, bandeiras, adesivos, fitinhas, *outdoors*, combustíveis, etc.

Nunca se deve deixar de apresentar à justiça eleitoral o orçamento de campanha. Também é fundamental a abertura de uma conta bancária para pagamento dos gastos, que devem ser feitos necessariamente por meio de cheques. A coordenação da campanha deve ter sempre todas as notas das despesas para a prestação de contas exigidas pela legislação eleitoral vigente.

> É verdade que nós, talvez, não sejamos responsáveis por muitas coisas que acontecem conosco, mas nós somos responsáveis por como reagimos às coisas quando elas acontecem; as pessoas que reagem positivamente a tribulações e problemas, que veem o lado bom das coisas, que encontram oportunidades até nas dificuldades, são chamadas de otimistas. Aqueles que têm reações negativas, que olham sempre para o lado escuro das coisas, procurando dificuldades nas oportunidades, são conhecidos como pessimistas.
>
> Na verdade, o fato de você ter um ponto de vista positivo ou negativo em relação à vida vai contar muito na hora de você superar seus problemas ou ser superado por eles. Aqui vão algumas ideias interessantes sobre a diferença entre o otimista e o pessimista.
>
> Para o otimista, a lareira é um local de calor e beleza, para o pessimista, um lugar que cria fumaça e cinzas. Para o otimista, uma janela é algo que permite que a luz brilhe para dentro da casa, para o pessimista, é algo que vai sujar e precisar ser lavado.

CAPÍTULO 1
COMO GANHAR UMA ELEIÇÃO

Tanto o otimista quanto o pessimista presta serviços à sociedade, a prova disso?

O otimista inventa o avião, e o pessimista inventa o paraquedas. O pessimista diz de um problema: "É o bastante para fazer alguém abandonar a religião" enquanto o otimista diz: "É o bastante para fazer alguém querer usar sua religião".

Talvez você tenha ouvido aquela do pessimista que era vendedor de sapatos, e que foi para África em busca de negócios e logo depois telegrafou a presidente da fabrica dizendo:

"Quero voltar para casa, ninguém usa sapatos nessa parte da África."

Então, mandaram ele voltar e enviaram um vendedor otimista para o mesmo lugar, e ele logo telegrafou:

"Favor enviar grande carregamento, nessa parte da África, todos precisam de sapatos".

E aqui vai a letra de uma canção que conta a história de dois sapos que tinham atitudes diferentes, e o que aconteceu quando, opa... Um dia, os dois caíram num barril cheio de leite...

 Dois sapos caíram num barril de leite, assim me contou meu tio
 O lado do barril era alto e liso e o leite fundo e frio
 "De que adianta", disse o primeiro,
 "Não tem ninguém pra salvar a gente, esse é meu fim, adeus
               companheiro"
 E afundou o sapo lentamente.
 Mas o segundo não estava vencido e recusou a se entregar
 Bateu as pernas fez marola e começou a nadar
 "Eu vou nadando, aonde há vida, há esperança eu sei,
 não vai mesmo melhorar o mundo,
 se mais um sapo morrer."

 Quando afundando, não se entregue.
 Vai melhorar
 Quando afundando, não se entregue.
 Você não tem que se afogar
 Por mais de hora ele se debateu, até que em fim ele disse:
 "Chega, uai, óia só!
 Vou sair daqui
 "Bati o leite até virar manteiga!"

Portanto se seus problemas fazem você desesperar
Se lembre do sapinho, que nadou no leite até manteiga ele virar

Aqui estão algumas histórias verídicas de como uma atitude otimista e positiva, podem ajudar a você a alcançar a vitória sobre seus problemas.

A fábrica do grande inventor Thomas Edison incendiou. Enquanto ele assistia seu laboratório ser consumido pelas chamas, sem poder fazer nada, chamou seu filho Charles:

"Venha Charles", disse ele. "Você nunca verá algo assim novamente".

Então chamou sua esposa, enquanto os três estavam ali, olhando, fixados naquele verdadeiro inferno em chamas, Edson sorriu e disse:

"Aí vão todos os nossos erros, agora podemos começar tudo de novo."

Imediatamente, ele começou a reconstruir sua fábrica, e pouco tempo depois, ele inventou o fonógrafo.

Essa história me faz lembrar de uma frase que diz:

"É muito fácil ser alegre quando tudo no mundo vai bem, mas, na vida, é preciso, procurar dar um sorriso, quando tudo vai mal também."

A escritora Catherine Beavis nos conta que entre os estudantes de uma famosa faculdade havia um rapaz que usava muletas para se locomover, no entanto, ele possuía um dom especial de otimismo para fazer amizades, e assim os colegas tinham por ele um profundo respeito.

Um dia, um estudante perguntou qual a causa da sua deformidade, "paralisia infantil", ele respondeu brevemente, procurando não entrar em detalhes sobre suas dificuldades. "Com um problema desses, como você pode encarar a vida tão alegremente?", insistiu o colega.

"Ora", retrucou o rapaz sorrindo. "A doença nunca atingiu meu coração."

Eis aqui uma frase da mundialmente famosa Helen Keller, que era surda e cega de nascença: "É melhor acender uma vela do que amaldiçoar a escuridão".

Você sabia que é quase impossível sorrir por fora sem se sentir melhor por dentro?

Então, se o clima não é do seu agrado, tente sorrir.

Se o café que lhe serviram é requentado, tente sorrir.

Com os vizinhos reclamando, com os parentes sempre brigando, é tão difícil de vez em quando, mas tente sorrir.

As coisas não parecem que irão mudar se você sorrir.

Mas com certeza elas não vão piorar se você sorrir, e é sempre uma ajuda para impedir que você exploda, pois, na verdade tudo muda quando você sorri.

Eu vou contar uma história que demonstra esse mesmo princípio.
É um caso verídico, muito emocionante de um rapaz chamado Henry Fawcett.

Certa vez, seu pai o convidou para uma caçada, eles estavam se divertindo bastante, caçando juntos na floresta, quando tragicamente o pai, por acidente, disparou sua arma na hora errada, acertando seu próprio filho, que ficou cego de ambos os olhos.

O rapaz na época tinha apenas vinte anos de idade.

Henry era um brilhante e ambicioso rapaz, com um grande futuro pela frente, ninguém poderia condená-lo se o acidente o tivesse tornado amargo e desesperado, e foi assim que tudo pareceu ser no princípio.

Mas houve uma coisa que o salvou e o ajudou a lutar e superar sua profunda depressão, ele amava o pai profundamente. Ele sabia que seu pai estava, ele próprio, quase indo à loucura, com o remorso de ter causado aquilo ao seu filho.

Ele sabia que a única maneira de ajudar seu pai e salvá-lo daquela irremediável depressão era escolher a esperança ao invés do desespero, e foi isso exatamente o que ele fez. Ele fingiu estar alegre, quando não estava; Ele fingiu ter um interesse na vida, quando ele não tinha.

Ele fingiu ter esperança de que podia se tornar um cidadão útil, quando ele mesmo não tinha essa esperança.

Então algo incrível aconteceu, o fingimento tornou-se realidade, sua energia e ânimo pela vida voltaram.

Ele estava determinado a lutar e fazer da sua vida a melhor possível. O resultado, Henry Fawcett foi eleito para o parlamento, no qual permaneceu como um dos membros mais influentes pelo resto de sua vida.

Nos seus últimos anos, através de um pedido do primeiro-ministro William Gladstone, tornou-se diretor geral dos correios e telégrafos, trazendo grandes melhorias para o sistema postal na Inglaterra, instituindo pela primeira vez, o envio de pacotes e ordens de pagamento pelo correio, até então inexistentes.

Como é verdadeiro o velho ditado que diz: "Estar no meio da escuridão e se portar como se tudo fosse luz, isso é a vitória".

Este é um projeto que pode te ajudar em suas reuniões, buscando força, para você e sua equipe e todos aqueles que empenham neste projeto árduo, que é participar de uma eleição.

Se você ainda não planejou sua campanha para as próximas eleições, inclusive o programa do dia da eleição, ainda dá tempo.

CAPÍTULO 2

O NÚMERO DE VEREADORES

Qual será o número de vereadores a eleger, em cada Município, nas eleições 2012? A Constituição Federal, no seu art. 29, diz:

CAPÍTULO IV
Dos Municípios
Art. 29. *O Município reger-se-á por Lei Orgânica*, votada em dois turnos, com o interstício mínimo de dez dias, e aprovada por dois terços dos membros da Câmara Municipal, que a promulgará, atendidos os princípios estabelecidos nesta Constituição, na Constituição do respectivo Estado e os seguintes preceitos:
IV - *para a composição das Câmaras Municipais, será observado o limite máximo de*: (Redação dada pela Emenda Constituição Constitucional nº 58, de 2009)
a) 9 (nove) Vereadores, nos Municípios de até 15.000 (quinze mil) habitantes; *(Redação dada pela Emenda Constituição Constitucional nº 58, de 2009)*
b) 11 (onze) Vereadores, nos Municípios de mais de 15.000 (quinze mil) habitantes e de até 30.000 (trinta mil) habitantes; *(Redação dada pela Emenda Constituição Constitucional nº 58, de 2009)*
c) 13 (treze) Vereadores, nos Municípios com mais de 30.000 (trinta mil) habitantes e de até 50.000 (cinquenta mil) habitantes; *(Redação dada pela Emenda Constituição Constitucional nº 58, de 2009)*
d) 15 (quinze) Vereadores, nos Municípios de mais de 50.000 (cinquenta mil) habitantes e de até 80.000 (oitenta mil) habitantes; *(Incluída pela Emenda Constituição Constitucional nº 58, de 2009)*
e) 17 (dezessete) Vereadores, nos Municípios de mais de 80.000 (oitenta mil) habitantes e de até 120.000 (cento e vinte mil) habitantes; *(Incluída pela Emenda Constituição Constitucional nº 58, de 2009)*
f) 19 (dezenove) Vereadores, nos Municípios de mais de 120.000 (cento e vinte mil) habitantes e de até 160.000 (cento sessenta mil) habitantes; *(Incluída pela Emenda Constituição Constitucional nº 58, de 2009)*
g) 21 (vinte e um) Vereadores, nos Municípios de mais de 160.000 (cento e sessenta mil) habitantes e de até 300.000 (trezentos mil) habitantes; *(Incluída pela Emenda Constituição Constitucional nº 58, de 2009)*

h) 23 (vinte e três) Vereadores, nos Municípios de mais de 300.000 (trezentos mil) habitantes e de até 450.000 (quatrocentos e cinquenta mil) habitantes; (*Incluída pela Emenda Constituição Constitucional nº 58, de 2009*)
i) 25 (vinte e cinco) Vereadores, nos Municípios de mais de 450.000 (quatrocentos e cinquenta mil) habitantes e de até 600.000 (seiscentos mil) habitantes; (*Incluída pela Emenda Constituição Constitucional nº 58, de 2009*)
j) 27 (vinte e sete) Vereadores, nos Municípios de mais de 600.000 (seiscentos mil) habitantes e de até 750.000 (setecentos cinquenta mil) habitantes; (*Incluída pela Emenda Constituição Constitucional nº 58, de 2009*)
k) 29 (vinte e nove) Vereadores, nos Municípios de mais de 750.000 (setecentos e cinquenta mil) habitantes e de até 900.000 (novecentos mil) habitantes; (*Incluída pela Emenda Constituição Constitucional nº 58, de 2009*)
l) 31 (trinta e um) Vereadores, nos Municípios de mais de 900.000 (novecentos mil) habitantes e de até 1.050.000 (um milhão e cinquenta mil) habitantes; (*Incluída pela Emenda Constituição Constitucional nº 58, de 2009*)
m) 33 (trinta e três) Vereadores, nos Municípios de mais de 1.050.000 (um milhão e cinquenta mil) habitantes e de até 1.200.000 (um milhão e duzentos mil) habitantes; (*Incluída pela Emenda Constituição Constitucional nº 58, de 2009*)
n) 35 (trinta e cinco) Vereadores, nos Municípios de mais de 1.200.000 (um milhão e duzentos mil) habitantes e de até 1.350.000 (um milhão e trezentos e cinquenta mil) habitantes; (*Incluída pela Emenda Constituição Constitucional nº 58, de 2009*)
o) 37 (trinta e sete) Vereadores, nos Municípios de 1.350.000 (um milhão e trezentos e cinquenta mil) habitantes e de até 1.500.000 (um milhão e quinhentos mil) habitantes; (*Incluída pela Emenda Constituição Constitucional nº 58, de 2009*)
p) 39 (trinta e nove) Vereadores, nos Municípios de mais de 1.500.000 (um milhão e quinhentos mil) habitantes e de até 1.800.000 (um milhão e oitocentos mil) habitantes; (*Incluída pela Emenda Constituição Constitucional nº 58, de 2009*)
q) 41 (quarenta e um) Vereadores, nos Municípios de mais de 1.800.000 (um milhão e oitocentos mil) habitantes e de até 2.400.000 (dois milhões e quatrocentos mil) habitantes; (*Incluída pela Emenda Constituição Constitucional nº 58, de 2009*)
r) 43 (quarenta e três) Vereadores, nos Municípios de mais de 2.400.000 (dois milhões e quatrocentos mil) habitantes e de até 3.000.000 (três milhões) de habitantes; (*Incluída pela Emenda Constituição Constitucional nº 58, de 2009*)
s) 45 (quarenta e cinco) Vereadores, nos Municípios de mais de 3.000.000 (três milhões) de habitantes e de até 4.000.000 (quatro milhões) de habitantes; (*Incluída pela Emenda Constituição Constitucional nº 58, de 2009*)
t) 47 (quarenta e sete) Vereadores, nos Municípios de mais de 4.000.000 (quatro milhões) de habitantes e de até 5.000.000 (cinco milhões) de habitantes; (*Incluída pela Emenda Constituição Constitucional nº 58, de 2009*)

u) 49 (quarenta e nove) Vereadores, nos Municípios de mais de 5.000.000 (cinco milhões) de habitantes e de até 6.000.000 (seis milhões) de habitantes; (*Incluída pela Emenda Constituição Constitucional nº 58, de 2009*)
v) 51 (cinquenta e um) Vereadores, nos Municípios de mais de 6.000.000 (seis milhões) de habitantes e de até 7.000.000 (sete milhões) de habitantes; (*Incluída pela Emenda Constituição Constitucional nº 58, de 2009*)
w) 53 (cinquenta e três) Vereadores, nos Municípios de mais de 7.000.000 (sete milhões) de habitantes e de até 8.000.000 (oito milhões) de habitantes; e (*Incluída pela Emenda Constituição Constitucional nº 58, de 2009*)
x) 55 (cinquenta e cinco) Vereadores, nos Municípios de mais de 8.000.000 (oito milhões) de habitantes; (*Incluída pela Emenda Constituição Constitucional nº 58, de 2009*)

Veja que no artigo acima diz que *o Município reger-se-á por Lei Orgânica*, ou seja, quem define é a Câmara Municipal, através da Lei Orgânica. Vale ressaltar que não existe número mínimo de Vereadores, pode a Câmara Municipal Fixar em cinco, sete, nove, ou o número que o colegiado entender. Só existe um número máximo, proporcional à população do Município. A Constituição Federal não fixou o número de Vereadores, ela só concedeu ao Poder Legislativo Municipal esta autonomia cumprindo também uma norma constitucional estabelecida no artigo, que é a independência dos poderes constituídos. Não há de se falar em fixar número de Vereadores um ano antes das eleições, pode a Câmara Municipal emendar a Lei Orgânica até maio de 2012. Veja acórdão do TSE:

> Número de vereadores. Fixação. Lei Orgânica. – O TSE já decidiu que a fixação do número de vereadores é da competência da Lei Orgânica de cada Município, devendo essa providência ocorrer até o termo final do período das convenções partidárias. (...). (Ac. de 17.5.2011 no AgR-AI nº 11.248, Rel. Min. Arnaldo Versiani).

Assim, cabe a cada câmara municipal enviar ao juiz eleitoral da comarca um ofício informando o número de vereadores a eleger no respectivo município, com uma cópia da Lei Orgânica ou do artigo que fixou o número de Vereadores até fim de maio, já que as convenções municipais se iniciam dia 10 junho de 2012.

CAPÍTULO 3

INELEGIBILIDADE E DESINCOMPATIBILIZAÇÃO

A inelegibilidade consiste no obstáculo posto pela Constituição Federal ou por lei complementar ao exercício da cidadania passiva, por certas pessoas, em razão de sua condição ou em face de certas circunstâncias. É a negação do direito de ser representante do povo no poder.

Na inelegibilidade, o cidadão tem a sua capacidade passiva suspensa, ou seja, ele não a perde, somente fica impossibilitado de exercê-la durante um período, recuperando o seu status posteriormente. Entretanto, enquanto perdurar essa condição, a capacidade ativa continua intacta, não sendo maculada em nenhuma hipótese.

A inelegibilidade configura a existência de proibição que impossibilita a candidatura.

Quem não preenche as condições de elegibilidade, por não se ter desincompatibilizado a tempo, é inelegível, assim como aquele que, cometendo um delito, é enquadrado na lei específica.

Exemplos: O ex-prefeito que teve suas contas rejeitadas quando prefeito e não recorreu tempestivamente da decisão da Câmara Municipal não pode ser candidato por oito anos a partir da rejeição. O secretário municipal que não deixou o cargo pelo menos seis meses antes do pleito não pode ser candidato a vereador para aquela eleição. Os dois são inelegíveis por motivos diferentes.

Posso ou não posso ser candidato? Não importa se por inelegibilidade própria ou por falta de condição de elegibilidade, que são as duas faces da mesma moeda.

Atenção: Sempre que tratarmos de inelegibilidade ou desincompatibilização de parentes do titular, este será o prefeito municipal.

3.1 Constituição Federal

Segundo a Constituição Federal:

1. São condições de elegibilidade, na forma da lei:
I - a nacionalidade brasileira;
II - o pleno exercício dos direitos políticos;
III - o alistamento eleitoral;
IV - o domicílio eleitoral na circunscrição;
V - a filiação partidária;
VI - a idade mínima de:
a) 35 anos para Presidente e Vice-Presidente da República e Senador;
b) 30 anos para Governador e Vice-Governador de Estado e do Distrito Federal;
c) 21 anos para Deputado Federal, Deputado Estadual ou Distrital, Prefeito, Vice-Prefeito e Juiz de Paz;
d) 18 anos para vereador (§3º do art. 14).

2. Não podem alistar-se como eleitores os estrangeiros e, durante o período de serviço militar obrigatório, os conscritos (§2º do art. 14).

3. São inelegíveis os inalistáveis e os analfabetos (§4º do art. 14).

4. O Presidente da República, os Governadores de Estado e do Distrito Federal, os prefeitos e quem os houver sucedido ou substituído no curso dos mandatos poderão ser reeleitos para um único período subsequente (§5º do art. 14).

5. Para concorrer a outros cargos, o Presidente da República, os Governadores de Estado e do Distrito Federal e os prefeitos devem renunciar os respectivos mandatos até seis meses antes do pleito (§6º do art. 14). No entanto, podem reeleger-se, sem deixar o cargo.

6. São inelegíveis, no território de jurisdição do titular, o cônjuge e os parentes consanguíneos ou afins, até o segundo grau ou por adoção, do Presidente da República, do Governador de Estado ou Território, do Distrito Federal, de prefeito ou de quem os haja substituído dentro dos seis meses anteriores ao pleito, salvo se já titular de mandato eletivo e candidato à reeleição (§7º do art. 14).

7. O militar alistável é elegível, atendidas as seguintes condições:
I - se contar menos de dez anos de serviço, deverá afastar-se da atividade;
II - se contar mais de dez anos de serviço, será agregado pela autoridade superior e, se eleito, passará automaticamente, no ato da diplomação, para a inatividade (§8º do art. 14).

8. É vedada a cassação de direitos políticos, cuja perda ou suspensão só se dará nos casos de:
I - cancelamento da naturalização por sentença transitada em julgado;
II - incapacidade civil absoluta;
III - condenação criminal transitada em julgado, enquanto durarem seus efeitos;
IV - recusa de cumprir obrigações a todos imposta ou prestação alternativa, nos termos do art. 5º, VIII;
V - improbidade administrativa, nos termos do art. 37, §4º (art. 15).

3.2 Código Civil

Os parentes em linha reta são os ascendentes e descendentes (pais, avós, filhos, netos, etc.).

Os parentes em linha colateral são aqueles que provêm de um só tronco comum. Para se chegar ao irmão, sobe-se até o pai, e deste, desce-se até o irmão. Por isso, irmão é parente em 2º grau.

Os parentes em linha transversal também se contam por gerações, subindo-se, sempre, ao ascendente comum. Para se chegar ao tio, por exemplo, sobe-se até o pai. Em seguida, ao avô, que é o pai dos dois irmãos. Por isso que o tio é elegível, por ser parente em 3º grau.

No Direito Civil, irmão é parente em 2º grau porque na linha colateral não pode haver parente em 1º grau (art. 333 do Cód. Civil). Como o Direito Civil subsidia o Direito Eleitoral, o filho do irmão do titular, seu sobrinho, é elegível, por ser parente em 3º grau.

Esposa não é parente, porém, para efeito de inelegibilidade, os parentes dela são parentes do titular, por afinidade e vice-versa.

Concubina é a mulher que vive com um homem sem ser casada com ele. Sua inelegibilidade é consequência da "união estável" ou "casamento de fato". Já foi equiparada à esposa, havendo até súmula sobre a matéria.

Dentre os parentes do prefeito, são inelegíveis:
1. Por consanguinidade:
a) pais (1º grau);
b) avós (2º grau);
c) filhos (1º grau);
d) netos (2º grau).
2. Por colateralidade:

a) irmãos (2º grau) – na linha colateral não há parente em 1º grau.
3. Por afinidade:
a) pais da esposa (1º grau);
b) avós da esposa (2º grau);
c) filhos da esposa originários de outro casamento (1º grau);
d) netos da esposa originários de outro casamento (2º grau);
e) nora e genro (1º grau);
f) irmãos da esposa – cunhados (2º grau);
g) concubina.
4. Por adoção:
a) filhos adotivos.

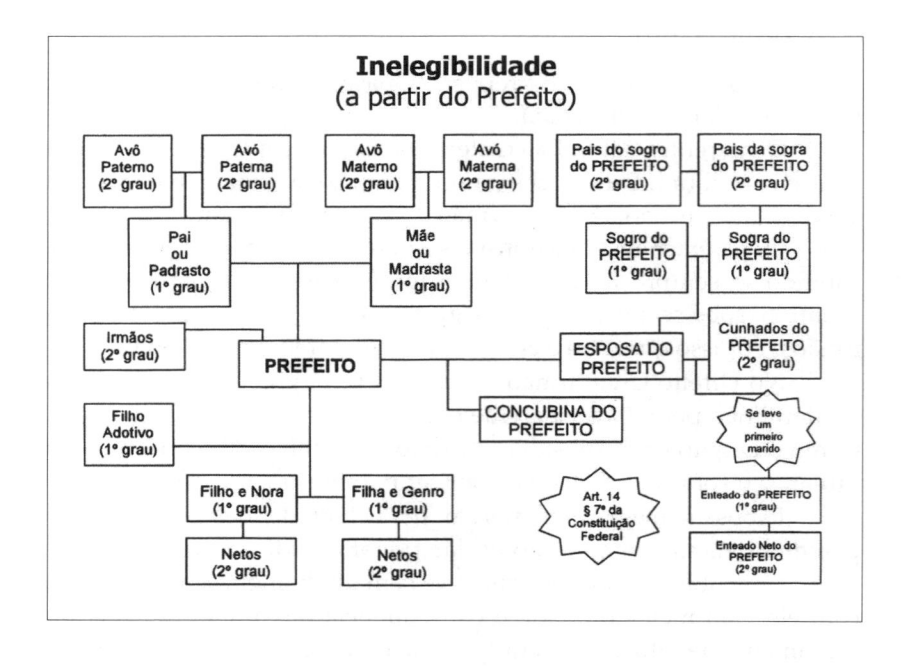

Inelegibilidade
(a partir do Prefeito)

Avô Paterno (2º grau)	Avó Paterna (2º grau)	Avô Materno (2º grau)	Avó Materna (2º grau)	Pais do sogro do PREFEITO (2º grau)	Pais da sogra do PREFEITO (2º grau)
	Pai ou Padrasto (1º grau)		Mãe ou Madrasta (1º grau)	Sogro do PREFEITO (1º grau)	Sogra do PREFEITO (1º grau)
Irmãos (2º grau)		PREFEITO		ESPOSA DO PREFEITO	Cunhados do PREFEITO (2º grau)
Filho Adotivo (1º grau)				CONCUBINA DO PREFEITO	Se teve um primeiro marido
	Filho e Nora (1º grau)		Filha e Genro (1º grau)	Art. 14 § 7º da Constituição Federal	Enteado do PREFEITO (1º grau)
	Netos (2º grau)		Netos (2º grau)		Enteado Neto do PREFEITO (2º grau)

3.3 Prazo de desincompatibilização

Cargo Ocupado	Cargo Pretendido	Prazo
Advogado (prestação de serviços à comunidade através de convênio celebrado entre a OAB e a Procuradoria Geral do Estado)	Vereador, Prefeito e Vice	Desnecessário desincompatibilizar
Advogado Geral da União	Vereador	6 meses
Advogado Geral da União	Prefeito e Vice	4 meses
Autarquias (Presidente, diretor, superintendente e dirigente)	Vereador	6 meses
Autarquias (Presidente, diretor, superintendente e dirigente)	Prefeito e Vice	4 meses
Chefe de Missão Diplomática	Vereador	3 meses
Chefe de Missão Diplomática	Prefeito e Vice	Desnecessário desincompatibilizar
Presidente da República	Vereador, Prefeito e Vice	6 meses
Governador	Vereador, Prefeito e Vice	6 meses
Prefeito	Vereador	6 meses
Prefeito	Prefeito e Vice	Reeleição – desnecessário desincompatibilizar
Chefe do órgão de assessoramento de informações da Presidência da República	Vereador	6 meses
Chefe do órgão de assessoramento de informações da Presidência da República	Prefeito	4 meses
Chefe dos Gabinetes civil e militar do Governador	Vereador	6 meses
Chefe dos Gabinetes civil e militar do Governador	Prefeito	4 meses
Chefe dos órgãos de assessoramento direto civil e militar da Presidência da República	Vereador	6 meses
Chefe dos órgãos de assessoramento direto civil e militar da Presidência da República	Prefeito	4 meses

Cargo Ocupado	Cargo Pretendido	Prazo
Comitê de bacia hidrográfica	Vereador, Prefeito e Vice	Desnecessário desincompatibilizar
Conselheiro municipal dos direitos da criança e adolescente	Vereador, Prefeito e Vice	Desnecessário desincompatibilizar
Presidente do Conselho Penitenciário Estadual	Vereador, Prefeito e Vice	Desnecessário desincompatibilizar
Cônsul honorífico de países estrangeiros	Vereador, Prefeito e Vice	Desnecessário desincompatibilizar
Defensor público	Vereador	6 meses
Defensor público	Prefeito	4 meses
Delegado Federal de Ministério	Vereador	6 meses
Delegado Federal de Ministério	Prefeito	4 meses
Empregado de empresa concessionária ou prestadora de serviço público	Vereador, Prefeito e Vice	Desnecessário desincompatibilizar
Sócio gerente de empresa concessionária ou prestadora de serviço público	Vereador, Prefeito e Vice	Desnecessário desincompatibilizar
Dirigente de empresa que, pelo âmbito e natureza de suas atividades, possa influir na economia nacional	Vereador	6 meses
Dirigente de empresa que, pelo âmbito e natureza de suas atividades, possa influir na economia nacional	Prefeito e Vice	4 meses
Dirigente de empresas que tenham objeto exclusivo de operações financeiras e façam publicamente apelo à poupança e ao crédito, inclusive cooperativas e estabelecimentos que gozem de vantagens asseguradas pelo poder público	Vereador	6 meses
Dirigente de empresas que tenham objeto exclusivo de operações financeiras e façam publicamente apelo à poupança e ao crédito, inclusive cooperativas e estabelecimentos que gozem de vantagens asseguradas pelo poder público	Prefeito e Vice	4 meses

CAPÍTULO 3
INELEGIBILIDADE E DESINCOMPATIBILIZAÇÃO

Cargo Ocupado	Cargo Pretendido	Prazo
Presidente, diretor, superintendente e dirigente de empresa pública	Vereador	6 meses
Presidente, diretor, superintendente e dirigente de empresa pública	Prefeito e Vice	4 meses
Presidente do Conselho do Fundo Municipal de Previdência dos Servidores Públicos	Vereador	6 meses
Presidente do Conselho do Fundo Municipal de Previdência dos Servidores Públicos	Prefeito e Vice	4 meses
Presidente do CREA	Vereador, Prefeito e Vice	Desnecessário desincompatibilizar
Dirigente sindical	Vereador	Desnecessário desincompatibilizar
Dirigente sindical	Prefeito e Vice	4 meses
Dirigente, administrador ou representante de entidades de classe em geral	Vereador, Prefeito e Vice	4 meses
Entidade patronal estadual e nacional	Vereador, Prefeito e Vice	Desnecessário desincompatibilizar
Membro de conselho fiscal de entidade de classe mantida pelo poder público que não exerça as funções de dirigente, administrador ou representante	Vereador, Prefeito e Vice	Desnecessário desincompatibilizar
Motorista de sindicato	Vereador, Prefeito e Vice	Desnecessário desincompatibilizar
Dirigente, administrador ou representante da OAB	Vereador, Prefeito e Vice	4 meses
Dirigente, administrador ou representante da SESI e SENAI	Vereador, Prefeito e Vice	Desnecessário desincompatibilizar
Dirigente da APAE	Vereador, Prefeito e Vice	Desnecessário desincompatibilizar
Dirigente, administrador ou representante de entidades em geral mantidas pelo poder público	Vereador	6 meses
Dirigente, administrador ou representante de entidades em geral mantidas pelo poder público	Prefeito	4 meses

Cargo Ocupado	Cargo Pretendido	Prazo
Membros do conselho de administração de empresa concessionária de serviço público federal	Vereador, Prefeito e Vice	Desnecessário desincompatibilizar
Dirigente de fundação de direito privado não mantida pelo poder público	Vereador, Prefeito e Vice	Desnecessário desincompatibilizar
Dirigente de fundação de direito privado não mantida pelo poder público	Vereador	6 meses
Dirigente de fundação de direito privado que receba subvenções da administração pública	Prefeito	4 meses
Coordenador regional de fundação de direito público	Vereador	Desnecessário desincompatibilizar
Coordenador regional de fundação de direito público	Prefeito e Vice	4 meses
Dirigente de fundação pública em geral	Vereador	6 meses
Dirigente de fundação pública em geral	Prefeito	4 meses
Interventor municipal designado pelo Governador de Estado	Vereador	Desnecessário desincompatibilizar
Interventor municipal designado pelo Governador de Estado	Prefeito e Vice	4 meses
Juiz de Paz	Vereador, Prefeito e Vice	Desnecessário desincompatibilizar
Magistrado	Vereador	6 meses
Magistrado	Prefeito e Vice	4 meses
Médico de hospital privado que recebe remuneração proveniente do SUS	Vereador, Prefeito e Vice	Desnecessário desincompatibilizar
Chefe do Estado-Maior da Marinha, Exército e Aeronáutica, e das Forças Armadas	Vereador	6 meses
Chefe do Estado-Maior da Marinha, Exército e Aeronáutica, e das Forças Armadas	Prefeito e Vice	4 meses
Comandantes da Marinha, Exército e Aeronáutica do distrito naval, região militar e zona aérea	Vereador	6 meses

CAPÍTULO 3
INELEGIBILIDADE E DESINCOMPATIBILIZAÇÃO — 45

Cargo Ocupado	Cargo Pretendido	Prazo
Comandantes da Marinha, Exército e Aeronáutica do distrito naval, região militar e zona aérea	Prefeito e Vice	4 meses
Policial Militar	Vereador, Prefeito e Vice	Desnecessário desincompatibilizar
Membros do Ministério Público em geral	Vereador	6 meses
Membros do Ministério Público em geral	Prefeito e Vice	4 meses
Ministro de Estado	Vereador	6 meses
Ministro de Estado	Prefeito e Vice	4 meses
Dirigente de órgãos estaduais	Vereador	6 meses
Dirigente de órgãos estaduais	Prefeito e Vice	4 meses
Parlamentar e dirigente de partido político	Vereador, Prefeito e Vice	Desnecessário desincompatibilizar
Diretor Geral da Policia Federal	Vereador	6 meses
Diretor Geral da Policia Federal	Prefeito e Vice	4 meses
Presidente de festa popular	Vereador, Prefeito e Vice	Desnecessário desincompatibilizar
Profissional cuja atividade é divulgada na mídia (atores, jogadores de futebol, árbitros e outros)	Vereador, Prefeito e Vice	Desnecessário desincompatibilizar
Reitor de Universidade Pública, Federal ou Estadual	Vereador	6 meses
Reitor de Universidade Pública, Federal ou Estadual	Prefeito e Vice	4 meses
Secretário de Estado, secretários municipais, secretários gerais, executivos, nacionais, federais dos Ministérios e pessoas que ocupem cargos equivalentes	Vereador	6 meses
Secretário de Estado, secretários municipais, secretários gerais, executivos, nacionais, federais dos Ministérios e pessoas que ocupem cargos equivalentes	Prefeito e Vice	4 meses
Agente comunitário de saúde	Vereador, Prefeito e Vice	Desnecessário desincompatibilizar

Cargo Ocupado	Cargo Pretendido	Prazo
Agente de polícia e escrivão de delegacia de polícia	Vereador	3 meses
Agente de polícia e escrivão de delegacia de polícia	Prefeito e Vice	Desnecessário Desincompatibilizar
Agente penitenciário	Vereador, Prefeito e Vice	Desnecessário desincompatibilizar
Delegado de polícia	Vereador	6 meses
Delegado de polícia	Prefeito e Vice	Desnecessário desincompatibilizar
Delegado de Polícia Federal	Vereador, Prefeito e Vice	Desnecessário desincompatibilizar
Empregado de empresa pública e empregado de sociedade de economia mista	Vereador	3 meses
Empregado de empresa pública e empregado de sociedade de economia mista	Prefeito e Vice	Desnecessário desincompatibilizar
Investigador de polícia	Vereador	Desnecessário desincompatibilizar
Investigador de polícia	Prefeito e Vice	3 meses
Professor de escola estadual	Vereador, Prefeito e Vice	Desnecessário desincompatibilizar
Servidor do Poder Legislativo	Vereador, Prefeito e Vice	3 meses
Servidores em geral	Vereador, Prefeito e Vice	3 meses
Titular de cartório	Vereador	3 meses
Titular de cartório	Prefeito e Vice	Desnecessário desincompatibilizar
Auditor fiscal da receita federal e auditor fiscal do trabalho	Vereador, Prefeito e Vice	Desnecessário desincompatibilizar
Servidor efetivo	Vereador	3 Meses
Servidor efetivo	Prefeito e Vice	4 meses
Membro de direção escolar	Vereador	3 meses

Cargo Ocupado	Cargo Pretendido	Prazo
Membro de direção escolar	Prefeito e Vice	Desnecessário desincompatibilizar
Membro do Conselho Tutelar	Vereador	3 meses
Membro do Conselho Tutelar	Prefeito e Vice	Desnecessário desincompatibilizar
Vice-Prefeito que não substituiu o titular nos últimos 6 meses nem o sucedeu	Vereador, Prefeito e Vice	3 meses

CAPÍTULO 4

COLIGAÇÕES

A coligação é a aliança de partidos políticos para a disputa das eleições. É facultado aos partidos políticos, dentro do mesmo município, celebrar coligações para eleição majoritária, proporcional, ou para ambas, podendo, neste último caso, formar-se mais de uma coligação para a eleição proporcional entre os partidos políticos que integram a coligação para o pleito majoritário.

Na chapa da coligação para as eleições proporcionais, podem inscrever-se candidatos filiados a qualquer partido político dela integrante, em número sobre o qual deliberem.

A coligação terá denominação própria, que poderá ser a junção de todas as siglas dos partidos políticos que a integram, sendo a ela atribuídas as prerrogativas e obrigações de partido político no que se refere ao processo eleitoral, devendo funcionar como um só partido político no relacionamento com a Justiça Eleitoral e no trato dos interesses interpartidários.

Da realização da convenção até as eleições, o partido coligado possui legitimidade para agir isoladamente apenas na hipótese de dissidência interna, ou quando questionada a validade da própria coligação.

Digamos que se componha uma coligação majoritária com seis partidos: A, B, C, D, E e F.

É possível que se constituam (por exemplo) três coligações na eleição para vereador, A e B, C e D, E e F, ou ainda, duas coligações, sendo uma A, B e C, e a outra, E e F, permanecendo, entretanto, o partido D fora da coligação para o pleito proporcional, no intento de concorrer com candidatos próprios.

Noutra linha, para a eleição a prefeito somente pode ser admissível uma coligação entre A, B, C, D, E e F.

Relativamente à eleição para vereador, será viável uma ou mais coligações, sendo admissível que um partido componente da eleição para prefeito delibere, em sua convenção, disputar não coligado a eleição para vereador.

O grupo de partidos que se coligar para a eleição de prefeito disporá, como for do interesse de cada agremiação, no que concerne a vereador.

Ainda no que respeita a eleição para vereador, há possibilidade de coligações diferentes, sempre, entretanto, dentre os partidos que formam a coligação para a eleição de prefeito e vice, ou qualquer deles concorrer isoladamente.

Resumindo, podemos concluir:

1. Podem vários partidos se coligar só para a eleição do prefeito, só para a de vereadores ou para ambas;

2. Seja qual for a composição majoritária, podem, na proporcional, os partidos se compor como lhes aprouver, podendo, inclusive, um único partido lançar seus candidatos a vereador, desde que figure na composição para prefeito e vice.

Exemplo 1

Para prefeito	A + B + C + D + E + F
Para vereador	A + B + C + D + E + F

Exemplo 2

Para prefeito	A + B + C + D + E + F
Para vereador	A + B | C + D | E + F

Exemplo 3

Para prefeito	A + B + C | D + E + F
Para vereador	A + B + C | D + E + F

Exemplo 4

Para prefeito	A + B + C + D + E + F
Para vereador	A + B + C + D | E + F

Exemplo 5

Para prefeito	A + B | C + D | E + F
Para vereador	A + B | C + D | E + F

Exemplo 6

Para prefeito	A + B | C + D + E + F
Para vereador	A + B | C + D | E + F

CAPÍTULO 5

COMO TEM JULGADO O TSE

1. Os analfabetos são inelegíveis (art. 14, §4º da CF), porém, "basta a comprovação da capacidade do candidato de ler e escrever" para tomar-se elegível.
2. O prefeito pode candidatar-se a vereador se renunciar até seis meses antes do pleito (art. 14, §6º da CF).
3. O governador pode candidatar-se a vereador ou a prefeito se renunciar seis meses antes do pleito.
4. O Presidente da República pode candidatar-se a prefeito ou a vereador se renunciar seis meses antes do pleito.
5. Para concorrer às eleições de 7 de outubro do ano 2012, o candidato deverá estar filiado a um partido político até um ano antes do pleito (Lei nº 9.504/97, art. 9º).
6. Para concorrer às próximas eleições, o candidato deverá ter domicílio eleitoral na área da circunscrição (município) pelo menos um ano antes do pleito (Lei nº 9.504/97, art. 9º).
7. Magistrados e membros dos Tribunais de Contas, por estarem submetidos à vedação constitucional de filiação partidária, estão dispensados de cumprir o prazo de filiação fixada em lei ordinária, devendo satisfazer tal condição de elegibilidade até seis meses antes da eleição, prazo de desincompatibilização estabelecido pela LC nº 64/90.
8. O vereador, o deputado federal ou estadual e o senador podem candidatar-se a qualquer cargo, sem qualquer restrição, a não ser que exerçam determinada função pública e não se desincompatibilizem a tempo.
9. Secretários municipais, estaduais e Ministros, para se candidatarem a prefeito ou vice, precisam desincompatibilizar-se até quatro meses antes do pleito (LC nº 64/90).
10. Secretários municipais, estaduais e Ministros, para se candidatarem a vereador, precisam desincompatibilizar-se até seis meses antes do pleito (LC nº 64/90).

11. Os mesmos prazos de desincompatibilização do item acima se aplicam ao vereador que se licenciou para ocupar outro cargo público.
12. Os mesmos prazos de desincompatibilização se aplicam a dirigentes de departamentos ou divisões equiparados a Secretarias.
13. Dirigentes de autarquias, fundações ou empresas públicas, devem desincompatibilizar-se até quatro meses antes do pleito, se quiserem candidatar-se a prefeito ou vice (LC nº 64/90, art. 1º, IV, "a").
14. Os servidores públicos, estatutários ou não, da administração direta ou indireta, ou fundações mantidas pelo poder público, para se candidatarem a qualquer cargo, deverão afastar-se até três meses antes do pleito, "garantido o direito à percepção de seus vencimentos integrais" (LC nº 64/90, art. 1º, II, "i").
15. Prefeito ou vice que perdeu seu cargo por infringência da Lei Orgânica dos Municípios fica inelegível por três anos, após o cumprimento da pena (LC nº 64/90, art. 1º, I, "c").
16. Prefeito ou vice que tenha contra si representação julgada procedente pela Justiça Eleitoral, transitada em julgado, em processo de apuração de abuso do poder econômico ou político, fica inelegível para as eleições a que estejam concorrendo ou que tenham sido diplomados. A inelegibilidade é por três anos seguintes à eleição (LC nº 64/90, art. 1º, I, "d").
17. Vereador que tenha perdido seu mandato por infringência dos incisos I e II do art. 55 da Constituição Federal, ou cujo procedimento for declarado incompatível com o decoro parlamentar, perde o remanescente do mandato e fica inelegível nos oito anos subsequentes ao término da legislatura (LC nº 64/90, art. 1º, I, "d", alterada pela LC nº 13/94).
18. Os que forem condenados, criminalmente, com sentença transitada em julgado, ficam inelegíveis por três anos, após o cumprimento da pena (LC nº 64/90, art. 1º, I, "e").
19. Prefeito que tiver conta rejeitada pela Câmara de Vereadores e não ingressar na Justiça antes da impugnação de eventual candidatura fica inelegível por cinco anos a contar da data de rejeição da conta (LC nº 64/90, art. 1º, "g").
20. Prefeitos e seus respectivos vices, vereadores, deputados, senadores ou servidores públicos que beneficiaram a si ou a terceiros por abuso do poder econômico ou político, apurado em processo com trânsito em julgado, ficam inelegíveis por três anos, após o término do respectivo mandato ou do cargo (LC nº 64/90, art. 1º, "h").

21. Concunhado de prefeito pode candidatar-se a qualquer cargo, pois é parente afim em 3º grau.
22. Com o falecimento do prefeito, seu filho não poderá candidatar-se ao mesmo cargo, mas poderá candidatar-se aos demais.
23. Se o prefeito renunciar seis meses antes da eleição, seus parentes podem candidatar-se, exceto ao cargo de prefeito, desde que não sejam detentores de qualquer outro cargo eletivo no município, no Estado ou na União.
24. Se o prefeito falecer, seu cunhado, que é parente afim em 2º grau, pode candidatar-se a qualquer cargo. Com seu falecimento fica definitivamente afastada a inelegibilidade dos parentes consanguíneos da ex-esposa.
25. Irmão de prefeito falecido não pode candidatar-se a prefeito.
26. Concubina do prefeito não pode candidatar-se a qualquer cargo no mesmo município.
27. Viúva do prefeito pode candidatar-se a prefeita porque "não será mais cônjuge do ex-esposo".
28. Quem foi condenado por abuso do poder econômico durante a campanha é inelegível por três anos, contados a partir da eleição a que concorreu (LC nº 64/90, art. 1º, I, "d").
29. Vereador, cunhado do prefeito, pode candidatar-se a vice-prefeito desde que o prefeito renuncie até seis meses antes do pleito.
30. Vereador do município-mãe, filho do prefeito, é inelegível para qualquer cargo no município desmembrado, a não ser que o prefeito renuncie até seis meses antes do pleito.
31. Irmãos da concubina do prefeito são elegíveis para qualquer cargo. Não há parentes afins a partir da concubina.
32. Ex-esposa do prefeito, por meio do divórcio ou separação judicial, é elegível para qualquer cargo, salvo se houver simulação.
33. Prefeito que já teve sua inelegibilidade declarada por impugnação anterior é elegível porque "coisa julgada material impede a reapreciação da matéria em outro processo".
34. Se o prefeito for eleito e diplomado, mas renunciar antes de assumir, seus parentes ficam elegíveis para qualquer outro cargo.
35. Prefeito que teve suas contas relativas a convênio Município/Estado rejeitadas pelo Tribunal de Contas, sem que haja recorrido, tempestivamente, à Justiça, é inelegível (LC nº 64/90, art. 1º, I, "g").
36. Cidadão condenado por desobediência (art. 330 do Código Penal), com sentença transitada em julgado, cometeu crime contra a Administração Pública, tornando-se inelegível (LC nº 64/90, art. 1º, I, "e").

37. Não são inelegíveis radialistas ou apresentadores de programas de televisão que não tenham se afastado no dia da convenção, ou que tenham mantido seus nomes como denominação dos respectivos programas. O proprietário da emissora é que será punido.
38. Tio do prefeito é elegível porque é parente em terceiro grau: entre ele e seu pai medeia um grau; entre o pai do titular e o irmão dele, medeiam dois graus; logo, entre o prefeito e seu tio medeiam três graus.
39. Primo do prefeito é elegível, porque é parente em quarto grau e a lei veda apenas até o segundo grau (Código Civil, art. 333).
40. É inelegível quem teve sua filiação partidária deferida depois do dia 7 de outubro de 2011 (aplicação do art. 9º da Lei nº 9.504/97).
41. A idade mínima constitucionalmente estabelecida como condição de elegibilidade é verificada tendo por referência a idade no dia da posse (art. 11, §2º, da Lei nº 9.504/97). Assim, por exemplo, se o candidato a vereador ainda não tem 18 anos, mas completará essa idade até o dia da posse, é elegível.
42. É inelegível quem transferiu seu título de eleitor para o município depois do dia 7 de outubro de 2011 (o domicílio eleitoral de um ano é exigida pela Lei nº 9.504/97, art. 9º, *caput*).
43. É inelegível quem mudou de partido depois do dia 7 de outubro de 2011, ou que tenha mudado antes dessa data, não comunicando, por escrito, ao partido de origem e ao juiz eleitoral, até o dia imediato (parágrafo único do art. 22 da Lei nº 9.096/95).
44. É inelegível quem foi condenado por crime eleitoral, com sentença transitada em julgado (LC nº 64/90).
45. Território de jurisdição do prefeito é o seu município. Assim, seus parentes, até o 2º grau, não poderão candidatar-se no seu território, a não ser que sejam detentores de mandato de vereador e candidatos à reeleição, ou se o prefeito renunciar até seis meses antes do pleito.
46. Quando o candidato é considerado inelegível por ferir dispositivo da LC nº 64/90 (lei infraconstitucional), mas não tem o registro de sua candidatura impugnado a tempo, ocorre a preclusão e ele se torna elegível.
47. É indeferido o registro de candidato que teve contra si sentença condenatória transitada em julgado, ainda que em período de suspensão condicional da pena.
48. Contas aprovadas com ressalva e ausência de irregularidade insanável: se a ressalva contida no parecer da Corte de Contas não

indica a prática de improbidade administrativa, mas mero erro formal, não há que se cogitar da inelegibilidade prevista no art. 1º, I, "g", da LC nº 64/90.
49. Perda de mandato e ação ordinária de anulação: a propositura de tal ação não suspende a inelegibilidade, pois a espécie tem regência pela letra "b", não se lhe aplicando analogicamente o disposto na letra "g", ambas do art. 1º, I, da LC nº 64/90. Precedentes.
50. Não há como incidir a regra de inelegibilidade em relação às contas se não existe decisão da Câmara Municipal.
51. Registro de candidatura. Rejeição de contas de vereador. Inelegibilidade. Caráter insanável das irregularidades não demonstrado. Improbidade administrativa requer decisão judicial transitada em julgado.
52. O dirigente sindical deverá desincompatibilizar-se seis meses antes do pleito para candidatar-se a vereador e quatro meses para candidatar-se a prefeito.
53. A Polícia Rodoviária Federal foi incluída pela Constituição no rol dos órgãos responsáveis pela segurança pública, ao lado da Polícia Federal, da Polícia Ferroviária Federal, das Polícias Civis, das Polícias Militares e do Corpo de Bombeiros, destinando-se ao patrulhamento ostensivo das rodovias federais (art. 144, II e §2º, da CF). Seus integrantes, por isso, exercem função policial, estando sujeitos, quando candidatos a vereador no município em que estiverem servindo, ao prazo de seis meses de desincompatibilização (art. 1º, VII, "b", c.c. IV, "c", da LC nº 64/90).
54. Auditor de finanças públicas deverá afastar-se seis meses antes do pleito para candidatar-se a vereador e quatro meses para candidatar-se a prefeito (art. 1º, II, "d", da LC nº 64/90).
55. Desincompatibilização de diretor de escola: inaplicabilidade do disposto no art. 1º, II, "a", e no art. 16 da LC nº 64/90. O afastamento há de fazer-se três meses antes das eleições.
56. Registro de candidatura e desincompatibilização para o cargo de chefe da divisão de unidades escolares da Prefeitura: não configurada equiparação com o cargo de Secretário Municipal.
57. Desincompatibilização de dirigente entidade arrecadadora de taxas — entidade a que se assegura o direito de receber taxas diretamente dos contribuintes: necessidade de afastamento de seu dirigente (LC nº 64/90, art. 1º, II, "d").
58. Inelegibilidade de presidente de órgão municipal de assistência (função pública): necessidade de afastar-se do cargo seis meses

antes do pleito para candidatar-se a vereador e quatro meses para candidatar-se a prefeito.

59. Desincompatibilização de radialista e registro de candidatura: desincompatibilização não prevista em lei. Descumprimento da lei acarreta sanções para a emissora por propaganda eleitoral indevida.

60. O afastamento do servidor de suas funções para efeito de desincompatibilização deve se operar no plano fático, sendo a comunicação relevante tão somente para garantir a percepção de seus vencimentos.

61. Elegibilidade e afastamento de servidor público: em regra, o prazo é de três meses, não importando que se trate de eleições federais, estaduais ou municipais.

62. Ministro de Estado que seja candidato a prefeito (governador ou Presidente da República), ou a vice deve afastar-se quatro meses antes do pleito. Para candidatar-se a vereador, o prazo é de seis meses (LC nº 64/90, art. 1º, II, "a", c.c. IV, "a" e VII, "a").

63. Secretário municipal ou estadual deve afastar-se do cargo seis meses antes do pleito para candidatar-se a vereador e quatro meses para candidatar-se a prefeito ou vice (LC nº 64/90, referências acima).

64. Diretor de departamento ou chefe de setor é equiparado a secretário municipal, devendo cumprir os mesmos prazos para afastamento: quatro meses para candidatar-se a prefeito e seis meses para candidatar-se a vereador.

65. Dirigentes de autarquias, fundações ou empresas públicas devem afastar-se do cargo seis meses antes do pleito para candidatar-se a vereador e quatro meses para candidatar-se a prefeito (LC nº 64/90, art. 1º, II, "a", 9, c.c. c.c. IV, "a" e VII, "a").

66. Chefe de agência postal deve afastar-se até três meses antes da eleição, para candidatar-se a qualquer cargo.

67. Funcionário público de outro município (ou de outro Estado) não precisa desincompatibilizar-se.

68. Funcionário público comissionado em outro município (ou outro Estado) não precisa desincompatibilizar-se.

69. Diretor de fundação de direito privado que recebe subvenção pública deve afastar-se do cargo seis meses antes do pleito para candidatar-se a vereador e quatro meses para candidatar-se a prefeito ou vice.

70. Funcionário público cedido ao Estado, estando afastado do município e sem exercer influência neste, não precisa desincompatibilizar-se. Da mesma forma, se for candidato em outro Estado.

71. Funcionário em companhia de economia mista deve afastar-se do cargo até três meses antes do pleito para candidatar-se a qualquer cargo.
72. Coordenador geral do INSS (cargo equivalente a secretário federal de ministério) deve afastar-se do cargo seis meses antes do pleito para candidatar-se a vereador e quatro meses para candidatar-se a prefeito ou vice.
73. Diretor de empresa pública internacional, por ter interesses no Brasil, equipara-se a diretor de empresa pública nacional, e deve afastar-se do cargo seis meses antes do pleito para candidatar-se a vereador e quatro meses para candidatar-se a prefeito ou vice.
74. Presidente de fundação pública estadual deve afastar-se do cargo seis meses antes do pleito para candidatar-se a vereador e quatro meses para candidatar-se a prefeito ou vice.
75. Auditor do Tribunal de Contas deve afastar-se do cargo seis meses antes do pleito para candidatar-se a vereador e quatro meses para candidatar-se a prefeito ou vice.
76. Delegado de ministério precisa desincompatibilizar-se até seis meses antes do pleito para candidatar-se a vereador e quatro meses para candidatar-se a prefeito ou vice (LC nº 64/90, art. 1º, II, "a").
77. Funcionário público em gozo de licença-prêmio ou férias já está afastado, logo, não precisa desincompatibilizar-se.
78. Diretor de banco de Estado deve afastar-se do cargo seis meses antes do pleito para candidatar-se a vereador e quatro meses para candidatar-se a prefeito ou vice.
79. Juiz classista da Justiça do Trabalho deve afastar-se do cargo seis meses antes do pleito para candidatar-se a vereador e quatro meses para candidatar-se a prefeito ou vice.
80. Presidente de conselho municipal não precisa desincompatibilizar-se.
81. Fiscal de tributos deve afastar-se do cargo seis meses antes do pleito para candidatar-se a vereador e quatro meses para candidatar-se a prefeito ou vice (LC nº 64/90, art. 1º, II, "b", c.c. IV, "a" e VII, "a").
82. Servidor público, estatutário ou não, da administração direta ou indireta, ou de fundações mantidas pelo poder público, devem afastar-se três meses antes do pleito, para qualquer cargo, garantido o direito de receber seus vencimentos integrais (LC nº 64/90, art. 1º, II).
83. Membro do Ministério Público ou Defensoria Pública, em exercício na comarca, deve afastar-se do cargo seis meses antes do pleito para candidatar-se a vereador e quatro meses para candidatar-se a prefeito ou vice (LC nº 64/90, art. 1º, IV, "b", c.c. VII, "b").

84. Sindicatos: o detentor de cargo ou função de direção, administração ou representação em entidade representativa de classe, mantida total ou parcialmente por contribuições impostas pelo poder público, ou recursos arrecadados e repassados pela previdência social, deve afastar-se do cargo seis meses antes do pleito para candidatar-se a vereador e quatro meses para candidatar-se a prefeito ou vice (LC nº 64/90, art. 1º, II, c.c. IV, "a").
85. Autoridade policial, civil ou militar, com exercício no município, deve afastar-se do cargo seis meses antes do pleito para candidatar-se a vereador e quatro meses para candidatar-se a prefeito ou vice (LC nº 64/90, art. 1º, IV, c.c. VII, "b").
86. A propaganda política antecipada é proibida (artigos 36 e 37 da Lei nº 9.504/97), tanto em bens particulares como em bens públicos, sujeitando o responsável à pena de multa. Porém, o candidato só é punido se ficar provado seu prévio conhecimento.
87. A lei não permite que se faça propaganda com estandartes pendurados em postes, viadutos, bens públicos, etc., apenas em imóveis próprios ou particulares.
88. Se o prefeito for cassado por abuso do poder econômico durante a campanha, o vice também será atingido. O dinheiro que deu a vitória ao prefeito beneficiou o vice, que se elegeu na mesma chapa.
89. Cabe ação de impugnação de mandato contra o suplente porque ele, titulado, poderá substituir ou suceder o titular.
90. Em processo de prestação de contas de campanha, a decisão é publicada em sessão, até três dias antes da diplomação. Se o juiz mandar que as partes sejam intimadas pelo cartório ou através da imprensa oficial, o prazo começa a fluir a partir da cientificação por mandado ou pela imprensa.
91. A não abertura de conta bancária na época da campanha eleitoral, não enseja, por si só, a desaprovação das contas.
92. Tratando-se de convênios com Estado ou município, o julgamento fica por conta do Tribunal de Contas e não da Câmara Municipal, que só julga as contas anuais.
93. É crime eleitoral a afixação de cartazes em tapumes de obras públicas. É irrelevante o caráter transitório do tapume.
94. Propaganda de possível candidato, veiculada antes do período eleitoral, não caracteriza propaganda proibida. Quando muito pode tratar-se de mera promoção pessoal.
95. Quando dirigente de futebol que seja candidato aparece no rádio ou na televisão em período eleitoral, fazendo-se dele comentários elogiosos, com frases de teor político, caracteriza-se propaganda irregular.

96. Para a condenação de candidato beneficiado por propaganda irregular, é necessário a comprovação de sua responsabilidade. Sem o seu prévio conhecimento, não há como incriminá-lo.
97. Propaganda extemporânea: adesivos com o nome do candidato não o incrimina se não ficar provado seu prévio conhecimento. É insuficiente a mera presunção. Não se pode exigir do representado "prova negativa" de autoria.
98. Injúria. Ofensa irrogada contra quem não participa da eleição, comparando-o com outro que seja candidato não caracteriza crime eleitoral.
99. Suspensão condicional do processo. Se o decreto condenatório advém depois de ter entrado em vigor a Lei nº 9.096/95 (Lei dos Partidos Políticos), há que se ensejar a proposta de suspensão condicional do processo.
100. Alistamento eleitoral no exterior. Se o cidadão é eleitor no Brasil, a lei estrangeira que lhe permite essa dupla condição não elimina sua inscrição eleitoral brasileira.
101. Inelegibilidade superveniente. Se o candidato teve suas contas rejeitadas pela Câmara de Vereadores e ingressou na Justiça com a competente ação desconstitutiva da decisão da Câmara, afastou a inelegibilidade. Posteriormente, se a Justiça julgar o feito em seu desfavor e houver trânsito em julgado, surge a inelegibilidade superveniente. Cabe recurso contra a expedição do diploma.
102. Propaganda partidária prevista no art. 45 da Lei nº 9.096/95. Não constituem ofensa à lei as críticas feitas ao governo, nesses horários, e tampouco a comparação com o que ele próprio teria feito.
103. Comprovado que o partido veiculou propaganda eleitoral no horário previsto no art. 45 da Lei nº 9.096/95, será cassado o direito de transmissão a que faria jus no semestre seguinte (Representação 29). A punição ocorrerá no semestre seguinte ao fato e não no semestre seguinte ao julgamento do fato.
104. Abuso do poder econômico. Condenado por abuso do poder econômico, sobrevém a inelegibilidade por três anos (art. 22, XIV da LC nº 64/90). O prazo começa a contar da data em que se deu a eleição.
105. Propaganda eleitoral antecipada. Mensagem de possível candidato parabenizando o município pelo seu aniversário de fundação não caracteriza propaganda vedada por lei.
106. Propaganda eleitoral nos meios de comunicação. Demasiado destaque a candidato em noticiário não caracteriza propaganda paga e, portanto, é incabível a aplicação de multa.

107. Propaganda política irregular. A pena de multa deve ser imputada, solidariamente, a todos os partidos políticos que integram a coligação.
108. Direito de resposta e pagamento de multa. Ofendido o candidato por emissora de televisão, esta, além de ser penalizada com multa, terá que abrir espaço para que o ofendido exerça seu direito de resposta.
109. Crime contra a honra. Mesmo que não seja provado que o cidadão mandou confeccionar o material ofensivo, mas provado que ficou a distribuição por ele, fica caracterizado o crime e sua condenação com base no art. 324, §1º, do Código Eleitoral.
110. Abuso do poder econômico. "Sendo a normalidade do pleito o valor a ser resguardado, a cassação do registro poderá ocorrer, ainda que, para a ilicitude, não concorra o candidato. Necessidade, em tal hipótese, da demonstração de que fortemente provável haja a prática abusiva distorcido a manifestação popular, com reflexo no resultado das eleições."
111. Prestação de contas. É admissível a complementação quando o juiz a julgar incompleta. Só por esse motivo, não deverá ser rejeitada.
112. Substituição de candidato a vereador. Além de o registro dever ser requerido até dez dias contados do fato que deu origem à substituição, deverá ser observado também o prazo de sessenta dias antes do pleito.
113. Ao militar candidato, basta o pedido de registro de candidatura, após prévia escolha em convenção partidária. Somente a partir desse momento ele se filia ao partido político.
114. Candidato que na época de seu pedido de registro de candidatura não se encontrava em pleno exercício de seus direitos políticos é inelegível, mesmo que a inelegibilidade cesse anteriormente à eleição.
115. Penal. O disposto no art. 89 da Lei nº 9.099/95 (suspensão condicional do processo) aplica-se aos processos em que ainda não foi proferida a sentença condenatória quando sua entrada em vigor.
116. "Para a verificação da prescrição retroativa, vale a data do crime que efetivamente foi considerada pela decisão judicial, e não aquela constante da denúncia."
117. Propaganda antecipada. O candidato só é punido se ficar provado o seu prévio conhecimento.
118. Propaganda eleitoral irregular. A multa aplicada é de caráter administrativo e nada tem a ver com as regras relativas ao prazo prescricional de ilícitos penais.

119. Propaganda eleitoral na imprensa. Para a caracterização do ilícito previsto no art. 43 da Lei nº 9.504/97, é indispensável a prova de que foi paga ou que tenha sido produto de doação indireta.
120. Debate. Transmissão pelo rádio entre candidatos. Se comparecer apenas um dos candidatos convidados, fica proibida sua realização.
121. A propaganda eleitoral na forma de colagem em prédio público, mesmo que não cause dano, sujeita o infrator ao pagamento da multa prevista no art. 37, §1º, da Lei nº 9.504/97.
122. Propaganda feita em tapume é proibida, sob pena de multa, não importando a inocorrência de dano.
123. Prestação de contas. A ausência de movimentação dos recursos em conta bancária específica, não conduz, por si só, à rejeição das contas, cuja regularidade pode ser demonstrada de outra forma.
124. "O TSE firmou entendimento no sentido de que a ação rescisória só é cabível nos casos de inelegibilidade."
125. "A reclamação não pode ser usada como sucedâneo de recurso próprio."
126. "O TSE é competente para processar e julgar, originariamente, mandado de segurança contra atos dos regionais, em matéria eleitoral".
127. Prestação de contas. "A intimação para sanar as irregularidades há de ser feita pessoalmente, quando a parte não se encontra representada por advogado, não valendo a efetuada pela imprensa oficial".
128. A retirada da propaganda irregular, depois da intimação, não afasta a aplicação da multa.
129. Para a configuração do abuso do poder econômico não se exige a relação de causa e efeito entre o ato e o resultado das eleições.
130. Reunião política em favor do candidato não caracteriza prática ilegal consistente em abuso de poder político e de autoridade.
131. Partido coligado. O partido coligado não tem legitimidade para propor representação. A coligação passa a ser considerada, provisoriamente, como único partido, para efeito de participação do processo eleitoral. Tem legitimidade o representante da coligação.
132. "A coligação é unidade partidária e representante legítima das agremiações que a compõe."
133. Direito de resposta. "O tempo de duração da resposta deve corresponder ao da veiculação da matéria tida como ofensiva."
134. "O início da propaganda eleitoral relativa ao segundo turno se dará 48 horas a partir da proclamação dos resultados."

135. **Dirigente partidário.** Ante a ausência de previsão legal, o exercício da presidência ou direção de partido político não é causa de inelegibilidade.
136. **Desincompatibilização.** "Presidente de Conselho Regional de Engenharia, Arquitetura e Agronomia (CREA). Atividade de fiscalização profissional. Natureza Pública. Exercício mediante delegação da União. Anuidade e taxas que se enquadram no conceito de contribuição parafiscal. Necessidade de desincompatibilização." Deve afastar-se do cargo seis meses antes do pleito para candidatar-se a vereador e quatro meses para candidatar-se a prefeito ou vice.
137. "Funcionário de companhia de economia mista deve afastar-se do cargo até três meses antes do pleito para candidatar-se a qualquer cargo eletivo".
138. "Eleitor que faltar apenas ao 2º turno de uma eleição estará sujeito ao pagamento da mesma multa que aquele que não votar nos dois turnos."
139. **Filiação partidária.** "Constatado e comprovado o erro datilográfico ou de digitação quando da lavratura da certidão de filiação partidária, cumpre ao tribunal (ou ao juiz), presente o requerimento do interessado, corrigir a inexatidão material verificada."
140. Militar da reserva, não remunerado, terá que se filiar a partido político para poder candidatar-se a qualquer cargo.
141. A renúncia do titular do cargo executivo (prefeito, por exemplo) não enseja a inelegibilidade para o mesmo cargo, no período imediatamente subsequente.
142. "A condenação a ressarcir o erário, em ação popular ou em ação civil pública, não conduz, por si, à inelegibilidade."
143. "Candidato condenado em ação popular por improbidade administrativa (...) só quando forem praticados atos com fins eleitorais."
144. Se o vice-prefeito não assumiu o cargo de prefeito nos seis meses que antecede a eleição, seu filho é elegível para qualquer cargo.
145. Prefeito cassado por decreto legislativo fica inelegível por três anos subsequentes ao término do mandato para o qual foi eleito (LC nº 64/90, art. 1º, I, "c").
146. Contas rejeitadas pelo Tribunal de Contas mas não apreciadas pela Câmara Municipal não conduzem à inelegibilidade (art. 31, §1º, da CF).
147. Contas consideradas regulares mas com ressalvas são diferentes das contas consideradas irregulares (para fins de elegibilidade).
148. Conta-se, a partir da decisão da Câmara que rejeitou as contas do prefeito, o prazo de cinco anos de inelegibilidade.

149. **Quorum.** Somente pelo voto de dois terços dos integrantes da Câmara Municipal deixará de prevalecer o parecer do Tribunal de Contas.
150. **Recurso de revisão.** Se o parecer do Tribunal de Contas foi pela rejeição das contas do prefeito, o recurso de revisão não tem efeito suspensivo, a não ser que o próprio TC diga o contrário em seu parecer.
151. **Expulsão de filiado.** O ato não pode ser atacado via mandado de segurança. Só cabe recurso previsto no estatuto do partido.
152. **Imunidade.** O juiz eleitoral pode processar e julgar vereador. Sua imunidade é apenas material, não processual. O vereador é inviolável por suas opiniões, palavras e votos no exercício do mandato e na circunscrição do município, conforme inciso VIII do art. 29 da Constituição Federal.
153. **Candidato não escolhido em convenção.** A sanção prevista no art. 36 da Lei nº 9.504/97, que trata de propaganda antecipada, aplica-se à conduta.
154. No caso de participação de candidato em programa de rádio ou televisão antes do período de propaganda eleitoral gratuita, "a Lei nº 9.504/97 prevê punição somente para a emissora".
155. O vice-prefeito pode candidatar-se à reeleição, mesmo que tenha substituído ou esteja substituindo o prefeito. Só não poderá se tiver sucedido o prefeito. Neste caso ele poderá ser candidato a prefeito devido ao instituto da reeleição.
156. Só poderá filiar-se a partido quem estiver em pleno gozo de seus direitos políticos.
157. Ausência de prestação de contas de verba federal configura irregularidade insanável. Inelegibilidade.
158. Ex-Presidente da Câmara de Vereadores com contas rejeitadas pelo TC por irregularidades insanáveis é inelegível.
159. A ação de investigação judicial prevista no art. 22 da LC nº 64/90 (abuso do poder econômico ou político), pode ser ajuizada até a data da diplomação do candidato eleito.
160. **Desincompatibilização.** Membro do conselho de administração de empresa concessionária de serviço público federal deve afastar-se do cargo seis meses antes do pleito para candidatar-se a vereador e quatro meses para candidatar-se a prefeito ou vice.
161. **Desincompatibilização.** Presidente de entidade patronal nacional representativa e agregadora de classe deve afastar-se do cargo seis meses antes do pleito para candidatar-se a vereador e quatro meses para candidatar-se a prefeito ou vice.

162. Não há necessidade de desincompatibilização de dirigentes de fundação vinculada a partido político, mantida exclusivamente pelos recursos do Fundo Partidário, para disputar eleição.
163. É admissível a interposição de recurso via fax, desde que o recorrente ratifique o ato, ao Juízo ou Tribunal, com documentação original até cinco dias após a sua expedição. A petição via fax apenas garante o prazo.
164. Cabe ao partido o envio da lista de filiados ao Juízo competente. Negligência do partido não poderá prejudicar o filiado.
165. Vereador que votou favoravelmente ao aumento de seus próprios vencimentos, condenado em ação civil pública, com trânsito em julgado, não é inelegível devido à inexistência de dolo ou fraude.
166. Candidato condenado em ação popular por improbidade administrativa só se torna inelegível se o ato foi praticado com fins eleitorais.
167. Ação popular. A condenação ao ressarcimento do erário não conduz, por si, à inelegibilidade.
168. A rejeição de contas de ex-prefeito, após sua nova eleição e diplomação, não enseja cassação do diploma. A alínea "g" do art. 1º, I, da Lei das Inelegibilidades se aplica às eleições que vierem a se realizar, e não às já realizadas.
169. A rejeição das contas pela Câmara Municipal após a realização do pleito torna impossível a cassação do diploma.
170. Impeachment. A inabilitação para exercer função pública em virtude do impeachment (parágrafo único do art. 52 da CF) incapacita, também, para o desempenho do mandato.
171. A filiação a partido político impede o exercício de funções eleitorais por membros do Ministério Público, até dois anos após seu cancelamento (LC nº 75, art. 80).
172. A existência de conflito judicial entre o juiz e o candidato deve ser entendida como impedimento absoluto ao exercício da judicatura eleitoral pelo juiz nele envolvido, como autor ou réu.
173. Além do candidato, do partido ou da coligação, o Ministério Público Eleitoral também pode representar ao TRE contra o juiz eleitoral que descumprir disposições de lei.
174. Aos candidatos a vereador serão atribuídos números de cinco algarismos, sendo que os dois primeiros representam o número do seu partido. Exemplo: 40.xxx., do PSB.

CAPÍTULO 6

PERGUNTAS E RESPOSTAS

Lista de perguntas frequentes e suas respectivas respostas, formuladas com base na Lei nº 9.504/97, que estabelece normas para as eleições:

1. *Quando será a eleição municipal?*
   R.: No dia 7 de outubro de 2012, domingo.

2. *Quando será segundo turno, se houver?*
   R.: No dia 28 de outubro de 2012, último domingo do mês.

3. *Os votos em branco contam para estabelecer maioria absoluta?*
   R.: Não, não contam mais.

4. *O que acontece se um dos candidatos morrer ou renunciar no segundo turno?*
   R.: Será convocado, entre os remanescentes, o de maior votação.

5. *Os candidatos a prefeito e a vice terão que ser do mesmo partido?*
   R.: Não. Se houver coligação, eles podem ser de partidos distintos.

6. *Em que municípios a decisão se dará no 2º turno?*
   R.: Nos municípios com mais de 200 mil eleitores, apenas no caso de nenhum candidato alcançar a maioria absoluta no primeiro turno.

7. *O que é preciso para ser candidato?*
   R.: Estar no gozo dos direitos políticos, estar filiado a um partido e ter domicílio eleitoral no município pelo menos um ano antes das eleições.

8. *Com que idade posso ser candidato a vereador?*
R.: Com 18 anos, se completados até o dia da posse.

9. *Com que idade posso ser candidato a prefeito ou vice-prefeito?*
R.: Com 21 anos, também se completados até o dia da posse.

10. *Quantos candidatos um partido pode lançar para vereador?*
R.: O equivalente ao número de cadeiras a preencher, na câmara de vereadores, mais a metade (art. 10).

11. *Quantos candidatos uma coligação pode lançar para vereador?*
R.: O dobro do número do número de cadeiras a preencher, não importando o número de partidos coligados (art. 10, §1º).

12. *Quantas vagas devem ser destinadas às mulheres?*
R.: No mínimo 30% (trinta por cento) das vagas, em qualquer circunstância. O §3º do art. 10 da Lei nº 9.504/97, na redação dada pela Lei nº 12.034/2009, passou a dispor que, "do número de vagas resultantes das regras previstas neste artigo, cada partido ou coligação preencherá o mínimo de 30% (trinta por cento) e o máximo de 70% (setenta por cento) para candidaturas de cada sexo".

13. *O que acontece se não houver mulheres suficientes para preencher essas vagas?*
R.: O registro de candidatura de cada partido ou coligação será indeferido.

14. *O que acontece se, no cálculo do número de vagas, não sobrar um número inteiro?*
R.: Neste caso, a fração que for menor que 0,5 deverá ser desprezada, e a que for igual ou superior a 0,5 deverá ser igualada a 1.

15. *Que tipo de coligações o partido pode fazer?*
R.: Podem ser feitas coligações para a disputa para prefeito e vice, para vereadores, ou para ambas as disputas conjuntamente.

16. *Qualquer partido pode participar de qualquer coligação na disputa para vereador?*
R.: Não. Se houver uma única coligação majoritária e proporcional, nenhum outro partido poderá entrar na coligação proporcional (vereadores).

17. *Os partidos da coligação proporcional podem subdividir-se em grupos?*
R.: Podem. O que não pode é entrar nessa coligação um partido de fora.

18. *Qualquer dos partidos coligados pode "falar" pela coligação?*
R.: Não. A coligação deve ter um representante, que faz as vezes de presidente.

19. *Quando os partidos escolhem seus candidatos?*
R.: Entre os dias 10 e 30 do mês de junho (art. 8º).

20. *Quando os candidatos serão registrados?*
R.: Os candidatos podem ser registrados até às 19 horas do dia 5 de julho (art. 11).

21. *O que acontece se o partido não fizer o registro de um candidato, mesmo que ele tenha sido escolhido pela convenção?*
R.: O próprio candidato fará seu registro junto ao juiz eleitoral (art. 1º, §4º).

22. *Há candidatura nata?*
R.: Não. O art. 8º, §1º, da Lei nº 9.504/97 diz que sim, mas o STF suspendeu esta eficácia por meio de uma ADI.

23. *O que acontece caso um vereador mude de partido durante a legislatura?*
R.: Em 25 de outubro de 2007 foi expedida a Resolução nº 22.610, segundo a qual o vereador que mudar de partido durante a legislatura perde o mandato.

24. *Se alguém pertencia ao partido "A" e esse partido se fundiu ou se incorporou com o partido "B", formando o partido "C", como fica sua filiação?*

R.: Ele estará automaticamente filiado ao partido "C", independentemente de qualquer manifestação ou nova filiação (art. 9º, parágrafo único).

25. Caso o partido não preencha todas as vagas para vereador no dia da convenção, poderá preenchê-las mais tarde?
R.: Sim. Poderá preenchê-las até 60 dias antes da eleição (art. 10, §5º).

26. O candidato pode concorrer para vereador com mais de um nome ou apelido?
R.: Sim. O candidato pode concorrer com até três variações, desde que o apelido não atente contra o pudor e não seja ridículo ou irreverente.

27. O que acontece se houver coincidência de nome ou apelido com outro candidato?
R.: Nesse caso, a solução está no art. 12, §1º.

28. Se o candidato for considerado inelegível, falecer ou renunciar, poderá ser substituído?
R.: Sim, É facultado ao partido ou coligação substituir candidato que for considerado inelegível, renunciar ou falecer após o termo final do prazo do registro ou, ainda, tiver seu registro indeferido ou cancelado (art. 13).

29. No caso acima, como é feita a substituição?
R.: A substituição é feita na forma estabelecida pelo estatuto do partido a que pertencer o substituto (art. 13, §1º).

30. Na eleição para prefeito ou vice, como se procede se o candidato a ser substituído for de coligação?
R.: O substituto deve ser escolhido por maioria absoluta das comissões executivas dos partidos que compõem a coligação. O escolhido pode ser de qualquer partido, desde que o partido a que pertencia o substituído abra mão da preferência.

31. O partido pode cancelar o registro de um candidato?
R.: Sim, desde que o candidato seja expulso do partido antes das eleições (art. 14).

32. Como serão identificados numericamente os candidatos?

R.: O candidato a prefeito será identificado pelo número do seu partido, mesmo que haja coligação, desde que ele seja cabeça de chapa. O candidato a vereador terá como prefixo o número do seu partido, acrescido de três algarismos. Por exemplo: o candidato do PSB – Partido Socialista Brasileiro será identificado com o número 40.xxx (art. 15).

33. Como é feita a identificação no caso dos candidatos a vereador por uma coligação?

R.: Da mesma forma, ele terá que ser identificado pelo número de seu partido (art. 15, §3º).

34. Por que a lei exige que na lista de candidatos conste também o sexo de cada um?

R.: Porque existem nomes que podem ser tanto de homens quanto de mulheres, como por exemplo Darcy, Juracy, Jacy, Hely ou Marly, e isso pode causar confusão.

35. Até quanto o candidato pode gastar na sua campanha?

R.: Até o limite fixado pelo seu partido (art. 18).

36. O que acontece se o limite fixado for ultrapassado?

R.: O candidato será multado em 5 a 10 vezes o montante do excesso (art. 18, §2º).

37. O partido ou o candidato é obrigado a constituir comitê financeiro?

R.: Sim. O candidato e os partidos são obrigados a constituírem seus comitês financeiros.

38. O candidato é obrigado a prestar contas de seus gastos à justiça?

R.: Sim. O candidato é solidariamente responsável com a pessoa indicada na forma do art. 20 da Lei pela veracidade das informações financeiras e contábeis de sua campanha, devendo ambos assinar a respectiva prestação de contas (art. 21).

39. O candidato é obrigado a abrir conta bancária para movimentar financeiramente sua campanha?

R.: Sim. É obrigatório para o partido e para os candidatos abrir conta bancária específica para registrar todo o movimento financeiro da campanha (art. 22).

40. Como devem ser feitas as doações para a campanha?
R.: As doações devem ser feitas mediante recibo em formulário próprio (art. 23, §2º).

41. O que acontece se o candidato receber doações acima do teto fixado pelo partido?
R.: O infrator fica sujeito ao pagamento de 5 a 10 vezes a quantia excedente (art. 23, §3º).

42. Qualquer pessoa ou entidade pode contribuir para a campanha?
R.: Sim, pode, exceto as referidas no art. 24, incisos I a VII, da Lei nº 9.504/97.

43. O que são considerados gastos eleitorais sujeitos a registro e aos limites da lei?
R.: Todos os gastos constantes dos incisos de I a XVI do art. 26 da Lei nº 9.504/97.

44. Qual o prazo para a prestação de contas?
R.: Trinta dias após a realização das eleições (art. 29, III).

45. Qual o prazo para a prestação de contas se houver 2º turno?
R.: Nesse caso, a prestação de contas será feita em relação aos dois turnos, até trinta dias após a realização do 2º turno (art. 29, IV).

46. O que acontece se esse prazo não for obedecido?
R.: O candidato, se eleito, correrá o risco de não ser diplomado enquanto a pendência perdurar (art. 29, §2º).

47. O que acontece se houver sobra de campanha?
R.: Essa sobra deverá ser encaminhada ao partido ou à coligação, e destinada à criação e à manutenção de um instituto ou fundação de pesquisa e de doutrinação e educação política (art. 31).

48. A partir de quando é permitido fazer campanha eleitoral?
R.: A partir de 5 de julho, sendo que nos 15 dias anteriores poderão os postulantes à convenção fazer propaganda intrapartidária à indicação de seus nomes (art. 36).

CAPÍTULO 6
PERGUNTAS E RESPOSTAS

49. *Posso escrever propaganda em bens públicos ou de uso comum?*
  R.: Não. Deve ser observado o que dispõe a Resolução nº 22.718 do TSE.

50. *Posso fazer propaganda em árvores?*
  R.: Não. O candidato que fizer propaganda em árvores poderá ser multado e até ter cassado o registro de sua candidatura.

51. *Posso fazer propaganda em bens particulares?*
  R.: Sim, desde que tenha permissão dos proprietários.

52. *Pode ser feita a distribuição de "santinhos" e outros folhetos?*
  R.: Sim, desde que no período permitido. Nesse caso, a distribuição independe de licença do prefeito, da polícia ou de quem quer que seja.

53. *Reuniões políticas ou comícios dependem de autorização da polícia?*
  R.: Não. O candidato ou o partido deverá apenas fazer a comunicação à polícia com 24 horas de antecedência, sendo que quem comunicou primeiro tem a prioridade para usar determinado local (art. 39, §1º).

54. *É permitido o funcionamento de alto-falantes?*
  R.: Sim, entre as 8h da manhã e as 10h da noite, mas nunca em distância inferior a 200 metros da Prefeitura, da Câmara, do Fórum, dos hospitais, das escolas, das bibliotecas e das igrejas e teatros quando em funcionamento (art. 39, §3º, I, II e III).

55. *Em que horário são permitidos os comícios?*
  R.: Os comícios são permitidos das 8h da manhã à meia-noite (art. 39, §3º).

56. *As propagandas acima são permitidas no dia da eleição?*
  R.: Não. No dia da eleição não é permitido o uso de alto-falante, a realização de comícios ou carreatas, a distribuição de "santinhos" nem a prática da chamada "boca de urna" (art. 39, §5º).

57. *É permitida a propaganda paga em jornais?*
  R.: Sim, desde que obedeça o limite de 1/8 de página em jornal padrão e 1/4 de página em jornal tabloide, por edição.

58. É permitida a propaganda paga no rádio ou na televisão?

R.: Não. A propaganda no rádio e na televisão se restringe aos horários gratuitos (art. 44).

59. O que mais é proibido no rádio e na televisão?

R.: A partir de 1º de julho, não é permitido transmitir entrevistas, realizar pesquisas com identificação do pesquisado, usar textos ou imagens que ridicularizem candidato, emitir opinião favorável ou contrária a candidato, partido ou coligação, dar tratamento privilegiado nos noticiários, veicular filmes, novelas ou minisséries com alusão ou crítica a candidato, exceto nos programas jornalísticos (art. 45).

60. Se um candidato tiver um programa com seu nome, o que acontece se o nome desse programa continuar sendo divulgado?

R.: O candidato poderá ter o seu registro cancelado (art. 45, VI).

61. Se um candidato for comentarista ou apresentador de programa, ele pode continuar nesse trabalho?

R.: Não. A partir da convenção do partido, o candidato que permanecer nesse trabalho poderá ter sua candidatura cassada. Além disso, a emissora pagará multa de 20 mil a 100 mil UFIR e, em caso de reincidência, de 40 mil a 200 mil UFIR (art. 45, §1º e §2º).

62. Quando tem início a propaganda gratuita no rádio e na televisão?

R.: Quarenta e cinco dias antes da antevéspera das eleições.

63. Em que horários e quantos minutos é veiculada a propaganda gratuita no rádio e na televisão?

R.: As propagandas dos candidatos a prefeito e vice-prefeito serão veiculadas às segundas, quartas e sextas, das 7h às 7h30 e das 12h às 12h30, no rádio; das 13h às 13h30 e das 20h30 às 21h, na televisão. As propagandas dos candidatos a vereador serão veiculadas às terças, quintas e sábados, nos mesmos horários (art. 47, §1º, VI e VII).

64. Como são feitas as inserções durante esse período?

R.: Haverá 30 minutos diários no rádio e na televisão para a veiculação de inserções de até 60 segundos, exclusivamente para candidatos a prefeito e vice-prefeito (art. 51, II).

65. Qual o critério para a distribuição desse tempo entre os partidos?

R.: Dez minutos (1/3) serão distribuídos igualitariamente entre todos os partidos que tenham candidato. Vinte minutos (2/3), proporcionalmente ao número de deputados federais que assumiram na atual legislatura (art. 47, §2º, I e II, e §3º).

66. Os partidos que não tiverem representação na Câmara dos Deputados ficam de fora?

R.: Os que não tiverem representação na Câmara, mas tiverem candidato participarão apenas da divisão dos 10 minutos (1/3).

67. Se o partido elegeu, por exemplo, 80 deputados federais, mas 10 mudaram de legenda e só 70 assumiram, como é que fica? Qual será a base de cálculo?

R.: Segundo a nova redação dada pela Lei nº 11.300, de 2006, vale a representação resultante da eleição (art. 47, §3º), desde que a mudança seja de acordo com a resolução da fidelidade partidária.

68. E se houver coligação, como é que fica o tempo de propaganda?

R.: No caso de coligação, o tempo de propaganda será o resultado da soma dos tempos destinados a cada partido coligado (art. 47, §2º).

69. Como se chegará à divisão dos 10 minutos entre os candidatos a prefeito?

R.: Depende do número de candidatos que concorrerem naquele município. Se forem 2, cada um terá 5 minutos; se forem 4, cada um terá 2,5 minutos, e assim por diante.

70. Com referência aos 20 minutos (2/3) como se fará a divisão?

R.: Com uma simples regra de três. A Câmara é composta de 513 Deputados Federais que assumiram no início da legislatura. Assim, os 20 minutos pertencem aos 513. A divisão será proporcional à bancada que iniciou a atual legislatura.

71. Se houve fusão ou incorporação entre dois ou mais partidos, depois do início da atual legislatura, como é que fica?

R.: Com a fusão ou a incorporação teríamos um novo partido. A representação que assumiu será a soma dos partidos originais (art. 47, §3º).

72. Se houver 2º turno, qual será o período da campanha no rádio e na TV?

R.: A campanha começará 48 horas após a proclamação do resultado do primeiro turno e irá até a antevéspera da eleição, que ocorrerá no último domingo de outubro (art. 49).

73. Na campanha do segundo turno, quanto tempo terá cada candidato?

R.: Dois períodos de vinte minutos no rádio e na televisão, sendo: das 7h às 7h20 e das 12h às 12h20, no rádio; das 13h às 13h20 e das 20h30 às 20h50horas, na televisão.

74. Como será feita a divisão desse tempo?

R.: O tempo será dividido igualmente entre os dois candidatos (art. 49, §2º).

75. As gravações externas são permitidas?

R.: Somente nos programas em bloco. Nas inserções, as gravações externas não são permitidas (art. 51, IV).

76. Haverá censura prévia?

R.: Não. Só será admitida censura do juiz eleitoral. Também não serão permitidos cortes instantâneos durante os programas de rádio ou TV (art. 53).

77. O que acontece se houver programa ofensivo à honra do adversário?

R.: O ofensor perderá o programa do dia seguinte e a Justiça Eleitoral proibirá a reapresentação do programa (art. 53, §1º e §2º).

78. Quem pode participar dos programas dos partidos ou coligação?

R.: Qualquer pessoa que não esteja filiada a outro partido (art. 54).

79. Se no primeiro turno um filiado ao partido "A", que perdeu as eleições, formalizou seu apoio, poderá, no 2º turno, participar do programa do candidato do partido "B", que ainda continua na disputa?

R.: Não. A participação é vedada por lei (art. 54, parágrafo único).

80. Se for caluniado, injuriado ou difamado, o candidato tem direito de resposta?

R.: Sim, a partir de sua escolha em convenção (art. 58).

81. **Os partidos e coligações que forem atingidos por conceito, imagem ou afirmação caluniosa também têm direito de resposta?**
    R.: Sim (art. 58).

82. **Como proceder se a ofensa for feita por meio de jornal ou revista?**
    R.: O pedido de resposta deverá ser instruído com um exemplar do jornal ou revista responsável pela ofensa.

83. **O que acontece se a ofensa acontecer no horário eleitoral gratuito?**
    R.: A resposta será veiculada no horário do ofensor, nunca em tempo inferior a um minuto (art. 58, §3º, III, "a").

84. **O que acontece se a ofensa ocorrer durante o último programa de rádio ou televisão?**
    R.: A resposta será veiculada dentro das 48 horas anteriores ao pleito (art. 58, §3º).

85. **Caso a resposta também seja ofensiva, haverá tréplica?**
    R.: Não. Nesse caso, a resposta passará pela "censura" do juiz eleitoral (art. 58, §3º).

86. **Quem credenciará os fiscais para a eleição?**
    R.: Os representantes dos partidos ou coligações registrados junto à Justiça Eleitoral (art. 65, §3º).

87. **Quem não pode participar de inauguração de obras públicas?**
    R.: É proibido a qualquer candidato comparecer, nos três meses que precedem o pleito, a inaugurações de obras públicas (art. 77).

88. **Qual é a pena para o candidato que desobedece a proibição acima?**
    R.: A pena é a cassação do registro (art. 77, parágrafo único).

89. **Quando os shows artísticos pagos pelo poder público são proibidos?**
    R.: Nos três meses que antecedem à eleição e nas inaugurações (art. 75).

90. **O candidato pode fazer campanha com recursos próprios?**
    R.: Sim, desde que comprove a origem destes recursos.

91. Até quanto o candidato pode gastar?

R.: O candidato pode gastar até o limite estabelecido pelo partido (art. 18). Ele poderá completar esse limite ou realizá-lo sozinho, sem ajuda de ninguém (art. 23, §1º, II).

92. O governo ou uma entidade estrangeira podem ajudar na campanha?

R.: Não. Se isso acontecer, o partido poderá perder direito ao fundo partidário durante um ano e o candidato poderá responder por abuso do poder econômico (art. 24, I, e art. 25).

93. Quem mais não pode investir na campanha política?

R.: Não podem investir em campanha política: órgão da Administração Pública, fundação mantida pelo poder público, concessionário ou permissionário de serviço público, entidade de direito privado beneficiária compulsória de dinheiro público, entidade de utilidade pública, entidade de classe, entidade sindical, pessoa jurídica que receba dinheiro do exterior (art. 24).

94. Até quanto poderão doar as pessoas físicas e jurídicas?

R.: As pessoas físicas poderão doar até 10% dos rendimentos brutos auferidos no ano anterior (art. 23, §1º, I) e as pessoas jurídicas até 2% do faturamento bruto do ano anterior (art. 81, §1º).

95. O que acontece se esse limite for ultrapassado?

R.: Os responsáveis ficarão sujeitos ao pagamento de multa no valor de 5 a 10 vezes a quantia ultrapassada (art. 23, §3º, e art. 81, §1º).

96. O candidato tem que divulgar relatório de recursos e gastos?

R.: Sim, os partidos políticos e os candidatos são obrigados, durante a campanha eleitoral, a divulgar, pela rede mundial de computadores (internet), relatório discriminando os recursos em dinheiro ou estimáveis em dinheiro que tenham recebido para financiamento da campanha eleitoral e os gastos que realizarem, em sítio criado pela Justiça Eleitoral para esse fim.

97. Essa divulgação é pública?

R.: Sim, qualquer pessoa pode ter acesso.

98. Quando é que esse relatório deve ser divulgado?
R.: Nos dias 6 de agosto e 6 de setembro do ano eleitoral.

99. A lei prevê mais alguma pena nesses casos? Quem decide sobre essas punições?
R.: A lei prevê pena para as pessoas jurídicas, que poderão ficar proibidas de participar de licitações e celebrar contrato com o poder público pelo período de cinco anos. As punições são decididas pela Justiça Eleitoral (art. 81).

100. Os candidatos estão sujeitos à Lei Complementar nº 135, de 4 de junho de 2010 (Lei da Ficha Limpa)?
R.: Sim, através de decisão do Supremo Tribunal Federal (STF) a Lei da Ficha Limpa terá validade a partir das eleições do ano de 2012.

CAPÍTULO 7

LEI DA FICHA LIMPA
LC Nº 135/2010 – ALTERA A LC Nº 64/1990

7.1 Introdução

Apesar das grandes discussões acerca da aplicabilidade da Lei no pleito de 2010, bem como a sua constitucionalidade o que nos importa agora é olhar para o futuro. Os ministros do Supremo Tribunal Federal (STF) concluíram a análise conjunta das ações declaratórias de constitucionalidade (ADC nº 29 e nº 30) e da Ação Direta de Inconstitucionalidade (ADI nº 4.578) que tratam da Lei Complementar nº 135/2010, a Lei da Ficha Limpa. Por maioria de votos, prevaleceu o entendimento em favor da constitucionalidade da lei, e que esta vigora para o próximo pleito, ou seja, as eleições municipais de 2012.

Para isto, precisamos conhecer o que dispõe a LC nº 135/2010, para sabermos todas as possibilidades de quem poderá ou não ter seu registro negado ou quais situações foram abrangidas pela "Lei da Ficha Limpa".

De início, cumpre ressaltar, que a Lei Complementar nº 135/2010 altera a Lei Complementar nº 64, de 18 de maio de 1990, institui outras hipóteses de inelegibilidade voltadas à proteção da probidade e moralidade administrativas no exercício do mandato, nos termos do §9º do art. 14 da Constituição Federal, que estabelece os casos de inelegibilidade e outras situações conforme disposto no *caput*, abaixo.

7.2 Interpretação da lei

Lei Complementar nº 135, de 4 de junho de 2010

Altera a Lei Complementar nº 64, de 18 de maio de 1990, que estabelece, de acordo com o §9º do art. 14 da Constituição Federal, casos de inelegibilidade, prazos de cessação e determina outras providências, para incluir hipóteses de inelegibilidade que visam a proteger a probidade administrativa e a moralidade no exercício do mandato.

No primeiro artigo, o legislador tratou de objetivar a lei, ou seja, expor seu ponto crucial e a remeter aos demais artigos.

> **Art. 1º** Esta Lei Complementar altera a Lei Complementar nº 64, de 18 de maio de 1990, que estabelece, de acordo com o §9º do art. 14 da Constituição Federal, casos de inelegibilidade, prazos de cessação e determina outras providências.

Nos artigos seguintes, passou o legislador a dispor sobre as mudanças de redação de artigos já vigentes na LC nº 64/90, bem como, inserção de novos artigos que passam a vigorar a partir da publicação da lei.

Estas mudanças, apesar de pequenas no que tange a questão quantitativa, se mostraram de grandeza imensurável no que tange a natureza qualitativa, o que resultou inclusive, no julgamento de sua constitucionalidade por parte de nossa Corte Guardiã da Constituição.

No art. 2º da LC nº 135/2010 temos todas as alterações e inclusões promovidas na LC nº 64/90, que ficarão assim dispostas:

> **Art. 1º** São inelegíveis:
> I - para qualquer cargo: (...)
> c) *o Governador e o Vice-Governador de Estado e do Distrito Federal e o Prefeito e o Vice-Prefeito que perderem seus cargos eletivos por infringência a dispositivo da Constituição Estadual, da Lei Orgânica do Distrito Federal ou da Lei Orgânica do Município, para as eleições que se realizarem durante o período remanescente e nos 8 (oito) anos subsequentes ao término do mandato para o qual tenham sido eleitos;*

Na alínea "c", acrescentada pela LC nº 135/2010, temos um dispositivo simples de entender, ou seja, membros do poder executivo, de qualquer esfera, condenados, e neste caso, observamos que não há qualquer referência de decisão proferida por órgão colegiado, vigorando tão somente decisão transitada em julgado, por infringência às suas respectivas Constituições ou Lei Orgânica, fica inelegível por um período de oito anos.

> d) os que tenham contra sua pessoa *representação julgada procedente pela Justiça Eleitoral, em decisão transitada em julgado ou proferida por órgão colegiado, em processo de apuração de abuso do poder econômico ou político,* para a eleição na qual concorrem ou tenham sido diplomados, bem como para as que se realizarem nos *8 (oito)* anos seguintes;

Na alínea "d" houve modificação do texto já em vigor, trazendo a possibilidade da inelegibilidade através de representação julgada procedente transitada em julgado ou proferida por órgão colegiado em processo de apuração do poder econômico ou político, bem como a alteração do período de inelegibilidade para oito anos.

Aqui gostaria de fazer um aparte e manifestar uma insegurança jurídica ao se admitir, mesmo que através de órgão colegiado, que uma representação seja capaz de tirar de pessoa direito líquido e certo.

E mais, que em fase de representação pode-se não ter havido o devido processo legal, ampla defesa e o contraditório, na forma em que se deve garantir às partes que o seu direito seja minimamente respeitado.

> e) os que forem condenados, em decisão transitada em julgado ou proferida por *órgão judicial colegiado*, desde a condenação até o transcurso do prazo de 8 *(oito)* anos após o cumprimento da pena, pelos crimes:
> 1. contra a economia popular, a fé pública, a administração pública e o patrimônio público;
> 2. contra o patrimônio privado, o sistema financeiro, o mercado de capitais e os previstos na lei que regula a falência;
> 3. *contra o meio ambiente e a saúde pública;*
> 4. eleitorais, para os quais a lei comine pena privativa de liberdade;
> 5. de abuso de autoridade, nos casos em que houver condenação à perda do cargo ou à inabilitação para o exercício de função pública;
> 6. *de lavagem ou ocultação de bens, direitos e valores;*
> 7. de tráfico de entorpecentes e drogas afins, racismo, tortura, terrorismo e hediondos;
> 8. *de redução à condição análoga à de escravo;*
> 9. *contra a vida e a dignidade sexual;* e
> 10. *praticados por organização criminosa, quadrilha ou bando;*

Na alínea "e" houve a modificação no texto em vigor, admitindo a inelegibilidade através de decisão proferida por órgão colegiado, bem como a alteração do período de inelegibilidade para oito anos.

Houve também a ampliação do rol de crimes abrangidos pela LC nº 64/90 capazes de tonar o cidadão inelegível por um período de oito anos, conforme já exposto.

Entre os crimes acrescidos ao rol estão os crimes contra o meio ambiente e a saúde pública, lavagem e ocultação de bens, contra a vida e a dignidade sexual, entre outros.

> f) os que forem declarados indignos do oficialato, ou com ele incompatíveis, pelo prazo de 8 *(oito)* anos;

Na alínea "f" houve modificação do texto em vigor, trazendo somente a alteração do período de inelegibilidade para oito anos.

A título de esclarecimento, aquele que for declarado indigno para oficialato, art. 100 do Código Penal Militar, fica sujeito à inelegibilidade por um período de oito anos.

> g) os que tiverem suas contas relativas ao exercício de cargos ou funções públicas rejeitadas por irregularidade insanável *que configure ato doloso de improbidade administrativa*, e por decisão irrecorrível do órgão competente, salvo se esta houver sido suspensa ou anulada pelo Poder Judiciário, para as eleições que se realizarem nos *8 (oito) anos* seguintes, contados a partir da data da decisão, *aplicando-se o disposto no inciso II do art. 71 da Constituição Federal, a todos os ordenadores de despesa, sem exclusão de mandatários que houverem agido nessa condição;*

Na alínea "g" houve modificação do texto em vigor, trazendo a necessidade de que a irregularidade se configure ato doloso de improbidade administrativa, havendo alteração do período de inelegibilidade para oito anos e também da aplicabilidade da sanção deste inciso não só nos ordenadores, mas também nos mandatários que derem causa ao ato doloso de improbidade administrativa.

> h) os detentores de cargo na administração pública direta, indireta ou fundacional, que beneficiarem a si ou a terceiros, pelo abuso do poder econômico ou político, que forem condenados em decisão transitada em julgado ou *proferida por órgão judicial colegiado*, para a eleição na qual concorrem ou tenham sido diplomados, bem como para as que se realizarem nos *8 (oito)* anos seguintes;

Na alínea "h" houve modificação do texto em vigor, trazendo a necessidade de que a irregularidade se configure ato doloso de improbidade administrativa, havendo alteração do período de inelegibilidade para oito anos e também da aplicabilidade da sanção deste inciso não só nos ordenadores mas também nos mandatários que derem causa ao ato doloso de improbidade administrativa.

> j) os que forem condenados, em decisão transitada em julgado ou proferida por órgão colegiado da Justiça Eleitoral, por corrupção eleitoral, por captação ilícita de sufrágio, por doação, captação ou gastos ilícitos de recursos de campanha ou por conduta vedada aos agentes públicos em campanhas eleitorais que impliquem cassação do registro ou do diploma, pelo prazo de 8 (oito) anos a contar da eleição;

Na alínea "j" o legislador trouxe uma inovação ao texto da LC nº 64/90. Houve a inserção de vedação da elegibilidade àquele que foi condenado em decisão transitada em julgado ou por órgão colegiado da justiça eleitoral, por captação ilícita de voto, por doação que configure vantagem no pleito eleitoral, captação ou gastos ilícitos de recursos de campanha, o denominado "caixa dois", ou por conduta vedada aos agentes públicos em campanhas, ressaltando-se, ainda, que o período de inelegibilidade é de oito anos a partir da eleição que se praticou o ato.

    k) o Presidente da República, o Governador de Estado e do Distrito Federal, o Prefeito, os membros do Congresso Nacional, das Assembleias Legislativas, da Câmara Legislativa, das Câmaras Municipais, que renunciarem a seus mandatos desde o oferecimento de representação ou petição capaz de autorizar a abertura de processo por infringência a dispositivo da Constituição Federal, da Constituição Estadual, da Lei Orgânica do Distrito Federal ou da Lei Orgânica do Município, para as eleições que se realizarem durante o período remanescente do mandato para o qual foram eleitos e nos 8 (oito) anos subsequentes ao término da legislatura;

    Na alínea "k" o legislador trouxe outra novação ao texto da LC nº 64/90. Dessa vez, não adianta renunciar ao mandato para escapar da perda dos direitos políticos.

    Aqui o legislador dispôs o seguinte: os membros dos poderes Executivo ou Legislativo, de qualquer das esferas públicas (União, Estados, Distrito Federal ou Municípios), que renunciarem seus mandatos desde o oferecimento da representação ou petição capaz de autorizar abertura de processo administrativo por infringência às suas respectivas Constituições ou Lei Orgânica, ficam inelegíveis para o restante do mandato para o qual foi eleito e para os oito anos subsequentes à legislatura.

    Gostaria de fazer um aparte nesta alínea, pois, neste caso, o detentor de cargo eletivo estará tendo seu direito restringido sem observância dos princípios basilares do contraditório e da ampla defesa; porém, foi dele a escolha de abrir de todo meio de prova em seu favor como forma provar sua inocência ao renunciar e não enfrentar o devido processo legal.

    No processo, temos duas nuances: correr o risco da condenação ou o alívio da absolvição.

    l) os que forem condenados à suspensão dos direitos políticos, em decisão transitada em julgado ou proferida por órgão judicial colegiado, por ato doloso de improbidade administrativa que importe lesão ao patrimônio público e enriquecimento ilícito, desde a condenação ou o trânsito em julgado até o transcurso do prazo de 8 (oito) anos após o cumprimento da pena;

Aqui a inovação ficou por conta da inelegibilidade daquele que for condenado em decisão transitada em julgado ou por órgão colegiado por ato doloso de improbidade administrativa que importe lesão ao patrimônio público e enriquecimento ilícito, desde a condenação até o transcurso de oito anos após o cumprimento da pena.

m) os que forem excluídos do exercício da profissão, por decisão sancionatória do órgão profissional competente, em decorrência de infração ético-profissional, pelo prazo de 8 (oito) anos, salvo se o ato houver sido anulado ou suspenso pelo Poder Judiciário;

Outra inelegibilidade que foi incluída no rol da LC nº 64/90 é aquela em razão da exclusão por decisão sancionatória de órgão profissional competente, como OAB, CRM, por exemplo, em decorrência de infração ético-profissional, pelo prazo de oito anos, salvo se o ato tiver sido suspenso ou anulado pelo Poder Judiciário.

n) os que forem condenados, em decisão transitada em julgado ou proferida por órgão judicial colegiado, em razão de terem desfeito ou simulado desfazer vínculo conjugal ou de união estável para evitar caracterização de inelegibilidade, pelo prazo de 8 (oito) anos após a decisão que reconhecer a fraude;

Outra inovação: a inelegibilidade aqui é em razão de condenação pela condenação transitada em julgado ou por órgão colegiado pela simulação ou desfazimento de vínculo conjugal ou relação de união estável para evitar caracterização de inelegibilidade por vínculo conjugal, que dispõe a legislação, pelo prazo de oito anos depois de reconhecida a fraude.

o) os que forem demitidos do serviço público em decorrência de processo administrativo ou judicial, pelo prazo de 8 (oito) anos, contado da decisão, salvo se o ato houver sido suspenso ou anulado pelo Poder Judiciário;

Aqui a inelegibilidade ocorre em função da demissão do serviço público por processo administrativo ou judicial pelo prazo de oito anos. Salvo se houver suspensão ou anulação por parte do Judiciário.

Esta alínea é fundamentada no contexto de que processo administrativo pressupõe falta grave na Administração Pública, e quem comente falta grave, não pode ter seu registro a cargo eletivo concedido.

p) a pessoa física e os dirigentes de pessoas jurídicas responsáveis por doações eleitorais tidas por ilegais por decisão transitada em julgado ou proferida por órgão colegiado da Justiça Eleitoral, pelo prazo de 8 (oito) anos após a decisão, observando-se o procedimento previsto no art. 22;

Esta alínea torna inelegível a pessoa física ou o dirigente de pessoa jurídica responsável por doação eleitoral tida por ilegal em decisão transitada em julgado ou proferida por órgão colegiado da justiça eleitoral pelo prazo de oito anos.

A medida, além de punitiva, tem condão preventivo, pois resguarda ou desencoraja as pessoas a fazerem doação eleitoral de forma ilegal.

q) os magistrados e os membros do Ministério Público que forem aposentados compulsoriamente por decisão sancionatória, que tenham perdido o cargo por sentença ou que tenham pedido exoneração ou aposentadoria voluntária na pendência de processo administrativo disciplinar, pelo prazo de 8 (oito) anos; (...)

Na alínea "q" temos a inelegibilidade pelo período de oito anos para os magistrados e os membros do Ministério Público que forem aposentados compulsoriamente por decisão sancionatória, que tenham perdido o cargo por sentença ou que tenham pedido exoneração ou aposentadoria voluntária na pendência de processo administrativo.

A lógica aqui é a mesma usada para fundamentação no caso de servidor público. Processo administrativo pressupõe falta grave no exercício de suas atribuições, e quem comete falta grave não pode ter seu registro concedido para concorrer a um cargo eletivo.

§4º A inelegibilidade prevista na alínea e do inciso I deste artigo não se aplica aos crimes culposos e àqueles definidos em lei como de menor potencial ofensivo, nem aos crimes de ação penal privada.

Ao se ler pela primeira vez a alínea "e" do inciso I deste artigo, fica uma dúvida: como ficarão os casos de crimes culposos (aqueles que são cometidos sem intenção), os crimes definidos por lei como de menor potencial ofensivo e ainda os crimes de ação penal privada?

Mais adiante, a resposta: não se aplicam a estes casos a inelegibilidade prevista pela lei.

Isto porque não podemos aplicar a inelegibilidade a um crime, por exemplo, de ação penal privada, porque a representação depende do ofendido. No crime culposo, a ação não é fruto da vontade do autor, o evento danoso aconteceu por imperícia, por negligência ou por imprudência.

§5º A renúncia para atender à desincompatibilização com vistas a candidatura a cargo eletivo ou para assunção de mandato não gerará a inelegibilidade prevista na alínea k, a menos que a Justiça Eleitoral reconheça fraude ao disposto nesta Lei Complementar. (NR)

Neste parágrafo, a intenção do legislador é resguardar o direito daquele que renunciar ao seu mandato para atender à desincompatibilização com vistas a candidatura a cargo eletivo, nas hipóteses em que for necessária a renúncia, ou para assunção de outro mandato eletivo ao qual seja suplente, a menos que a Justiça Eleitoral reconheça fraude ao disposto à "Lei da Ficha Limpa".

Vale ressaltar que as hipóteses que gerarão a inelegibilidade são aquelas dispostas na alínea "k" do inciso I do art. 1º da LC nº 64/90, e por isto faz-se necessária a implementação do §5º do mesmo art. 1º, com vistas a diferenciar as hipóteses de renúncia e fazer com que não haja prejuízo àquele que renuncie para o cumprimento de um dos requisitos deste parágrafo.

Foi ressalvada ainda, a hipótese de fraude reconhecida pela Justiça Eleitoral, ou seja, aquele que alegar qualquer das hipóteses do §5º para renúncia, e for enquadrado nas hipóteses da alínea "k", será considerado inelegível, com fundamento no art. 1º, I, "k" da LC nº 64/90.

Para finalizar, restou uma dúvida quanto ao texto do parágrafo. Ele menciona "a menos que a justiça eleitoral reconheça a fraude", porém não expressa de que forma o reconhecimento da fraude será procedido.

Em nosso ver, somente através do devido processo, com a observância dos princípios da ampla defesa e do contraditório e, ainda, com transito em julgado da decisão que reconheceu a renúncia como fraudulenta, podemos considerar o requerente como inelegível; caso contrário, não.

Art. 15. Transitada em julgado ou publicada a decisão proferida por órgão colegiado que declarar a inelegibilidade do candidato, ser-lhe-á negado registro, ou cancelado, se já tiver sido feito, ou declarado nulo o diploma, se já expedido.

O art. 15, inserido na LC nº 64/90, dispõe que nas hipóteses de trânsito em julgado, ou publicação de sentença por órgão colegiado, o registro de candidatura será negado ao requerente, se este já houver sido deferido será cancelado e, caso já tenha sido diplomado o réu, será este declarado nulo.

Com este dispositivo, mesmo aqueles empossados nos cargos que tiverem processos transitados em julgado ou decisão publicada por órgão colegiado terá seu diploma declarado nulo e consequentemente perderá o mandato a que foi empossado.

Parágrafo único. A decisão a que se refere o caput, independentemente da apresentação de recurso, deverá ser comunicada, de imediato, ao Ministério Público Eleitoral e ao órgão da Justiça Eleitoral competente para o registro de candidatura e expedição de diploma do réu. (NR)

No parágrafo único do art. 15 temos a obrigatoriedade da comunicação ao Ministério Público Eleitoral e ao órgão da Justiça Eleitoral responsável pelo registro de candidatura e pela expedição do diploma.

Faz-se necessária esta comunicação para que o Ministério Público Eleitoral, bem como a Justiça Eleitoral, tome as medidas necessárias, inclusive a negação ou suspensão do registro de candidatura ou anulação do diploma, conforme expresso.

Art. 22. (...)
XIV - julgada procedente a representação, ainda que após a proclamação dos eleitos, o Tribunal declarará a inelegibilidade do representado e de quantos hajam contribuído para a prática do ato, cominando-lhes sanção de inelegibilidade para as eleições a se realizarem nos 8 (oito) anos subsequentes à eleição em que se verificou, além da cassação do registro ou diploma do candidato diretamente beneficiado pela interferência do poder econômico ou pelo desvio ou abuso do poder de autoridade ou dos meios de comunicação, determinando a remessa dos autos ao Ministério Público Eleitoral, para instauração de processo disciplinar, se for o caso, e de ação penal, ordenando quaisquer outras providências que a espécie comportar;

Ao analisar este inciso, reportamo-nos à alínea "d" do inciso I do art. 1º desta lei, que dispõe que a representação, para que seja capaz de gerar inelegibilidade, tem de ser aquela proferida por órgão colegiado ou transitada em julgado.

Neste inciso há, ainda, a previsão de remessa dos autos ao Ministério Público Eleitoral para instauração de processo disciplinar e penal, se for o caso.

XV - (Revogado);
XVI - para a configuração do ato abusivo, não será considerada a potencialidade de o fato alterar o resultado da eleição, mas apenas a gravidade das circunstâncias que o caracterizam. (...) (NR)

Neste inciso, temos disposto que, para a configuração do ato abusivo, não será considerada a potencialidade de o fato alterar no pleito eleitoral, mas apenas as circunstâncias que o caracterizam. Ou seja, não importa se o ato praticado não tenha capacidade de alterar o resultado eleitoral, será analisado se o mesmo é grave e se este poderia ter alterado de alguma forma o processo eleitoral.

Art. 26-A. Afastada pelo órgão competente a inelegibilidade prevista nesta Lei Complementar, aplicar-se-á, quanto ao registro de candidatura, o disposto na lei que estabelece normas para as eleições.

O artigo dispõe que, sendo afastada a inelegibilidade prevista na LC nº 64/90, será aplicado quanto ao registro de candidatura, o que estabelecem as normas para as eleições vigentes.

Art. 26-B. O Ministério Público e a Justiça Eleitoral darão prioridade, sobre quaisquer outros, aos processos de desvio ou abuso do poder econômico ou do poder de autoridade até que sejam julgados, ressalvados os de habeas corpus e mandado de segurança.
§1º É defeso às autoridades mencionadas neste artigo deixar de cumprir qualquer prazo previsto nesta Lei Complementar sob alegação de acúmulo de serviço no exercício das funções regulares.
§2º Além das polícias judiciárias, os órgãos da receita federal, estadual e municipal, os tribunais e órgãos de contas, o Banco Central do Brasil e o Conselho de Controle de Atividade Financeira auxiliarão a Justiça Eleitoral e o Ministério Público Eleitoral na apuração dos delitos eleitorais, com prioridade sobre as suas atribuições regulares.
§3º O Conselho Nacional de Justiça, o Conselho Nacional do Ministério Público e as Corregedorias Eleitorais manterão acompanhamento dos relatórios mensais de atividades fornecidos pelas unidades da Justiça Eleitoral a fim de verificar eventuais descumprimentos injustificados de prazos, promovendo, quando for o caso, a devida responsabilização.

No art. 26-B e seus parágrafos, temos as disposições no tange à prioridade dos processos de desvio ou abuso do poder econômico ou do poder de autoridade, com ressalva aos habeas corpus e mandados de segurança.

Há também vedação para que as autoridades dispostas no *caput* deste artigo deixem de cumprir os prazos previstos sob alegação de acúmulo de serviço.

Outra disposição do artigo é de que órgãos como o Banco Central do Brasil, o Conselho de Atividade Financeira, a Receita Federal, entre outros, prestarão auxílio à Justiça Eleitoral e ao Ministério Público na apuração dos delitos eleitorais.

Por fim, há a disposição de acompanhamento das atividades da Justiça Eleitoral, bem como do Ministério Público Eleitoral, conforme disposto no §3º.

Art. 26-C. O órgão colegiado do tribunal ao qual couber a apreciação do recurso contra as decisões colegiadas a que se referem as alíneas d, e, h, j, l e n do inciso I do art. 1º poderá, em caráter cautelar, suspender a inelegibilidade sempre que existir plausibilidade da pretensão recursal e desde que a providência tenha sido expressamente requerida, sob pena de preclusão, por ocasião da interposição do recurso.

Mesmo com decisão colegiada publicada, vimos neste artigo que é possível ter o registro de candidatura concedido. Para isto, faz-se necessário interpor no Tribunal, ao qual couber julgar o recurso contra as decisões colegiadas, pedido de efeito suspensivo da decisão, com as razoes plausíveis da pretensão recursal. Se for deferido o efeito suspensivo, o requerente terá o seu registro deferido.

§1º Conferido efeito suspensivo, o julgamento do recurso terá prioridade sobre todos os demais, à exceção dos de mandado de segurança e de habeas corpus.

O §1º dispõe que, com a concessão do efeito suspensivo, o recurso terá prioridade sobre os demais, salvos os habeas corpus e mandados de segurança.

§2º Mantida a condenação de que derivou a inelegibilidade ou revogada a suspensão liminar mencionada no caput, serão desconstituídos o registro ou o diploma eventualmente concedidos ao recorrente.

O §2º dispõe que, após a apreciação do recurso, sendo mantida a condenação que derivou a inelegibilidade ou sendo revogada a suspensão liminar mencionada no caput do artigo, serão desconstituídos o registro ou diploma concedidos ao recorrente.

§3º A prática de atos manifestamente protelatórios por parte da defesa, ao longo da tramitação do recurso, acarretará a revogação do efeito suspensivo.

O §3º dispõe que a prática de atos protelatórios por parte da defesa acarretará em revogação do efeito suspensivo.

7.3 Convocação para preenchimento de vagas em caso de cancelamento do registro ou anulação do diploma já concedido

Com a declaração de Constitucionalidade da Lei Complementar nº 135/2010, um fato merece ser analisado com bastante atenção a partir de agora para definição dos eleitos nos próximos pleitos.

O art. 26-c da LC nº 135/2010 trouxe a possibilidade de uma medida liminar suspender a inelegibilidade, tornando o candidato apto, seus votos válidos e consequentemente eleito caso atinja número de votos suficientes para que tal situação ocorra.

Temos nesta hipótese, uma situação aparentemente comum, porém, que merece uma análise crítica e bastante apurada, para que possamos traçar as implicações reais que tal situação pode trazer.

Como a medida tem caráter provisório ela pode ser revogada, ou mesmo na apreciação do recurso, conforme previsto no artigo, a mesma pode ter o seu provimento negado, o que implica no cancelamento do registro ou anulação do diploma se já expedido, com a consequente nulidade dos votos atribuídos àquele candidato.

Nesta situação não é o suplente quem assume a vaga em aberto ou é diplomado ou proclamado eleito.

Faz-se necessária nova apuração do coeficiente eleitoral para definição do eleito que deverá preencher a vaga em aberto

A título de esclarecimento, coeficiente eleitoral é o resultado da divisão do número de votos válidos pelo número de cadeiras a serem preenchidas para as eleições legislativas municipais, estaduais, do Distrito Federal e da Câmara dos Deputados, conforme fórmula abaixo:

$$Qe = \frac{Número\ de\ votos\ válidos}{Cadeiras\ a\ serem\ preenchidas}$$

Para elucidar a necessidade de nova apuração do coeficiente eleitoral trabalharemos com a seguinte tabela:

Vagas →	9	Coef. Eleit. →	1.177
Coligação	Nº votos	Nº vagas	Vagas com sobra
Coligação A	2.500	2,1236	3
Coligação B	3.000	2,5484	3
Coligação C	2.545	2,1619	3
Coligação D	300	0,2548	0
Coligação E	1.100	0,9344	0
Coligação F	1.150	0,9769	0
Total →	10.595		

Nesta hipótese, um vereador Y da coligação B, teve sozinho 2000 votos, porém seu registro estava *sub judice* e o seu recurso foi desprovido, ou seja, seu diploma foi anulado e seus votos foram declarados nulos. Com isso, assim ficou o quadro eleitoral após a nova apuração do coeficiente eleitoral:

Vagas →	9	Coef. Eleit. →	955
Coligação	Nº votos	Nº vagas	Vagas com sobra
Coligação A	2.500	2,6178	3
Coligação B	1.000	1,0471	1
Coligação C	2.545	2,6649	3
Coligação D	300	0,3141	0
Coligação E	1.100	1,1518	1
Coligação F	1.150	1,2042	1
Total →	8.595		

Pode ser observado que a coligação B perdeu duas vagas, a do candidato que teve o seu diploma anulado e outro que tinha sido eleito pela média do coeficiente eleitoral, enquanto as coligações E e F obtiveram uma vaga cada com a nova readequação acima simulada.

Diante desta situação ficou comprovado que, nos casos de aplicabilidade de cancelamento do registro de candidatura após o pleito eleitoral ou anulação do diploma já conferido, é sempre necessária uma nova recontagem e apuração do coeficiente para preenchimento dos eleitos ou das vagas em aberto.

LEGISLAÇÃO ANOTADA

LEI Nº 9.504, DE 30 DE SETEMBRO DE 1997

(*DOU*, 1º OUT. 1997)

Estabelece normas para as eleições.

O Vice-Presidente da República, no exercício do cargo de Presidente da República faço saber que o Congresso Nacional decreta e eu sanciono a seguinte Lei:

Disposições Gerais

Art. 1º As eleições para Presidente e Vice-Presidente da República, Governador e Vice-Governador de Estado e do Distrito Federal, Prefeito e Vice-Prefeito, Senador, Deputado Federal, Deputado Estadual, Deputado Distrital e Vereador dar-se-ão, em todo o País, no primeiro domingo de outubro do ano respectivo.

Parágrafo único. Serão realizadas simultaneamente as eleições:

I - para Presidente e Vice-Presidente da República, Governador e Vice-Governador de Estado e do Distrito Federal, Senador, Deputado Federal, Deputado Estadual e Deputado Distrital;

II - para Prefeito, Vice-Prefeito e Vereador.

Art. 2º Será considerado eleito o candidato a Presidente ou a Governador que obtiver a maioria absoluta de votos, não computados os em branco e os nulos.

§1º Se nenhum candidato alcançar maioria absoluta na primeira votação, far-se-á nova eleição no último domingo de outubro, concorrendo os dois candidatos mais votados, e considerando-se eleito o que obtiver a maioria dos votos válidos.

§2º Se, antes de realizado o segundo turno, ocorrer morte, desistência ou impedimento legal de candidato, convocar-se-á, dentre os remanescentes, o de maior votação.

§3º Se, na hipótese dos parágrafos anteriores, remanescer em segundo lugar mais de um candidato com a mesma votação, qualificar-se-á o mais idoso.

§4º A eleição do Presidente importará a do candidato a Vice-Presidente com ele registrado, o mesmo se aplicando à eleição de Governador.

Art. 3º Será considerado eleito Prefeito o candidato que obtiver a maioria dos votos, não computados os em branco e os nulos.

§1º A eleição do Prefeito importará a do candidato a Vice-Prefeito com ele registrado.

§2º Nos Municípios com mais de duzentos mil eleitores, aplicar-se-ão as regras estabelecidas nos §§1º a 3º do artigo anterior.

Art. 4º Poderá participar das eleições o partido que, até um ano antes do pleito, tenha registrado seu estatuto no Tribunal Superior Eleitoral, conforme o disposto em lei, e tenha, até a data da Convenção, *órgão de direção constituído na circunscrição*, de acordo com o respectivo estatuto.

> Ac.-TSE nºs 13.060/96, 17.081/2000 e 21.798/2004: a existência do órgão partidário não está condicionada à anotação no TRE.

Art. 5º Nas eleições proporcionais, contam-se como válidos apenas os votos dados a candidatos regularmente inscritos e às legendas partidárias.

Das Coligações

Art. 6º É facultado aos partidos políticos, dentro da mesma circunscrição, celebrar coligações para eleição majoritária, proporcional, ou para ambas, podendo, neste último caso, formar-se mais de uma coligação para a eleição proporcional dentre os partidos que integram a coligação para o pleito majoritário.

> Res.-TSE nº 23.260, de 11.5.2010: os partidos que compuserem coligação para a eleição majoritária só poderão formar coligações entre si para a eleição proporcional; Res.-TSE nº 23.261, de 11.5.2010: Na eleição majoritária é admissível formação de uma só coligação, para um ou mais cargos; Res.-TSE nº 23.289, de 29.6.2010: Não é possível a formação de coligação majoritária para o cargo de senador distinta da formada para o de governador, mesmo entre partidos que a integrem – possibilidade lançamento, isoladamente, candidatos ao Senado; Ac.-TSE, de 7.10.2010, no REspe nº 461.646: O partido que não celebrou coligação para a eleição majoritária pode celebrar coligação proporcional com partidos que, entre si, tenham formado coligação majoritária; Ac.-TSE, de 1º.9.2010, no REspe nº 963.921: se o partido deliberou coligar para as eleições majoritárias de governador e senador, não é possível lançar candidatura própria ao Senado Federal.
> CF/88, art. 17, §1º, com redação dada pela EC nº 52/2006: assegura aos partidos políticos autonomia para adotar os critérios de escolha e o regime de suas coligações eleitorais, sem obrigatoriedade de vinculação entre as candidaturas em âmbito nacional, estadual, distrital ou municipal. Ac.-STF, de 22.3.2006, na ADIn nº 3.685: o §1º do art. 17 da Constituição, com a nova redação, não se aplica às eleições de 2006, remanescendo aplicável a esse pleito a redação original do artigo. V., sobre a regra da verticalização, as seguintes

decisões anteriores à EC nº 52/2006: Res.-TSE nº 21.002/2002 (Os partidos políticos que ajustarem coligação para eleição de presidente da República não poderão formar coligações para eleição de governador de estado ou do Distrito Federal, senador, deputado federal e deputado estadual ou distrital com outros partidos políticos que tenham, isoladamente ou em aliança diversa, lançado candidato à eleição presidencial); Res.-TSE nº 22.161/2006 (mantém essa regra nas eleições gerais de 2006) e Res.-TSE nºs 21.474/2003 e 21.500/2003: inaplicabilidade da verticalização nas eleições municipais.

Res.-TSE nº 22.580/2007: A formação de coligação constitui faculdade atribuída aos partidos políticos para a disputa do pleito, conforme prevê o art. 6º, *caput*, da Lei nº 9.504/97, tendo a sua existência caráter temporário e restrita ao processo eleitoral.

§1º A coligação terá denominação própria, que poderá ser a junção de todas as siglas dos partidos que a integram, sendo a ela atribuídas as prerrogativas e obrigações de partido político no que se refere ao processo eleitoral, e devendo funcionar como um só partido no relacionamento com a Justiça Eleitoral e no trato dos interesses interpartidários.

Ac.-TSE nºs 345/98, 15.529/98, 22.107/2004, 5.052/2005 e 25.015/2005: a coligação existe a partir do acordo de vontades dos partidos políticos e não da homologação pela Justiça Eleitoral.

§1º-A A denominação da coligação não poderá coincidir, incluir ou fazer referência a nome ou número de candidato, nem conter pedido de voto para partido político. (*Acrescido pelo art. 3º da Lei nº 12.034/2009*)

§2º Na propaganda para eleição majoritária, a coligação usará, *obrigatoriamente*, sob sua denominação, as legendas de todos os partidos que a integram; na propaganda para eleição proporcional, cada partido usará apenas sua legenda sob o nome da coligação.

CE/65, art. 242, *caput*: a propaganda mencionará sempre a legenda partidária. Ac.-TSE nºs 439/2002, 446/2002 e Ac.-TSE, de 13.9.2006, na Rp nº 1.069: na propaganda eleitoral gratuita, na hipótese de inobservância do que prescreve este dispositivo e o correspondente do Código Eleitoral, deve o julgador advertir — à falta de norma sancionadora — o autor da conduta ilícita, sob pena de crime de desobediência.

Ac.-TSE, de 22.8.2006, na Rp nº 1.004: dispensa da identificação da coligação e dos partidos que a integram na propaganda eleitoral em inserções de 15 segundos no rádio.

§3º Na formação de coligações, devem ser observadas, ainda, as seguintes normas:

I - na chapa da coligação, podem inscrever-se candidatos filiados a qualquer partido político dela integrante;
II - o pedido de registro dos candidatos deve ser subscrito pelos Presidentes dos partidos coligados, por seus Delegados, pela maioria dos membros dos respectivos órgãos executivos de direção ou por representante da coligação, na forma do inciso III;
III - os partidos integrantes da coligação devem designar um representante, que terá atribuições equivalentes às de Presidente de partido político, no trato dos interesses e na representação da coligação, no que se refere ao processo eleitoral;
IV - a coligação será representada perante a Justiça Eleitoral pela pessoa designada na forma do inciso III ou por Delegados indicados pelos partidos que a compõem, podendo nomear até:

> Ac.-TSE, de 20.9.2006, no REspe nº 26.587: este dispositivo não confere capacidade postulatória a delegado de partido político.

a) três Delegados perante o Juízo Eleitoral;
b) quatro Delegados perante o Tribunal Regional Eleitoral;
c) cinco Delegados perante o Tribunal Superior Eleitoral.
§4º O partido político coligado somente possui legitimidade para atuar de forma isolada no processo eleitoral quando questionar a validade da própria coligação, durante o período compreendido entre a data da convenção e o termo final do prazo para a impugnação do registro de candidatos. (*Acrescido pelo art. 3º da Lei nº 12.034/2009*)

Das Convenções para a Escolha de Candidatos

Art. 7º As normas para a escolha e substituição dos candidatos e para a formação de coligações serão estabelecidas no estatuto do partido, observadas as disposições desta Lei.
§1º Em caso de omissão do estatuto, caberá ao órgão de direção nacional do partido estabelecer as normas a que se refere este artigo, publicando-as no *Diário Oficial da União* até cento e oitenta dias antes das eleições.

> Ac.-TSE nº 19.955/2002: as normas para a escolha e substituição de candidatos não se confundem com as diretrizes estabelecidas pela convenção nacional sobre coligações; enquanto aquelas possuem, ao menos em tese, natureza permanente, as diretrizes variam de acordo com o cenário político formado para cada pleito.

§2º Se a convenção partidária de nível inferior se opuser, na deliberação sobre coligações, às *diretrizes legitimamente estabelecidas* pelo órgão de direção nacional, nos termos do respectivo estatuto, poderá esse órgão anular a deliberação e os atos dela decorrentes.¹ (*Redação dada pelo art. 3º da Lei nº 12.034/2009*)

§3º As anulações de deliberações dos atos decorrentes de convenção partidária, na condição acima estabelecida, deverão ser comunicadas à Justiça Eleitoral no prazo de 30 (trinta) dias após a data limite para o registro de candidatos.² (*Redação dada pelo art. 3º da Lei nº 12.034/2009*)

§4º Se, da anulação, decorrer a necessidade de escolha de novos candidatos, o pedido de registro deverá ser apresentado à Justiça Eleitoral nos 10 (dez) dias seguintes à deliberação, observado o disposto no art. 13. (Acrescido pelo art. 3º da Lei nº 12.034/2009)

Art. 8º A escolha dos candidatos pelos partidos e a deliberação sobre coligações deverão ser feitas no período de 10 a 30 de junho do ano em que se realizarem as eleições, lavrando-se a respectiva ata em livro aberto e rubricado pela Justiça Eleitoral.

> Ac.-TSE, de 21.9.2006, no REspe nº 26.763: faculdade de a convenção delegar ao órgão de direção partidária a deliberação; possibilidade de a deliberação, neste caso, ocorrer após o prazo do art. 8º, mas no prazo do art. 11 desta lei.

§1º Aos detentores de mandato de Deputado Federal, Estadual ou Distrital, ou de Vereador, e aos que tenham exercido esses cargos em qualquer período da legislatura que estiver em curso, é assegurado o registro de candidatura para o mesmo cargo pelo partido a que estejam filiados.

> Ac.-STF, de 24.4.2002, na ADIn MC nº 2.530: suspensa, até decisão final da ação, a eficácia deste §1º.

§2º Para a realização das Convenções de escolha de candidatos, os partidos políticos poderão usar gratuitamente prédios públicos, responsabilizando-se por danos causados com a realização do evento.

Art. 9º Para concorrer às eleições, o candidato deverá possuir domicílio eleitoral na respectiva circunscrição pelo prazo de, pelo menos, um ano antes do pleito e estar com a filiação deferida pelo partido no mesmo prazo.

> Lei nº 9.096/95, arts. 18 e 20: prazo mínimo de um ano de filiação, facultado ao partido fixar prazo superior em seu estatuto.

---

[1] Redação original: "§2º Se a Convenção partidária de nível inferior se opuser, na deliberação sobre coligações, às diretrizes legitimamente estabelecidas pela Convenção nacional, os órgãos superiores do partido poderão, nos termos do respectivo estatuto, anular a deliberação e os atos dela decorrentes".

[2] Redação original: "§3º Se, da anulação de que trata o parágrafo anterior, surgir necessidade de registro de novos candidatos, observar-se-ão, para os respectivos requerimentos, os prazos constantes dos §§1º e 3º do art. 13".

Res.-TSE nºs 19.978/97, 19.988/97, 20.539/99, 22.012/2005, 22.015/2005, 22.095/2005 e Ac-TSE, de 21.9.2006, no RO nº 993: prazo de filiação partidária igual ao de desincompatibilização para magistrados, membros dos tribunais de contas e do Ministério Público. Res.-TSE nº 22.088/2005: servidor da Justiça Eleitoral deve se exonerar para cumprir o prazo legal de filiação partidária, ainda que afastado do órgão de origem e pretenda concorrer em estado diverso de seu domicílio profissional. Ac.-TSE nº 11.314/90 e Res.-TSE nº 21.787/2004: inexigência de prévia filiação partidária do militar da ativa, bastando o pedido de registro de candidatura após escolha em convenção partidária. Res.-TSE nºs 20.614/2000 e 20.615/2000: militar da reserva deve se filiar em 48 horas, ao passar para a inatividade, quando esta ocorrer após o prazo limite de filiação partidária, mas antes da escolha em convenção.

Ac.-TSE, de 4.3.2008, no MS nº 3.709: observância do prazo mínimo de um ano de filiação partidária ainda que na renovação da eleição de que trata o art. 224 do CE/65.

Parágrafo único. Havendo fusão ou incorporação de partidos após o prazo estipulado no *caput*, será considerada, para efeito de filiação partidária, a data de filiação do candidato ao partido de origem.

Do Registro de Candidatos

Art. 10. Cada partido poderá registrar candidatos para a Câmara dos Deputados, Câmara Legislativa, Assembléias Legislativas e Câmaras Municipais, até cento e cinqüenta por cento do número de lugares a preencher.

LC nº 78/93: Disciplina a fixação do número de deputados, nos termos do art. 45, §1º, da Constituição Federal.
CF/88, art. 29, IV e alíneas, na redação dada pela EC nº 58/2009: critérios para fixação do número de vereadores. Ac.-STF, de 24.3.2004, no RE nº 197.917: aplicação de critério aritmético rígido no cálculo do número de vereadores. Res.-TSE nºs 21.702/2004 e 21.803/2004: fixação do número de vereadores por município tendo em vista as eleições municipais de 2004, com base nos critérios estabelecidos pelo STF no recurso extraordinário referido. Ac.-STF, de 25.8.2005, nas ADIn nºs 3.345 e 3.365: julgada improcedente a arguição de inconstitucionalidade das resoluções retro mencionadas.

§1º No caso de coligação para as eleições proporcionais, independentemente do número de partidos que a integrem, poderão ser registrados candidatos até o dobro do número de lugares a preencher.
§2º Nas Unidades da Federação em que o número de lugares a preencher para a Câmara dos Deputados não exceder de vinte, cada partido poderá registrar candidatos a Deputado Federal e a Deputado Estadual ou Distrital

até o dobro das respectivas vagas; havendo coligação, estes números poderão ser acrescidos *de até mais cinquenta por cento*.

> Res.-TSE nº 20.046/97: o acréscimo "de até mais cinquenta por cento" incide sobre "até o dobro das respectivas vagas". Res.-TSE nº 21.860/2004: a Res.-TSE nº 20.046/97 não se aplica às eleições municipais.

§3º Do número de vagas resultante das regras previstas neste artigo, cada partido ou coligação preencherá o mínimo de 30% (trinta por cento) e o máximo de 70% (setenta por cento) para candidaturas de cada sexo.[3] *(Redação dada pelo art. 3º da Lei nº 12.034/2009)*

> Vide Res. nº 23.270/2010 – Utilização do Sistema CANdex para gerar as mídias relativas aos pedidos de registro e aviso aos partidos e coligações quanto aos percentuais mínimo e máximo de cada sexo.
> Ac.-TSE, de 12.8.2010, no REspe nº 78.432: o cálculo dos percentuais deverá considerar o número de candidatos efetivamente lançados pelo partido ou coligação, não se levando em conta os limites estabelecidos no art. 10, *caput* e §1º, da Lei nº 9.504/97.

§4º Em todos os cálculos, será sempre desprezada a fração, se inferior a meio, e igualada a um, se igual ou superior.

> Res.-TSE nºs 21.608/2004, art. 21, §4º, 22.156/2006, art. 20, §5º, e 22.717/2008, art. 22, §4º (instruções sobre registro de candidatos) e Ac.-TSE nº 22.764/2004: na hipótese do §3º deste artigo, qualquer fração resultante será igualada a um no cálculo do percentual mínimo estabelecido para um dos sexos e desprezada no cálculo das vagas restantes para o outro sexo.

§5º No caso de as Convenções para a escolha de candidatos não indicarem o número máximo de candidatos previsto no *caput* e nos §§1º e 2º deste artigo, os órgãos de direção dos partidos respectivos poderão preencher as vagas remanescentes até sessenta dias antes do pleito.

Art. 11. Os partidos e coligações solicitarão à Justiça Eleitoral o registro de seus candidatos até as dezenove horas do dia 5 de julho do ano em que se realizarem as eleições.

§1º O pedido de registro deve ser instruído com os seguintes documentos:

---

[3] Redação original: "§3º Do número de vagas resultante das regras previstas neste artigo, cada partido ou coligação deverá reservar o mínimo de trinta por cento e o máximo de setenta por cento para candidaturas de cada sexo".

Res.-TSE nºs 20.993/2002, art. 24, IX, 21.608/2004, art. 28, VII e VIII, 22.156/2006, art. 25, IV e V, e 22.717/2008, art. 29, IV e V (instruções para escolha e registro de candidatos): exigência, além dos documentos elencados neste dispositivo, dos seguintes: prova de desincompatibilização, quando for o caso, e comprovante de escolaridade, cuja falta pode ser suprida por declaração de próprio punho. Quanto a este último, Ac.-TSE nºs 318/2004, 21.707/2004 e 21.920/2004, dentre outros: nas hipóteses de dúvida fundada, a aferição da alfabetização se fará individualmente, sem constrangimentos; o exame ou teste não pode ser realizado em audiência pública por afrontar a dignidade humana. Ac.-TSE nº 24.343/2004: ilegitimidade do teste de alfabetização quando, apesar de não ser coletivo, traz constrangimento ao candidato.

I - cópia da ata a que se refere o art. 8º;
II - autorização do candidato, por escrito;
III - prova de filiação partidária;
IV - declaração de bens, assinada pelo candidato;

Ac.-TSE, de 26.9.2006, no REspe nº 27.160: este dispositivo revogou tacitamente a parte final do inciso VI do §1º do art. 94 do Código Eleitoral, passando a exigir apenas que o requerimento do candidato se faça acompanhar, entre outros documentos, da declaração de seus bens, sem indicar os valores atualizados e ou as mutações patrimoniais. Ac.-TSE nº 19.974/2002: inexigibilidade de declaração de imposto de renda.

Res.-TSE nº 21.295/2002: publicidade dos dados da declaração de bens.

V - cópia do título eleitoral ou certidão, fornecida pelo Cartório Eleitoral, de que o candidato é eleitor na circunscrição ou requereu sua inscrição ou transferência de domicílio no prazo previsto no art. 9º;
VI - *certidão de quitação eleitoral*;

Ac.-TSE, de 15.9.2010, no REspe nº 190.323: quitação eleitoral como condição de elegibilidade.
Res.-TSE nº 21.667/2004: Dispõe sobre a utilização do serviço de emissão de certidão de quitação eleitoral por meio da internet e dá outras providências.
Ac.-TSE, de 11.10.2008, no REspe nº 31.279; de 26.9.2006, no RO nº 1.269 e, de 25.9.2006, no REspe nº 26.505: constitucionalidade da Res.-TSE nº 21.823/2004, que fixou o conceito de quitação eleitoral, também encontrado no Prov.-CGE nº 5/2004: "O conceito de quitação eleitoral reúne a plenitude do gozo dos direitos políticos, o regular exercício do voto, salvo quando facultativo, o atendimento a convocações da Justiça Eleitoral para auxiliar os trabalhos relativos ao pleito, a inexistência de multas aplicadas, em caráter definitivo, pela Justiça Eleitoral e não remitidas, excetuadas as anistias legais,

e a regular prestação de contas de campanha eleitoral, quando se tratar de candidatos".

Res.-TSE nº 22.783/2008: "A Justiça Eleitoral não emite 'certidão positiva com efeitos negativos' para fins de comprovação de quitação eleitoral, pois o débito oriundo de aplicação de multa eleitoral não possui natureza tributária, inexistindo, assim, analogia aos arts. 205 e 206 do CTN". Ainda na mesma decisão: "O parcelamento de débito oriundo da aplicação de multa eleitoral (...) obtido na Procuradoria-Geral da Fazenda Nacional ou na Justiça Eleitoral (...) possibilita o reconhecimento da quitação eleitoral, para fins de pedido de registro de candidatura, desde que tal parcelamento tenha sido requerido e obtido antes de tal pedido, estando devidamente pagas as parcelas vencidas".

VII - certidões criminais fornecidas pelos órgãos de distribuição da Justiça Eleitoral, Federal e Estadual;

Ac.-TSE, de 25.9.2006, no RO nº 1.192: Certidão de vara de execução criminal não supre a exigência expressa do art. 11, §1º, VII, da Lei nº 9.504/97. Necessidade de certidão do órgão de distribuição da Justiça Eleitoral, Federal e Estadual. Ac.-TSE, de 21.9.2006, no REspe nº 26.375 e, de 10.10.2006, no RO nº 1.028: inexigência de que conste destinação expressa a fins eleitorais. Ac.-TSE, de 20.9.2006, no RO nº 1.117: inexigibilidade de certidão de objeto e pé de feitos criminais, por falta de previsão legal.

VIII - fotografia do candidato, nas dimensões estabelecidas em instrução da Justiça Eleitoral, para efeito do disposto no §1º do art. 59;
IX - propostas defendidas pelo candidato a Prefeito, a Governador de Estado e a Presidente da República. (*Acrescido pelo art. 3º da Lei nº 12.034/2009*)
§2º A idade mínima constitucionalmente estabelecida como condição de elegibilidade é verificada tendo por referência a data da posse.

CF/88, art. 14, §3º, VI.

§3º Caso entenda necessário, o Juiz abrirá prazo de setenta e duas horas para diligências.

Súm.-TSE nº 3/92: possibilidade de juntada de documento com o recurso ordinário em processo de registro de candidatos quando o juiz não abre prazo para suprimento de defeito de instrução do pedido.
Ac.-TSE, de 2.10.2008, no REspe nº 30.791; de 21.8.2008, no REspe nº 29.027; de 12.8.2008, no REspe nº 28.941: este dispositivo visa permitir a juntada de documentos que comprovem o preenchimento dos requisitos da candidatura à época do pedido de registro, e não o adimplemento posterior de eventual irregularidade.

§4º Na hipótese de o partido ou coligação não requerer o registro de seus candidatos, estes poderão fazê-lo perante a Justiça Eleitoral, observado o prazo máximo de quarenta e oito horas seguintes à publicação da lista dos candidatos pela Justiça Eleitoral.[4] (*Redação dada pelo art. 3º da Lei nº 12.034/2009*)

§5º Até a data a que se refere este artigo, os Tribunais e Conselhos de Contas deverão tornar disponíveis à Justiça Eleitoral relação dos que tiveram suas contas relativas ao exercício de cargos ou funções públicas rejeitadas por irregularidade insanável e por decisão irrecorrível do órgão competente, ressalvados os casos em que a questão estiver sendo submetida à apreciação do Poder Judiciário, ou que haja sentença judicial favorável ao interessado.

> Lei nº 8.443/92 (LOTCU), art. 91: "Para a finalidade prevista no art. 1º, inciso I, alínea g, e no art. 3º, ambos da Lei Complementar nº 64, de 18 de maio de 1990, o Tribunal enviará ao Ministério Público Eleitoral, em tempo hábil, o nome dos responsáveis cujas contas houverem sido julgadas irregulares nos cinco anos imediatamente anteriores à realização de cada eleição".
> Ac.-TSE, de 12.12.2008, no REspe nº 34.627; de 13.11.2008, no REspe nº 32.984; de 2.9.2008, no REspe nº 29.316; e Res.-TSE nº 21.563/2003: a mera inclusão do nome do administrador público na lista remetida à Justiça Eleitoral por Tribunal ou conselho de contas não gera inelegibilidade, por se tratar de procedimento meramente informativo.

§6º A Justiça Eleitoral possibilitará aos interessados acesso aos documentos apresentados para os fins do disposto no §1º. (*Acrescido pelo art. 3º da Lei nº 12.034/2009*)

§7º A certidão de quitação eleitoral abrangerá exclusivamente a plenitude do gozo dos direitos políticos, o regular exercício do voto, o atendimento a convocações da Justiça Eleitoral para auxiliar os trabalhos relativos ao pleito, a inexistência de multas aplicadas, em caráter definitivo, pela Justiça Eleitoral e não remitidas, e a *apresentação de contas de campanha eleitoral*. (*Acrescido pelo art. 3º da Lei nº 12.034/2009*)

> Ac.-TSE, de 28.9.2010, no REspe nº 442.363: a apresentação das contas de campanha é suficiente para a obtenção de quitação eleitoral, sendo desnecessária sua aprovação. Em sentido contrário: Ac.-TSE, de 3.8.2010, no PA nº 59.459.
> Ac.-TSE, de 15.9.2010, no REspe nº 108.352: "O conceito de quitação eleitoral abrange, dentre outras obrigações, o regular exercício do voto".

---

[4] Redação original: "§4º Na hipótese de o partido ou coligação não requerer o registro de seus candidatos, estes poderão fazê-lo perante a Justiça Eleitoral nas quarenta e oito horas seguintes ao encerramento do prazo previsto no caput deste artigo".

§8º Para fins de expedição da certidão de que trata o §7º, considerar-se-ão quites aqueles que: (*Acrescido pelo art. 3º da Lei nº 12.034/2009*)
I - condenados ao pagamento de multa, tenham, até a data da formalização do seu pedido de registro de candidatura, comprovado o pagamento ou o parcelamento da dívida regularmente cumprido; (*Acrescido pelo art. 3º da Lei nº 12.034/2009*)
II - pagarem a multa que lhes couber individualmente, excluindo-se qualquer modalidade de responsabilidade solidária, mesmo quando imposta concomitantemente com outros candidatos e em razão do mesmo fato. (*Acrescido pelo art. 3º da Lei nº 12.034/2009*)
§9º A Justiça Eleitoral enviará aos partidos políticos, na respectiva circunscrição, até o dia 5 de junho do ano da eleição, a relação de todos os *devedores de multa eleitoral*, a qual embasará a expedição das certidões de quitação eleitoral. (*Acrescido pelo art. 3º da Lei nº 12.034/2009*)

> Res.-TSE nº 23.272/2010: utilização do Sistema Filiaweb para acesso dos partidos políticos às relações de devedores de multa eleitoral.

§10. As condições de elegibilidade e as causas de inelegibilidade devem ser aferidas no momento da formalização do pedido de registro da candidatura, *ressalvadas as alterações, fáticas ou jurídicas, supervenientes ao registro que afastem a inelegibilidade*. (*Acrescido pelo art. 3º da Lei nº 12.034/2009*)

> Ac.-TSE, de 05.10.2010, no RO nº 68.417: "as circunstâncias posteriores ao pedido de registro somente devem ser consideradas caso versem acerca de alteração superveniente que afaste a incidência de causa de inelegibilidade."
> Ac.-TSE, de 12.11.2008, no REspe nº 29.200: a sentença judicial homologatória da opção pela nacionalidade brasileira possui efeitos *ex tunc* e, ainda que prolatada em momento posterior ao pedido de registro de candidatura, permite o deferimento superveniente deste.
> Ac.-TSE, de 11.10.2008, no REspe nº 33.969: condenação por propaganda irregular, com trânsito em julgado, não afasta a elegibilidade de candidato caso a determinação de anotação da multa no cadastro eleitoral tenha ocorrido em momento posterior ao pedido de registro de candidatura.

§11. A Justiça Eleitoral observará, no parcelamento a que se refere o §8º deste artigo, as regras de parcelamento previstas na legislação tributária federal. (*Acrescido pelo art. 3º da Lei nº 12.034/2009*)
§12. (Vetado.) (*Acrescido pelo art. 3º da Lei nº 12.034/2009*)

Art. 12. O candidato às eleições proporcionais indicará, no pedido de registro, além de seu nome completo, as variações nominais com que deseja ser registrado, até o máximo de três opções, que poderão ser o prenome, sobrenome, cognome, nome abreviado, apelido ou nome pelo qual é mais conhecido, desde que não se estabeleça dúvida quanto à sua identidade, não atente contra o pudor e não seja ridículo ou irreverente, mencionando em que ordem de preferência deseja registrar-se.

§1º Verificada a ocorrência de homonímia, a Justiça Eleitoral procederá atendendo ao seguinte:

I - havendo dúvida, poderá exigir do candidato prova de que é conhecido por dada opção de nome, indicada no pedido de registro;

II - ao candidato que, na data máxima prevista para o registro, esteja exercendo mandato eletivo ou o tenha exercido nos últimos quatro anos, ou que nesse mesmo prazo se tenha candidatado com um dos nomes que indicou, será deferido o seu uso no registro, ficando outros candidatos impedidos de fazer propaganda com esse mesmo nome;

III - ao candidato que, pela sua vida política, social ou profissional, seja identificado por um dado nome que tenha indicado, será deferido o registro com esse nome, observado o disposto na parte final do inciso anterior;

IV - tratando-se de candidatos cuja homonímia não se resolva pelas regras dos dois incisos anteriores, a Justiça Eleitoral deverá notificá-los para que, em dois dias, cheguem a acordo sobre os respectivos nomes a serem usados;

V - não havendo acordo no caso do inciso anterior, a Justiça Eleitoral registrará cada candidato com o nome e sobrenome constantes do pedido de registro, observada a ordem de preferência ali definida.

> Súm.-TSE nº 4/92: "Não havendo preferência entre candidatos que pretendam o registro da mesma variação nominal, defere-se o do que primeiro o tenha requerido". Nesse sentido, os Ac.-TSE nºs 265/98, 275/98 e 20.228/2002.

§2º A Justiça Eleitoral poderá exigir do candidato prova de que é conhecido por determinada opção de nome por ele indicado, quando seu uso puder confundir o eleitor.

§3º A Justiça Eleitoral indeferirá todo pedido de variação de nome coincidente com nome de candidato a eleição majoritária, salvo para candidato que esteja exercendo mandato eletivo ou o tenha exercido nos últimos quatro anos, ou que, nesse mesmo prazo, tenha concorrido em eleição com o nome coincidente.

§4º Ao decidir sobre os pedidos de registro, a Justiça Eleitoral publicará as variações de nome deferidas aos candidatos.

§5º A Justiça Eleitoral organizará e publicará, até trinta dias antes da eleição, as seguintes relações, para uso na votação e apuração:

> Res.-TSE nº 21.607/2004: organização apenas de lista de candidatos em ordem alfabética, sem prejuízo de os cartórios eleitorais manterem e divulgarem lista dos candidatos organizada pelos números com os quais concorrem.

I - a primeira, ordenada por partidos, com a lista dos respectivos candidatos em ordem numérica, com as três variações de nome correspondentes a cada um, na ordem escolhida pelo candidato;
II - a segunda, com o índice onomástico e organizada em ordem alfabética, nela constando o nome completo de cada candidato e cada variação de nome, também em ordem alfabética, seguidos da respectiva legenda e número.

Art. 13. É facultado ao partido ou coligação substituir *candidato* que for considerado inelegível, renunciar ou falecer após o termo final do prazo do registro ou, ainda, tiver seu registro indeferido ou cancelado.

> Res.-TSE nº 22.855/2008 e Ac.-TSE nº 23.848/2004: o termo *candidato* neste artigo "diz respeito àquele que postula a candidatura, e não ao candidato com o registro deferido".

§1º A escolha do substituto far-se-á na forma estabelecida no estatuto do partido a que pertencer o substituído, e o registro deverá ser requerido até 10 (dez) dias contados do fato ou da notificação do partido da decisão judicial que deu origem à substituição.[5] *(Redação dada pelo art. 3º da Lei nº 12.034/2009)*

> Ac.-TSE, de 6.12.2007, no REspe nº 25.568: "Observado o prazo de dez dias contado do fato ou da decisão judicial que deu origem ao respectivo pedido, é possível a substituição de candidato a cargo majoritário a qualquer tempo antes da eleição (art. 101, §2º, do Código Eleitoral) (...)".
> Ac.-TSE, de 25.8.2009, no Respe nº 35.513: "Na pendência de recurso do candidato renunciante, o *dies a quo* para contagem do prazo de substituição é o dia da renúncia".

§2º Nas eleições majoritárias, se o candidato for de coligação, a substituição deverá fazer-se por decisão da maioria absoluta dos órgãos executivos de direção dos partidos coligados, podendo o substituto ser filiado a qualquer partido dela integrante, desde que o partido ao qual pertencia o substituído renuncie ao direito de preferência.
§3º Nas eleições proporcionais, a substituição só se efetivará se o novo pedido for apresentado até sessenta dias antes do pleito.

> Ac.-TSE nºs 348/98, 355/98 e 22.701/2004: o indeferimento do pedido de registro após o prazo deste parágrafo não impede a substituição,

---

[5] Redação original: "§1º A escolha do substituto far-se-á na forma estabelecida no estatuto do partido a que pertencer o substituído, e o registro deverá ser requerido até dez dias contados do fato ou da decisão judicial que deu origem à substituição".

pois a demora no julgamento não pode prejudicar a parte. Ac.-TSE nº 22.859/2004: "Na pendência de recurso contra decisão que indeferiu o registro de candidatura, não corre prazo para a substituição prevista no art. 13 da Lei nº 9.504/97. Em havendo desistência de tal recurso, o prazo de substituição inicia-se no momento em que aquela se manifestou. É impossível a substituição, se a desistência do recurso ocorreu a menos de 60 dias das eleições".

Ac.-TSE, de 29.9.2006, no REspe nº 26.976: admissão do pedido de substituição dentro dos 60 dias quando o indeferimento do registro do candidato substituído ocorrer já dentro desse prazo.

Art. 14. Estão sujeitos ao cancelamento do registro os candidatos que, até a data da eleição, forem expulsos do partido, em processo no qual seja assegurada ampla defesa e sejam observadas as normas estatutárias. Parágrafo único. O cancelamento do registro do candidato será decretado pela Justiça Eleitoral, após solicitação do partido.

Art. 15. A identificação numérica dos candidatos se dará mediante a observação dos seguintes critérios:

CE/65, art. 101, §4º: número do substituto nas eleições proporcionais.

I - os candidatos aos *cargos majoritários* concorrerão com o número identificador do partido ao qual estiverem filiados;

Res.-TSE nºs 20.993/2002, art. 16, II, e 22.156/2006, art. 17, II (instruções para escolha e registro de candidatos): acréscimo de um algarismo à direita no caso de candidatos a senador.
Res.-TSE nºs 21.728/2004, 21.749/2004, 21.757/2004 e 21.788/2004: impossibilidade de registrar-se candidato a presidente da República, governador ou prefeito com número de outro partido integrante da coligação.

II - os candidatos à Câmara dos Deputados concorrerão com o número do partido ao qual estiverem filiados, acrescido de *dois algarismos* à direita;

Res.-TSE nºs 20.993/2002, arts. 16, p. único, I, e 17, e 22.156/2006, art. 17, §§1º e 2º (instruções para escolha e registro de candidatos): acréscimo de três algarismos à direita nos estados em que for possível que o número de candidatos a deputado federal exceda a centena, salvo renúncia de todos os partidos políticos participantes do pleito ao direito de indicação de mais de cem candidatos.

III - os candidatos às Assembléias Legislativas e à Câmara Distrital concorrerão com o número do partido ao qual estiverem filiados acrescido de três algarismos à direita;

IV - o Tribunal Superior Eleitoral baixará resolução sobre a numeração dos candidatos concorrentes às eleições municipais.

§1º Aos partidos fica assegurado o direito de manter os números atribuídos à sua legenda na eleição anterior, e aos candidatos, nesta hipótese, o direito de manter os números que lhes foram atribuídos na eleição anterior para o mesmo cargo.

§2º Aos candidatos a que se refere o §1º do art. 8º, é permitido requerer novo número ao órgão de direção de seu partido, independentemente do sorteio a que se refere o §2º do art. 100 da Lei nº 4.737, de 15 de julho de 1965 – Código Eleitoral.

§3º Os candidatos de coligações, nas eleições majoritárias, serão registrados com o número de legenda do respectivo partido e, nas eleições proporcionais, com o número de legenda do respectivo partido acrescido do número que lhes couber, observado o disposto no parágrafo anterior.

Art. 16. Até quarenta e cinco dias antes da data das eleições, os Tribunais Regionais Eleitorais enviarão ao Tribunal Superior Eleitoral, para fins de centralização e divulgação de dados, a relação dos candidatos às eleições majoritárias e proporcionais, da qual constará obrigatoriamente a referência ao sexo e ao cargo a que concorrem.

§1º Até a data prevista no *caput*, todos os pedidos de registro de candidatos, inclusive os impugnados, e os respectivos recursos, devem estar julgados em todas as instâncias, e publicadas as decisões a eles relativas. (*Acrescido pelo art. 3º da Lei nº 12.034/2009*)

§2º Os processos de registro de candidaturas terão prioridade sobre quaisquer outros, devendo a Justiça Eleitoral adotar as providências necessárias para o cumprimento do prazo previsto no §1º, inclusive com a realização de sessões extraordinárias e a convocação dos juízes suplentes pelos Tribunais, sem prejuízo da eventual aplicação do disposto no art. 97 e de representação ao Conselho Nacional de Justiça. (*Acrescido pelo art. 3º da Lei nº 12.034/2009*)

Art. 16-A. O candidato cujo registro esteja *sub judice* poderá efetuar todos os atos relativos à campanha eleitoral, inclusive utilizar o horário eleitoral gratuito no rádio e na televisão e ter seu nome mantido na urna eletrônica enquanto estiver sob essa condição, ficando a validade dos votos a ele atribuídos condicionada ao deferimento de seu registro por instância superior. (*Acrescido pelo art. 4º da Lei nº 12.034/2009*)

Parágrafo único. O cômputo, para o respectivo partido ou coligação, dos votos atribuídos ao candidato cujo registro esteja *sub judice* no dia da eleição fica condicionado ao deferimento do registro do candidato. (*Acrescido pelo art. 4º da Lei nº 12.034/2009*)

Res.-TSE nº 23.273/2010: Com o registro indeferido, porém *sub judice*, o candidato é considerado apto para os fins do art. 46, 5º, desta Lei.

Da Arrecadação e da Aplicação de Recursos nas Campanhas Eleitorais

Port. Conjunta-TSE/SRF nº 74/2006: "Dispõe sobre o intercâmbio de informações entre o Tribunal Superior Eleitoral e a Secretaria da Receita Federal e dá outras providências", abrangendo informações relativas à prestação de contas de candidatos e de comitês financeiros de partidos políticos (art. 1º, *caput*) e à prestação anual de contas dos partidos políticos (art. 1º, §1º); prevê a possibilidade de qualquer cidadão apresentar denúncia à SRF sobre uso indevido de recursos, financeiros ou não, em campanha eleitoral ou nas atividades dos partidos políticos (art. 2º), a verificação do cometimento de ilícitos tributários (art. 3º) e a informação ao TSE de qualquer infração tributária detectada (art. 4º, *caput*) e ao disposto nos arts. 23, 27 e 81 desta lei (art. 4º, p. único). IN Conjunta-TSE/RFB nº 1.019/2010: "Dispõe sobre atos, perante o Cadastro Nacional da Pessoa Jurídica (CNPJ), dos comitês financeiros de partidos políticos e de candidatos a cargos eletivos, inclusive vices e suplentes".

Art. 17. As despesas da campanha eleitoral serão realizadas sob a responsabilidade dos partidos, ou de seus candidatos, e financiadas na forma desta Lei.

Art. 17-A. A cada eleição caberá à lei, observadas as peculiaridades locais, fixar até o dia 10 de junho de cada ano eleitoral o limite dos gastos de campanha para os cargos em disputa; não sendo editada lei até a data estabelecida, caberá a cada partido político fixar o limite de gastos, comunicando à Justiça Eleitoral, que dará a essas informações ampla publicidade. (*Acrescido pelo art. 1º da Lei nº 11.300/2006*)

Dec.-TSE, de 23.5.2006 (ata da 57ª sessão, DJ de 30.5.2006): inaplicabilidade deste dispositivo às eleições de 2006.

Art. 18. No pedido de registro de seus candidatos, os partidos e coligações comunicarão aos respectivos Tribunais Eleitorais os valores máximos de gastos que farão por cargo eletivo em cada eleição a que concorrerem, observados os limites estabelecidos, nos termos do art. 17-A desta Lei.[6] (*Redação dada pelo art. 1º da Lei nº 11.300/2006*)

Dec.-TSE, de 23.5.2006 (ata da 57ª sessão, DJ de 30.5.2006): inaplicabilidade deste dispositivo às eleições de 2006.

---

[6] Redação original: "Art. 18. Juntamente com o pedido de registro de seus candidatos, os partidos e coligações comunicarão à Justiça Eleitoral os valores máximos de gastos que farão por candidatura em cada eleição em que concorrerem".

§1º Tratando-se de coligação, cada partido que a integra fixará o valor máximo de gastos de que trata este artigo.

§2º Gastar recursos além dos valores declarados nos termos deste artigo sujeita o responsável ao pagamento de multa no valor de cinco a dez vezes a quantia em excesso.

> Ac.-TSE, de 27.2.2007, no Ag nº 7.235: Não caracteriza *bis in idem* a rejeição das contas de campanha e a aplicação da multa do art. 18, §2º, da Lei nº 9.504/97.

Art. 19. Até dez dias úteis após a escolha de seus candidatos em Convenção, o partido constituirá comitês financeiros, com a finalidade de arrecadar recursos e aplicá-los nas campanhas eleitorais.

> Lei nº 9.096/95, art. 34, I: constituição de comitês para movimentar recursos financeiros nas campanhas eleitorais.
>
> IN Conjunta-TSE/RFB nº 1.019/2010: "Dispõe sobre atos, perante o Cadastro Nacional da Pessoa Jurídica (CNPJ), dos comitês financeiros de partidos políticos e de candidatos a cargos eletivos, inclusive vices e suplentes".

§1º Os comitês devem ser constituídos para cada uma das eleições para as quais o partido apresente candidato próprio, podendo haver reunião, num único comitê, das atribuições relativas às eleições de uma dada circunscrição.

§2º Na eleição presidencial é obrigatória a criação de comitê nacional e facultativa a de comitês nos Estados e no Distrito Federal.

§3º Os comitês financeiros serão registrados, até cinco dias após sua constituição, nos órgãos da Justiça Eleitoral aos quais compete fazer o registro dos candidatos.

Art. 20. O candidato a cargo eletivo fará, diretamente ou por intermédio de pessoa por ele designada, a administração financeira de sua campanha, usando recursos repassados pelo comitê, inclusive os relativos à cota do Fundo Partidário, recursos próprios ou doações de pessoas físicas ou jurídicas, na forma estabelecida nesta Lei.

Art. 21. O candidato é solidariamente responsável com a pessoa indicada na forma do art. 20 desta Lei pela veracidade das informações financeiras e contábeis de sua campanha, devendo ambos assinar a respectiva prestação de contas.[7] (*Redação dada pelo art. 1º da Lei nº 11.300/2006*)

---

[7] Redação original: "Art. 21. O candidato é o único responsável pela veracidade das informações financeiras e contábeis de sua campanha, devendo assinar a respectiva prestação

Art. 22. É obrigatório para o partido e para os candidatos abrir conta bancária específica para registrar todo o movimento financeiro da campanha.

> Ac.-TSE, de 21.3.2006, no REspe nº 25.306: obrigatoriedade de abertura da conta bancária mesmo que não haja movimentação financeira.

§1º Os bancos são obrigados a acatar, em até 3 (três) dias, o pedido de abertura de conta de qualquer comitê financeiro ou candidato escolhido em convenção, sendo-lhes vedado condicioná-la à depósito mínimo e à cobrança de taxas e/ou outras despesas de manutenção.[8] (*Redação dada pelo art. 3º da Lei nº 12.034/2009*)

§2º O disposto neste artigo não se aplica aos casos de candidatura para Prefeito e Vereador em Municípios onde não haja agência bancária, bem como aos casos de candidatura para Vereador em Municípios com menos de vinte mil eleitores.

§3º O uso de recursos financeiros para pagamentos de gastos eleitorais que não provenham da conta específica de que trata o *caput* deste artigo implicará a desaprovação da prestação de contas do partido ou candidato; comprovado abuso de poder econômico, será cancelado o registro da candidatura ou cassado o diploma, se já houver sido outorgado. (*Acrescido pelo art. 1º da Lei nº 11.300/2006*)

§4º Rejeitadas as contas, a Justiça Eleitoral remeterá cópia de todo o processo ao Ministério Público Eleitoral para os fins previstos no art. 22 da Lei Complementar nº 64, de 18 de maio de 1990. (*Acrescido pelo art. 1º da Lei nº 11.300/2006*)

Art. 22-A. Candidatos e Comitês Financeiros estão obrigados à inscrição no Cadastro Nacional da Pessoa Jurídica – CNPJ. (Acrescido pelo art. 4º da Lei nº 12.034/2009)

> IN-RFB nº 1.005/2010, que dispõe sobre o Cadastro Nacional da Pessoa Jurídica (CNPJ):
> "Art. 11. São também obrigados a se inscrever no CNPJ: (...)
> §5º Não será fornecida inscrição a coligações de partidos políticos.
> Art. 12. Quanto às entidades de que trata o art. 11, observar-se-á, ainda: (...)

---

de contas sozinho ou, se for o caso, em conjunto com a pessoa que tenha designado para essa tarefa".

[8] Redação original: "§1º Os bancos são obrigados a acatar o pedido de abertura de conta de qualquer partido ou candidato escolhido em Convenção, destinada à movimentação financeira da campanha, sendo-lhes vedado condicioná-la a depósito mínimo".

§2º De conformidade com normas específicas aplicáveis a cada pleito eleitoral, é facultada a inscrição temporária no CNPJ de comitês financeiros de:
I - partidos políticos; e
II - candidatos a cargos eletivos. (...)"

§1º Após o recebimento do pedido de registro da candidatura, a Justiça Eleitoral deverá fornecer em até 3 (três) dias úteis, o número de registro de CNPJ. (*Acrescido pelo art. 4º da Lei nº 12.034/2009*)
§2º Cumprido o disposto no §1º deste artigo e no §1º do art. 22, ficam os candidatos e comitês financeiros autorizados a promover a arrecadação de recursos financeiros e a realizar as despesas necessárias à campanha eleitoral. (*Acrescido pelo art. 4º da Lei nº 12.034/2009*)

Art. 23. Pessoas físicas poderão fazer doações em dinheiro ou estimáveis em dinheiro para campanhas eleitorais, obedecido o disposto nesta Lei.[9] (*Redação dada pelo art. 3º da Lei nº 12.034/2009*)

> Port. Conjunta-TSE/SRF nº 74/2006, art. 4º, p. único: a SRF informará ao TSE qualquer infração ao disposto neste artigo.

§1º As doações e contribuições de que trata este artigo ficam limitadas:
I - no caso de pessoa física, a dez por cento dos rendimentos brutos auferidos no ano anterior à eleição;
II - no caso em que o candidato utilize recursos próprios, ao valor máximo de gastos estabelecido pelo seu partido, na forma desta Lei.
§2º Toda doação a candidato específico ou a partido deverá ser feita mediante recibo, em formulário impresso ou em formulário eletrônico, no caso de doação via Internet, em que constem os dados do modelo constante do Anexo, dispensada a assinatura do doador.[10] (*Redação dada pelo art. 3º da Lei nº 12.034/2009*)

> Ac.-TSE nº 6.265/2005 e Ac.-TSE, de 18.4.2006, no Ag nº 6.504 e, de 31.10.2006, no REspe nº 26.125: a ausência dos recibos eleitorais constitui irregularidade insanável.

---

[9] Redação original: "Art. 23. A partir do registro dos comitês financeiros, pessoas físicas poderão fazer doações em dinheiro ou estimáveis em dinheiro para campanhas eleitorais, obedecido o disposto nesta Lei".
[10] Redação original: "§2º Toda doação a candidato específico ou a partido deverá fazer-se mediante recibo, em formulário impresso, segundo modelo constante do Anexo".

§3º A doação de quantia acima dos limites fixados neste artigo sujeita o infrator ao pagamento de multa no valor de cinco a dez vezes a quantia em excesso.

§4º As doações de recursos financeiros somente poderão ser efetuadas na conta mencionada no art. 22 desta Lei por meio de:[11] *(Redação dada pelo art. 1º da Lei nº 11.300/2006)*
I - cheques cruzados e nominais ou *transferência eletrônica de depósitos*; *(Acrescido pelo art. 1º da Lei nº 11.300/2006)*

> Res.-TSE nº 22.494/2006: "Nas doações de dinheiro para campanhas eleitorais, feitas por meio eletrônico, via rede bancária, é dispensada a assinatura do doador desde que possa ser ele identificado no próprio documento bancário".

II - depósitos em espécie devidamente identificados até o limite fixado no inciso I do §1º deste artigo; *(Acrescido pelo art. 1º da Lei nº 11.300/2006)*
III - mecanismo disponível em sítio do candidato, partido ou coligação na Internet, permitindo inclusive o uso de cartão de crédito, e que deverá atender aos seguintes requisitos: *(Acrescido pelo art. 3º da Lei nº 12.034/2009)*
a) identificação do doador; *(Acrescido pelo art. 3º da Lei nº 12.034/2009)*
b) emissão obrigatória de recibo eleitoral para cada doação realizada. *(Acrescido pelo art. 3º da Lei nº 12.034/2009)*
§5º Ficam vedadas quaisquer doações em dinheiro, bem como de troféus, prêmios, ajudas de qualquer espécie feitas por candidato, entre o registro e a eleição, a pessoas físicas ou jurídicas. *(Acrescido pelo art. 1º da Lei nº 11.300/2006)*
§6º Na hipótese de doações realizadas por meio da Internet, as fraudes ou erros cometidos pelo doador sem conhecimento dos candidatos, partidos ou coligações não ensejarão a responsabilidade destes nem a rejeição de suas contas eleitorais. *(Acrescido pelo art. 3º da Lei nº 12.034/2009)*
§7º O limite previsto no inciso I do §1º não se aplica a doações estimáveis em dinheiro relativas à utilização de bens móveis ou imóveis de propriedade do doador, desde que o valor da doação não ultrapasse R$50.000,00 (cinquenta mil reais). *(Acrescido pelo art. 3º da Lei nº 12.034/2009)*

Art. 24. É vedado, a partido e candidato, receber direta ou indiretamente doação em dinheiro ou estimável em dinheiro, inclusive por meio de publicidade de qualquer espécie, procedente de:

---

[11] Redação original: "§4º Doações feitas diretamente nas contas de partidos e candidatos deverão ser efetuadas por meio de cheques cruzados e nominais".

Lei nº 9.096/95, art. 31: contribuição ou auxílio pecuniário vedado ao partido político.

I - entidade ou governo estrangeiro;
II - órgão da Administração Pública direta e indireta ou fundação mantida com recursos provenientes do Poder Público;
III - concessionário ou permissionário de serviço público;

> Ac.-TSE, de 18.6.2009, no MS nº 558: "A vedação prevista no art. 24, III, da Lei nº 9.504/97, por se tratar de norma restritiva, não pode ser estendida à empresa licenciada para explorar serviço público que não é concessionária". No mesmo sentido, quanto a empresa privada que exerce suas atividades mediante licença concedida pelo poder público, Res.-TSE nº 22.702/2008.

IV - entidade de direito privado que receba, na condição de beneficiária, contribuição compulsória em virtude de disposição legal;
V - entidade de utilidade pública;
VI - entidade de classe ou sindical;

> Ac.-TSE, de 24.6.2010, no RCED 745: conquanto a legislação proíba a doação direta ou indireta, em dinheiro ou estimável em dinheiro, por entidade de classe ou sindical, a utilização de recursos financeiros em desacordo com o referido diploma não é suficiente, por si só, à caracterização de abuso.

VII - pessoa jurídica sem fins lucrativos que receba recursos do exterior;
VIII - entidades beneficentes e religiosas; (*Acrescido pelo art. 1º da Lei nº 11.300/2006*)
IX - entidades esportivas;[12] (*Redação dada pelo art. 3º da Lei nº 12.034/2009*)
X - organizações não-governamentais que recebam recursos públicos; (*Acrescido pelo art. 1º da Lei nº 11.300/2006*)
XI - organizações da sociedade civil de interesse público. (*Acrescido pelo art. 1º da Lei nº 11.300/2006*)
Parágrafo único. Não se incluem nas vedações de que trata este artigo as cooperativas cujos cooperados não sejam concessionários ou permissionários de serviços públicos, desde que não estejam sendo beneficiadas com recursos públicos, observado o disposto no art. 81. (*Acrescido pelo art. 3º da Lei nº 12.034/2009*)

Art. 25. O partido que descumprir as normas referentes à arrecadação e aplicação de recursos fixadas nesta Lei perderá o direito ao recebimento da quota do Fundo Partidário do ano seguinte, sem prejuízo de responderem os candidatos beneficiados por abuso do poder econômico.

---

[12] Redação original: "IX - entidades esportivas que recebam recursos públicos;".

LC nº 64/90, arts. 19 e 21: apuração das transgressões pertinentes a origem de valores pecuniários e abuso do poder econômico ou político.

Parágrafo único. A sanção de suspensão do repasse de novas quotas do Fundo Partidário, por desaprovação total ou parcial da prestação de contas do candidato, deverá ser aplicada de forma proporcional e razoável, pelo período de 1 (um) mês a 12 (doze) meses, ou por meio do desconto, do valor a ser repassado, na importância apontada como irregular, não podendo ser aplicada a sanção de suspensão, caso a prestação de contas não seja julgada, pelo juízo ou tribunal competente, após 5 (cinco) anos de sua apresentação. (*Acrescido pelo art. 3º da Lei nº 12.034/2009*)

Lei nº 9.096/95, art. 37, §3º: dispositivo de teor semelhante, relativo à prestação de contas de partido político.

Art. 26. São considerados gastos eleitorais, sujeitos a registro e aos limites fixados nesta Lei:[13] (*Redação dada pelo art. 1º da Lei nº 11.300/2006*)
I - confecção de material impresso de qualquer natureza e tamanho;
II - propaganda e publicidade direta ou indireta, por qualquer meio de divulgação, destinada a conquistar votos;
III - aluguel de locais para a promoção de atos de campanha eleitoral;
IV - despesas com transporte ou deslocamento de candidato e de pessoal a serviço das candidaturas;[14] (*Redação dada pelo art. 1º da Lei nº 11.300/2006*)
V - correspondência e despesas postais;
VI - despesas de instalação, organização e funcionamento de comitês e serviços necessários às eleições;
VII - remuneração ou gratificação de qualquer espécie a pessoal que preste serviços às candidaturas ou aos comitês eleitorais;
VIII - montagem e operação de carros de som, de propaganda e assemelhados;
IX - a realização de comícios ou eventos destinados à promoção de candidatura;[15] (Redação dada pelo art. 1º da Lei nº 11.300/2006)
X - produção de programas de rádio, televisão ou vídeo, inclusive os destinados à propaganda gratuita;
XI - (*Revogado pelo art. 4º da Lei nº 11.300/2006*);[16]

---

[13] Redação original: "Art 26. São considerados gastos eleitorais, sujeitos a registro e aos limites fixados nesta Lei, dentre outros:".

[14] Redação original: "IV - despesas com transporte ou deslocamento de pessoal a serviço das candidaturas;".

[15] Redação original: "IX - produção ou patrocínio de espetáculos ou eventos promocionais de candidatura;".

[16] Redação original: "XI - pagamento de cachê de artistas ou animadores de eventos relacionados a campanha eleitoral;".

XII - realização de pesquisas ou testes pré-eleitorais;
XIII - (Revogado pelo art. 4º da Lei nº 11.300/2006);[17]
XIV - aluguel de bens particulares para veiculação, por qualquer meio, de propaganda eleitoral;
XV - custos com a criação e inclusão de sítios na Internet;
XVI - multas aplicadas aos partidos ou candidatos por infração do disposto na legislação eleitoral;
XVII - produção de *jingles*, vinhetas e *slogans* para propaganda eleitoral. (*Acrescido pelo art. 1º da Lei nº 11.300/2006*)

Art. 27. Qualquer eleitor poderá realizar gastos, em apoio a candidato de sua preferência, até a quantia equivalente a um mil UFIR, não sujeitos a contabilização, desde que não reembolsados.

Port. Conjunta-TSE/SRF nº 74/2006, art. 4º, p. único: a SRF informará ao TSE qualquer infração ao disposto neste artigo.

Da Prestação de Contas

Port. Conjunta-TSE/SRF nº 74/2006: "Dispõe sobre o intercâmbio de informações entre o Tribunal Superior Eleitoral e a Secretaria da Receita Federal e dá outras providências", abrangendo informações relativas à prestação de contas de candidatos e de comitês financeiros de partidos políticos (art. 1º, *caput*) e à prestação anual de contas dos partidos políticos (art. 1º, §1º); prevê a possibilidade de qualquer cidadão apresentar denúncia à SRF sobre uso indevido de recursos, financeiros ou não, em campanha eleitoral ou nas atividades dos partidos políticos (art. 2º), a verificação do cometimento de ilícitos tributários (art. 3º) e a informação ao TSE de qualquer infração tributária detectada (art. 4º, *caput*) e ao disposto nos arts. 23, 27 e 81 desta lei (art. 4º, p. único).

Art. 28. A prestação de contas será feita:

Res.-TSE nº 21.295/2002: publicidade da prestação de contas.

I - no caso dos candidatos às eleições majoritárias, na forma disciplinada pela Justiça Eleitoral;
II - no caso dos candidatos às eleições proporcionais, de acordo com os modelos constantes do Anexo desta Lei.

---

[17] Redação original: "XIII - confecção, aquisição e distribuição de camisetas, chaveiros e outros brindes de campanha;".

§1º As prestações de contas dos candidatos às eleições majoritárias serão feitas por intermédio do comitê financeiro, devendo ser acompanhadas dos extratos das contas bancárias referentes à movimentação dos recursos financeiros usados na campanha e da relação dos cheques recebidos, com a indicação dos respectivos números, valores e emitentes.

§2º As prestações de contas dos candidatos às eleições proporcionais serão feitas pelo comitê financeiro ou pelo próprio candidato.

§3º As contribuições, doações e as receitas de que trata esta Lei serão convertidas em UFIR, pelo valor desta no mês em que ocorrerem.

§4º Os partidos políticos, as coligações e os candidatos são obrigados, durante a campanha eleitoral, a divulgar, pela rede mundial de computadores (Internet), nos dias 6 de agosto e 6 de setembro, relatório discriminando os recursos em dinheiro ou estimáveis em dinheiro que tenham recebido para financiamento da campanha eleitoral, e os gastos que realizarem, em sítio criado pela Justiça Eleitoral para esse fim, exigindo-se a indicação dos nomes dos doadores e os respectivos valores doados somente na prestação de contas final de que tratam os incisos III e IV do art. 29 desta Lei. (*Acrescido pelo art. 1º da Lei nº 11.300/2006*)

Art. 29. Ao receber as prestações de contas e demais informações dos candidatos às eleições majoritárias e dos candidatos às eleições proporcionais que optarem por prestar contas por seu intermédio, os comitês deverão:
I - verificar se os valores declarados pelo candidato à eleição majoritária como tendo sido recebidos por intermédio do comitê conferem com seus próprios registros financeiros e contábeis;
II - resumir as informações contidas nas prestações de contas, de forma a apresentar demonstrativo consolidado das campanhas dos candidatos;
III - encaminhar à Justiça Eleitoral, até o trigésimo dia posterior à realização das eleições, o conjunto das prestações de contas dos candidatos e do próprio comitê, na forma do artigo anterior, ressalvada a hipótese do inciso seguinte;
IV - havendo segundo turno, encaminhar a prestação de contas dos candidatos que o disputem, referente aos dois turnos, até o trigésimo dia posterior a sua realização.
§1º Os candidatos às eleições proporcionais que optarem pela prestação de contas diretamente à Justiça Eleitoral observarão o mesmo prazo do inciso III do *caput*.
§2º A inobservância do prazo para encaminhamento das prestações de contas impede a diplomação dos eleitos, enquanto perdurar.
§3º Eventuais débitos de campanha não quitados até a data de apresentação da prestação de contas poderão ser assumidos pelo partido político, por decisão do seu órgão nacional de direção partidária. (*Acrescido pelo art. 3º da Lei nº 12.034/2009*)

§4º No caso do disposto no §3º, o órgão partidário da respectiva circunscrição eleitoral passará a responder por todas as dívidas solidariamente com o candidato, hipótese em que a existência do débito não poderá ser considerada como causa para a rejeição das contas. (*Acrescido pelo art. 3º da Lei nº 12.034/2009*)

Art. 30. A Justiça Eleitoral verificará a regularidade das contas de campanha, decidindo:[18] (*Redação dada pelo art. 3º da Lei nº 12.034/2009*)

> Ac.-TSE, de 27.2.2007, no Ag nº 7.235: "Não caracteriza *bis in idem* a rejeição das contas de campanha e a aplicação da multa do art. 18, §2º, da Lei nº 9.504/97".
>
> Ac.-TSE, de 11.4.2006, no RMS nº 426: a disposição contida na Lei nº 9.096/95, art. 35, p. único, que faculta aos demais partidos o exame e a impugnação da prestação de contas, não se aplica à prestação de contas de campanha eleitoral.
>
> Ac.-TSE, de 6.6.2006, no Ag nº 4.523: o não pagamento de dívidas de campanha até a apresentação das contas conduz à rejeição das contas.
>
> Res.-TSE nº 22.500/2006: possibilidade de novação, com assunção liberatória de dívidas de campanha por partido político, desde que a documentação comprobatória da dívida seja consistente, devendo o partido comprovar, ao prestar suas contas anuais, a origem dos recursos utilizados no pagamento da dívida, recursos que estarão sujeitos às mesmas restrições impostas aos recursos de campanha eleitoral.

I - pela aprovação, quando estiverem regulares; (*Acrescido pelo art. 3º da Lei nº 12.034/2009*)
II - pela aprovação com ressalvas, quando verificadas falhas que não lhes comprometam a regularidade; (*Acrescido pelo art. 3º da Lei nº 12.034/2009*)
III - pela desaprovação, quando verificadas falhas que lhes comprometam a regularidade; (*Acrescido pelo art. 3º da Lei nº 12.034/2009*)
IV - pela não prestação, quando não apresentadas as contas após a notificação emitida pela Justiça Eleitoral, na qual constará a obrigação expressa de prestar as suas contas, no prazo de setenta e duas horas. (*Acrescido pelo art. 3º da Lei nº 12.034/2009*)
§1º A decisão que julgar as contas dos candidatos eleitos será publicada em sessão até 8 (oito) dias antes da diplomação.[19] (*Redação dada pelo art. 1º da Lei nº 11.300/2006*)

---

[18] Redação original: "Art. 30. Examinando a prestação de contas e conhecendo-a, a Justiça Eleitoral decidirá sobre a sua regularidade".

[19] Redação original: "§1º A decisão que julgar as contas de todos os candidatos, eleitos ou não, será publicada em sessão, até oito dias antes da diplomação".

Ac.-TSE, de 6.6.2006, no Ag nº 4.523: o não julgamento das prestações de contas dos candidatos oito dias antes da diplomação não acarreta aprovação tácita das contas. O prazo fixado neste dispositivo tem por objetivo harmonizar o julgamento do exame das contas com a diplomação dos candidatos, à vista do que dispõe o art. 29 desta lei.

§2º Erros formais e materiais corrigidos não autorizam a rejeição das contas e a cominação de sanção a candidato ou partido.

§2º-A Erros formais ou materiais irrelevantes no conjunto da prestação de contas, que não comprometam o seu resultado, não acarretarão a rejeição das contas. (*Acrescido pelo art. 3º da Lei nº 12.034/2009*)

§3º Para efetuar os exames de que trata este artigo, a Justiça Eleitoral poderá requisitar técnicos do Tribunal de Contas da União, dos Estados, do Distrito Federal ou dos Municípios, pelo tempo que for necessário.

§4º Havendo indício de irregularidade na prestação de contas, a Justiça Eleitoral poderá requisitar diretamente do candidato ou do comitê financeiro as informações adicionais necessárias, bem como determinar diligências para a complementação dos dados ou o saneamento das falhas.

§5º Da decisão que julgar as contas prestadas pelos candidatos e comitês financeiros caberá recurso ao órgão superior da Justiça Eleitoral, no prazo de 3 (três) dias, a contar da publicação no Diário Oficial. (*Acrescido pelo art. 3º da Lei nº 12.034/2009*)

§6º No mesmo prazo previsto no §5º, caberá recurso especial para o Tribunal Superior Eleitoral, nas hipóteses previstas nos incisos I e II do §4º do art. 121 da Constituição Federal. (*Acrescido pelo art. 3º da Lei nº 12.034/2009*)

§7º O disposto neste artigo aplica-se aos processos judiciais pendentes. (*Acrescido pelo art. 3º da Lei nº 12.034/2009*)

Art. 30-A. Qualquer partido político ou coligação poderá representar à Justiça Eleitoral, no prazo de 15 (quinze) dias da diplomação, relatando fatos e indicando provas, e pedir a abertura de investigação judicial para apurar condutas em desacordo com as normas desta Lei, relativas à arrecadação e gastos de recursos.[20] (*Acrescido pelo art. 1º da Lei nº 11.300/2006; redação dada pelo art. 3º da Lei nº 12.034/2009*)

Ac.-TSE, de 12.2.2009, no RO nº 1.596: legitimidade ativa do Ministério Público Eleitoral para propositura da ação. Ac.-TSE, de 19.3.2009, no RO nº 1.498: ilegitimidade ativa de candidato. V., ainda, Ac.-TSE, de 28.4.2009, no RO nº 1.540: ilegitimidade passiva de candidato não eleito.

---

[20] Redação original: "Art. 30-A. Qualquer partido político ou coligação poderá representar à Justiça Eleitoral relatando fatos e indicando provas e pedir a abertura de investigação judicial para apurar condutas em desacordo com as normas desta Lei, relativas à arrecadação e gastos de recursos".

§1º Na apuração de que trata este artigo, aplicar-se-á o procedimento previsto no art. 22 da Lei Complementar nº 64, de 18 de maio de 1990, no que couber. (Acrescido pelo art. 1º da Lei nº 11.300/2006)

> Ac.-TSE, de 19.3.2009, no REspe nº 28.357: competência dos juízes auxiliares para processamento e julgamento das ações propostas com base neste dispositivo, durante o período eleitoral.
> Ac.-TSE, de 4.12.2007, no MS nº 3.567: execução imediata da decisão que impõe cassação do registro ou negação do diploma com base no art. 30-A da Lei nº 9.504/97, por não versar sobre inelegibilidade.

§2º Comprovados captação ou gastos ilícitos de recursos, para fins eleitorais, será negado diploma ao candidato, ou cassado, se já houver sido outorgado. (Acrescido pelo art. 1º da Lei nº 11.300/2006)

> Ac.-TSE, de 28.4.2009, no RO nº 1.540: perda superveniente do objeto da ação após encerrado o mandato eletivo.
> Ac.-TSE, de 28.4.2009, no RO nº 1.540: inexigência de potencialidade da conduta, bastando prova da proporcionalidade (relevância jurídica) do ilícito praticado, para incidência da sanção de cassação do registro ou negação do diploma.

§3º O prazo de recurso contra decisões proferidas em representações propostas com base neste artigo será de 3 (três) dias, a contar da data da publicação do julgamento no Diário Oficial. (Acrescido pelo art. 3º da Lei nº 12.034/2009)

> Port.-TSE nº 218/2008: "Institui o Diário da Justiça Eletrônico do TSE".

Art. 31. Se, ao final da campanha, ocorrer sobra de recursos financeiros, esta deve ser declarada na prestação de contas e, após julgados todos os recursos, transferida ao órgão do partido na circunscrição do pleito ou à coligação, neste caso, para divisão entre os partidos que a compõem.[21] (Redação dada pelo art. 3º da Lei nº 12.034/2009)

> Lei nº 9.096/95, art. 34, V: saldos financeiros de campanha eleitoral.

Parágrafo único. As sobras de recursos financeiros de campanha serão utilizadas pelos partidos políticos, devendo tais valores ser declarados em

---

[21] Redação original: "Art. 31. Se, ao final da campanha, ocorrer sobra de recursos financeiros, esta deve ser declarada na prestação de contas e, após julgados todos os recursos, transferida ao partido ou coligação, neste caso para divisão entre os partidos que a compõem".

suas prestações de contas perante a Justiça Eleitoral, com a identificação dos candidatos.²² *(Redação dada pelo art. 3º da Lei nº 12.034/2009)*

Art. 32. Até cento e oitenta dias após a diplomação, os candidatos ou partidos conservarão a documentação concernente a suas contas.

> Ac.-TSE, de 6.5.2010, no REspe nº 36.552: o prazo para ajuizamento das representações por doação de recursos para campanha eleitoral acima do limite estabelecido em lei é de 180 dias contados da diplomação, de acordo com o disposto neste artigo.

Parágrafo único. Estando pendente de julgamento qualquer processo judicial relativo às contas, a documentação a elas concernente deverá ser conservada até a decisão final.

Das Pesquisas e Testes Pré-Eleitorais

Art. 33. As entidades e empresas que realizarem *pesquisas de opinião pública* relativas às eleições ou aos candidatos, para conhecimento público, são obrigadas, para cada pesquisa, a *registrar,* junto à Justiça Eleitoral, até cinco dias antes da divulgação, as seguintes informações:

> Ac.-TSE nº 20.664/2003: desnecessidade de registro de enquete, por não se confundir com pesquisa eleitoral. Res.-TSE nº 22.265/2006: é possível a divulgação de pesquisa eleitoral, enquetes ou sondagens, inclusive no dia das eleições, seja no horário eleitoral gratuito, seja na programação normal das emissoras de rádio e televisão. Res.-TSE nº 22.623/2007 (instruções para as eleições) e Ac.-TSE, de 16.3.2006, no REspe nº 25.321: necessidade de que a divulgação de enquetes e sondagens seja acompanhada de esclarecimento de que não se trata de pesquisa eleitoral, cuja omissão enseja sanção prevista do §3º deste artigo.
>
> Ac.-TSE nº 4.654/2004: o registro de pesquisa eleitoral não é passível de deferimento ou indeferimento. Ac.-TSE nº 357/2004: não pode o magistrado proibir a publicação de pesquisa eleitoral mesmo sob alegação do exercício do poder de polícia.
>
> Ac.-TSE, de 17.8.2006, no REspe nº 26.029: incidência da penalidade no caso de divulgação de que o candidato lidera as pesquisas, sem registro; irrelevância de não se divulgar índices concretos. V., em sentido contrário, Ac.-TSE nº 3.894/2003.

I - quem contratou a pesquisa;

---

²² Redação original: "Parágrafo único. As sobras de recursos financeiros de campanha serão utilizadas pelos partidos políticos, de forma integral e exclusiva, na criação e manutenção de instituto ou fundação de pesquisa e de doutrinação e educação política".

II - valor e origem dos recursos despendidos no trabalho;
III - metodologia e período de realização da pesquisa;
IV - plano amostral e ponderação quanto a sexo, idade, grau de instrução, nível econômico e área física de realização do trabalho, intervalo de confiança e margem de erro;
V - sistema interno de controle e verificação, conferência e fiscalização da coleta de dados e do trabalho de campo;
VI - questionário completo aplicado ou a ser aplicado;
VII - o nome de quem pagou pela realização do trabalho.

§1º As informações relativas às pesquisas serão registradas nos órgãos da Justiça Eleitoral aos quais compete fazer o registro dos candidatos.

§2º A Justiça Eleitoral afixará no prazo de vinte e quatro horas, no local de costume, bem como divulgará em seu sítio na Internet, aviso comunicando o registro das informações a que se refere este artigo, colocando-as à disposição dos partidos ou coligações com candidatos ao pleito, os quais a elas terão livre acesso pelo prazo de 30 (trinta) dias.[23] (*Redação dada pelo art. 3º da Lei nº 12.034/2009*)

§3º A divulgação de *pesquisa* sem o prévio registro das informações de que trata este artigo sujeita os responsáveis a multa no valor de cinquenta mil a cem mil *UFIR*.

> Ac.-TSE, de 25.9.2007, no REspe nº 27.576: "A penalidade prevista no art. 33, §3º, da Lei nº 9.504/97 se aplica a quem divulga pesquisa eleitoral que não tenha sido objeto de registro prévio; não diz respeito a quem divulga a pesquisa sem as informações de que trata o respectivo *caput*".
> Ac.-TSE, de 1º.6.2006, no REspe nº 25.489: inadmissibilidade de fixação da multa em valor inferior ao mínimo legal.

§4º A divulgação de pesquisa fraudulenta constitui crime, punível com detenção de seis meses a um ano e multa no valor de cinqüenta mil a cem mil *UFIR*.

Art. 34. (Vetado.)

§1º Mediante requerimento à Justiça Eleitoral, os partidos poderão ter acesso ao sistema interno de controle, verificação e fiscalização da coleta de dados das entidades que divulgaram pesquisas de opinião relativas às eleições, incluídos os referentes à identificação dos entrevistadores e, por meio de escolha livre e aleatória de planilhas individuais, mapas ou equivalentes,

---

[23] Redação original: "§2º A Justiça Eleitoral afixará imediatamente, no local de costume, aviso comunicando o registro das informações a que se refere este artigo, colocando-as à disposição dos partidos ou coligações com candidatos ao pleito, os quais a elas terão livre acesso pelo prazo de trinta dias".

confrontar e conferir os dados publicados, preservada a identidade dos respondentes.

§2º O não-cumprimento do disposto neste artigo ou qualquer ato que vise a retardar, impedir ou dificultar a ação fiscalizadora dos partidos constitui crime, punível com detenção, de seis meses a um ano, com a alternativa de prestação de serviços à comunidade pelo mesmo prazo, e multa no valor de dez mil a vinte mil *UFIR*.

§3º A comprovação de irregularidade nos dados publicados sujeita os responsáveis às penas mencionadas no parágrafo anterior, sem prejuízo da obrigatoriedade da veiculação dos dados corretos no mesmo espaço, local, horário, página, caracteres e outros elementos de destaque, de acordo com o veículo usado.

Art. 35. Pelos crimes definidos nos arts. 33, §4º e 34, §§2º e 3º, podem ser responsabilizados penalmente os representantes legais da empresa ou entidade de pesquisa e do órgão veiculador.

Art. 35-A. É vedada a divulgação de pesquisas eleitorais por qualquer meio de comunicação, a partir do décimo quinto dia anterior até as 18 (dezoito) horas do dia do pleito. (*Acrescido pelo art. 1º da Lei nº 11.300/2006*)

Ac.-STF, de 6.9.2006, na ADIn nº 3.741: declara inconstitucional este artigo. Este dispositivo foi considerado inconstitucional também pelo TSE, conforme decisão administrativa de 23.5.2006 (ata da 57a sessão, *DJ* de 30.5.2006). CE/65, art. 255, de teor semelhante. Ac.-TSE nº 10.305/88: incompatibilidade, com a Constituição Federal, da norma que proíbe divulgação de resultados de pesquisas eleitorais.

Da Propaganda Eleitoral em Geral

Art. 36. A propaganda eleitoral somente é permitida após o dia 5 de julho do ano da eleição.

Ac.-TSE, de 6.4.2010, na Rp nº 1.406: "a configuração de propaganda eleitoral antecipada independe da distância temporal entre o ato impugnado e a data das eleições ou das convenções partidárias de escolha dos candidatos".

§1º Ao postulante a candidatura a cargo eletivo é permitida a realização, na quinzena anterior à escolha pelo partido, de propaganda intrapartidária com vista à indicação de seu nome, vedado o uso de rádio, televisão e *outdoor*.

§2º No segundo semestre do ano da eleição, não será veiculada a propaganda partidária gratuita prevista em lei nem permitido qualquer tipo de propaganda política paga no rádio e na televisão.

§3º A violação do disposto neste artigo sujeitará o responsável pela divulgação da propaganda e, quando comprovado o seu *prévio conhecimento*, o beneficiário à multa no valor de R$5.000,00 (cinco mil reais) a R$25.000,00 (vinte e cinco mil reais), ou ao equivalente ao custo da propaganda, se este for maior.[24] (*Redação dada pelo art. 3º da Lei nº 12.034/2009*)

V. art. 40-B e p. único, desta lei. Ac.-TSE, de 17.5.2007, no REspe nº 26.262: "(...) a propaganda feita por meio de *outdoor* já sinaliza o prévio conhecimento do beneficiário".

Ac.-TSE, de 16.10.2007, no Ag nº 7.763 e, de 15.5.2007, no Ag nº 6.204: "É possível a aplicação da multa prevista no art. 36 da Lei nº 9.504/97, no caso da realização de propaganda antecipada veiculada em programa partidário". Ac.-TSE, de 13.2.2007, no Ag nº 6.349: "Não há óbice à imposição de multa por propaganda extemporânea do art. 36, §3º, da Lei nº 9.504/97, nos autos de ação de investigação judicial eleitoral, uma vez que não acarreta prejuízo à defesa, tendo em vista a observância do rito ordinário mais benéfico previsto no art. 22 da LC nº 64/90". Ac.-TSE, de 1º.8.2006, na Rp nº 916, e de 8.8.2006, na Rp nº 953: "A reincidência – decidiu esta Corte na Representação nº 916 – deve ser levada em conta para a fixação do valor da multa. Mas não exclusivamente. Em cada caso, o julgador deve observar as circunstâncias concretas e avaliar com equilíbrio para impor a sanção legal". Ac.-TSE, de 15.3.2007, no REspe nº 26.251: não incidência da penalidade prevista neste parágrafo, em caso de veiculação de informativo, no qual o parlamentar divulga suas realizações em período anterior àquele da eleição.

Ac.-TSE, de 3.10.2006, no REspe nº 26.273: a multa prevista neste parágrafo deve ser aplicada de forma individualizada a cada um dos responsáveis.

Ac.-TSE, de 5.6.2007, na Rp nº 942: competência do corregedor-geral eleitoral para apreciar feito que verse sobre a utilização do espaço destinado ao programa partidário para a realização de propaganda eleitoral extemporânea, presente o cúmulo objetivo, sendo possível a dualidade de exames, sob a ótica das leis nºs 9.096/95 e 9.504/97.

Res.-TSE nº 23.086/2009: aplicação analógica deste dispositivo à propaganda intrapartidária.

§4º Na propaganda dos candidatos a cargo majoritário, deverão constar, também, o nome dos candidatos a vice ou a suplentes de Senador, de modo claro e legível, em tamanho não inferior a 10% (dez por cento) do nome do titular. (*Acrescido pelo art. 3º da Lei nº 12.034/2009*)

---

[24] Redação original: "§3º A violação do disposto neste artigo sujeitará o responsável pela divulgação da propaganda e, quando comprovado seu prévio conhecimento, o beneficiário, à multa no valor de vinte mil a cinqüenta mil UFIR ou equivalente ao custo da propaganda, se este for maior".

§5º A comprovação do cumprimento das determinações da Justiça Eleitoral relacionadas a propaganda realizada em desconformidade com o disposto nesta Lei poderá ser apresentada no Tribunal Superior Eleitoral, no caso de candidatos a Presidente e Vice-Presidente da República, nas sedes dos respectivos Tribunais Regionais Eleitorais, no caso de candidatos a Governador, Vice-Governador, Deputado Federal, Senador da República, Deputados Estadual e Distrital, e, no Juízo Eleitoral, na hipótese de candidato a Prefeito, Vice-Prefeito e Vereador. (Acrescido pelo art. 3º da Lei nº 12.034/2009)

Art. 36-A. Não será considerada propaganda eleitoral antecipada: (Acrescido pelo art. 4º da Lei nº 12.034/2009)
I - a participação de filiados a partidos políticos ou de pré-candidatos em entrevistas, programas, encontros ou debates no rádio, na televisão e na Internet, inclusive com a exposição de plataformas e projetos políticos, desde que não haja pedido de votos, observado pelas emissoras de rádio e de televisão o dever de conferir tratamento isonômico; (Acrescido pelo art. 4º da Lei nº 12.034/2009)

> Ac.-TSE, de 16.6.2010, na Cta nº 79.636: Possibilidade de realização, a qualquer época, de debate na Internet, com transmissão ao vivo, sem a condição imposta ao rádio e à televisão do tratamento isonômico entre os candidatos.
>
> Ac.-TSE, de 25.3.2010, na Rp nº 20.574: Discurso proferido em inauguração, que tenha sido transmitido ao vivo por meio de rede de TV pública não se insere na exceção prevista neste inciso.

II - a realização de encontros, seminários ou congressos, em ambiente fechado e a expensas dos partidos políticos, para tratar da organização dos processos eleitorais, planos de governos ou alianças partidárias visando às eleições; (Acrescido pelo art. 4º da Lei nº 12.034/2009)
III - a realização de prévias partidárias e sua divulgação pelos instrumentos de comunicação intrapartidária; ou (Acrescido pelo art. 4º da Lei nº 12.034/2009)

> Res.-TSE nº 23.086/2009, que dispõe sobre a propaganda intrapartidária visando escolha de candidatos em convenção: "(...) A divulgação das prévias não pode revestir caráter de propaganda eleitoral antecipada, razão pela qual se limita a consulta de opinião dentro do partido. 1. A divulgação das prévias por meio de página na Internet extrapola o limite interno do partido e, por conseguinte, compromete a fiscalização, pela Justiça Eleitoral, do seu alcance. 2. Tendo em vista a restrição de que a divulgação das prévias não pode ultrapassar o âmbito intrapartidário, as mensagens eletrônicas são permitidas apenas aos filiados do partido. 3. Nos termos do art. 36, §3º da Lei nº 9.504/97, que pode ser estendido por analogia às prévias, não se veda o uso de faixas e cartazes para realização

de propaganda intrapartidária, desde que em local próximo da realização das prévias, com mensagem aos filiados. (...) 4) (...) a confecção de panfletos para distribuição aos filiados, dentro dos limites do partido, não encontra, por si só, vedação na legislação eleitoral. (...) 5) Assim como as mensagens eletrônicas, o envio de cartas, como forma de propaganda intrapartidária, é permitido por ocasião das prévias, desde que essas sejam dirigidas exclusivamente aos filiados do partido. 6) Incabível autorizar matérias pagas em meios de comunicação, uma vez que ultrapassam ou podem ultrapassar o âmbito partidário e atingir, por conseguinte, toda a comunidade (...)".

IV - a divulgação de atos de parlamentares e debates legislativos, desde que não se mencione a possível candidatura, ou se faça pedido de votos ou de apoio eleitoral. (*Acrescido pelo art. 4º da Lei nº 12.034/2009*)

Art. 37. Nos bens cujo uso dependa de cessão ou *permissão* do poder público, ou que a ele pertençam, e *nos de uso comum*, inclusive postes de iluminação pública e sinalização de tráfego, viadutos, passarelas, pontes, paradas de ônibus e outros equipamentos urbanos, é vedada a veiculação de propaganda de qualquer natureza, inclusive pichação, inscrição a tinta, fixação de placas, estandartes, faixas e assemelhados.[25] (*Redação dada pelo art. 1º da Lei nº 11.300/2006*)

> Ac.-TSE, de 12.8.2010, no PA nº 107.267: Aplicação desta regra aos estabelecimentos prisionais e unidades de internação de adolescentes, permitido acesso à propaganda veiculada no horário eleitoral gratuito, no rádio, televisão e imprensa escrita; Ac.-TSE, de 14.8.2007, no REspe nº 25.682: proibição de distribuição de panfletos com propaganda eleitoral em escola pública; Res.-TSE nº 22.303/2006: proibição de propaganda eleitoral de qualquer natureza em veículos automotores prestadores de serviços públicos, tais como os ônibus de transporte coletivo urbano.
>
> Ac.-TSE nº 2.890/2001: a permissão prevista neste artigo inclui a licença para o serviço de táxi.
>
> Res.-TSE nº 22.303/2006: proibição de propaganda eleitoral de qualquer natureza em veículos automotores prestadores de serviços públicos, tais como os ônibus de transporte coletivo urbano. Ac.-TSE, de 14.8.2007, no REspe nº 25.682: proibição de distribuição de panfletos com propaganda eleitoral em escola pública.

---

[25] Redação original: "Art. 37. Nos bens cujo uso dependa de cessão ou permissão do Poder Público, ou que a ele pertençam, e nos de uso comum, é vedada a pichação, inscrição a tinta e a veiculação de propaganda, ressalvada a fixação de placas, estandartes, faixas e assemelhados nos postes de iluminação pública, viadutos, passarelas e pontes, desde que não lhes cause dano, dificulte ou impeça o seu uso e o bom andamento do tráfego".

§1º A veiculação de propaganda em desacordo com o disposto no *caput* deste artigo sujeita o responsável, após a notificação e comprovação, à restauração do bem e, caso não cumprida no prazo, a multa no valor de R$2.000,00 (dois mil reais) a R$8.000,00 (oito mil reais).[26] (*Redação dada pelo art. 1º da Lei nº 11.300/2006*)

> Ac.-TSE, de 11.9.2007, no REspe nº 27.865, de 13.12.2007, no REspe nº 27.692, e de 18.12.2007, no REspe nº 27.768: em face da inovação legislativa dada a este parágrafo pela Lei nº 11.300/2006, é inaplicável a anterior jurisprudência no sentido de que as circunstâncias e peculiaridades do caso concreto permitiriam imposição da sanção, independentemente da retirada.

§2º Em bens particulares, independe de obtenção de licença municipal e de autorização da Justiça Eleitoral a veiculação de propaganda eleitoral por meio da fixação de faixas, placas, cartazes, pinturas ou inscrições, desde que não excedam a 4m² (quatro metros quadrados) e que não contrariem a legislação eleitoral, sujeitando-se o infrator às penalidades previstas no §1º.[27] (*Acrescido pelo art. 1º da Lei nº 11.300/2006; redação dada pelo art. 3º da Lei nº 12.034/2009*)

> Ac.-TSE, de 15.4.2010, no AI nº 11.670: subsunção deste dispositivo ao §8º do art. 39 desta lei, que veda a propaganda mediante outdoor; Res.-TSE nº 22.718/2008, art. 14: impossibilidade de fixação, em bens particulares, de faixas, placas, cartazes, pinturas ou inscrições que excedam a 4m², sujeitando-se os responsáveis à pena de multa cominada no art. 17 da citada resolução (propaganda eleitoral por meio de *outdoor*). Ac.-TSE, de 4.12.2007, no REspe nº 27.696: impossibilidade estendida aos comitês de candidatos para as eleições de 2008.

§3º Nas dependências do Poder Legislativo, a veiculação de propaganda eleitoral fica a critério da Mesa Diretora.

§4º Bens de uso comum, para fins eleitorais, são os assim definidos pela Lei nº 10.406, de 10 de janeiro de 2002 – Código Civil e também aqueles a que a população em geral tem acesso, tais como cinemas, clubes, lojas, centros comerciais, templos, ginásios, estádios, ainda que de propriedade privada. (*Acrescido pelo art. 3º da Lei nº 12.034/2009*)

---

[26] Redação original: "§1º A pichação, a inscrição a tinta ou a veiculação de propaganda em desacordo com o disposto neste artigo sujeitam o responsável à restauração do bem e a multa no valor de cinco mil a quinze mil UFIR".

[27] Redação original: "§2º Em bens particulares, independe da obtenção de licença municipal e de autorização da Justiça Eleitoral, a veiculação de propaganda eleitoral por meio da fixação de faixas, placas, cartazes, pinturas ou inscrições".

Ac.-TSE nºs 2.124/2000, 2.125/2000, 21.241/2003, 21.891/2004, 25.263/2005, e Ac.-TSE, de 7.3.2006, no REspe nº 25.428: o conceito de bem de uso comum, para fins eleitorais, alcança os de propriedade privada de livre acesso ao público. Ac.-TSE, de 30.3.2006, no REspe nº 25.615: é bem de uso comum a banca de revista porque depende de autorização do poder público para funcionamento e situa-se em local privilegiado ao acesso da população (veiculação na parte externa, no caso).

§5º Nas árvores e nos jardins localizados em áreas públicas, bem como em muros, cercas e tapumes divisórios, não é permitida a colocação de propaganda eleitoral de qualquer natureza, mesmo que não lhes cause dano. (*Acrescido pelo art. 3º da Lei nº 12.034/2009*)
§6º É permitida a colocação de cavaletes, bonecos, cartazes, mesas para distribuição de material de campanha e bandeiras ao longo das vias públicas, desde que móveis e que não dificultem o bom andamento do trânsito de pessoas e veículos. (*Acrescido pelo art. 3º da Lei nº 12.034/2009*)
§7º A mobilidade referida no §6º estará caracterizada com a colocação e a retirada dos meios de propaganda entre as seis horas e as vinte e duas horas. (*Acrescido pelo art. 3º da Lei nº 12.034/2009*)
§8º A veiculação de propaganda eleitoral em bens particulares deve ser espontânea e gratuita, sendo vedado qualquer tipo de pagamento em troca de espaço para esta finalidade. (*Acrescido pelo art. 3º da Lei nº 12.034/2009*)

Art. 38. Independe da obtenção de licença municipal e de autorização da Justiça Eleitoral a veiculação de propaganda eleitoral pela distribuição de folhetos, volantes e outros impressos, os quais devem ser editados sob a responsabilidade do partido, coligação ou candidato.
§1º Todo material impresso de campanha eleitoral deverá conter o número de inscrição no Cadastro Nacional da Pessoa Jurídica – CNPJ ou o número de inscrição no Cadastro de Pessoas Físicas – CPF do responsável pela confecção, bem como de quem a contratou, e a respectiva tiragem. (*Acrescido pelo art. 3º da Lei nº 12.034/2009*)
§2º Quando o material impresso veicular propaganda conjunta de diversos candidatos, os gastos relativos a cada um deles deverão constar na respectiva prestação de contas, ou apenas naquela relativa ao que houver arcado com os custos. (*Acrescido pelo art. 3º da Lei nº 12.034/2009*)

Art. 39. A realização de qualquer ato de propaganda partidária ou eleitoral, em recinto aberto ou fechado, não depende de licença da polícia.

Lei nº 1.207/50: "Dispõe sobre o direito de reunião".

§1º O candidato, partido ou coligação promotora do ato fará a devida comunicação à autoridade policial em, no mínimo, vinte e quatro horas antes de sua realização, a fim de que esta lhe garanta, segundo a prioridade do aviso, o direito contra quem tencione usar o local no mesmo dia e horário.

§2º A autoridade policial tomará as providências necessárias à garantia da realização do ato e ao funcionamento do tráfego e dos serviços públicos que o evento possa afetar.

§3º O funcionamento de alto-falantes ou amplificadores de som, ressalvada a hipótese contemplada no parágrafo seguinte, somente é permitido entre as oito e as vinte e duas horas, sendo vedados a instalação e o uso daqueles equipamentos em distância inferior a duzentos metros:
I - das sedes dos Poderes Executivo e Legislativo da União, dos Estados, do Distrito Federal e dos Municípios, das sedes dos Tribunais Judiciais, e dos quartéis e outros estabelecimentos militares;
II - dos hospitais e casas de saúde;
III - das escolas, bibliotecas públicas, igrejas e teatros, quando em funcionamento.
§4º A realização de comícios e a utilização de aparelhagem de sonorização fixa são permitidas no horário compreendido entre as 8 (oito) e as 24 (vinte e quatro) horas.[28] *(Redação dada pelo art. 1º da Lei nº 11.300/2006)*
§5º Constituem crimes, no dia da eleição, puníveis com detenção, de seis meses a um ano, com a alternativa de prestação de serviços à comunidade pelo mesmo período, e multa no valor de cinco mil a quinze mil UFIR:
I - o uso de alto-falantes e amplificadores de som ou a promoção de comício ou carreata;
II - a arregimentação de eleitor ou a propaganda de boca-de-urna;[29] *(Redação dada pelo art. 1º da Lei nº 11.300/2006)*

> Ac.-TSE, de 4.6.2009, no HC nº 604: a nova redação dada a este dispositivo pela Lei nº 11.300/2006 não revogou as condutas anteriormente descritas, tendo, na verdade, ampliado o tipo penal.

III - a divulgação de qualquer espécie de propaganda de partidos políticos ou de seus candidatos.[30] *(Acrescido pelo art. 1º da Lei nº 11.300/2006; redação dada pelo art. 3º da Lei nº 12.034/2009)*
§6º É vedada na campanha eleitoral a confecção, utilização, distribuição por comitê, candidato, ou com a sua autorização, de camisetas, chaveiros, bonés, canetas, brindes, cestas básicas ou quaisquer outros bens ou materiais

---

[28] Redação original: "§4º A realização de comícios é permitida no horário compreendido entre as oito e as vinte e quatro horas".

[29] Redação original: "II - a distribuição de material de propaganda política, inclusive volantes e outros impressos, ou a prática de aliciamento, coação ou manifestação tendentes a influir na vontade do eleitor".

[30] Redação original: "III - a divulgação de qualquer espécie de propaganda de partidos políticos ou de seus candidatos, mediante publicações, cartazes, camisas, bonés, broches ou dísticos em vestuário".

que possam proporcionar vantagem ao eleitor. (*Acrescido pelo art. 1º da Lei nº 11.300/2006*)

> Res.-TSE nº 22.274/2006: não é permitida, em eventos fechados em propriedade privada, a presença de artistas ou animadores nem a utilização de camisas e outros materiais que possam proporcionar alguma vantagem ao eleitor.
> Res.-TSE nº 22.247/2006: é permitida a confecção, a distribuição e a utilização de *displays*, bandeirolas e flâmulas em veículos automotores particulares, pois não proporcionam vantagem ao eleitor; a proibição somente é aplicável para veículos automotores prestadores de serviços públicos. Res.-TSE nº 22.303/2006: "Independentemente da semelhança com o *outdoor*, é vedada a veiculação de propaganda eleitoral de qualquer natureza em veículos automotores prestadores de serviços públicos, tais como os ônibus de transporte coletivo urbano (*caput* do art. 37 da Lei nº 11.300/2006)".

§7º É proibida a realização de showmício e de evento assemelhado para promoção de candidatos, bem como a apresentação, remunerada ou não, de artistas com a finalidade de animar comício e reunião eleitoral. (*Acrescido pelo art. 1º da Lei nº 11.300/2006*)

> Vide Res. nº 23.251/2010 – Candidato que exerce a profissão de cantor;
> Res.-TSE nº 22.274/2006: não é permitida, em eventos fechados em propriedade privada, a presença de artistas ou animadores nem a utilização de camisas e outros materiais que possam proporcional alguma vantagem ao eleitor.

§8º É vedada a propaganda eleitoral mediante *outdoors*, sujeitando-se a empresa responsável, os partidos, coligações e candidatos à imediata retirada da propaganda irregular e ao pagamento de multa no valor de 5.000 (cinco mil) a 15.000 (quinze mil) UFIRs. (*Acrescido pelo art. 1º da Lei nº 11.300/2006*)

> V. art. 37, §2º, desta lei. Ac.-TSE, de 23.11.2006, no REspe nº 26.404 e Res.-TSE nº 22.246/2006: "Só não caracteriza *outdoor* a placa, afixada em propriedade particular, cujo tamanho não exceda a 4m² ".
> Res.-TSE nº 22.270/2006: proibição de painéis eletrônicos na propaganda eleitoral.

§9º Até as vinte e duas horas do dia que antecede a eleição, serão permitidos distribuição de material gráfico, caminhada, carreata, passeata ou carro de som que transite pela cidade divulgando *jingles* ou mensagens de candidatos. (*Acrescido pelo art. 3º da Lei nº 12.034/2009*)
§10. Fica vedada a utilização de trios elétricos em campanhas eleitorais, exceto para a sonorização de comícios. (*Acrescido pelo art. 3º da Lei nº 12.034/2009*)

Res.-TSE nº 22.267/2006: possibilidade do uso de telão e de palco fixo nos comícios; proibição de retransmissão de shows artísticos e de utilização de trio elétrico.

Art. 39-A. É permitida, no dia das eleições, a manifestação individual e silenciosa da preferência do eleitor por partido político, coligação ou candidato, revelada exclusivamente pelo uso de bandeiras, broches, dísticos e adesivos. (*Acrescido pelo art. 4º da Lei nº 12.034/2009*)

§1º É vedada, no dia do pleito, até o término do horário de votação, a aglomeração de pessoas portando vestuário padronizado, bem como os instrumentos de propaganda referidos no *caput*, de modo a caracterizar manifestação coletiva, com ou sem utilização de veículos. (*Acrescido pelo art. 4º da Lei nº 12.034/2009*)

§2º No recinto das seções eleitorais e juntas apuradoras, é proibido aos servidores da Justiça Eleitoral, aos mesários e aos escrutinadores o uso de vestuário ou objeto que contenha qualquer propaganda de partido político, de coligação ou de candidato. (*Acrescido pelo art. 4º da Lei nº 12.034/2009*)

§3º Aos fiscais partidários, nos trabalhos de votação, só é permitido que, em seus crachás, constem o nome e a sigla do partido político ou coligação a que sirvam, vedada a padronização do vestuário. (*Acrescido pelo art. 4º da Lei nº 12.034/2009*)

§4º No dia do pleito, serão afixadas cópias deste artigo em lugares visíveis nas partes interna e externa das seções eleitorais. (*Acrescido pelo art. 4º da Lei nº 12.034/2009*)

Art. 40. O uso, na propaganda eleitoral, de símbolos, frases ou imagens, associadas ou semelhantes às empregadas por órgão de governo, empresa pública ou sociedade de economia mista constitui crime, punível com detenção, de seis meses a um ano, com a alternativa de prestação de serviços à comunidade pelo mesmo período, e multa no valor de dez mil a vinte mil *UFIR*.

Res.-TSE nº 22.268/2006: não há vedação para o uso, na propaganda eleitoral, dos símbolos nacionais, estaduais e municipais (bandeira, hino, cores), sendo punível a utilização indevida nos termos da legislação de regência.

Ac.-TSE, de 15.5.2008, no REspe nº 26.380: "A utilização de determinada cor durante a campanha eleitoral não se insere no conceito de símbolo, nos termos do art. 40 da Lei 9.504/97".

Art. 40-A. (Vetado.) (*Acrescido pela Lei nº 11.300/2006*)

Art. 40-B. A representação relativa à propaganda irregular deve ser instruída com prova da autoria ou do prévio conhecimento do beneficiário, caso este não seja por ela responsável. (*Acrescido pelo art. 4º da Lei nº 12.034/2009*)

Parágrafo único. A responsabilidade do candidato estará demonstrada se este, intimado da existência da propaganda irregular, não providenciar, no prazo de quarenta e oito horas, sua retirada ou regularização e, ainda, se as circunstâncias e as peculiaridades do caso específico revelarem a impossibilidade de o beneficiário não ter tido conhecimento da propaganda. (*Acrescido pelo art. 4º da Lei nº 12.034/2009*)

Art. 41. A propaganda exercida nos termos da legislação eleitoral não poderá ser objeto de multa nem cerceada sob alegação do exercício do poder de polícia ou de *violação de postura municipal*, casos em que se deve proceder na forma prevista no art. 40.[31] (*Redação dada pelo art. 3º da Lei nº 12.034/2009*)

> CE/65, art. 243, VIII: proibição de propaganda que contravenha às posturas municipais, dentre outras hipóteses. Ac.-TSE nº 301/2004 e Ac.-TSE, de 14.3.2006, no REspe nº 24.801: prevalência do disposto na lei de postura municipal sobre este artigo na hipótese de conflito, em homenagem à reserva do art. 30 da CF/88, assegurando aos municípios competência para legislar sobre assuntos de interesse local.

§1º O poder de polícia sobre a propaganda eleitoral será exercido pelos juízes eleitorais e pelos juízes designados pelos Tribunais Regionais Eleitorais. (*Acrescido pelo art. 3º da Lei nº 12.034/2009*)

§2º O poder de polícia se restringe às providências necessárias para inibir práticas ilegais, vedada a censura prévia sobre o teor dos programas a serem exibidos na televisão, no rádio ou na internet. (*Acrescido pelo art. 3º da Lei nº 12.034/2009*)

Art. 41-A. Ressalvado o disposto no art. 26 e seus incisos, constitui captação de sufrágio, vedada por esta Lei, o *candidato* doar, oferecer, prometer, ou entregar, ao eleitor, *com o fim de obter-lhe o voto*, bem ou vantagem pessoal de qualquer natureza, inclusive emprego ou função pública, desde o registro da candidatura até o dia da eleição, inclusive, sob pena de multa de mil a cinquenta mil UFIR, e *cassação do registro ou do diploma*, observado o procedimento previsto no art. 22 da Lei Complementar nº 64, de 18 de maio de 1990. (*Acrescido pelo art. 1º da Lei nº 9.840/99*)

> Ac.-TSE nºs 19.566/2001, 1.229/2002, 696/2003, 21.264/2004, 21.792/2005 e 787/2005: inexigência de que o ato tenha sido praticado diretamente pelo candidato, sendo suficiente que haja participado ou com ele consentido.
>
> Ac.-TSE, de 1º.3.2007, no REspe nº 26.118: incidência deste dispositivo

---

[31] Redação original: "Art. 41. A propaganda exercida nos termos da legislação eleitoral não poderá ser objeto de multa nem cerceada sob alegação do exercício do poder de polícia".

também no caso de dádiva de dinheiro em troca de abstenção, por analogia ao disposto no CE/65, art. 299.

Ac.-STF, de 26.10.2006, na ADIn nº 3.592: julga improcedente arguição de inconstitucionalidade da expressão "*cassação do registro ou do diploma*" contida neste artigo. Além desse, Ac.-TSE nºs 19.644/2002, 21.221/2003, 612/2004, 25.227/2005, 25.215/2005, 5.817/2005 e Ac.-TSE, de 8.8.2006, no REspe nº 25.790, dentre outros: constitucionalidade deste dispositivo por não implicar inelegibilidade.

Ac.-TSE nº 81/2005: este artigo não alterou a disciplina do art. 299 do Código Eleitoral e não implicou abolição do crime de corrupção eleitoral nele tipificado.

Ac.-TSE, de 20.5.2010, no REspe nº 26.110: admissibilidade da comprovação da captação ilícita de sufrágio por meio exclusivamente da prova testemunhal.

Ac.-TSE, de 6.4.2010, no RESPE nº 35.770: para incidência desta norma, a promessa de vantagem pessoal deve se relacionar com o benefício a ser obtido concreta e individualmente por eleitor determinado; Ac.-TSE, de 16.9.2008, no RCED nº 676; Ac.-TSE nº 4.422/2003 e 5.498/2005: promessas genéricas, sem objetivo de satisfazer interesses individuais e privados, não atraem a incidência deste artigo.

Res.-TSE nº 21.166/2002: competência do juiz auxiliar para processamento e relatório da representação do art. 41-A, observado o rito do art. 22 da LC nº 64/90, e desmembramento do feito para que infrações ao art. 73 sigam o rito do art. 96; competência dos corregedores para infrações à LC nº 64/90. Ac.-TSE nº 4.029/2003: impossibilidade de julgamento monocrático da representação pelo juiz auxiliar nas eleições estaduais e federais.

Ac.-TSE, de 8.10.2009, no RO nº 2.373; de 17.4.2008, no REspe nº 27.104 e, de 1º.3.2007, no REspe nº 26.118: para incidência da sanção prevista neste dispositivo, não se exige a aferição da potencialidade do fato para desequilibrar o pleito.

Ac.-TSE, de 16.6.2010, no AgR-REspe nº 35.740: O Ministério Público Eleitoral possui legitimidade para assumir a titularidade da representação fundada neste artigo no caso de abandono da causa pelo autor.

§1º Para a caracterização da conduta ilícita, é desnecessário o pedido explícito de votos, bastando a evidência do dolo, consistente no especial fim de agir. (*Acrescido pelo art. 3º da Lei nº 12.034/2009*)

§2º As sanções previstas no *caput* aplicam-se contra quem praticar atos de violência ou grave ameaça a pessoa, com o fim de obter-lhe o voto. (*Acrescido pelo art. 3º da Lei nº 12.034/2009*)

§3º A representação contra as condutas vedadas no *caput* poderá ser ajuizada até a data da diplomação. (*Acrescido pelo art. 3º da Lei nº 12.034/2009*)

§4º O prazo de recurso contra decisões proferidas com base neste artigo será de 3 (três) dias, a contar da data da publicação do julgamento no Diário Oficial. (*Acrescido pelo art. 3º da Lei nº 12.034/2009*)

Da Propaganda Eleitoral mediante *Outdoors*

Art. 42. (*Revogado pelo art. 4º da Lei nº 11.300/2006*)[32]

Da Propaganda Eleitoral na Imprensa

Ac.-TSE nº 1.241/2002: a diversidade de regimes constitucionais a que se submetem a imprensa escrita e o rádio e a televisão se reflete na diferença de restrições por força da legislação eleitoral; incompetência da Justiça Eleitoral para impor restrições ou proibições à liberdade de informação e à opinião da imprensa escrita, salvo, unicamente, às relativas à publicidade paga e à garantia do direito de resposta.

---

[32] Redação original: "Art. 42. A propaganda por meio de *outdoors* somente é permitida após a realização de sorteio pela Justiça Eleitoral.
§1º As empresas de publicidade deverão relacionar os pontos disponíveis para a veiculação de propaganda eleitoral em quantidade não inferior à metade do total dos espaços existentes no território municipal.
§2º Os locais destinados à propaganda eleitoral deverão ser assim distribuídos:
I - trinta por cento, entre os partidos e coligações que tenham candidato a Presidente da República;
II - trinta por cento, entre os partidos e coligações que tenham candidato a Governador e a Senador;
III - quarenta por cento, entre os partidos e coligações que tenham candidatos a Deputado Federal, Estadual ou Distrital;
IV - nas eleições municipais, metade entre os partidos e coligações que tenham candidato a Prefeito e metade entre os que tenham candidato a Vereador.
§3º Os locais a que se refere o parágrafo anterior deverão dividir-se em grupos eqüitativos de pontos com maior e menor impacto visual, tantos quantos forem os partidos e coligações concorrentes, para serem sorteados e usados durante a propaganda eleitoral.
§4º A relação dos locais com a indicação dos grupos mencionados no parágrafo anterior deverá ser entregue pelas empresas de publicidade aos Juízes Eleitorais, nos Municípios, e ao Tribunal Regional Eleitoral, nas Capitais, até o dia 25 de junho do ano da eleição.
§5º Os Tribunais Regionais Eleitorais encaminharão à publicação, na imprensa oficial, até o dia 8 de julho, a relação de partidos e coligações que requereram registro de candidatos, devendo o sorteio a que se refere o *caput* ser realizado até o dia 10 de julho.
§6º Para efeito do sorteio, equipara-se a coligação a um partido, qualquer que seja o número de partidos que a integrem.
§7º Após o sorteio, os partidos e coligações deverão comunicar às empresas, por escrito, como usarão os *outdoors* de cada grupo dos mencionados no §3º, com especificação de tempo e quantidade.
§8º Os *outdoors* não usados deverão ser redistribuídos entre os demais concorrentes interessados, fazendo-se novo sorteio, se necessário, a cada renovação.
§9º Os partidos e coligações distribuirão, entre seus candidatos, os espaços que lhes couberem.
§10. O preço para a veiculação da propaganda eleitoral de que trata este artigo não poderá ser superior ao cobrado normalmente para a publicidade comercial.
§11. A violação do disposto neste artigo sujeita a empresa responsável, os partidos, coligações ou candidatos, à imediata retirada da propaganda irregular e ao pagamento de multa no valor de cinco mil a quinze mil UFIR."

Art. 43. São permitidas, até a antevéspera das eleições, a *divulgação paga*, na imprensa escrita, e a reprodução na internet do jornal impresso, de até 10 (dez) anúncios de propaganda eleitoral, por veículo, em datas diversas, para cada candidato, no espaço máximo, por edição, de 1/8 (um oitavo) de página de jornal padrão e de 1/4 (um quarto) de página de revista ou tabloide.[33] (*Redação dada pelo art. 3º da Lei nº 12.034/2009*)

> Ac.-TSE, de 1º.3.2007, no Ag nº 6.881, proferido na vigência da redação anterior: a aplicação da multa prevista neste dispositivo só é possível quando se tratar de propaganda eleitoral paga ou produto de doação indireta.
>
> Res.-TSE nº 23.086/2009, editada na vigência da redação anterior: impossibilidade de veiculação de propaganda intrapartidária paga nos meios de comunicação.
>
> Ac.-TSE, de 15.10.2009, no REspe nº 35.977: necessidade de que os textos imputados como inverídicos sejam fruto de matéria paga para tipificação do delito previsto no art. 323 do CE/65.

§1º Deverá constar do anúncio, de forma visível, o valor pago pela inserção. (*Acrescido pelo art. 3º da Lei nº 12.034/2009*)

§2º A inobservância do disposto neste artigo sujeita os responsáveis pelos veículos de divulgação e os partidos, coligações ou candidatos beneficiados a multa no valor de R$1.000,00 (mil reais) a R$10.000,00 (dez mil reais) ou equivalente ao da divulgação da propaganda paga, se este for maior.[34] (*Redação dada pela Lei nº 11.300/2006; renumerado do parágrafo único pelo art. 3º da Lei nº 12.034/2009*)

Da Propaganda Eleitoral no Rádio e na Televisão

Art. 44. A propaganda eleitoral no rádio e na televisão restringe-se ao horário gratuito definido nesta Lei, vedada a veiculação de propaganda paga.

> Res.-TSE nº 22.927/2008: a partir das eleições de 2010, no horário eleitoral gratuito, "(...) as emissoras geradoras deverão proceder ao bloqueio da transmissão para as estações retransmissoras e repetidoras localizadas em município diverso, substituindo a transmissão

---

[33] Redação original: "Art. 43. É permitida, até o dia das eleições, a divulgação paga, na imprensa escrita, de propaganda eleitoral, no espaço máximo, por edição, para cada candidato, partido ou coligação, de um oitavo de página de jornal padrão e um quarto de página de revista ou tablóide".

[34] Redação original: "Parágrafo único. A inobservância dos limites estabelecidos neste artigo sujeita os responsáveis pelos veículos de divulgação e os partidos, coligações ou candidatos beneficiados, a multa no valor de mil a dez mil UFIR ou equivalente ao da divulgação da propaganda paga, se este for maior".

do programa por uma imagem estática com os dizeres 'horário destinado à propaganda eleitoral gratuita'".
Res.-TSE n° 23.086/2009: impossibilidade de veiculação de propaganda intrapartidária paga nos meios de comunicação.

§1º A propaganda eleitoral gratuita na televisão deverá utilizar a Linguagem Brasileira de Sinais – LIBRAS ou o recurso de legenda, que deverão constar obrigatoriamente do material entregue às emissoras. (*Acrescido pelo art. 3º da Lei nº 12.034/2009*)

§2º No horário reservado para a propaganda eleitoral, não se permitirá utilização comercial ou propaganda realizada com a intenção, ainda que disfarçada ou subliminar, de promover marca ou produto. (*Acrescido pelo art. 3º da Lei nº 12.034/2009*)

§3º Será punida, nos termos do §1º do art. 37, a emissora que, não autorizada a funcionar pelo poder competente, veicular propaganda eleitoral. (*Acrescido pelo art. 3º da Lei nº 12.034/2009*)

Art. 45. A partir de 1º de julho do ano da eleição, é vedado às emissoras de rádio e televisão, em sua programação normal e noticiário:
I - transmitir, ainda que sob a forma de entrevista jornalística, imagens de realização de pesquisa ou qualquer outro tipo de consulta popular de natureza eleitoral em que seja possível identificar o entrevistado ou em que haja manipulação de dados;
II - usar trucagem, montagem ou outro recurso de áudio ou vídeo que, de qualquer forma, degradem ou ridicularizem candidato, partido ou coligação, ou produzir ou veicular programa com esse efeito;

V. ADI nº 4.451-STF: decisão de 2.9.2010 que, por maioria, referendou a liminar, suspendendo a norma deste inciso.

III - veicular propaganda política ou *difundir opinião favorável ou contrária a candidato, partido, coligação, a seus órgãos ou representantes;*

V. ADI nº 4.451-STF: decisão de 2.9.2010 que, por maioria, referendou a liminar, suspendendo a segunda parte deste inciso.

IV - dar tratamento privilegiado a candidato, partido ou coligação;
V - veicular ou divulgar filmes, novelas, minisséries ou qualquer outro programa com alusão ou crítica a candidato ou partido político, mesmo que dissimuladamente, exceto programas jornalísticos ou debates políticos;
VI - divulgar nome de programa que se refira a candidato escolhido em Convenção, ainda quando preexistente, inclusive se coincidente com o nome do candidato ou com a variação nominal por ele adotada. Sendo o nome do programa o mesmo que o do candidato, fica proibida a sua divulgação, sob pena de cancelamento do respectivo registro.

§1º A partir do resultado da convenção, é vedado, ainda, às emissoras transmitir programa apresentado ou comentado por candidato escolhido em convenção.³⁵ (*Redação dada pelo art. 1º da Lei nº 11.300/2006*)

§2º Sem prejuízo do disposto no parágrafo único do art. 55, a inobservância do disposto neste artigo sujeita a emissora ao pagamento de multa no valor de vinte mil a cem mil *UFIR*, duplicada em caso de reincidência.

> Ac.-TSE, de 3.6.2008, no REspe nº 27.743: impossibilidade de imposição de multa a jornalista, pois o *caput* deste artigo refere-se expressamente apenas às emissoras de rádio e televisão.

§3º (*Revogado pelo art. 9º da Lei nº 12.034/2009*)³⁶

§4º Entende-se por trucagem todo e qualquer efeito realizado em áudio ou vídeo que degradar ou ridicularizar candidato, partido político ou coligação, ou que desvirtuar a realidade e beneficiar ou prejudicar qualquer candidato, partido político ou coligação. (*Acrescido pelo art. 3º da Lei nº 12.034/2009*)

> V. ADI nº 4.451-STF: decisão de 2.9.2010 que, por maioria, referendou liminar suspendendo a norma do inciso II e da segunda parte do inciso III deste artigo e, por arrastamento, deste parágrafo.

§5º Entende-se por montagem toda e qualquer junção de registros de áudio ou vídeo que degradar ou ridicularizar candidato, partido político ou coligação, ou que desvirtuar a realidade e beneficiar ou prejudicar qualquer candidato, partido político ou coligação. (*Acrescido pelo art. 3º da Lei nº 12.034/2009*)

> V. ADI nº 4.451-STF: decisão de 2.9.2010 que, por maioria, referendou liminar suspendendo a norma do inciso II e da segunda parte do inciso III deste artigo e, por arrastamento, deste parágrafo.

§6º É permitido ao partido político utilizar na propaganda eleitoral de seus candidatos em âmbito regional, inclusive no horário eleitoral gratuito, a imagem e a voz de candidato ou militante de partido político que integre a sua coligação em âmbito nacional. (*Acrescido pelo art. 3º da Lei nº 12.034/2009*)

> V. arts. 53-A e parágrafos e 54 e parágrafo único desta lei.

---

35 Redação original: "§1º A partir de 1º de agosto do ano da eleição, é vedado ainda às emissoras transmitir programa apresentado ou comentado por candidato escolhido em convenção".
36 Redação original: "§3º As disposições deste artigo aplicam-se aos sítios mantidos pelas empresas de comunicação social na Internet e demais redes destinadas à prestação de serviços de telecomunicações de valor adicionado".

Ac.-TSE, de 16.9.2010, no REspe nº 113.623: "(...) possibilidade de que os candidatos nacionais participem da propaganda estadual das eleições majoritárias, mas se abstenham de interferir nos espaços das candidaturas proporcionais, senão para prestarem apoio."

Art. 46. Independentemente da veiculação de propaganda eleitoral gratuita no horário definido nesta Lei, é facultada a transmissão, por emissora de rádio ou televisão, de debates sobre as eleições majoritária ou proporcional, sendo assegurada a participação de candidatos dos partidos *com representação na Câmara dos Deputados*, e facultada a dos demais, observado o seguinte:

Res.-TSE nº 22.318/2006: impossibilidade, no caso de debates, de exigir-se que a representação do partido na Câmara dos Deputados esteja vinculada ao início da legislatura, não se podendo ampliar o alcance do §3º do art. 47 desta lei. Res.-TSE nº 22.340/2006: considera-se a representação dos partidos na Câmara dos Deputados na época das convenções para escolha de candidatos.

I - nas eleições majoritárias, a apresentação dos debates poderá ser feita:
a) em conjunto, estando presentes todos os candidatos a um mesmo cargo eletivo;
b) em grupos, estando presentes, no mínimo, três candidatos;
II - nas eleições proporcionais, os debates deverão ser organizados de modo que assegurem a presença de número equivalente de candidatos de todos os partidos e coligações a um mesmo cargo eletivo, podendo desdobrar-se em mais de um dia;
III - os debates deverão ser parte de programação previamente estabelecida e divulgada pela emissora, fazendo-se mediante sorteio a escolha do dia e da ordem de fala de cada candidato, salvo se celebrado acordo em outro sentido entre os partidos e coligações interessados.
§1º Será admitida a realização de debate sem a presença de candidato de algum partido, desde que o veículo de comunicação responsável comprove havê-lo convidado com a antecedência mínima de setenta e duas horas da realização do debate.

Ac.-TSE nº 19.433/2002: aplicação desta regra também quando são apenas dois os candidatos que disputam a eleição, salvo se a marcação do debate é feita unilateralmente ou com o propósito de favorecer um deles.

§2º É vedada a presença de um mesmo candidato a eleição proporcional em mais de um debate da mesma emissora.
§3º O descumprimento do disposto neste artigo sujeita a empresa infratora às penalidades previstas no art. 56.

§4º O debate será realizado segundo as regras estabelecidas em acordo celebrado entre os partidos políticos e a pessoa jurídica interessada na realização do evento, dando-se ciência à Justiça Eleitoral. (*Acrescido pelo art. 3º da Lei nº 12.034/2009*)
§5º Para os debates que se realizarem no primeiro turno das eleições, serão consideradas aprovadas as regras que obtiverem a concordância de pelo menos 2/3 (dois terços) dos *candidatos aptos* no caso de eleição majoritária, e de pelo menos 2/3 (dois terços) dos partidos ou coligações com *candidatos aptos*, no caso de eleição proporcional. (*Acrescido pelo art. 3º da Lei nº 12.034/2009*)

> Res.-TSE nº 23.273/2010: "são considerados aptos os candidatos filiados a partido político com representação na Câmara dos Deputados e que tenham requerido o registro de candidatura na Justiça Eleitoral. Julgado o registro, permanecem aptos apenas os candidatos com registro deferido ou, se indeferido, esteja *sub judice*".

Art. 47. As emissoras de rádio e de televisão e os canais de televisão por assinatura mencionados no art. 57 reservarão, nos quarenta e cinco dias anteriores à antevéspera das eleições, horário destinado à divulgação, em rede, da propaganda eleitoral gratuita, na forma estabelecida neste artigo.

> Res.-TSE nº 22.290/2006: impossibilidade de transmissão ao vivo da propaganda eleitoral gratuita em bloco.

§1º A propaganda será feita:
I - na eleição para Presidente da República, às terças e quintas-feiras e aos sábados:
a) das sete horas às sete horas e vinte e cinco minutos e das doze horas às doze horas e vinte e cinco minutos, no rádio;
b) das treze horas às treze horas e vinte e cinco minutos e das vinte horas e trinta minutos às vinte horas e cinqüenta e cinco minutos, na televisão;
II - nas eleições para Deputado Federal, às terças e quintas-feiras e aos sábados:
a) das sete horas e vinte e cinco minutos às sete horas e cinquenta minutos e das doze horas e vinte e cinco minutos às doze horas e cinquenta minutos, no rádio;
b) das treze horas e vinte e cinco minutos às treze horas e cinquenta minutos e das vinte horas e cinquenta e cinco minutos às vinte e uma horas e vinte minutos, na televisão;
III - nas eleições para Governador de Estado e do Distrito Federal, às segundas, quartas e sextas-feiras:
a) das sete horas às sete horas e vinte minutos e das doze horas às doze horas e vinte minutos, no rádio, nos anos em que a renovação do Senado Federal

se der por 1/3 (um terço);³⁷ (*Redação dada pelo art. 3º da Lei nº 12.034/2009*)
b) das treze horas às treze horas e vinte minutos e das vinte horas e trinta minutos às vinte horas e cinquenta minutos, na televisão, nos anos em que a renovação do Senado Federal se der por 1/3 (um terço);³⁸ (*Redação dada pelo art. 3º da Lei nº 12.034/2009*)
c) das sete horas às sete horas e dezoito minutos e das doze horas às doze horas e dezoito minutos, no rádio, nos anos em que a renovação do Senado Federal se der por 2/3 (dois terços); (*Acrescida pelo art. 3º da Lei nº 12.034/2009*)
d) das treze horas às treze horas e dezoito minutos e das vinte horas e trinta minutos às vinte horas e quarenta e oito minutos, na televisão, nos anos em que a renovação do Senado Federal se der por 2/3 (dois terços); (*Acrescida pelo art. 3º da Lei nº 12.034/2009*)
IV - nas eleições para Deputado Estadual e Deputado Distrital, às segundas, quartas e sextas-feiras:
a) das sete horas e vinte minutos às sete horas e quarenta minutos e das doze horas e vinte minutos às doze horas e quarenta minutos, no rádio, nos anos em que a renovação do Senado Federal se der por 1/3 (um terço);³⁹ (*Redação dada pelo art. 3º da Lei nº 12.034/2009*)
b) das treze horas e vinte minutos às treze horas e quarenta minutos e das vinte horas e cinquenta minutos às vinte e uma horas e dez minutos, na televisão, nos anos em que a renovação do Senado Federal se der por 1/3 (um terço);⁴⁰ (*Redação dada pelo art. 3º da Lei nº 12.034/2009*)
c) das sete horas e dezoito minutos às sete horas e trinta e cinco minutos e das doze horas e dezoito minutos às doze horas e trinta e cinco minutos, no rádio, nos anos em que a renovação do Senado Federal se der por 2/3 (dois terços); (*Acrescida pelo art. 3º da Lei nº 12.034/2009*)
d) das treze horas e dezoito minutos às treze horas e trinta e cinco minutos e das vinte horas e quarenta e oito minutos às vinte e uma horas e cinco minutos, na televisão, nos anos em que a renovação do Senado Federal se der por 2/3 (dois terços); (*Acrescida pelo art. 3º da Lei nº 12.034/2009*)
V - na eleição para Senador, às segundas, quartas e sextas-feiras:
a) das sete horas e quarenta minutos às sete horas e cinquenta minutos e das doze horas e quarenta minutos às doze horas e cinquenta minutos, no rádio, nos anos em que a renovação do Senado Federal se der por 1/3 (um terço);⁴¹ (*Redação dada pelo art. 3º da Lei nº 12.034/2009*)

---

[37] Redação original: "a) das sete horas às sete horas e vinte minutos e das doze horas às doze horas e vinte minutos, no rádio;".

[38] Redação original: "b) das treze horas às treze horas e vinte minutos e das vinte horas e trinta minutos às vinte horas e cinquenta minutos, na televisão;".

[39] Redação original: "a) das sete horas e vinte minutos às sete horas e quarenta minutos e das doze horas e vinte minutos às doze horas e quarenta minutos, no rádio;".

[40] Redação original: b) das treze horas e vinte minutos às treze horas e quarenta minutos e das vinte horas e cinquenta minutos às vinte e uma horas e dez minutos, na televisão;".

[41] Redação original: "a) das sete horas e quarenta minutos às sete horas e cinquenta minutos e das doze horas e quarenta minutos às doze horas e cinquenta minutos, no rádio;".

b) das treze horas e quarenta minutos às treze horas e cinquenta minutos e das vinte e uma horas e dez minutos às vinte e uma horas e vinte minutos, na televisão, nos anos em que a renovação do Senado Federal se der por 1/3 (um terço);[42] (*Redação dada pelo art. 3º da Lei nº 12.034/2009*)
c) das sete horas e trinta e cinco minutos às sete horas e cinquenta minutos e das doze horas e trinta e cinco minutos às doze horas e cinquenta minutos, no rádio, nos anos em que a renovação do Senado Federal se der por 2/3 (dois terços); (Acrescida pelo art. 3º da Lei nº 12.034/2009)
d) das treze horas e trinta e cinco minutos às treze horas e cinquenta minutos e das vinte e uma horas e cinco minutos às vinte e uma horas e vinte minutos, na televisão, nos anos em que a renovação do Senado Federal se der por 2/3 (dois terços); (Acrescida pelo art. 3º da Lei nº 12.034/2009)
VI - nas eleições para Prefeito e Vice-Prefeito, às segundas, quartas e sextas-feiras:
a) das sete horas às sete horas e trinta minutos e das doze horas às doze horas e trinta minutos, no rádio;
b) das treze horas às treze horas e trinta minutos e das vinte horas e trinta minutos às vinte e uma horas, na televisão;
VII - nas eleições para Vereador, às terças e quintas-feiras e aos sábados, nos mesmos horários previstos no inciso anterior.
§2º Os horários reservados à propaganda de cada eleição, nos termos do parágrafo anterior, serão distribuídos entre todos os partidos e coligações que tenham candidato *e representação na Câmara dos Deputados*, observados os seguintes critérios:

> Ac.-TSE nº 8.427/86 e instruções para as eleições: um terço do horário é distribuído igualitariamente entre todos os partidos e coligações que tenham candidatos, independentemente de representação na Câmara dos Deputados.

I - um terço, igualitariamente;
II - dois terços, proporcionalmente ao número de representantes na Câmara dos Deputados, considerado, no caso de coligação, o resultado da soma do número de representantes de todos os partidos que a integram.
§3º Para efeito do disposto neste artigo, a representação de cada partido na Câmara dos Deputados é a resultante da eleição.[43] (*Redação dada pelo art. 1º da Lei nº 11.300/2006*)

---

[42] Redação original: "b) das treze horas e quarenta minutos às treze horas e cinqüenta minutos e das vinte e uma horas e dez minutos às vinte e uma horas e vinte minutos, na televisão;".
[43] Redação original: "§3º Para efeito do disposto neste artigo, a representação de cada partido na Câmara dos Deputados será a existente na data de início da legislatura que estiver em curso".

Dec.-TSE, de 23.5.2006 (ata da 57a sessão, *DJ* de 30.5.2006): inaplicabilidade deste dispositivo às eleições de 2006.
Res.-TSE nº 21.541/2003: a filiação de deputado federal a novo partido não transfere para este a fração de tempo adquirida por seu antigo partido.

§4º O número de representantes de partido que tenha resultado de fusão ou a que se tenha incorporado outro corresponderá à soma dos representantes que os partidos de origem possuíam na data mencionada no parágrafo anterior.

§5º Se o candidato a Presidente ou a Governador deixar de concorrer, em qualquer etapa do pleito, e não havendo a substituição prevista no art. 13 desta Lei, far-se-á nova distribuição do tempo entre os candidatos remanescentes.

§6º Aos partidos e coligações que, após a aplicação dos critérios de distribuição referidos no *caput*, obtiverem direito a parcela do horário eleitoral inferior a trinta segundos, será assegurado o direito de acumulá-lo para uso em tempo equivalente.

Art. 48. Nas eleições para prefeitos e vereadores, nos municípios em que não haja emissora de rádio e televisão, a Justiça Eleitoral garantirá aos partidos políticos participantes do pleito a veiculação de propaganda eleitoral gratuita nas localidades aptas à realização de segundo turno de eleições e nas quais seja operacionalmente viável realizar a retransmissão.[44] *(Redação dada pelo art. 3º da Lei nº 12.034/2009)*

§1º A Justiça Eleitoral regulamentará o disposto neste artigo, de forma que o número máximo de Municípios a serem atendidos seja igual ao de emissoras geradoras disponíveis.[45] *(Redação dada pelo art. 3º da Lei nº 12.034/2009)*

§2º O disposto neste artigo aplica-se às emissoras de rádio, nas mesmas condições.

Art. 49. Se houver segundo turno, as emissoras de rádio e televisão reservarão, a partir de quarenta e oito horas da proclamação dos resultados do primeiro turno e até a antevéspera da eleição, horário destinado à divulgação da propaganda eleitoral gratuita, dividido em dois períodos

---

[44] Redação original: "Art. 48. Nas eleições para Prefeitos e Vereadores, nos Municípios em que não haja emissora de televisão, os órgãos regionais de direção da maioria dos partidos participantes do pleito poderão requerer à Justiça Eleitoral que reserve dez por cento do tempo destinado à propaganda eleitoral gratuita para divulgação em rede da propaganda dos candidatos desses Municípios, pelas emissoras geradoras que os atingem".

[45] Redação original: "§1º A Justiça Eleitoral regulamentará o disposto neste artigo, dividindo o tempo entre os candidatos dos Municípios vizinhos, de forma que o número máximo de Municípios a serem atendidos seja igual ao de emissoras geradoras disponíveis".

diários de vinte minutos para cada eleição, iniciando-se às sete e às doze horas, no rádio, e às treze e às vinte horas e trinta minutos, na televisão.

§1º Em circunscrição onde houver segundo turno para Presidente e Governador, o horário reservado à propaganda deste iniciar-se-á imediatamente após o término do horário reservado ao primeiro.

§2º O tempo de cada período diário será dividido igualitariamente entre os candidatos.

Art. 50. A Justiça Eleitoral efetuará sorteio para a escolha da ordem de veiculação da propaganda de cada partido ou coligação no primeiro dia do horário eleitoral gratuito; a cada dia que se seguir, a propaganda veiculada por último, na véspera, será a primeira, apresentando-se as demais na ordem do sorteio.

Art. 51. Durante os períodos previstos nos arts. 47 e 49, as emissoras de rádio e televisão e os canais por assinatura mencionados no art. 57 reservarão, ainda, trinta minutos diários para a propaganda eleitoral gratuita, a serem usados em inserções de até sessenta segundos, a critério do respectivo partido ou coligação, assinadas obrigatoriamente pelo partido ou coligação, e distribuídas, ao longo da programação veiculada entre as oito e as vinte e quatro horas, nos termos do §2º do art. 47, obedecido o seguinte:

> Ac.-TSE, de 22.8.2006, na Rp nº 1.004: dispensa da identificação da coligação e dos partidos que a integram na propaganda eleitoral em inserções de 15 segundos no rádio.
> Res.-TSE nº 20.377/98: distribuição do tempo das inserções no segundo turno.

I - o tempo será dividido em partes iguais para a utilização nas campanhas dos candidatos às eleições majoritárias e proporcionais, bem como de suas legendas partidárias ou das que componham a coligação, quando for o caso;
II - destinação exclusiva do tempo para a campanha dos candidatos a Prefeito e Vice-Prefeito, no caso de eleições municipais;
III - a distribuição levará em conta os blocos de audiência entre as oito e as doze horas, as doze e as dezoito horas, as dezoito e as vinte e uma horas, as vinte e uma e as vinte e quatro horas;
IV - na veiculação das inserções é vedada a utilização de *gravações externas*, montagens ou trucagens, computação gráfica, desenhos animados e efeitos especiais, e a veiculação de mensagens que possam degradar ou ridicularizar candidato, partido ou coligação.

> Ac.-TSE, de 12.9.2006, na Rp nº 1.100: "Não constitui gravação externa a reprodução de vídeos produzidos pelo candidato *ex adverso* em eleição anterior". Ac.-TSE, de 29.8.2006, na Rp nº 1.026: "(...) 2.

Gravação externa. Se a aparência é de cena gravada externamente, e não houve prova em sentido contrário, julga-se procedente a representação".

Art. 52. A partir do dia 8 de julho do ano da eleição, a Justiça Eleitoral convocará os partidos e a representação das emissoras de televisão para elaborarem plano de mídia, nos termos do artigo anterior, para o uso da parcela do horário eleitoral gratuito a que tenham direito, garantida a todos participação nos horários de maior e menor audiência.

Art. 53. Não serão admitidos cortes instantâneos ou qualquer tipo de censura prévia nos programas eleitorais gratuitos.

§1º É vedada a veiculação de propaganda que possa degradar ou ridicularizar candidatos, sujeitando-se o partido ou coligação infratores à perda do direito à veiculação de propaganda no horário eleitoral gratuito do dia seguinte.

Ac.-TSE, de 23.10.2006, na Rp nº 1.288: "Deferido o direito de resposta nos termos do art. 58, não cabe deferir a penalidade prevista no §1º do art. 53 da Lei das Eleições".

§2º Sem prejuízo do disposto no parágrafo anterior, a requerimento de partido, coligação ou candidato, a Justiça Eleitoral impedirá a reapresentação de propaganda ofensiva à honra de candidato, à moral e aos bons costumes.

Ac.-TSE nº 1.241/2002: inadmissibilidade de aplicação analógica deste dispositivo aos veículos impressos de comunicação.
Ac.-TSE nº 21.992/2005: cada reiteração ocasiona duplicação da suspensão de forma cumulativa.

Art. 53-A. É vedado aos partidos políticos e às coligações incluir no horário destinado aos candidatos às eleições proporcionais propaganda das candidaturas a eleições majoritárias, ou vice-versa, ressalvada a utilização, durante a exibição do programa, de legendas com referência aos candidatos majoritários, ou, ao fundo, de cartazes ou fotografias desses candidatos. (*Acrescido pelo art. 4º da Lei nº 12.034/2009*)

Ac.-TSE, de 31.8.2010, na Rp nº 254.673: A regra deste artigo não contempla a "invasão" de candidatos majoritários em espaço de propaganda majoritária; Ac.-TSE, de 2.9.2010, na Rp nº 243.589: "Configura invasão de horário tipificada neste artigo a veiculação de propaganda eleitoral negativa a adversário político em eleições majoritárias, devidamente identificado, no espaço destinado a candidatos a eleições proporcionais".

§1º É facultada a inserção de depoimento de candidatos a eleições proporcionais no horário da propaganda das candidaturas majoritárias e vice-versa, registrados sob o mesmo partido ou coligação, desde que o depoimento consista exclusivamente em pedido de voto ao candidato que cedeu o tempo. (Acrescido pelo art. 4º da Lei nº 12.034/2009)
§2º Fica vedada a utilização da propaganda de candidaturas proporcionais como propaganda de candidaturas majoritárias e vice-versa. (Acrescido pelo art. 4º da Lei nº 12.034/2009)
§3º O partido político ou a coligação que não observar a regra contida neste artigo perderá, em seu horário de propaganda gratuita, tempo equivalente no horário reservado à propaganda da eleição disputada pelo candidato beneficiado. (Acrescido pelo art. 4º da Lei nº 12.034/2009)

> Ac.-TSE, de 2.9.2010, na Rp nº 243.589: Em se tratando de inserções, leva-se em conta o número delas a que o partido ou coligação teria direito de veicular em determinado bloco de audiência, no estado em que ocorrida a invasão de horário.
> V. arts. 45, §6º, e 54 e parágrafo único desta lei.

Art. 54. Dos programas de rádio e televisão destinados à propaganda eleitoral gratuita de cada partido ou coligação poderá participar, em apoio aos candidatos desta ou daquele, qualquer cidadão não filiado a outra agremiação partidária ou a partido integrante de outra coligação, sendo vedada a participação de qualquer pessoa mediante remuneração.[46]

> Ac.-TSE, de 16.9.2010, no REspe nº 113.623: "(...) possibilidade de que os candidatos nacionais participem da propaganda estadual das eleições majoritárias, mas se abstenham de interferir nos espaços das candidaturas proporcionais, senão para prestarem apoio".
> Ac.-TSE, de 22.8.2006, na Rp nº 1.005: aplicação da proporcionalidade e cassação do tempo de inserção em horário nacional (da eleição presidencial) em caso em que o candidato a presidente da República invadiu horário estadual destinado a candidato a governador.
> V. arts. 45, §6º, e 53-A e parágrafos desta lei.

Parágrafo único. No segundo turno das eleições não será permitida, nos programas de que trata este artigo, a participação de filiados a partidos que tenham formalizado o apoio a outros candidatos.

Art. 55. Na propaganda eleitoral no horário gratuito, são aplicáveis ao partido, coligação ou candidato as vedações indicadas nos incisos I e II do art. 45.

---

[46] A redação do *caput* do art. 54, embora alterada pela Lei nº 11.300/2006, foi objeto de veto, preservando-se a original.

Parágrafo único. A inobservância do disposto neste artigo sujeita o partido ou coligação à perda de tempo equivalente ao dobro do usado na prática do ilícito, no período do horário gratuito subsequente, dobrada a cada reincidência, devendo, no mesmo período, exibir-se a informação de que a não-veiculação do programa resulta de infração da lei eleitoral.

Art. 56. A requerimento de partido, coligação ou candidato, a Justiça Eleitoral poderá determinar a suspensão, por vinte e quatro horas, da programação normal de emissora que deixar de cumprir as disposições desta Lei sobre propaganda.

§1º No período de suspensão a que se refere este artigo, a emissora transmitirá a cada quinze minutos a informação de que se encontra fora do ar por ter desobedecido à lei eleitoral.

§2º Em cada reiteração de conduta, o período de suspensão será duplicado.

Art. 57. As disposições desta Lei aplicam-se às emissoras de televisão que operam em VHF e UHF e os canais de televisão por assinatura sob a responsabilidade do Senado Federal, da Câmara dos Deputados, das Assembléias Legislativas, da Câmara Legislativa do Distrito Federal ou das Câmaras Municipais.

Art. 57-A. É permitida a propaganda eleitoral na internet, nos termos desta Lei, após o dia 5 de julho do ano da eleição. (*Acrescido pelo art. 4º da Lei nº 12.034/2009*)

> Ac.-TSE, de 10.8.2010, no R-Rp nº 132.118: Não configura propaganda eleitoral antecipada a veiculação, em sítio da Internet, de matéria voltada ao lançamento de candidatura própria ao cargo de presidente da República por certo partido.
>
> Res.-TSE nº 23.086/2009: "A divulgação das prévias por meio de página na Internet extrapola o limite interno do partido e, por conseguinte, compromete a fiscalização, pela Justiça Eleitoral, do seu alcance".

Art. 57-B. A propaganda eleitoral na internet poderá ser realizada nas seguintes formas: (*Acrescido pelo art. 4º da Lei nº 12.034/2009*)

I - em sítio do candidato, com endereço eletrônico comunicado à Justiça Eleitoral e hospedado, direta ou indiretamente, em provedor de serviço de internet estabelecido no País; (*Acrescido pelo art. 4º da Lei nº 12.034/2009*)

II - em sítio do partido ou da coligação, com endereço eletrônico comunicado à Justiça Eleitoral e hospedado, direta ou indiretamente, em provedor de serviço de internet estabelecido no País; (*Acrescido pelo art. 4º da Lei nº 12.034/2009*)

III - por meio de mensagem eletrônica para endereços cadastrados gratuitamente pelo candidato, partido ou coligação; (*Acrescido pelo art. 4º da Lei nº 12.034/2009*)
IV - por meio de *blogs*, redes sociais, sítios de mensagens instantâneas e assemelhados, cujo conteúdo seja gerado ou editado por candidatos, partidos ou coligações ou de iniciativa de qualquer pessoa natural. (*Acrescido pelo art. 4º da Lei nº 12.034/2009*)

> Ac.-TSE, de 29.6.2010, no AgR-AC nº 138443: "representações eleitorais que apontem irregularidades na utilização da internet (...). Para suspender a propaganda pela Justiça Eleitoral não é suficiente a alegação de ser o material anônimo. A determinação de suspensão deve atingir apenas e tão somente o quanto tido como irregular, resguardando-se, ao máximo possível, o pensamento livremente expressado".

Art. 57-C. Na internet, é vedada a veiculação de qualquer tipo de propaganda eleitoral paga. (*Acrescido pelo art. 4º da Lei nº 12.034/2009*)
§1º É vedada, ainda que gratuitamente, a veiculação de propaganda eleitoral na internet, em sítios: (*Acrescido pelo art. 4º da Lei nº 12.034/2009*)
I - de pessoas jurídicas, com ou sem fins lucrativos; (*Acrescido pelo art. 4º da Lei nº 12.034/2009*)
II - oficiais ou hospedados por órgãos ou entidades da administração pública direta ou indireta da União, dos Estados, do Distrito Federal e dos Municípios. (*Acrescido pelo art. 4º da Lei nº 12.034/2009*)
§2º A violação do disposto neste artigo sujeita o responsável pela divulgação da propaganda e, quando comprovado seu prévio conhecimento, o beneficiário à multa no valor de R$5.000,00 (cinco mil reais) a R$30.000,00 (trinta mil reais). (*Acrescido pelo art. 4º da Lei nº 12.034/2009*)

Art. 57-D. É livre a manifestação do pensamento, vedado o anonimato durante a campanha eleitoral, por meio da rede mundial de computadores – internet, assegurado o direito de resposta, nos termos das alíneas *a*, *b* e *c* do inciso IV do §3º do art. 58 e do 58-A, e por outros meios de comunicação interpessoal mediante mensagem eletrônica. (*Acrescido pelo art. 4º da Lei nº 12.034/2009*)

> Ac.-TSE, de 29.6.2010, no AgR-AC nº 138.443: Para suspender a propaganda pela Justiça Eleitoral não é suficiente a alegação de ser o material anônimo. É necessário que dele se extraiam elementos que demonstrem a violação das regras eleitorais ou ofendam direito daqueles que participam do processo eleitoral.

§1º (Vetado.) (*Acrescido pelo art. 4º da Lei nº 12.034/2009*)

§2º A violação do disposto neste artigo sujeitará o responsável pela divulgação da propaganda e, quando comprovado seu prévio conhecimento, o beneficiário à multa no valor de R$5.000,00 (cinco mil reais) a R$30.000,00 (trinta mil reais). (Acrescido pelo art. 4º da Lei nº 12.034/2009)

Art. 57-E. São vedadas às pessoas relacionadas no art. 24 a utilização, doação ou cessão de cadastro eletrônico de seus clientes, em favor de candidatos, partidos ou coligações. (Acrescido pelo art. 4º da Lei nº 12.034/2009)
§1º É proibida a venda de cadastro de endereços eletrônicos. (Acrescido pelo art. 4º da Lei nº 12.034/2009)
§2º A violação do disposto neste artigo sujeita o responsável pela divulgação da propaganda e, quando comprovado seu prévio conhecimento, o beneficiário à multa no valor de R$5.000,00 (cinco mil reais) a R$30.000,00 (trinta mil reais). (Acrescido pelo art. 4º da Lei nº 12.034/2009)

Art. 57-F. Aplicam-se ao provedor de conteúdo e de serviços multimídia que hospeda a divulgação da propaganda eleitoral de candidato, de partido ou de coligação as penalidades previstas nesta Lei, se, no prazo determinado pela Justiça Eleitoral, contado a partir da notificação de decisão sobre a existência de propaganda irregular, não tomar providências para a cessação dessa divulgação. (Acrescido pelo art. 4º da Lei nº 12.034/2009)
Parágrafo único. O provedor de conteúdo ou de serviços multimídia só será considerado responsável pela divulgação da propaganda se a publicação do material for comprovadamente de seu prévio conhecimento. (Acrescido pelo art. 4º da Lei nº 12.034/2009)

Art. 57-G. As mensagens eletrônicas enviadas por candidato, partido ou coligação, por qualquer meio, deverão dispor de mecanismo que permita seu descadastramento pelo destinatário, obrigado o remetente a providenciá-lo no prazo de quarenta e oito horas. (Acrescido pelo art. 4º da Lei nº 12.034/2009)
Parágrafo único. Mensagens eletrônicas enviadas após o término do prazo previsto no caput sujeitam os responsáveis ao pagamento de multa no valor de R$100,00 (cem reais), por mensagem. (Acrescido pelo art. 4º da Lei nº 12.034/2009)

Art. 57-H. Sem prejuízo das demais sanções legais cabíveis, será punido, com multa de R$5.000,00 (cinco mil reais) a R$30.000,00 (trinta mil reais), quem realizar propaganda eleitoral na internet, atribuindo indevidamente sua autoria a terceiro, inclusive a candidato, partido ou coligação. (Acrescido pelo art. 4º da Lei nº 12.034/2009)

Art. 57-I. A requerimento de candidato, partido ou coligação, observado o rito previsto no art. 96, a Justiça Eleitoral poderá determinar a suspensão,

por vinte e quatro horas, do acesso a todo conteúdo informativo dos sítios da internet que deixarem de cumprir as disposições desta Lei. (*Acrescido pelo art. 4º da Lei nº 12.034/2009*)
§1º A cada reiteração de conduta, será duplicado o período de suspensão. (*Acrescido pelo art. 4º da Lei nº 12.034/2009*)
§2º No período de suspensão a que se refere este artigo, a empresa informará, a todos os usuários que tentarem acessar seus serviços, que se encontra temporariamente inoperante por desobediência à legislação eleitoral. (*Acrescido pelo art. 4º da Lei nº 12.034/2009*)

Do Direito de Resposta

Art. 58. A partir da escolha de candidatos em Convenção, é assegurado o direito de resposta a candidato, partido ou coligação atingidos, ainda que de forma indireta, por conceito, imagem ou afirmação caluniosa, difamatória, injuriosa ou sabidamente inverídica, difundidos por qualquer veículo de comunicação social.

> Res.-TSE nº 20.675/2000: compete à Justiça Eleitoral somente os pedidos de direito de resposta formulados *por terceiros* em relação à ofensa no horário gratuito, aplicando o art. 58 da Lei nº 9.504/97. Ofensa realizada no curso de programação normal das emissoras de rádio e televisão, ou veiculado por órgão da imprensa escrita, deverá observar os procedimentos previstos na Lei nº 5.250/67. V., contudo, ADPF nº 130: o STF julgou a Lei nº 5.250/67 (Lei de Imprensa) incompatível com a Constituição vigente. CE/65, art. 243, §3º e sua terceira nota.
>
> Ac.-TSE, de 19.9.2006, na Rp nº 1.080: inexistência do direito de resposta se o fato mencionado for verdadeiro, ainda que prevaleça a presunção de inocência.
>
> Ac.-TSE, de 2.10.2006, na Rp nº 1.201: jornal não tem legitimidade passiva na ação de direito de resposta, que deve envolver tão somente os atores da cena eleitoral, quais sejam, candidato, partido político e coligações.

§1º O ofendido, ou seu representante legal, poderá pedir o exercício do direito de resposta à Justiça Eleitoral nos seguintes prazos, contados a partir da veiculação da ofensa:
I - vinte e quatro horas, quando se tratar do horário eleitoral gratuito;
II - quarenta e oito horas, quando se tratar da programação normal das emissoras de rádio e televisão;
III - setenta e duas horas, quando se tratar de órgão da imprensa escrita.
§2º Recebido o pedido, a Justiça Eleitoral notificará imediatamente o ofensor para que se defenda em vinte e quatro horas, devendo a decisão ser prolatada no prazo máximo de setenta e duas horas da data da formulação do pedido.

Ac.-TSE nº 385/2002: é facultado ao juiz ou relator ouvir o Ministério Público Eleitoral nas representações a que se refere este artigo, desde que não exceda o prazo máximo para decisão.
Ac.-TSE nº 195/2002: possibilidade de redução do prazo de defesa para 12 horas em pedido de direito de resposta na imprensa escrita, formulado na véspera da eleição.

§3º Observar-se-ão, ainda, as seguintes regras no caso de pedido de resposta relativo à ofensa veiculada:
I - em órgão da imprensa escrita:
a) o pedido deverá ser instruído com um exemplar da publicação e o texto para resposta;

Ac.-TSE nºs 1.395/2004 e 24.387/2004: o texto da resposta deve dirigir-se aos fatos supostamente ofensivos.

b) deferido o pedido, a divulgação da resposta dar-se-á no mesmo veículo, espaço, local, página, tamanho, caracteres e outros elementos de realce usados na ofensa, em até quarenta e oito horas após a decisão ou, tratando-se de veículo com periodicidade de circulação maior que quarenta e oito horas, na primeira vez em que circular;
c) por solicitação do ofendido, a divulgação da resposta será feita no mesmo dia da semana em que a ofensa foi divulgada, ainda que fora do prazo de quarenta e oito horas;
d) se a ofensa for produzida em dia e hora que inviabilizem sua reparação dentro dos prazos estabelecidos nas alíneas anteriores, a Justiça Eleitoral determinará a imediata divulgação da resposta;
e) o ofensor deverá comprovar nos autos o cumprimento da decisão, mediante dados sobre a regular distribuição dos exemplares, a quantidade impressa e o raio de abrangência na distribuição;
II - em programação normal das emissoras de rádio e de televisão:
a) a Justiça Eleitoral, à vista do pedido, deverá notificar imediatamente o responsável pela emissora que realizou o programa para que entregue em vinte e quatro horas, sob as penas do art. 347 da Lei nº 4.737, de 15 de julho de 1965 – Código Eleitoral, cópia da fita da transmissão, que será devolvida após a decisão;
b) o responsável pela emissora, ao ser notificado pela Justiça Eleitoral ou informado pelo reclamante ou representante, por cópia protocolada do pedido de resposta, preservará a gravação até a decisão final do processo;
c) deferido o pedido, a resposta será dada em até quarenta e oito horas após a decisão, em tempo igual ao da ofensa, porém nunca inferior a um minuto;
III - no horário eleitoral gratuito:
a) o ofendido usará, para a resposta, tempo igual ao da ofensa, nunca inferior, porém, a um minuto;

b) a resposta será veiculada no horário destinado ao partido ou coligação responsável pela ofensa, devendo necessariamente dirigir-se aos fatos nela veiculados;
c) se o tempo reservado ao partido ou coligação responsável pela ofensa for inferior a um minuto, a resposta será levada ao ar tantas vezes quantas sejam necessárias para a sua complementação;
d) deferido o pedido para resposta, a emissora geradora e o partido ou coligação atingidos deverão ser notificados imediatamente da decisão, na qual deverão estar indicados quais os períodos, diurno ou noturno, para a veiculação da resposta, que deverá ter lugar no início do programa do partido ou coligação;
e) o meio magnético com a resposta deverá ser entregue à emissora geradora, até trinta e seis horas após a ciência da decisão, para veiculação no programa subsequente do partido ou coligação em cujo horário se praticou a ofensa;

> Ac.-TSE nº 461/2002: o termo inicial do prazo a que se refere este dispositivo é contado do término do prazo para agravo, se não interposto; se interposto agravo, conta-se a partir da ciência da decisão do Tribunal, que pode ser em Plenário.

f) se o ofendido for candidato, partido ou coligação que tenha usado o tempo concedido sem responder aos fatos veiculados na ofensa, terá subtraído tempo idêntico do respectivo programa eleitoral; tratando-se de terceiros, ficarão sujeitos à suspensão de igual tempo em eventuais novos pedidos de resposta e à multa no valor de duas mil a cinco mil UFIR.
IV - em propaganda eleitoral na internet: (*Acrescido pelo art. 3º da Lei nº 12.034/2009*)
a) deferido o pedido, a divulgação da resposta dar-se-á no mesmo veículo, espaço, local, horário, página eletrônica, tamanho, caracteres e outros elementos de realce usados na ofensa, em até quarenta e oito horas após a entrega da mídia física com a resposta do ofendido; (*Acrescido pelo art. 3º da Lei nº 12.034/2009*)
b) a resposta ficará disponível para acesso pelos usuários do serviço de internet por tempo não inferior ao dobro em que esteve disponível a mensagem considerada ofensiva; (*Acrescido pelo art. 3º da Lei nº 12.034/2009*)
c) os custos de veiculação da resposta correrão por conta do responsável pela propaganda original. (*Acrescido pelo art. 3º da Lei nº 12.034/2009*)
§4º Se a ofensa ocorrer em dia e hora que inviabilizem sua reparação dentro dos prazos estabelecidos nos parágrafos anteriores, a resposta será divulgada nos horários que a Justiça Eleitoral determinar, ainda que nas quarenta e oito horas anteriores ao pleito, em termos e forma previamente aprovados, de modo a não ensejar tréplica.

§5º Da decisão sobre o exercício do direito de resposta cabe recurso às instâncias superiores, em vinte e quatro horas da data de sua publicação em cartório ou sessão, assegurado ao recorrido oferecer contra-razões em igual prazo, a contar da sua notificação.

> Ac.-TSE, de 6.3.2007, no REspe nº 27.839: incidência do prazo de 24 horas para recurso contra decisão de juiz auxiliar, recurso especial e embargos de declaração contra acórdão de Tribunal Regional Eleitoral nas representações sobre direito de resposta em propaganda eleitoral, não se aplicando o art. 258 do Código Eleitoral.

§6º A Justiça Eleitoral deve proferir suas decisões no prazo máximo de vinte e quatro horas, observando-se o disposto nas alíneas *d* e *e* do inciso III do §3º para a restituição do tempo em caso de provimento de recurso.

§7º A inobservância do prazo previsto no parágrafo anterior sujeita a autoridade judiciária às penas previstas no art. 345 da Lei nº 4.737, de 15 de julho de 1965 – Código Eleitoral.

§8º O não-cumprimento integral ou em parte da decisão que conceder a resposta sujeitará o infrator ao pagamento de multa no valor de cinco mil a quinze mil *UFIR*, duplicada em caso de reiteração de conduta, sem prejuízo do disposto no art. 347 da Lei nº 4.737, de 15 de julho de 1965 – Código Eleitoral.

Art. 58-A. Os pedidos de direito de resposta e as representações por propaganda eleitoral irregular em rádio, televisão e internet tramitarão preferencialmente em relação aos demais processos em curso na Justiça Eleitoral. (*Acrescido pelo art. 4º da Lei nº 12.034/2009*)

Do Sistema Eletrônico de Votação e da Totalização dos Votos

Art. 59. A votação e a totalização dos votos serão feitas por sistema eletrônico, podendo o Tribunal Superior Eleitoral autorizar, em caráter excepcional, a aplicação das regras fixadas nos arts. 83 a 89.

> Dec. nº 5.296/2004, art. 21, p. único: "No caso do exercício do direito de voto, as urnas das seções eleitorais devem ser adequadas ao uso com autonomia pelas pessoas portadoras de deficiência ou com mobilidade reduzida e estarem instaladas em local de votação plenamente acessível e com estacionamento próximo".

§1º A votação eletrônica será feita no número do candidato ou da legenda partidária, devendo o nome e fotografia do candidato e o nome do partido ou a legenda partidária aparecer no painel da urna eletrônica, com a expressão designadora do cargo disputado no masculino ou feminino, conforme o caso.

§2º Na votação para as eleições proporcionais, serão computados para a legenda partidária os votos em que não seja possível a identificação do candidato, desde que o número identificador do partido seja digitado de forma correta.

§3º A urna eletrônica exibirá para o eleitor, primeiramente, os painéis referentes às eleições proporcionais e, em seguida, os referentes às eleições majoritárias.

§4º A urna eletrônica disporá de recursos que, mediante assinatura digital, permitam o registro digital de cada voto e a identificação da urna em que foi registrado, resguardado o anonimato do eleitor.[47] (*Acrescido pelo art. 1º da Lei nº 10.408/2002; redação dada pelo art. 1º da Lei nº 10.740/2003*)

§5º Caberá à Justiça Eleitoral definir a chave de segurança e a identificação da urna eletrônica de que trata o §4º.[48] (*Acrescido pelo art. 1º da Lei nº 10.408/2002; redação dada pelo art. 1º da Lei nº 10.740/2003*)

§6º Ao final da eleição, a urna eletrônica procederá à assinatura digital do arquivo de votos, com aplicação do registro de horário e do arquivo do boletim de urna, de maneira a impedir a substituição de votos e a alteração dos registros dos termos de início e término da votação.[49] (*Acrescido pelo art. 1º da Lei nº 10.408/2002; redação dada pelo art. 1º da Lei nº 10.740/2003*)

§7º O Tribunal Superior Eleitoral colocará à disposição dos eleitores urnas eletrônicas destinadas a treinamento.[50] (*Acrescido pelo art. 1º da Lei nº 10.408/2002; redação dada pelo art. 1º da Lei nº 10.740/2003*)

§8º (*Acrescido pelo art. 1º da Lei nº 10.408/2002; suprimido pela Lei nº 10.740/2003*)[51]

Art. 60. No sistema eletrônico de votação considerar-se-á voto de legenda quando o eleitor assinalar o número do partido no momento de votar para determinado cargo e somente para este será computado.

---

[47] Redação original: "§4º A urna eletrônica disporá de mecanismo que permita a impressão do voto, sua conferência visual e depósito automático, sem contato manual, em local previamente lacrado, após conferência pelo eleitor".

[48] Redação original: "§5º Se, ao conferir o voto impresso, o eleitor não concordar com os dados nele registrados, poderá cancelá-lo e repetir a votação pelo sistema eletrônico. Caso reitere a discordância entre os dados da tela da urna eletrônica e o voto impresso, seu voto será colhido em separado e apurado na forma que for regulamentada pelo Tribunal Superior Eleitoral, observado, no que couber, o disposto no art. 82 desta Lei".

[49] Redação original: "§6º Na véspera do dia da votação, o juiz eleitoral, em audiência pública, sorteará três por cento das urnas de cada zona eleitoral, respeitado o limite mínimo de três urnas por Município, que deverão ter seus votos impressos contados e conferidos com os resultados apresentados pelo respectivo boletim de urna".

[50] Redação original: "§7º A diferença entre o resultado apresentado no boletim de urna e o da contagem dos votos impressos será resolvida pelo juiz eleitoral, que também decidirá sobre a conferência de outras urnas".

[51] Redação original: "§8º O Tribunal Superior Eleitoral colocará à disposição dos eleitores urnas eletrônicas destinadas a treinamento".

Art. 61. A urna eletrônica contabilizará cada voto, assegurando-lhe o sigilo e inviolabilidade, garantida aos partidos políticos, coligações e candidatos ampla fiscalização.

Art. 61-A. (*Acrescido pelo art. 2º da Lei nº 10.408/2002; revogado pelo art. 2º da Lei nº 10.740/2003*)[52]

Art. 62. Nas Seções em que for adotada a urna eletrônica, somente poderão votar eleitores cujos nomes estiverem nas respectivas folhas de votação, não se aplicando a ressalva a que se refere o art. 148, §1º, da Lei nº 4.737, de 15 de julho de 1965 – Código Eleitoral.
Parágrafo único. O Tribunal Superior Eleitoral disciplinará a hipótese de falha na urna eletrônica que prejudique o regular processo de votação.

> Res.-TSE nº 23.090/2009: realização de testes públicos de segurança nas urnas eletrônicas, com vistas às eleições de 2010, para aferir a vulnerabilidade dos sistemas informatizados que as integram.

Das Mesas Receptoras

Art. 63. Qualquer partido pode reclamar ao Juiz Eleitoral, no prazo de cinco dias, da nomeação da Mesa Receptora, devendo a decisão ser proferida em 48 horas.
§1º Da decisão do Juiz Eleitoral caberá recurso para o Tribunal Regional, interposto dentro de três dias, devendo ser resolvido em igual prazo.
§2º Não podem ser nomeados Presidentes e mesários os menores de dezoito anos.

Art. 64. É vedada a participação de parentes em qualquer grau ou de servidores da mesma repartição pública ou empresa privada na mesma Mesa, Turma ou Junta Eleitoral.

Da Fiscalização das Eleições

Art. 65. A escolha de Fiscais e Delegados, pelos partidos ou coligações, não poderá recair em menor de dezoito anos ou em quem, por nomeação do Juiz Eleitoral, já faça parte de Mesa Receptora.
§1º O Fiscal poderá ser nomeado para fiscalizar mais de uma Seção Eleitoral, no mesmo local de votação.
§2º As credenciais de Fiscais e Delegados serão expedidas, exclusivamente, pelos partidos ou coligações.

---

[52] Redação original: "Art. 61-A Os tribunais eleitorais somente proclamarão o resultado das eleições depois de procedida a conferência a que se referem os §§6º e 7º do art. 59".

§3º Para efeito do disposto no parágrafo anterior, o Presidente do partido ou o representante da coligação deverá registrar na Justiça Eleitoral o nome das pessoas autorizadas a expedir as credenciais dos Fiscais e Delegados.

Art. 66. Os partidos e coligações poderão fiscalizar todas as fases do processo de votação e apuração das eleições e o processamento eletrônico da totalização dos resultados.[53] (*Redação dada pelo art. 3º da Lei nº 10.408/2002*)
§1º Todos os programas de computador de propriedade do Tribunal Superior Eleitoral, desenvolvidos por ele ou sob sua encomenda, utilizados nas urnas eletrônicas para os processos de votação, apuração e totalização, poderão ter suas fases de especificação e de desenvolvimento acompanhadas por técnicos indicados pelos partidos políticos, Ordem dos Advogados do Brasil e Ministério Público, até seis meses antes das eleições.[54] (*Redação dada pelo art. 1º da Lei nº 10.740/2003*)
§2º Uma vez concluídos os programas a que se refere o §1º, serão eles apresentados, para análise, aos representantes credenciados dos partidos políticos e coligações, até vinte dias antes das eleições, nas dependências do Tribunal Superior Eleitoral, na forma de programas-fonte e de programas executáveis, inclusive os sistemas aplicativo e de segurança e as bibliotecas especiais, sendo que as chaves eletrônicas privadas e senhas eletrônicas de acesso manter-se-ão no sigilo da Justiça Eleitoral. Após a apresentação e conferência, serão lacradas cópias dos programas-fonte e dos programas compilados.[55] (*Redação dada pelo art. 1º da Lei nº 10.740/2003*)
§3º No prazo de cinco dias a contar da data da apresentação referida no §2º, o partido político e a coligação poderão apresentar impugnação fundamentada à Justiça Eleitoral.[56] (*Acrescido pelo art. 3º da Lei nº 10.408/2002; Redação dada pelo art. 1º da Lei nº 10.740/2003*)
§4º Havendo a necessidade de qualquer alteração nos programas, após a apresentação de que trata o §3º, dar-se-á conhecimento do fato aos representantes dos partidos políticos e das coligações, para que sejam novamente

---

[53] Redação original: "Art. 66. Os partidos e coligações poderão fiscalizar todas as fases do processo de votação e apuração das eleições, inclusive o preenchimento dos boletins de urna e o processamento eletrônico da totalização dos resultados, sendo-lhes garantido o conhecimento antecipado dos programas de computador a serem usados".

[54] Redação original: "§1º No prazo de cinco dias, a contar do conhecimento dos programas de computador a que se refere este artigo, o partido ou coligação poderá apresentar impugnação fundamentada à Justiça Eleitoral".

[55] Redação original: "§2º Os partidos concorrentes ao pleito poderão constituir sistema próprio de fiscalização, apuração e totalização dos resultados, contratando, inclusive, empresas de auditoria de sistemas, que, credenciadas junto à Justiça Eleitoral, receberão, previamente, os programas de computador e, simultaneamente, os mesmos dados alimentadores do sistema oficial de apuração e totalização".

[56] Redação original: "§3º No prazo de cinco dias, a contar da sessão referida no §2º, o partido ou coligação poderá apresentar impugnação fundamentada à Justiça Eleitoral".

analisados e lacrados.⁵⁷ (*Acrescido pelo art. 3º da Lei nº 10.408/2002; Redação dada pelo art. 1º da Lei nº 10.740/2003*)
§5º A carga ou preparação das urnas eletrônicas será feita em sessão pública, com prévia convocação dos fiscais dos partidos e coligações para a assistirem e procederem aos atos de fiscalização, inclusive para verificarem se os programas carregados nas urnas são idênticos aos que foram lacrados na sessão referida no §2º deste artigo, após o que as urnas serão lacradas. (*Redação dada pelo art. 3º da Lei nº 10.408/2002*)
§6º No dia da eleição, será realizada, por amostragem, auditoria de verificação do funcionamento das urnas eletrônicas, através de votação paralela, na presença dos fiscais dos partidos e coligações, nos moldes fixados em resolução do Tribunal Superior Eleitoral. (*Redação dada pelo art. 3º da Lei nº 10.408/2002*)
§7º Os partidos concorrentes ao pleito poderão constituir sistema próprio de fiscalização, apuração e totalização dos resultados contratando, inclusive, empresas de auditoria de sistemas, que, credenciadas junto à Justiça Eleitoral, receberão, previamente, os programas de computador e os mesmos dados alimentadores do sistema oficial de apuração e totalização. (*Redação dada pelo art. 3º da Lei nº 10.408/2002*)

Art. 67. Os órgãos encarregados do processamento eletrônico de dados são obrigados a fornecer aos partidos ou coligações, no momento da entrega ao Juiz encarregado, cópias dos dados do processamento parcial de cada dia, contidos em meio magnético.

Art. 68. O boletim de urna, segundo modelo aprovado pelo Tribunal Superior Eleitoral, conterá os nomes e os números dos candidatos nela votados.
§1º O Presidente da Mesa Receptora é obrigado a entregar cópia do boletim de urna aos partidos e coligações concorrentes ao pleito cujos representantes o requeiram até uma hora após a expedição.
§2º O descumprimento do disposto no parágrafo anterior constitui crime, punível com detenção, de um a três meses, com a alternativa de prestação de serviço à comunidade pelo mesmo período, e multa no valor de um mil a cinco mil *UFIR*.

Art. 69. A impugnação não recebida pela Junta Eleitoral pode ser apresentada diretamente ao Tribunal Regional Eleitoral, em quarenta e oito horas, acompanhada de declaração de duas testemunhas.

---

⁵⁷ Redação original: "§4º Havendo necessidade de modificação dos programas, a sessão referida no §3º realizar-se-á, novamente, para este efeito".

Parágrafo único. O Tribunal decidirá sobre o recebimento em quarenta e oito horas, publicando o acórdão na própria sessão de julgamento e transmitindo imediatamente à Junta, via telex, fax ou qualquer outro meio eletrônico, o inteiro teor da decisão e da impugnação.

Art. 70. O Presidente de Junta Eleitoral que deixar de receber ou de mencionar em ata os protestos recebidos, ou ainda, impedir o exercício de fiscalização, pelos partidos ou coligações, deverá ser imediatamente afastado, além de responder pelos crimes previstos na Lei nº 4.737, de 15 de julho de 1965 – Código Eleitoral.

Art. 71. Cumpre aos partidos e coligações, por seus Fiscais e Delegados devidamente credenciados, e aos candidatos, proceder à instrução dos recursos interpostos contra a apuração, juntando, para tanto, cópia do boletim relativo à urna impugnada.
Parágrafo único. Na hipótese de surgirem obstáculos à obtenção do boletim, caberá ao recorrente requerer, mediante a indicação dos dados necessários, que o órgão da Justiça Eleitoral perante o qual foi interposto o recurso o instrua, anexando o respectivo boletim de urna.

Art. 72. Constituem crimes, puníveis com reclusão, de cinco a dez anos:

Lei nº 6.996/82, art. 15: "Incorrerá nas penas do art. 315 do Código Eleitoral quem, no processamento eletrônico das cédulas, alterar resultados, qualquer que seja o método utilizado".

I - obter acesso a sistema de tratamento automático de dados usado pelo serviço eleitoral, a fim de alterar a apuração ou a contagem de votos;
II - desenvolver ou introduzir comando, instrução, ou programa de computador capaz de destruir, apagar, eliminar, alterar, gravar ou transmitir dado, instrução ou programa ou provocar qualquer outro resultado diverso do esperado em sistema de tratamento automático de dados usados pelo serviço eleitoral;
III - causar, propositadamente, dano físico ao equipamento usado na votação ou na totalização de votos ou a suas partes.

Das Condutas Vedadas aos Agentes Públicos
em Campanhas Eleitorais

Art. 73. São proibidas aos agentes públicos, servidores ou não, as seguintes condutas tendentes a afetar a igualdade de oportunidades entre candidatos nos pleitos eleitorais:

Ac.-TSE, de 6.3.2007, no REspe nº 25.770: o ressarcimento das despesas não descaracteriza as condutas vedadas pelo art. 73 da Lei nº 9.504/97. V., ainda, o art. 76 desta lei.

I - ceder ou usar, em benefício de candidato, partido político ou coligação, bens móveis ou imóveis pertencentes à administração direta ou indireta da União, dos Estados, do Distrito Federal, dos Territórios e dos Municípios, ressalvada a realização de Convenção partidária;

    Ac. TSE nºs 24.865/2004, 4.246/2005 e Ac.-TSE, de 1º.8.2006, no REspe nº 25.377: a vedação não abrange bem público de uso comum.

II - usar materiais ou serviços, custeados pelos Governos ou Casas Legislativas, que excedam as prerrogativas consignadas nos regimentos e normas dos órgãos que integram;
III - ceder servidor público ou empregado da administração direta ou indireta federal, estadual ou municipal do Poder Executivo, ou usar de seus serviços, para comitês de campanha eleitoral de candidato, partido político ou coligação, durante o horário de expediente normal, *salvo se o servidor ou empregado estiver licenciado;*

    Ac.-TSE nº 25.220/2005: "Para a caracterização da conduta vedada prevista no inciso III do art. 73 da Lei das Eleições, não se pode presumir a responsabilidade do agente público".
    Res.-TSE nº 21.854/2004: ressalva estendida ao servidor público que esteja no gozo de férias remuneradas.

IV - fazer ou permitir uso promocional em favor de candidato, partido político ou coligação, de distribuição gratuita de bens e serviços de caráter social custeados ou subvencionados pelo Poder Público;

    V. art. 73, §§10 e 11, desta lei.
    Ac.-TSE nº 5.283/2004: "A Lei Eleitoral não proíbe a prestação de serviço social custeado ou subvencionado pelo poder público nos três meses que antecedem à eleição, mas sim o seu uso para fins promocionais de candidato, partido ou coligação".
    Ac.-TSE nº 24.795/2004: bem de natureza cultural, posto à disposição de toda a coletividade, não se enquadra neste dispositivo.

V - nomear, contratar ou de qualquer forma admitir, demitir sem justa causa, suprimir ou readaptar vantagens ou por outros meios dificultar ou impedir o exercício funcional e, ainda, *ex officio,* remover, transferir ou exonerar servidor público, na circunscrição do pleito, nos três meses que o antecedem e até a posse dos eleitos, sob pena de nulidade de pleno direito, ressalvados:

    Res.-TSE nº 21.806/2004: não proíbe a realização de concurso público.
    Ac.-TSE nº 405/2002: a redistribuição não está proibida por este dispositivo. V., em sentido contrário, Ac.-STJ, de 27.10.2004, no MS nº 8.930.

a) a nomeação ou exoneração de cargos em comissão e designação ou dispensa de funções de confiança;

> Lei nº 6.091/74, art. 13, *caput*: movimentação de pessoal proibida no período entre os noventa dias anteriores à data das eleições parlamentares e o término, respectivamente, do mandato de governador do estado.

b) a nomeação para cargos do Poder Judiciário, do Ministério Público, dos Tribunais ou Conselhos de Contas e dos órgãos da Presidência da República;

> Ac.-TSE, de 20.5.2010, na Cta nº 69.851: a Defensoria Pública não está compreendida nessa ressalva legal.

c) a nomeação dos aprovados em concursos públicos homologados até o início daquele prazo;
d) a nomeação ou contratação necessária à instalação ou ao funcionamento inadiável de *serviços públicos essenciais*, com prévia e expressa autorização do Chefe do Poder Executivo;

> Ac.-TSE, de 12.12.2006, no REspe nº 27.563: "A ressalva da alínea *d* do inciso V do art. 73 da Lei nº 9.504/97 só pode ser coerentemente entendida a partir de uma visão estrita da essencialidade do serviço público. Do contrário, restaria inócua a finalidade da Lei Eleitoral ao vedar certas condutas aos agentes públicos, tendentes a afetar a igualdade de competição no pleito. Daqui resulta não ser a educação um serviço público essencial. Sua eventual descontinuidade, em dado momento, embora acarrete evidentes prejuízos à sociedade, é de ser oportunamente recomposta. Isso por inexistência de dano irreparável à 'sobrevivência, saúde ou segurança da população'". Considera-se serviço público essencial, para fins deste dispositivo, aquele vinculado à "sobrevivência, saúde ou segurança da população".

e) a transferência ou remoção *ex officio* de militares, policiais civis e de agentes penitenciários;
VI - nos três meses que antecedem o pleito:
a) realizar transferência voluntária de recursos da União aos Estados e Municípios, e dos Estados aos Municípios, sob pena de nulidade de pleno direito, ressalvados os recursos destinados a cumprir obrigação formal preexistente para execução de *obra ou serviço em andamento* e com cronograma prefixado, e os destinados a atender situações de emergência e de calamidade pública;

> Res.-TSE nº 21.878/2004 e Ac.-TSE nº 25.324/2006: obra ou serviço já iniciados fisicamente.

Ac.-TSE nºs 16.040/99 e 266/2004: descabimento de interpretação extensiva deste dispositivo e inaplicabilidade à transferência de recursos a associações de direito privado.

LC nº 101/2000 (Lei de Responsabilidade Fiscal), art. 25, caput: "Para efeito desta Lei Complementar, entende-se por transferência voluntária a entrega de recursos correntes ou de capital a outro ente da Federação, a título de cooperação, auxílio ou assistência financeira, que não decorra de determinação constitucional, legal ou os destinados ao Sistema Único de Saúde".

Res.-TSE nº 22.931/2008: "A Justiça Eleitoral não é competente para, com base no art. 73, VI, a, da Lei nº 9.504/97 (...) autorizar a realização de operação de crédito com vista a financiar a aquisição de veículos destinados ao transporte escolar, tendo em vista a ausência de atribuição de tal competência no comando legal".

b) com exceção da propaganda de produtos e serviços que tenham concorrência no mercado, *autorizar* publicidade institucional dos atos, programas, obras, serviços e campanhas dos órgãos públicos federais, estaduais ou municipais, ou das respectivas entidades da administração indireta, salvo em caso de grave e urgente necessidade pública, assim reconhecida pela Justiça Eleitoral;

Ac.-TSE, de 15.9.2009, no REspe nº 35.240; de 25.8.2009, no REspe nº 35.445; Ac.-TSE nºs 25.096/2005, 5.304/2004, 21.106/2003 e 4.365/2003: vedada a veiculação, independentemente da data da autorização.

Ac.-TSE, de 14.4.2009, no REspe nº 26.448; Ac.-TSE nºs 24.722/2004, 19.323/2001, 19.326/2001 e 57/98: admite-se a permanência de placas de obras públicas desde que não contenham expressões que possam identificar autoridades, servidores ou administrações cujos dirigentes estejam em campanha eleitoral.

Ac.-TSE, de 7.11.2006, no REspe nº 25.748: "A publicação de atos oficiais, tais como leis e decretos, não caracteriza publicidade institucional".

Ac.-TSE, de 16.11.2006, nos REspe nºs 26.875, 26.905 e 26.910: "Não caracteriza a conduta vedada descrita no art. 73, VI, b, da Lei nº 9.504/97, a divulgação de feitos de deputado estadual em sítio da internet de Assembléia Legislativa. A lei expressamente permite a divulgação da atuação parlamentar à conta das câmaras legislativas, nos limites regimentais (art. 73, II, da Lei nº 9.504/97). 'O que se veda – na esteira da Res.-TSE nº 20.217 – é que a publicação "tenha conotação de propaganda eleitoral", a qual, portanto, há de aferir-se segundo critérios objetivos e não conforme a intenção oculta de quem a promova' (REspe nº 19.752/MG, rel. Min. Sepúlveda Pertence)".

Ac.-TSE, de 1º.8.2006, no REspe nº 25.786: constitucionalidade deste dispositivo.

c) fazer pronunciamento em cadeia de rádio e televisão, fora do horário eleitoral gratuito, salvo quando, a critério da Justiça Eleitoral, tratar-se de matéria urgente, relevante e característica das funções de governo;
VII - realizar, em ano de eleição, antes do prazo fixado no inciso anterior, despesas com publicidade dos órgãos públicos federais, estaduais ou municipais, ou das respectivas entidades da administração indireta, que excedam a média dos gastos nos três últimos anos que antecedem o pleito ou do último ano imediatamente anterior à eleição.

> Dec. s/nº, de 29.6.2006, na Pet nº 1.880: informações sobre gastos com publicidade institucional da administração pública federal: competência da Justiça Eleitoral para requisitá-las, legitimidade dos partidos políticos para pleitear sua requisição e responsabilidade do presidente da República para prestá-las.

VIII - fazer, na circunscrição do pleito, revisão geral da remuneração dos servidores públicos que exceda a recomposição da perda de seu poder aquisitivo ao longo do ano da eleição, a partir do início do *prazo estabelecido no art. 7º desta Lei* e até a posse dos eleitos.

> Res.-TSE nº 22.252/2006: o termo inicial do prazo é o que consta no art. 7º, §1º, desta lei, qual seja, 180 dias antes da eleição; o termo final é a posse dos eleitos.
> Ac.-TSE, de 8.8.2006, no REspe nº 26.054: a concessão de benefícios a servidores públicos estaduais nas proximidades das eleições municipais pode caracterizar abuso do poder político, desde que evidenciada a possibilidade de haver reflexos na circunscrição do pleito municipal, diante da coincidência de eleitores.

§1º Reputa-se agente público, para os efeitos deste artigo, quem exerce, ainda que transitoriamente ou sem remuneração, por eleição, nomeação, designação, contratação ou qualquer outra forma de investidura ou vínculo, mandato, cargo, emprego ou função nos órgãos ou entidades da Administração Pública direta, indireta, ou fundacional.
§2º A vedação do inciso I do *caput* não se aplica ao uso, em campanha, de transporte oficial pelo Presidente da República, obedecido o disposto no art. 76, nem ao uso, em campanha, pelos candidatos a reeleição de Presidente e Vice-Presidente da República, Governador e Vice-Governador de Estado e do Distrito Federal, Prefeito e Vice-Prefeito, de suas residências oficiais para realização de contatos, encontros e reuniões pertinentes à própria campanha, desde que não tenham caráter de ato público.

> Ac.-TSE, de 27.9.2007, na Rp nº 1.252: "A audiência concedida pelo titular do mandato, candidato à reeleição, em sua residência oficial não configura ato público para os efeitos do art. 73 da Lei nº 9.504/97, não relevando que seja amplamente noticiada, o que acontece em virtude da própria natureza do cargo que exerce".

§3º As vedações do inciso VI do *caput*, alíneas *b* e *c*, aplicam-se apenas aos agentes públicos das esferas administrativas cujos cargos estejam em disputa na eleição.

§4º O descumprimento do disposto neste artigo acarretará a suspensão imediata da conduta vedada, quando for o caso, e sujeitará os responsáveis a multa no valor de cinco a cem mil UFIR.

> Res.-TSE nº 21.975/2004, art. 2º, *caput*: prazo para o juízo ou Tribunal Eleitoral comunicar à Secretaria de Administração do TSE o valor e a data da multa recolhida e o nome do partido beneficiado pela conduta vedada.
> Ac.-TSE, de 6.6.2006, no REspe nº 25.358: "O art. 73 refere-se a condutas tendentes a afetar a igualdade de oportunidade entre candidatos, por isso submete-se ao princípio da proporcionalidade". Ac.-TSE, de 16.11.2006, no REspe nº 26.905, de 14.8.2007, no REspe nº 25.994 e, de 11.12.2007, no REspe nº 26.060, dentre outros: a prática das condutas vedadas no art. 73 não implica, necessariamente, a cassação do registro ou diploma, devendo a pena ser proporcional à gravidade do ilícito eleitoral.

§5º Nos casos de descumprimento do disposto nos incisos do *caput* e no §10, sem prejuízo do disposto no §4º, o candidato beneficiado, agente público ou não, ficará sujeito à cassação do registro ou do diploma.[58] (*Redação dada pelo art. 3º da Lei nº 12.034/2009*)

> Ac.-TSE nºs 24.739/2004, 25.117/2005 e Ac.-TSE, de 31.5.2007, no REspe nº 25.745: constitucionalidade deste dispositivo, por não implicar inelegibilidade, nos termos da redação anterior.

§6º As multas de que trata este artigo serão duplicadas a cada reincidência.
§7º As condutas enumeradas no *caput* caracterizam, ainda, atos de improbidade administrativa, a que se refere o art. 11, inciso I, da Lei nº 8.429, de 2 de junho de 1992, e sujeitam-se às disposições daquele diploma legal, em especial às cominações do art. 12, inciso III.
§8º Aplicam-se as sanções do §4º aos agentes públicos responsáveis pelas condutas vedadas e aos partidos, coligações e candidatos que delas se beneficiarem.
§9º Na distribuição dos recursos do Fundo Partidário (Lei nº 9.096, de 19 de setembro de 1995) oriundos da aplicação do disposto no §4º, deverão ser excluídos os partidos beneficiados pelos atos que originaram as multas.

---

[58] Redação original: "§5º No caso de descumprimento do inciso VI do *caput*, sem prejuízo do disposto no parágrafo anterior, o agente público responsável, caso seja candidato, ficará sujeito à cassação do registro".

> Res.-TSE nº 21.975/2004, art. 2º, p. único: prazo para cumprimento do disposto neste parágrafo pela Secretaria de Administração do TSE. Port.-TSE nº 288/2005, art. 10, §2º, II.
> Res.-TSE nº 22.090/2005: a importância será decotada do diretório nacional, e sucessivamente dos órgãos inferiores, de modo a atingir o órgão partidário efetivamente responsável.

§10. No ano em que se realizar eleição, fica proibida a distribuição gratuita de bens, valores ou benefícios por parte da administração pública, exceto nos casos de calamidade pública, de estado de emergência ou de programas sociais autorizados em lei e já em execução orçamentária no exercício anterior, casos em que o Ministério Público poderá promover o acompanhamento de sua execução financeira e administrativa. (*Acrescido pelo art. 1º da Lei nº 11.300/2006*)

> V. Ac.-TSE, de 1º.7.2010, na Pet nº 100.080: "proibida a doação de bens no ano em que se realizarem as eleições."

§11. Nos anos eleitorais, os programas sociais de que trata o §10 não poderão ser executados por entidade nominalmente vinculada a candidato ou por esse mantida. (*Acrescido pelo art. 3º da Lei nº 12.034/2009*)

§12. A representação contra a não observância do disposto neste artigo observará o rito do art. 22 da Lei Complementar nº 64, de 18 de maio de 1990, e poderá ser ajuizada até a data da diplomação. (*Acrescido pelo art. 3º da Lei nº 12.034/2009*)

§13. O prazo de recurso contra decisões proferidas com base neste artigo será de 3 (três) dias, a contar da data da publicação do julgamento no Diário Oficial. (*Acrescido pelo art. 3º da Lei nº 12.034/2009*)

Art. 74. Configura abuso de autoridade, para os fins do disposto no art. 22 da Lei Complementar nº 64, de 18 de maio de 1990, a infringência do disposto no §1º do art. 37 da Constituição Federal, ficando o responsável, se candidato, sujeito ao cancelamento do registro ou do diploma.[59] (*Redação dada pelo art. 3º da Lei nº 12.034/2009*)

> Ac.-TSE, de 10.8.2006, na Rp nº 752: o TSE é competente para julgar questão relativa à ofensa ao art. 37, §1º, da Constituição Federal, fora do período eleitoral.

---

[59] Redação original: "Art. 74. Configura abuso de autoridade, para os fins do disposto no art. 22 da Lei Complementar nº 64, de 18 de maio de 1990, a infringência do disposto no §1º do art. 37 da Constituição Federal, ficando o responsável, se candidato, sujeito ao cancelamento do registro de sua candidatura".

Art. 75. Nos três meses que antecederem as eleições, na realização de inaugurações é vedada a contratação de *shows* artísticos pagos com recursos públicos.
Parágrafo único. Nos casos de descumprimento do disposto neste artigo, sem prejuízo da suspensão imediata da conduta, o candidato beneficiado, agente público ou não, ficará sujeito à cassação do registro ou do diploma. (*Acrescido pelo art. 3º da Lei nº 12.034/2009*)

Art. 76. O ressarcimento das despesas com o uso de transporte oficial pelo Presidente da República e sua comitiva em campanha eleitoral será de responsabilidade do partido político ou coligação a que esteja vinculado.
§1º O ressarcimento de que trata este artigo terá por base o tipo de transporte usado e a respectiva tarifa de mercado cobrada no trecho correspondente, ressalvado o uso do avião presidencial, cujo ressarcimento corresponderá ao aluguel de uma aeronave de propulsão a jato do tipo táxi aéreo.
§2º No prazo de dez dias úteis da realização do pleito, em primeiro turno, ou segundo, se houver, o órgão competente de controle interno procederá *ex officio* à cobrança dos valores devidos nos termos dos parágrafos anteriores.
§3º A falta do ressarcimento, no prazo estipulado, implicará a comunicação do fato ao Ministério Público Eleitoral, pelo órgão de controle interno.
§4º Recebida a denúncia do Ministério Público, a Justiça Eleitoral apreciará o feito no prazo de trinta dias, aplicando aos infratores pena de multa correspondente ao dobro das despesas, duplicada a cada reiteração de conduta.

Art. 77. É proibido a qualquer candidato comparecer, nos 3 (três) meses que precedem o pleito, a inaugurações de obras públicas.[60] (*Redação dada pelo art. 3º da Lei nº 12.034/2009*)

> Ac-STF, de 13.9.2006, na ADIn nº 3.305: julga improcedente ação direta de inconstitucionalidade contra este artigo e seu parágrafo único, na redação anterior; além desse, Ac.-TSE nºs 23.549/2004 e 5.766/2005: constitucionalidade do dispositivo por não implicar inelegibilidade.

Parágrafo único. A inobservância do disposto neste artigo sujeita o infrator à cassação do registro ou do diploma.[61] (*Redação dada pelo art. 3º da Lei nº 12.034/2009*)

> Ac.-TSE nºs 22.059/2004 e 5.134/2004: não incidência deste dispositivo se ainda não existia pedido de registro de candidatura na época do comparecimento à inauguração da obra pública.

---

[60] Redação original: "Art. 77. É proibido aos candidatos a cargos do Poder Executivo participar, nos três meses que precedem o pleito, de inaugurações de obras públicas".
[61] Redação original: "Parágrafo único. A inobservância do disposto neste artigo sujeita o infrator à cassação do registro".

Art. 78. A aplicação das sanções cominadas no art. 73, §§4º e 5º, dar-se-á sem prejuízo de outras de caráter constitucional, administrativo ou disciplinar fixadas pelas demais leis vigentes.

Disposições Transitórias

Art. 79. O financiamento das campanhas eleitorais com recursos públicos será disciplinada em lei específica.

Art. 80. Nas eleições a serem realizadas no ano de 1998, cada partido ou coligação deverá reservar, para candidatos de cada sexo, no mínimo, vinte e cinco por cento e, no máximo, setenta e cinco por cento do número de candidaturas que puder registrar.

Art. 81. As doações e contribuições de pessoas jurídicas para campanhas eleitorais poderão ser feitas a partir do registro dos comitês financeiros dos partidos ou coligações.

> Port. Conjunta-TSE/SRF nº 74/2006, art. 4º, p. único: a SRF informará ao TSE qualquer infração ao disposto neste artigo.

§1º As doações e contribuições de que trata este artigo ficam limitadas a dois por cento do faturamento bruto do ano anterior à eleição.
§2º A doação de quantia acima do limite fixado neste artigo sujeita a pessoa jurídica ao pagamento de multa no valor de cinco a dez vezes a quantia em excesso.
§3º Sem prejuízo do disposto no parágrafo anterior, a pessoa jurídica que ultrapassar o limite fixado no §1º estará sujeita à proibição de participar de licitações públicas e de celebrar contratos com o Poder Público pelo período de cinco anos, por determinação da Justiça Eleitoral, em processo no qual seja assegurada ampla defesa.

> Ac.-TSE, de 29.4.2010, no REspe nº 28.746: "ilicitude da requisição, feita pelo Ministério Público, diretamente à Receita Federal, na qual se solicitou o valor do faturamento da empresa. Admissão de requisição que indague somente se a doação realizada se encontra dentro dos limites da legislação eleitoral."

§4º As representações propostas objetivando a aplicação das sanções previstas nos §§2º e 3º observarão o rito previsto no art. 22 da Lei Complementar nº 64, de 18 de maio de 1990, e o prazo de recurso contra as decisões proferidas com base neste artigo será de 3 (três) dias, a contar da data da publicação do julgamento no Diário Oficial. (Acrescido pelo art. 3º da Lei nº 12.034/2009)

Art. 82. Nas Seções Eleitorais em que não for usado o sistema eletrônico de votação e totalização de votos, serão aplicadas as regras definidas nos arts. 83 a 89 desta lei e as pertinentes da Lei nº 4.737, de 15 de julho de 1965 – Código Eleitoral.

Art. 83. As cédulas oficiais serão confeccionadas pela Justiça Eleitoral, que as imprimirá com exclusividade para distribuição às Mesas Receptoras, sendo sua impressão feita em papel opaco, com tinta preta e em tipos uniformes de letras e números, identificando o gênero na denominação dos cargos em disputa.

§1º Haverá duas cédulas distintas, uma para as eleições majoritárias e outra para as proporcionais, a serem confeccionadas segundo modelos determinados pela Justiça Eleitoral.

§2º Os candidatos à eleição majoritária serão identificados pelo nome indicado no pedido de registro e pela sigla adotada pelo partido a que pertencem e deverão figurar na ordem determinada por sorteio.

§3º Para as eleições realizadas pelo sistema proporcional, a cédula terá espaços para que o eleitor escreva o nome ou o número do candidato escolhido, ou a sigla ou o número do partido de sua preferência.

§4º No prazo de quinze dias após a realização do sorteio a que se refere o §2º, os Tribunais Regionais Eleitorais divulgarão o modelo da cédula completa com os nomes dos candidatos majoritários na ordem já definida.

§5º Às eleições em segundo turno aplica-se o disposto no §2º, devendo o sorteio verificar-se até quarenta e oito horas após a proclamação do resultado do primeiro turno e a divulgação do modelo da cédula nas vinte e quatro horas seguintes.

Art. 84. No momento da votação, o eleitor dirigir-se-á à cabina duas vezes, sendo a primeira para o preenchimento da cédula destinada às eleições proporcionais, de cor branca, e a segunda para o preenchimento da cédula destinada às eleições majoritárias, de cor amarela.

Parágrafo único. A Justiça Eleitoral fixará o tempo de votação e o número de eleitores por Seção, para garantir o pleno exercício do direito de voto.

CE/65, art. 117.
Lei nº 6.996/82, art. 11, *caput*: fixação, pelo TSE, do número de eleitores por seção eleitoral de acordo com o número de cabinas; p. único do art. 11: "Cada seção eleitoral terá, no mínimo, duas cabinas".
Res.-TSE nº 14.250/88: "(...) Fixação do número de 250 eleitores por cabina, nas seções das capitais, e de 200 nas seções do interior, de acordo com o art. 11 da Lei nº 6.996/82".

Art. 85. Em caso de dúvida na apuração de votos dados a homônimos, prevalecerá o número sobre o nome do candidato.

Art. 86. No sistema de votação convencional considerar-se-á voto de legenda quando o eleitor assinalar o número do partido no local exato reservado para o cargo respectivo e somente para este será computado.

Art. 87. Na apuração, será garantido aos Fiscais e Delegados dos partidos e coligações o direito de observar diretamente, à distância não superior a um metro da mesa, a abertura da urna, a abertura e a contagem das cédulas e o preenchimento do boletim.

§1º O não-atendimento ao disposto no *caput* enseja a impugnação do resultado da urna, desde que apresentada antes da divulgação do boletim.

§2º Ao final da transcrição dos resultados apurados no boletim, o Presidente da Junta Eleitoral é obrigado a entregar cópia deste aos partidos e coligações concorrentes ao pleito cujos representantes o requeiram até uma hora após sua expedição.

§3º Para os fins do disposto no parágrafo anterior, cada partido ou coligação poderá credenciar até três Fiscais perante a Junta Eleitoral, funcionando um de cada vez.

§4º O descumprimento de qualquer das disposições deste artigo constitui crime, punível com detenção de um a três meses, com a alternativa de prestação de serviços à comunidade pelo mesmo período e multa, no valor de um mil a cinco mil *UFIR*.

§5º O rascunho ou qualquer outro tipo de anotação fora dos boletins de urna, usados no momento da apuração dos votos, não poderão servir de prova posterior perante a Junta apuradora ou totalizadora.

§6º O boletim mencionado no §2º deverá conter o nome e o número dos candidatos nas primeiras colunas, que precederão aquelas onde serão designados os votos e o partido ou coligação.

Art. 88. O Juiz Presidente da Junta Eleitoral é obrigado a recontar a urna, quando:

I - o boletim apresentar resultado não coincidente com o número de votantes ou discrepante dos dados obtidos no momento da apuração;

II - ficar evidenciada a atribuição de votos a candidatos inexistentes, o não-fechamento da contabilidade da urna ou a apresentação de totais de votos nulos, brancos ou válidos destoantes da média geral das demais Seções do mesmo Município, Zona Eleitoral.

> Ac.-TSE, de 6.3.2007, no REspe nº 25.142: inaplicabilidade desta regra no caso de registro digital do voto implantado pela Lei nº 10.740/2003.

Art. 89. Será permitido o uso de instrumentos que auxiliem o eleitor analfabeto a votar, não sendo a Justiça Eleitoral obrigada a fornecê-los.

Disposições Finais

Art. 90. Aos crimes definidos nesta Lei, aplica-se o disposto nos arts. 287 e 355 a 364 da Lei nº 4.737, de 15 de julho de 1965 – Código Eleitoral.

§1º Para os efeitos desta Lei, respondem penalmente pelos partidos e coligações os seus representantes legais.

§2º Nos casos de reincidência, as penas pecuniárias previstas nesta Lei aplicam-se em dobro.

Art. 90-A. (Vetado.) (*Acrescido pela Lei nº 11.300/2006*)

Art. 91. Nenhum requerimento de inscrição eleitoral ou de transferência será recebido dentro dos cento e cinqüenta dias anteriores à data da eleição.

> Ac.-TSE, de 26.8.2010, no MS nº 180.970: "no caso de realização de novas eleições, deve ser observado o prazo para o fechamento do cadastro eleitoral previsto no art. 91 da Lei nº 9.504/97, tomando como base a data do novo pleito."

Parágrafo único. A retenção de título eleitoral ou do comprovante de alistamento eleitoral constitui crime, punível com detenção, de um a três meses, com a alternativa de prestação de serviços à comunidade por igual período, e multa no valor de cinco mil a dez mil UFIR.

> CE/65, art. 295: crime de retenção de título eleitoral.

Art. 91-A. No momento da votação, além da exibição do respectivo título, o eleitor deverá apresentar documento de identificação com fotografia. (*Acrescido pelo art. 4º da Lei nº 12.034/2009*)
Parágrafo único. Fica vedado portar aparelho de telefonia celular, máquinas fotográficas e filmadoras, dentro da cabina de votação. (*Acrescido pelo art. 4º da Lei nº 12.034/2009*)

> V. ADI nº 4.467-STF: decisão de 30.9.2010 que concede liminar para, mediante interpretação conforme, reconhecer que somente trará obstáculo ao exercício do direito de voto a ausência de documento oficial de identidade, com fotografia.
> Ac.-TSE, de 2.9.2010, no PA nº 245835: cabimento do uso do passaporte no dia da votação para fins de identificação do eleitor.

Art. 92. O Tribunal Superior Eleitoral, ao conduzir o processamento dos títulos eleitorais, determinará de ofício a revisão ou correção das Zonas Eleitorais sempre que:

> Res.-TSE nº 21.538/2003, arts. 58 a 76: normas sobre revisão do eleitorado. Res.-TSE nº 21.372/2003: correições ordinárias pelo menos uma vez a cada ano. Res.-TSE nºs 20.472/99, 21.490/2003, 22.021/2005

e 22.586/2007, dentre outras: necessidade de preenchimento cumulativo dos três requisitos.

I - o total de transferências de eleitores ocorridas no ano em curso seja dez por cento superior ao do ano anterior;
II - o eleitorado for superior ao dobro da população entre dez e quinze anos, somada à de idade superior a setenta anos do território daquele Município;
III - o eleitorado for superior a *sessenta e cinco por cento* da população projetada para aquele ano pelo Instituto Brasileiro de Geografia e Estatística (IBGE).

> Res.-TSE nºs 20.472/99 e 21.490/2003: revisão quando o eleitorado for superior a *80%* da população. Res.-TSE nº 21.490/2003: nos municípios em que a relação eleitorado/população for superior a 65% e menor ou igual a 80%, o cumprimento do disposto neste artigo se dá por meio da correição ordinária anual prevista na Res.-TSE nº 21.372/2003.
>
> Res.-TSE nº 21.538/2003, art. 58, §2º: "Não será realizada revisão de eleitorado em ano eleitoral, salvo em situações excepcionais, quando autorizada pelo Tribunal Superior Eleitoral".

Art. 93. O Tribunal Superior Eleitoral poderá requisitar, das emissoras de rádio e televisão, no período compreendido entre 31 de julho e o dia do pleito, até dez minutos diários, contínuos ou não, que poderão ser somados e usados em dias espaçados, para a divulgação de seus comunicados, boletins e instruções ao eleitorado.

> V. o art. 99 desta lei, sobre compensação fiscal pela cedência de horário gratuito.

Art. 94. Os feitos eleitorais, no período entre o registro das candidaturas até cinco dias após a realização do segundo turno das eleições, terão prioridade para a participação do Ministério Público e dos Juízes de todas as Justiças e instâncias, ressalvados os processos de *habeas corpus* e mandado de segurança.

> V. art. 16, 2º, desta lei: prioridade dos processos de registro de candidaturas.
>
> art. 58-A: tramitação preferencial dos pedidos de direito de resposta e representações por propaganda eleitoral irregular em rádio, televisão e Internet. V, ainda, Lei nº 4.410/64: "Institui prioridades para os feitos eleitorais, e dá outras providências".

§1º É defeso às autoridades mencionadas neste artigo deixar de cumprir qualquer prazo desta Lei, em razão do exercício das funções regulares.

> V. arts. 16, §2º, e 97 desta lei.

§2º O descumprimento do disposto neste artigo constitui crime de responsabilidade e será objeto de anotação funcional para efeito de promoção na carreira.

§3º Além das polícias judiciárias, os órgãos da receita federal, estadual e municipal, os Tribunais e órgãos de contas auxiliarão a Justiça Eleitoral na apuração dos delitos eleitorais, com prioridade sobre suas atribuições regulares.

§4º Os advogados dos candidatos ou dos partidos e coligações serão notificados para os feitos de que trata esta Lei com antecedência mínima de vinte e quatro horas, ainda que por fax, telex ou telegrama.

Art. 94-A. Os órgãos e entidades da administração pública direta e indireta poderão, quando solicitados, em casos específicos e de forma motivada, pelos Tribunais Eleitorais: (*Acrescido pelo art. 1º da Lei nº 11.300/2006*)
I - fornecer informações na área de sua competência; (*Acrescido pelo art. 1º da Lei nº 11.300/2006*)

> Dec. nº 4.199/2002: "Dispõe sobre a prestação de informações institucionais relativas à Administração Pública Federal a partidos políticos, coligações e candidatos à presidência da República até a data da divulgação oficial do resultado final das eleições".

II - ceder funcionários no período de 3 (três) meses antes a 3 (três) meses depois de cada eleição. (Acrescido pelo art. 1º da Lei nº 11.300/2006)

> Lei nº 6.999/82 e Res.-TSE nº 23.255/2010: dispõem sobre a requisição de servidores públicos pela Justiça Eleitoral.

Art. 95. Ao Juiz Eleitoral que seja parte em ações judiciais que envolvam determinado candidato é defeso exercer suas funções em processo eleitoral no qual o mesmo candidato seja interessado.

> CE/65, arts. 20 e 28, §2º.
> Ac.-STJ, de 25.10.2005, no RMS nº 14.990: aplicação deste dispositivo também ao membro do Ministério Público.
> Ac.-TSE, de 21.3.2006, no REspe nº 25.287: não incidência deste dispositivo em se tratando de representação de natureza administrativa contra juiz eleitoral.

Art. 96. Salvo disposições específicas em contrário desta Lei, as reclamações ou representações relativas ao seu descumprimento podem ser feitas por qualquer partido político, coligação ou candidato, e devem dirigir-se:

> Súm.-TSE nº 18/2000: "Conquanto investido de poder de polícia, não tem legitimidade o juiz eleitoral para, de ofício, instaurar

procedimento com a finalidade de impor multa pela veiculação de propaganda eleitoral em desacordo com a Lei nº 9.504/97".

Ac.-TSE nºs 39/98, 15.805/99, 2.744/2001, 19.890/2002 e 5.856/2005: legitimidade do Ministério Público para representação sobre propaganda eleitoral; Ac.-TSE nº 4.654/2004: legitimidade do Ministério Público para representação sobre pesquisa eleitoral; Ac.-TSE, de 6.3.2007, no REspe nº 25.770: "É parte legítima para propor representação fundada na Lei nº 9.504/97, a coligação que participa de eleição majoritária, ainda que a representação se refira a pleito proporcional". Ac.-TSE, de 25.11.2008, no RO nº 1.537: "Interpretando o art. 96, *caput*, da Lei nº 9.504/97 e art. 22, *caput*, da LC nº 64/90 a jurisprudência do e. TSE entende que para ajuizar ações eleitorais, basta que o candidato pertença à circunscrição do réu, tenha sido registrado para o pleito e os fatos motivadores da pretensão se relacionem à mesma eleição, sendo desnecessária a repercussão direta na esfera política do autor".

Ac.-TSE, de 15.5.2007, no Ag nº 6.204; de 5.9.2006, na Rp nº 1.037 e Ac.-TSE nºs 443/2002 e 21.599/2004: prazo de 48 horas para representação por invasão de horário da propaganda eleitoral de outro candidato e por veiculação de propaganda irregular no horário normal das emissoras.

Prazo para propositura de representação, até a data das eleições, no caso de propaganda eleitoral irregular: Ac.-TSE, de 19.6.2007, no REspe nº 27.993; de 1º.3.2007, na Rp nº 1.356 e, de 22.2.2007, na Rp nº 1.357 (propaganda em *outdoor*); Ac.-TSE, de 10.4.2007, na Rp nº 1.247 e, de 30.11.2006, na Rp nº 1.346 (propaganda antecipada); Ac.-TSE, de 18.12.2007, no REspe nº 27.288 (propaganda antecipada veiculada em programa partidário);

Ac.-TSE, de 2.10.2007, no REspe nº 28.372; de 18.9.2007, no REspe nº 28.014; de 2.8.2007, no REspe nº 28.227 e, de 30.11.2006, na Rp nº 1.341 (propaganda em bens públicos).

Prazos para propositura de representação, sob rito do art. 22 da LC nº 64/90, contidos em dispositivos específicos desta lei: 15 dias da diplomação, no caso do art. 30-A (*caput*); até a data da diplomação, nos caso de captação ilícita de sufrágio (art. 41-A, §3º) e de conduta vedada a agentes públicos em campanha (art. 73, §12).

Res.-TSE nº 21.078/2002 e Ac.-TSE nº 678/2004: legitimidade do titular de direito autoral para representar à Justiça Eleitoral, visando coibir prática ilegal em horário gratuito de propaganda partidária ou eleitoral. No mesmo sentido quanto à competência da Justiça Eleitoral, Ac.-TSE nº 586/2002. V., contudo, Res.-TSE nº 21.978/2005: competência do juiz eleitoral para fazer cessar irregularidades na propaganda eleitoral; competência da Justiça Comum para examinar dano ao direito autoral.

Ac.-TSE, de 5.5.2009, no REspe nº 27.988 e, de 22.2.2007, na Rp nº 1.357: transcorrida a data da proclamação do resultado das eleições, deve ser reconhecida a falta de interesse processual no tocante às representações ajuizadas em virtude de propaganda eleitoral irregular.

I - aos Juízes Eleitorais, nas eleições municipais;
II - aos Tribunais Regionais Eleitorais, nas eleições federais, estaduais e distritais;
III - ao Tribunal Superior Eleitoral, na eleição presidencial.

> Ac.-TSE nº 434/2002: foro especial ao candidato a presidente da República na condição de autor ou réu.

§1º As reclamações e representações devem relatar fatos, *indicando* provas, indícios e circunstâncias.

> Ac.-TSE nº 490/2002: o verbo "indicar" refere-se àquelas provas que, dada sua natureza, não se compatibilizam com sua imediata apresentação; autor e réu devem produzir as provas com a petição inicial e a contestação.
> Ac.-TSE, de 8.5.2008, no REspe nº 27.141: "A narração da ocorrência dos fatos reputados como ilegais, incluindo a respectiva prova material do alegado são suficientes para afastar qualquer declaração de nulidade quanto ao aspecto formal da respectiva peça vestibular".

§2º Nas eleições municipais, quando a circunscrição abranger mais de uma Zona Eleitoral, o Tribunal Regional designará um Juiz para apreciar as reclamações ou representações.

§3º Os Tribunais Eleitorais designarão três Juízes auxiliares para a apreciação das reclamações ou representações que lhes forem dirigidas.

> Ac.-TSE nº 19.890/2004: a competência dos juízes auxiliares na representação com base no art. 36, §3º, desta lei é absoluta e não se prorroga frente à conexão.
> Ac.-TSE, de 18.12.2007, na Rp nº 997 e, de 30.10.2007, na Rp nº 944: "Competência do corregedor-geral para apreciar feito que verse sobre a utilização do espaço destinado ao programa partidário para a realização de propaganda eleitoral extemporânea, presente o cúmulo objetivo, sendo possível a dualidade de exames, sob a ótica das leis nºs 9.096/95 e 9.504/97".

§4º Os recursos contra as decisões dos Juízes auxiliares serão julgados pelo Plenário do Tribunal.

> Ac.-TSE, de 25.3.2010, na Rp nº 20.574: as decisões proferidas por Juiz Auxiliar não se confundem com decisão proferida por relator de recurso, devem ser atacadas pelo recurso inominado aqui previsto e não por via de agravo regimental ou agravo interno.

§5º Recebida a reclamação ou representação, a Justiça Eleitoral notificará imediatamente o reclamado ou representado para, querendo, apresentar defesa em quarenta e oito horas.

§6º (*Revogado pelo art. 5º da Lei nº 9.840/99*)[62]

§7º Transcorrido o prazo previsto no §5º, apresentada ou não a defesa, o órgão competente da Justiça Eleitoral decidirá e fará publicar a decisão em vinte e quatro horas.

> Ac.-TSE, de 14.8.2007, no REspe nº 28.215: "A sentença publicada após o prazo de 24 (vinte e quatro) horas, previsto no art. 96, §5º e 7º, da Lei nº 9.504/97, tem como termo inicial para recurso a intimação do representado. Aplicação subsidiária do Código de Processo Civil".

§8º Quando cabível recurso contra a decisão, este deverá ser apresentado no prazo de vinte e quatro horas da publicação da decisão em cartório ou sessão, assegurado ao recorrido o oferecimento de contra-razões, em igual prazo, a contar da sua notificação.

> Prazo de 24 horas para interposição de recurso: Ac.-TSE nºs 24.600/2005 e 16.425/2002 (recurso eleitoral contra decisão de juiz eleitoral em representação por propaganda irregular); Ac.-TSE, de 6.3.2007, no REspe nº 27.839 (decisão de juiz auxiliar de TRE em pedido de direito de resposta); Ag nº 2.008/99 (decisão de juiz auxiliar de TRE em representação por prática de propaganda extemporânea); Ac.-TSE, de 20.11.2007, no REspe nº 26.281 (embargos de declaração contra acórdão de TRE em representação por propaganda extemporânea); Ac.-TSE, de 19.6.2007, no REspe nº 28.209 (embargos de declaração contra acórdão de TRE em representação por propaganda irregular); Ac.-TSE, de 6.3.2007, no REspe nº 27.839 (embargos de declaração contra acórdão de TRE em pedido de direito de resposta); Ac.-TSE, de 6.3.2007, no REspe nº 27.839 e, de 25.9.2006, no REspe nº 26.714 (recurso especial contra acórdão de TRE em pedido de direito de resposta); Ac.-TSE, de 20.3.2007, na Rp nº 1.350 e, de 10.8.2006, na Rp nº 884 (agravo regimental contra decisão monocrática de ministro do TSE em representação por propaganda extemporânea).
>
> Ac.-TSE, de 17.4.2008, no REspe nº 27.104: "Aos feitos eleitorais não se aplica a contagem de prazo em dobro, prevista no CPC, art. 191, para os casos de litisconsortes com diferentes procuradores".
>
> Prazo para recurso de decisão proferida em representação, sob rito do art. 22 da LC nº 64/90, contido em dispositivos específicos desta lei: 3 dias, da publicação no Diário Oficial, nos casos do art. 30-A (§3º), de captação ilícita de sufrágio (art. 41-A, §4º), de conduta vedada a agentes públicos em campanha (art. 73, §13) e de descumprimento do limite para doação e contribuição por pessoa jurídica para campanhas eleitorais (art. 81, §4º).
>
> Ac.-TSE, de 18.5.2010, no AI nº 11.755: Possibilidade de ser convertido em dia o prazo fixado em 24h; Ac.-TSE, de 15.3.2007, no REspe

---

[62] Redação original: "§6º Tratando-se de reclamação ou representação contra candidato, a notificação poderá ser feita ao partido ou coligação a que pertença".

nº 26.214; de 27.11.2007, no REspe nº 26.904 e Ac.-TSE nº 789/2005: "Fixado o prazo em horas passíveis de, sob o ângulo exato, transformar-se em dia ou dias, impõe-se o fenômeno, como ocorre se previsto o de 24 horas a representar 1 dia. A regra somente é afastável quando expressamente a lei prevê termo inicial incompatível com a prática". V., em sentido contrário, Ac.-TSE nº 369/2002: "O prazo em horas conta-se minuto a minuto".

Res.-TSE nºs 20.890/2001, 21.518/2003, 22.249/2006 e 22.579/2007 (calendários eleitorais): a data limite para proclamação dos candidatos eleitos tem sido considerada também a data a partir da qual as decisões não mais são publicadas em sessão, salvo as relativas a prestação de contas de campanha. V., contudo, Res.-TSE nº 23.089/2009 (calendário eleitoral para as eleições de 2010): data limite a partir da qual as decisões não mais são publicadas em sessão coincidente com a data da diplomação dos eleitos.

Ac.-TSE, de 20.11.2007, no REspe nº 26.281: "A menção feita pelo §8º à 'publicação da decisão em sessão' refere-se à simples leitura do resultado do julgamento proferido pelos magistrados auxiliares, e não à apreciação do recurso inominado dirigido aos TREs".

§9º Os Tribunais julgarão o recurso no prazo de quarenta e oito horas.

§10. Não sendo o feito julgado nos prazos fixados, o pedido pode ser dirigido ao órgão superior, devendo a decisão ocorrer de acordo com o rito definido neste artigo.

Art. 96-A. Durante o período eleitoral, as intimações via fac-símile encaminhadas pela Justiça Eleitoral a candidato deverão ser exclusivamente realizadas na linha telefônica por ele previamente cadastrada, por ocasião do preenchimento do requerimento de registro de candidatura. (*Acrescido pelo art. 4º da Lei nº 12.034/2009*)

Parágrafo único. O prazo de cumprimento da determinação prevista no *caput* é de quarenta e oito horas, a contar do recebimento do fac-símile. (*Acrescido pelo art. 4º da Lei nº 12.034/2009*)

Art. 97. Poderá o candidato, partido ou coligação representar ao Tribunal Regional Eleitoral contra o Juiz Eleitoral que descumprir as disposições desta Lei ou der causa ao seu descumprimento, inclusive quanto aos prazos processuais; neste caso, ouvido o representado em vinte e quatro horas, o Tribunal ordenará a observância do procedimento que explicitar, sob pena de incorrer o Juiz em desobediência.

Ac.-TSE nº 3.677/2005: inaplicabilidade do disposto no art. 54 da Loman (sigilo) à representação prevista neste artigo.

§1º É obrigatório, para os membros dos Tribunais Eleitorais e do Ministério Público, fiscalizar o cumprimento desta Lei pelos juízes e promotores eleitorais das instâncias inferiores, determinando, quando for o caso,

a abertura de procedimento disciplinar para apuração de eventuais irregularidades que verificarem.⁶³ (*Acrescido pelo art. 3º da Lei nº 12.034/2009*)
§2º No caso de descumprimento das disposições desta Lei por Tribunal Regional Eleitoral, a representação poderá ser feita ao Tribunal Superior Eleitoral, observado o disposto neste artigo. (*Renumerado do parágrafo único pelo art. 3º da Lei nº 12.034/2009*)

> Ac.-TSE, de 8.3.2007, na Rp nº 1.332: impossibilidade de propositura de representação quando o dispositivo apontado como descumprido por Tribunal Regional Eleitoral não se encontra na Lei nº 9.504/97, mas em resolução do Tribunal Superior Eleitoral.

Art. 97-A. Nos termos do inciso LXXVIII do art. 5º da Constituição Federal, considera-se duração razoável do processo que possa resultar em perda de mandato eletivo o período máximo de 1 (um) ano, contado da sua apresentação à Justiça Eleitoral. (*Acrescido pelo art. 4º da Lei nº 12.034/2009*)
§1º A duração do processo de que trata o *caput* abrange a tramitação em todas as instâncias da Justiça Eleitoral. (*Acrescido pelo art. 4º da Lei nº 12.034/2009*)
§2º Vencido o prazo de que trata o *caput*, será aplicável o disposto no art. 97, sem prejuízo de representação ao Conselho Nacional de Justiça. (*Acrescido pelo art. 4º da Lei nº 12.034/2009*)

Art. 98. Os eleitores nomeados para compor as Mesas Receptoras ou Juntas Eleitorais e os requisitados para auxiliar seus trabalhos serão dispensados do serviço, mediante declaração expedida pela Justiça Eleitoral, sem prejuízo do salário, vencimento ou qualquer outra vantagem, pelo dobro dos dias de convocação.

> Res.-TSE nº 22.747/2008: "Aprova instruções para aplicação do art. 98 da Lei nº 9.504/97, que dispõe sobre dispensa do serviço pelo dobro dos dias prestados à Justiça Eleitoral nos eventos relacionados à realização das eleições".
> Lei nº 8.868/94, art. 15: "Os servidores públicos federais, estaduais e municipais, da administração direta e indireta, quando convocados para compor as mesas receptoras de votos ou juntas apuradoras nos pleitos eleitorais, terão, mediante declaração do respectivo juiz eleitoral, direito a ausentar-se do serviço em suas repartições, pelo dobro dos dias de convocação pela Justiça Eleitoral".

Art. 99. As emissoras de rádio e televisão terão direito a compensação fiscal pela cedência do horário gratuito previsto nesta Lei.

---

[63] Redação original: "Parágrafo único. No caso do descumprimento das disposições desta Lei por Tribunal Regional Eleitoral, a representação poderá ser feita ao Tribunal Superior Eleitoral, observado o disposto neste artigo".

Dec. nº 5.331/2005: "Regulamenta o p. único do art. 52 da Lei nº 9.096, de 19 de setembro de 1995, e o art. 99 da Lei nº 9.504, de 30 de setembro de 1997, para os efeitos de compensação fiscal pela divulgação gratuita da propaganda partidária ou eleitoral".

Ato Declaratório Interpretativo-SRF nº 2/2006 (*DO* de 10.3.2006), que "Dispõe sobre o critério de cálculo da compensação fiscal pela divulgação gratuita da propaganda partidária ou eleitoral":

"Artigo único. A compensação fiscal de que trata o art. 1º do Decreto nº 5.331, de 2005, corresponde a oito décimos do somatório dos valores efetivamente praticados na mesma grade horária exibida no dia anterior à data de início de divulgação gratuita da propaganda partidária ou eleitoral.

§1º Para efeito do *caput*, considera-se valor efetivamente praticado o resultado da multiplicação do preço do espaço comercializado pelo tempo de exibição da publicidade contratada.

§2º Na hipótese de o tempo destinado à divulgação gratuita abranger apenas parte de um espaço comercializado do dia anterior ao de início da divulgação, o valor efetivamente praticado deverá ser apurado proporcionalmente ao tempo abrangido.

§3º O disposto neste artigo aplica-se também em relação aos comunicados, às instruções e a outras requisições da Justiça Eleitoral, relativos aos programas partidários ou eleitorais".

Res.-TSE nº 22.917/2008: competência da Justiça Federal para apreciar pedido de extensão da prerrogativa de compensação fiscal a empresa autorizada pelo poder público para exploração dos serviços de rede de transporte de comunicações. Prejudicado, ainda, pedido alternativo de formalização de contrato com o TSE para transmissão do sinal gerado às emissoras de televisão e rádio na propaganda partidária e eleitoral gratuita.

§1º O direito à compensação fiscal das emissoras de rádio e televisão previsto no parágrafo único do art. 52 da Lei nº 9.096, de 19 de setembro de 1995, e neste artigo, pela cedência do horário gratuito destinado à divulgação das propagandas partidárias e eleitoral, estende-se à veiculação de propaganda gratuita de plebiscitos e referendos de que dispõe o art. 8º da Lei nº 9.709, de 18 de novembro de 1998, mantido também, a esse efeito, o entendimento de que: (*Acrescido pelo art. 3º da Lei nº 12.034/2009*)

I - (Vetado.); (*Acrescido pelo art. 3º da Lei nº 12.034/2009*)

II - a compensação fiscal consiste na apuração do valor correspondente a 0,8 (oito décimos) do resultado da multiplicação de 100% (cem por cento) ou de 25% (vinte e cinco por cento) do tempo, respectivamente, das inserções e das transmissões em bloco, pelo preço do espaço comercializável comprovadamente vigente, assim considerado aquele divulgado pelas emissoras de rádio e televisão por intermédio de tabela pública de preços de veiculação de publicidade, atendidas as disposições regulamentares e as condições de que trata o §2º-A; (*Redação dada pela Lei nº 12.350/2010*)

§2º (Vetado.) (*Acrescido pelo art. 3º da Lei nº 12.034/2009*)

§2º-A. A aplicação das tabelas públicas de preços de veiculação de publicidade, para fins de compensação fiscal, deverá atender ao seguinte: (*Acrescido pela Lei nº 12.350/2010*)
I - deverá ser apurada mensalmente a variação percentual entre a soma dos preços efetivamente praticados, assim considerados os valores devidos às emissoras de rádio e televisão pelas veiculações comerciais locais, e o correspondente a 0,8 (oito décimos) da soma dos respectivos preços constantes da tabela pública de veiculação de publicidade; (*Acrescido pela Lei nº 12.350/2010*)
II - a variação percentual apurada no inciso I deverá ser deduzida dos preços constantes da tabela pública a que se refere o inciso II do §1º. (*Acrescido pela Lei nº 12.350/2010*)
§3º No caso de microempresas e empresas de pequeno porte optantes pelo Regime Especial Unificado de Arrecadação de Tributos e Contribuições (Simples Nacional), o valor integral da compensação fiscal apurado na forma do inciso II do §1º será deduzido da base de cálculo de imposto e contribuições federais devidos pela emissora, seguindo os critérios definidos pelo Comitê Gestor do Simples Nacional (CGSN).[64] (*Acrescido pelo art. 3º da Lei nº 12.034/2009; redação dada pela Lei nº 12.350/2010*)

Art. 100. A contratação de pessoal para prestação de serviços nas campanhas eleitorais não gera vínculo empregatício com o candidato ou partido contratantes.

> IN nº 872/2008, da Secretaria da Receita Federal do Brasil (*DO* de 28.8.2008), que "Dispõe sobre a declaração e o recolhimento das contribuições previdenciárias e das contribuições devidas a outras entidades ou fundos, decorrentes da contratação de pessoal para prestação de serviços nas campanhas eleitorais:
> "A Secretária da Receita Federal do Brasil, no uso da atribuição que lhe confere o inciso III do art. 224 do Regimento Interno da Secretaria da Receita Federal do Brasil, aprovado pela Portaria-MF nº 95, de 30 de abril de 2007, e tendo em vista o disposto nas leis nº 8.212, de 24 de julho de 1991, nº 8.213, de 24 de julho de 1991, nº 8.706, de 14 de setembro de 1993, nº 9.504, de 30 de setembro de 1997, nº 10.666, de 8 de maio de 2003, e na Instrução Normativa Conjunta-SRF/TSE nº 609, de 10 de janeiro de 2006, resolve:
> Art. 1º Esta instrução normativa disciplina a declaração e o recolhimento das contribuições previdenciárias e das contribuições devidas

---

[64] Redação original: "§3º No caso de microempresas e empresas de pequeno porte optantes pelo Regime Especial Unificado de Arrecadação de Tributos e Contribuições (Simples Nacional), o valor integral da compensação fiscal apurado na forma do inciso I do §1º será deduzido da base de cálculo de imposto e contribuições federais devidos pela emissora, seguindo os critérios definidos pelo Comitê Gestor do Simples Nacional – CGSN".

a outras entidades ou fundos, decorrentes da contratação, por comitê financeiro de partido político e por candidato a cargo eletivo, de pessoal para prestação de serviços em campanha eleitoral.

Art. 2º É segurado contribuinte individual, nos termos das alíneas *g* e *h* do inciso V do art. 12 da Lei nº 8.212, de 24 de julho de 1991, a pessoa física contratada, respectivamente, por comitê financeiro de partido político ou por candidato a cargo eletivo, para prestação de serviços em campanha eleitoral.

Art. 3º Os comitês financeiros de partidos políticos se equiparam à empresa em relação aos segurados contratados para prestar serviços em campanha eleitoral, nos termos do parágrafo único do art. 15 da Lei nº 8.212, de 1991.

Art. 4º A equiparação de que trata o art. 3º não se aplica ao candidato a cargo eletivo que contrate segurados para prestar serviços em campanha eleitoral.

Art. 5º O comitê financeiro de partido político tem a obrigação de:

I – arrecadar a contribuição do segurado contribuinte individual a seu serviço, descontando-a da respectiva remuneração; e

II – recolher o valor arrecadado juntamente com a contribuição a seu cargo, utilizando-se de sua inscrição no Cadastro Nacional de Pessoas Jurídicas (CNPJ).

Parágrafo único. Além das obrigações previstas nos incisos I e II do *caput*, o comitê financeiro de partido político deve arrecadar, mediante desconto no respectivo salário-de-contribuição, e recolher a contribuição ao Serviço Social do Transporte (Sest) e ao Serviço Nacional de Aprendizagem do Transporte (Senat), devida pelo segurado contribuinte individual transportador autônomo de veículo rodoviário que lhe presta serviços em campanha eleitoral.

Art. 6º A ocorrência de fatos geradores de contribuições previdenciárias e de contribuições devidas a outras entidades ou fundos, bem como as demais informações pertinentes, deverão ser declaradas à Secretaria da Receita Federal do Brasil (RFB) mediante Guia de Recolhimento do Fundo de Garantia do Tempo de Serviço e Informações à Previdência Social (GFIP).

Art. 7º O disposto nos arts. 3º, 5º e 6º se aplica aos fatos geradores ocorridos até 31 de dezembro do ano em que as inscrições no CNPJ forem feitas.

Art. 8º Esta instrução normativa entra em vigor na data de sua publicação.

Art. 9º Fica revogada a Instrução Normativa-MPS/SRP nº 16, de 12 de setembro de 2006".

IN-RFB nº 971/2009, que "Dispõe sobre normas gerais de tributação previdenciária e de arrecadação das contribuições sociais destinadas à Previdência Social e as destinadas a outras entidades ou fundos, administradas pela Secretaria da Receita Federal do Brasil (RFB)", art. 9º, XXI: pessoa física contratada por partido político ou por candidato a cargo eletivo para, mediante remuneração, prestar serviços em campanha eleitoral, deve contribuir à Previdência Social obrigatoriamente na qualidade de contribuinte individual.

Art. 101. (Vetado.)

Art. 102. O parágrafo único do art. 145 da Lei nº 4.737, de 15 de julho de 1965 – Código Eleitoral passa a vigorar acrescido do seguinte inciso IX:
"Art. 145. (...)
Parágrafo único. (...)
IX – os policiais militares em serviço."

Art. 103. O art. 19, *caput*, da Lei nº 9.096, de 19 de setembro de 1995 – Lei dos Partidos, passa a vigorar com a seguinte redação:
"Art. 19. Na segunda semana dos meses de abril e outubro de cada ano, o partido, por seus órgãos de direção municipais, regionais ou nacional, deverá remeter, aos Juízes Eleitorais, para arquivamento, publicação e cumprimento dos prazos de filiação partidária para efeito de candidatura a cargos eletivos, a relação dos nomes de todos os seus filiados, da qual constará a data de filiação, o número dos títulos eleitorais e das Seções em que estão inscritos."

Art. 104. O art. 44 da Lei nº 9.096, de 19 de setembro de 1995, passa a vigorar acrescido do seguinte §3º:
"Art. 44. (...)
§3º Os recursos de que trata este artigo não estão sujeitos ao regime da Lei nº 8.666, de 21 de junho de 1993."

Art. 105. Até o dia 5 de março do ano da eleição, o Tribunal Superior Eleitoral, atendendo ao caráter regulamentar e sem restringir direitos ou estabelecer sanções distintas das previstas nesta Lei, poderá expedir todas as instruções necessárias para sua fiel execução, ouvidos, previamente, em audiência pública, os delegados ou representantes dos partidos políticos.[65] (*Redação dada pelo art. 3º da Lei nº 12.034/2009*)

LC nº 35/1979: Dispõe sobre a Lei Orgânica da Magistratura Nacional.

§1º O Tribunal Superior Eleitoral publicará o código orçamentário para o recolhimento das multas eleitorais ao Fundo Partidário, mediante documento de arrecadação correspondente.
§2º Havendo substituição da *UFIR* por outro índice oficial, o Tribunal Superior Eleitoral procederá à alteração dos valores estabelecidos nesta Lei pelo novo índice.

---

[65] Redação original: "Art. 105. Até o dia 5 de março do ano da eleição, o Tribunal Superior Eleitoral expedirá todas as instruções necessárias à execução desta Lei, ouvidos previamente, em audiência pública, os Delegados dos partidos participantes do pleito".

A Unidade Fiscal de Referência (Ufir), instituída pela Lei nº 8.383/91, foi extinta pela MP nº 1.973-67/2000, tendo sido sua última reedição (MP nº 2.176-79/2001) convertida na Lei nº 10.522/2002, e seu último valor é R$1,0641. Ac.-TSE nº 4.491/2005: possibilidade de conversão, em moeda corrente, dos valores fixados em Ufir.

§3º Serão aplicáveis ao pleito eleitoral imediatamente seguinte apenas as resoluções publicadas até a data referida no *caput*. (*Acrescido pelo art. 3º da Lei nº 12.034/2009*)

Art. 105-A. Em matéria eleitoral, não são aplicáveis os procedimentos previstos na Lei nº 7.347, de 24 de julho de 1985. (*Acrescido pelo art. 4º da Lei nº 12.034/2009*)

Lei nº 7.347/85: "Disciplina a ação civil pública de responsabilidade por danos causados ao meio-ambiente, ao consumidor, a bens e direitos de valor artístico, estético, histórico, turístico e paisagístico e dá outras providências".

Art. 106. Esta Lei entra em vigor na data de sua publicação.

Art. 107. Revogam-se os arts. 92, 246, 247, 250, 322, 328, 329, 333 e o p. único do art. 106 da Lei nº 4.737, de 15 de julho de 1965 – Código Eleitoral; o §4º do art. 39 da Lei nº 9.096, de 19 de setembro de 1995; o §2º do art. 50 e o §1º do art. 64 da Lei nº 9.100, de 29 de setembro de 1995; e o §2º do art. 7º do Decreto-Lei nº 201, de 27 de fevereiro de 1967.

Brasília, 30 de setembro de 1997.

ANEXO

Sigla e nº do Partido/série	Nome do Partido Recibo Eleitoral
Recebemos de Endereço: Mun. CEP CPF ou CGC nº a quantia de R$ correspondente a UFIR Data __/ __/ __ Nome do Responsável CPF nº	U.F. |R$| Município |UFIR| Valor por extenso em moeda corrente doação para campanha eleitoral das eleições municipais Data __/ __/ __ (Assinatura do responsável) Nome do Resp. CPF nº Série: sigla e nº do partido/ numeração seqüencial

FICHA DE QUALIFICAÇÃO DO CANDIDATO
(Modelo 1)

Nome: _____ N° _____

N° do CPF: _____ N° da Identidade: _____ Órgão Expedidor: _____

Endereço Residencial: _____ Telefone: _____

Endereço Comercial: _____ Telefone: _____

Partido Político: _____ Comitê Financeiro: _____

Eleição: _____ Circunscrição: _____

Conta Bancária n°: _____ Banco: _____ Agência: _____

Limite de Gastos em REAL: _____

DADOS PESSOAIS DO RESPONSÁVEL PELA ADMINISTRAÇÃO FINANCEIRA DA CAMPANHA

Nome: _____ N° _____

N° do CPF: _____ N° da Identidade: _____ Órgão Expedidor: _____

Endereço Residencial: _____ Telefone: _____

Endereço Comercial: _____ Telefone: _____

LOCAL _____ DATA ___/___/___

ASSINATURA   ASSINATURA

INSTRUÇÕES DE PREENCHIMENTO

a) - DADOS DO CANDIDATO
1 - Nome – informar o nome completo do candidato;
2 - N° – informar o número atribuído ao candidato para concorrer às eleições;
3 - N° do CPF – informar o número do documento de identificação do candidato no Cadastro de Pessoas Físicas;
4 - N° da Identidade – informar o número da carteira de identidade do candidato;
5 - Órgão Expedidor – informar o órgão expedidor da Carteira de Identidade;
6 - Endereço Residencial – informar o endereço residencial completo do candidato;
7 - Telefone – informar o número do telefone residencial do candidato, inclusive DDD;
8 - Endereço Comercial – informar o endereço comercial completo do candidato;
9 - Telefone – informar o número do telefone comercial do candidato, inclusive DDD;
10 - Partido Político – informar o nome do partido político pelo qual concorre às eleições;
11 - Comitê Financeiro – informar o nome do comitê financeiro ao qual está vinculado o candidato;
12 - Eleição – informar a eleição para a qual o candidato concorre (cargo eletivo);

13 - Circunscrição – informar a circunscrição à qual está jurisdicionado o Comitê;
14 - Conta Bancária N° – informar o número da conta-corrente da campanha, caso tenha sido aberta pelo Candidato;
15 - Banco – se o campo anterior foi preenchido, informar o banco onde abriu a conta-corrente;
16 - Agência – informar a agência bancária onde foi aberta a conta-corrente;
17 - Limite de Gastos em REAL – informar, em REAL, o limite de gastos estabelecidos pelo Partido;

b) DADOS DO RESPONSÁVEL PELA ADMINISTRAÇÃO FINANCEIRA DA CAMPANHA
1 - Nome – informar o nome do Responsável indicado pelo candidato para administrar os recursos de sua campanha;
2 - N° do CPF – informar o número do documento de identificação do Responsável no Cadastro de Pessoas Físicas;
3 - N° da Identidade – informar o número da carteira de identidade do Responsável;
4 - Órgão Expedidor – informar o órgão expedidor da Carteira de Identidade;
5 - Endereço Residencial – informar o endereço residencial completo do Responsável;
6 - Telefone – informar o número do telefone residencial, inclusive DDD;
7 - Endereço Comercial – informar o endereço comercial completo do Responsável;
8 - Telefone – informar o número do telefone comercial, inclusive DDD;
9 - indicar local e data do preenchimento;
10 - assinaturas do Candidato e do Responsável pela Administração Financeira da Campanha.

DEMONSTRAÇÃO DOS RECIBOS ELEITORAIS RECEBIDOS
(Modelo 2)

Direção Nacional/Estadual do Partido/Comitê Financeiro/Candidato _____
Eleição: _____ UF/MUNICÍPIO _____

DATA	NUMERAÇÃO	QUANTIDADE	RECEBIDOS DE

LOCAL _____ DATA ___/___/___

ASSINATURA   ASSINATURA

INSTRUÇÕES DE PREENCHIMENTO

1 - DIREÇÃO NACIONAL/ESTADUAL DO PARTIDO/COMITÊ FINANCEIRO/ CANDIDATO – informar o nome de quem está apresentando a Demonstração: se Direção Nacional do partido político, Direção Estadual, Comitê Financeiro ou Candidato;
2 - ELEIÇÃO – informar a eleição de que se trata (cargo eletivo);
3 - UF/MUNICÍPIO – informar a Unidade da Federação e Município;
4 - DATA – informar a data em que os Recibos Eleitorais foram recebidos, no formato dia, mês e ano;
5 - NUMERAÇÃO – informar a numeração e série dos Recibos Eleitorais Recebidos;
6 - QUANTIDADE – informar a quantidade de Recibos Eleitorais Recebidos;
7 - RECEBIDOS DE – informar o nome do Órgão repassador dos Recibos;
8 - indicar local e data do preenchimento;
9 - assinatura dos responsáveis.

DEMONSTRAÇÃO DOS RECURSOS ARRECADADOS
(Modelo 3)

Direção Nacional/Estadual do Partido/Comitê Financeiro/Candidato _____
Eleição: _____ UF/MUNICÍPIO _____

DATA	NÚMERO DOS RECIBOS	ESPÉCIE DO RECURSO	DOADOR/ CONTRIBUINTE	CGC/ CPF	VALORES	
					UFIR	R$
	TOTAL/TRANSPORTAR					

LOCAL _____ DATA ___/___/___

_____ _____
ASSINATURA   ASSINATURA

INSTRUÇÕES DE PREENCHIMENTO

1 - Direção Nacional do Partido/Comitê Financeiro/Candidato – informar o nome de quem está apresentando a Demonstração: se Direção Nacional/Estadual do partido político, Comitê ou Candidato;
2 - Eleição – informar a eleição de que se trata (cargo eletivo);
3 - UF/MUNICÍPIO – informar a Unidade da Federação e Município;
4 - DATA – informar a data em que a doação/contribuição foi recebida, no formato dia, mês e ano;

5 - NÚMERO DOS RECIBOS – informar a numeração e série dos Recibos Eleitorais entregues aos doadores/contribuintes;
6 - ESPÉCIE DO RECURSO – informar o tipo de recurso recebido, se em moeda corrente ou estimável em dinheiro;
7 - DOADOR/CONTRIBUINTE – informar o nome completo de quem doou os recursos, inclusive no caso de recursos próprios do candidato;
8 - CGC/CPF – informar o número do CGC ou do CPF do doador/contribuinte, conforme seja pessoa jurídica ou pessoa física;
9 - VALORES
9-a - UFIR – informar o valor das arrecadações em UFIR, dividindo o valor em R$ pelo valor da UFIR do mês da doação em moeda corrente;
9-b - R$ – informar o valor da doação em moeda corrente;
10 - TOTAL/TRANSPORTAR – informar o total em UFIR e R$ dos valores arrecadados;
11 - indicar local e data do preenchimento;
12 - assinatura dos responsáveis.

RELAÇÃO DE CHEQUES RECEBIDOS
(Modelo 4)

Direção Nacional/Estadual do Partido/Comitê Financeiro/Candidato _____
Eleição: _____ UF/MUNICÍPIO _____

DATA DO RECEBIMENTO	IDENTIFICAÇÃO EMITENTE/ DOADOR		IDENTIFICAÇÃO DO CHEQUE				VALORES
	NOME	CGC/ CPF	DATA DA EMISSÃO	N° BCO	N° AG.	N° CHEQUE	R$
TOTAL/TRANSPORTAR							

LOCAL _____ DATA ___/___/___

ASSINATURA   ASSINATURA

INSTRUÇÕES DE PREENCHIMENTO

1 - DIREÇÃO NACIONAL/ESTADUAL DO PARTIDO/COMITÊ FINANCEIRO/ CANDIDATO – informar o nome de quem está apresentando a Demonstração: se Direção Nacional/Estadual do Partido Político, Comitê ou Candidato;
2 - ELEIÇÃO – informar a eleição de que se trata (cargo eletivo);

3 - UF/MUNICÍPIO – informar a Unidade da Federação e Município;
4 - DATA DO RECEBIMENTO – informar a data em que os cheques foram recebidos, no formato dia, mês e ano;
5 - IDENTIFICAÇÃO DO EMITENTE/DOADOR
5-a - NOME – informar o nome do emitente do cheque;
5-b - CGC/CPF – informar o número do CGC ou CPF do emitente do cheque, conforme seja pessoa jurídica ou pessoa física;
6 - IDENTIFICAÇÃO DO CHEQUE
6-a - DATA DA EMISSÃO – informar a data em que o cheque foi emitido pelo doador, no formato dia, mês e ano;
6-b - Nº DO BANCO – informar o número do Banco sacado;
6-c - Nº DA AGÊNCIA – informar o número da Agência;
6-d - Nº DO CHEQUE – informar o número do cheque;
7 - VALORES - R$ – informar o valor dos cheques em moeda corrente;
8 - TOTAL/TRANSPORTAR – informar o total em R$ dos Cheques recebidos.
9 - indicar local e data do preenchimento;
10 - assinatura dos responsáveis.

MODELO 5
DEMONSTRAÇÃO DAS ORIGENS E APLICAÇÕES DOS RECURSOS

PARTIDO/COMITÊ/CANDIDATO:			
ELEIÇÃO:		UF/MUNICÍPIO	
TÍTULO DA CONTA		TOTAL - R$	
1 – RECEITAS			
DOAÇÕES E CONTRIBUIÇÕES			
Recursos Próprios			
Recursos de Pessoas Físicas			
Recursos de Pessoas Jurídicas			
Transferências Financeiras Recebidas			
FUNDO PARTIDÁRIO			
Cotas Recebidas			
RECEITAS FINANCEIRAS			
Variações Monetárias Ativas			
Rendas de Aplicações			
OUTRAS RECEITAS			
Vendas de Bens de Uso			
	F.PARTIDÁRIO	O. RECURSOS	TOTAL - R$
2 - DESPESAS			
Despesas com Pessoal			

Encargos Sociais			
Impostos			
Aluguéis			
Despesas de Viagens			
Honorários Profissionais			
Locações de Bens Móveis			
Despesas Postais			
Materiais de Expediente			
Despesas com Veículos			
Propagandas e Publicidade			
Serviços Prestados por Terceiros			
Cachês de Artistas ou Animadores			
Materiais Impressos			
Lanches e Refeições			
Energia Elétrica			
Despesas de Manutenção e Reparo			
Montagem de Palanques e Equipamentos			
Despesas com Pesquisas ou Testes Eleitorais			
Despesas de Eventos Promocionais			
Despesas Financeiras			
Produção Audiovisuais			
Outras Despesas			
3 - TRANSFERÊNCIAS FINANCEIRAS EFETUADAS			
4 - IMOBILIZAÇÕES - TOTAL			
Bens Móveis			
Bens Imóveis			
SALDO (+ 1 - 2 - 3 - 4 = 5) TOTAL			
Saldo em Caixa			
Saldo em Banco			
Banco (...)			

Obs.: As Obrigações a Pagar deverão ser deduzidas dos saldos financeiros (caixa e banco), sendo demonstradas mediante Demonstração de Obrigações a Pagar (Modelo 11) devidamente assinada pelo Tesoureiro.

FICHA DE QUALIFICAÇÃO DO COMITÊ FINANCEIRO
(MODELO 6)

Partido: _____
Direção/Comitê Financeiro/Candidato: _____ Único? Sim: ____ Não: ____
Eleição: _____ UF/Município: _____
Número da Conta Bancária: _____ Banco: _____ Agência _____
Endereço: _____

NOME DOS MEMBROS	FUNÇÕES

LOCAL _____ DATA ___/___/___

ASSINATURA   ASSINATURA

INSTRUÇÕES DE PREENCHIMENTO

1 - NOME DO PARTIDO – informar o nome do partido político;
2 - DIREÇÃO/COMITÊ/CANDIDATO – informar se é da Direção Nacional/Estadual/ Comitê Financeiro ou Candidato;
2-a - ÚNICO? SIM? NÃO? – marcar um X no campo correspondente, conforme se trate, no caso de Comitê Estadual/Municipal, de Comitê Único do Partido para as eleições de toda a circunscrição ou de Comitê específico para determinada eleição;
3 - ELEIÇÃO – informar a eleição de que se trata (cargo eletivo);
4 - UF/MUNICÍPIO – informar a Unidade da Federação e Município;
5 - CONTA BANCÁRIA – informar o número da conta-corrente do Comitê Financeiro;
6 - BANCO – informar o banco onde foi aberta a conta-corrente do Comitê;
7 - AGÊNCIA – informar a agência bancária;
8 - NOMES DOS MEMBROS – informar o nome completo dos membros do Comitê Financeiro;
9 - FUNÇÕES – informar as funções (tipo de responsabilidade) por eles exercidas, na mesma ordem da citação dos nomes;
10 - indicar local e data do preenchimento;
11 - assinatura dos responsáveis.

DEMONSTRAÇÃO DO LIMITE DE GASTOS
(Modelo 7)

Nome do Partido: _____
Direção/Comitê Financeiro/Candidato: _____
ELEIÇÃO: _____

CANDIDATO		LIMITE EM R$
NOME	NÚMERO	
TOTAL / TRANSPORTAR		

LOCAL _____ DATA ___/___/___

_____   _____
ASSINATURA   ASSINATURA

INSTRUÇÕES DE PREENCHIMENTO

1 - NOME DO PARTIDO – informar o nome do partido político;
2 - COMITÊ FINANCEIRO/DIREÇÃO/CANDIDATO – informar o nome: se da direção Nacional/Estadual, do Comitê e Candidato que está apresentando a Demonstração;
3 - ELEIÇÃO – informar a eleição de que se trata (cargo eletivo);
4 - CANDIDATO
4-a - NOME – informar o nome completo do Candidato;
4-b - NÚMERO – informar o número atribuído ao candidato, com o qual concorre à eleição;
5 - LIMITE EM R$ – informar o valor em Real do limite de gastos atribuído ao Candidato, pelo partido;
6 - TOTAL / TRANSPORTAR – informar o total em REAL;
7 - indicar o local e a data do preenchimento;
8 - assinatura dos responsáveis.

DEMONSTRAÇÃO DOS RECIBOS ELEITORAIS DISTRIBUÍDOS
(Modelo 8)

Direção Nacional/Estadual/Comitê Financeiro: _____
Eleição: _____

DATA	NUMERAÇÃO	QUANTIDADE	DISTRIBUÍDO A

LOCAL _____ DATA ___/___/___

_____   _____
         ASSINATURA   ASSINATURA

INSTRUÇÕES DE PREENCHIMENTO

1 - DIREÇÃO NACIONAL/ESTADUAL DO PARTIDO/COMITÊ FINANCEIRO - informar o nome de quem está apresentando a Demonstração: se Direção Nacional/Estadual do Partido Político ou Comitê Financeiro;
2 - ELEIÇÃO - informar a eleição de que se trata (cargo eletivo);
3 - DATA - informar a data da entrega dos Recibos Eleitorais, no formato dia, mês e ano;
4 - NUMERAÇÃO - informar a numeração dos Recibos Eleitorais Distribuídos, inclusive com a sua série;
5 - QUANTIDADE - informar a quantidade de Recibos Eleitorais Distribuídos, separados por valor de face;
6 - DISTRIBUÍDO A - informar o nome da Direção (Nacional/Estadual) ou do Comitê ou Candidato que recebeu os Recibos Eleitorais;
7 - indicar local e data do preenchimento;
8 - assinatura dos responsáveis.

DEMONSTRAÇÃO DE TRANSFERÊNCIAS FINANCEIRAS
(Modelo 9)

Direção Nacional/Estadual do Partido/Comitê Financeiro: _____

DATA	NOME DO PARTIDO/COMITÊ/CANDIDATO BENEFICIÁRIO	VALORES R$
TOTAL / TRANSPORTAR		

LOCAL _____ DATA ___/___/___

ASSINATURA   ASSINATURA

INSTRUÇÕES DE PREENCHIMENTO

1 - DIREÇÃO NACIONAL/ESTADUAL DO PARTIDO / COMITÊ FINANCEIRO – informar o nome de quem realizou as transferências: se Direção Nacional/Estadual do Partido ou Comitê Financeiro, inclusive no caso de coligações;
2 - DATA – informar a data em que ocorreu a transferência financeira, no formato dia, mês e ano;
3 - NOME DO PARTIDO / COMITÊ / CANDIDATO – informar o nome do Partido (Direção Nacional/Estadual) do Comitê ou do Candidato beneficiário da transferência dos recursos, inclusive no caso de coligações;
4 - VALORES - R$ – informar o valor das transferências em moeda corrente;
5 - TOTAL / TRANSPORTAR – informar o total e em R$ das transferências efetuadas;
6 - indicar local e data do preenchimento;
7 - assinatura dos responsáveis.

DEMONSTRAÇÃO FINANCEIRA CONSOLIDADA
(Modelo 10)

Nome do Partido: _____
Direção Nacional: _____

COMITÊS FINANCEIROS VINCULADOS	VALORES R$		
	ARRECADADOS	APLICADOS	SALDOS
TOTAIS/ TRANSPORTAR			

LOCAL _____ DATA ___/___/___

ASSINATURA   ASSINATURA

INSTRUÇÕES DE PREENCHIMENTO

1 - NOME DO PARTIDO - informar o nome do partido político;
2 - COMITÊS FINANCEIROS VINCULADOS - informar o nome da Direção Estadual ou Comitês Estadual ou Municipal vinculados à Campanha para Prefeito;
3 - VALORES/R$
3-a - ARRECADADOS - informar o total, em moeda corrente, dos valores arrecadados para cada Comitê;
3-b - APLICADOS - informar o total, em moeda corrente, dos valores aplicados para cada comitê;
3-c - SALDOS - informar os saldos financeiros apresentados, de cada Comitê.
4 - TOTAIS/TRANSPORTAR - informar os totais dos recursos arrecadados, aplicados e dos respectivos saldos, representando o movimento financeiro de toda a campanha para Prefeito;
5 - indicar o local e data do preenchimento;
6 - assinatura dos responsáveis.

DEMONSTRAÇÃO CONSOLIDADA DO LIMITE DE GASTOS
(Modelo 11)

Direção Nacional do Partido Político: _____

CIRCUNSCRIÇÃO	VALORES EM R$
TOTAL/TRANSPORTAR	

LOCAL _____ DATA ___/___/___

_____   _____
ASSINATURA   ASSINATURA

INSTRUÇÕES DE PREENCHIMENTO

1 - DIREÇÃO NACIONAL DO PARTIDO POLÍTICO – informar o nome do partido político;
2 - N° – informar o número com o qual o Partido Político concorreu às eleições;
3 - CIRCUNSCRIÇÃO – informar a circunscrição em relação à qual foi estabelecido o limite de gastos;
4 - VALORES REAL – informar o valor em REAL do limite de gastos atribuído pelo Partido, para cada circunscrição;
5 - TOTAL / TRANSPORTAR – informar o total em REAL;
6 - indicar local e data do preenchimento;
7 - assinaturas dos responsáveis.

LEI COMPLEMENTAR Nº 64, DE 18 DE MAIO DE 1990

(*DOU*, 21 MAIO 1990)

Estabelece, de acordo com o art. 14, §9º, da Constituição Federal, casos de inelegibilidade, prazos de cessação e determina outras providências.

V. Ac.-TSE, de 10.6.2010, na Cta nº 112.026 e, de 17.6.2010, na Cta nº 114.709: aplicabilidade da Lei Complementar nº 135/2010 às eleições de 2010.

O Presidente da República faço saber que o Congresso Nacional decreta e eu sanciono a seguinte lei:

Art. 1º São inelegíveis:

> Ac.-TSE nºs 12.371/92 e 22.014/2004: a inelegibilidade atinge somente a capacidade eleitoral passiva, não restringe o direito de votar.

I - para qualquer cargo:
a) os inalistáveis e os analfabetos;

> Súm.-TSE nº 15/96: "O exercício de cargo eletivo não é circunstância suficiente para, em recurso especial, determinar-se a reforma de decisão mediante a qual o candidato foi considerado analfabeto".
> Ac.-TSE nºs 318/2004, 21.707/2004 e 21.920/2004, dentre outros: nas hipóteses de dúvida fundada, a aferição da alfabetização se fará individualmente, sem constrangimentos; o exame ou teste não pode ser realizado em audiência pública por afrontar a dignidade humana.
> Ac.-TSE nº 24.343/2004: ilegitimidade do teste de alfabetização quando, apesar de não ser coletivo, traz constrangimento ao candidato.

b) os membros do Congresso Nacional, das Assembléias Legislativas, da Câmara Legislativa e das Câmaras Municipais que hajam perdido os respectivos mandatos por infringência do disposto nos incisos I e II do art. 55 da Constituição Federal, dos dispositivos equivalentes sobre perda de mandato das Constituições Estaduais e Leis Orgânicas dos Municípios e do Distrito Federal, para as eleições que se realizarem durante o período remanescente do mandato para o qual foram eleitos e nos oito anos subseqüentes ao término da legislatura;[1] (*Redação dada pelo art. 1º da LC nº 81/94*)

---

[1] Redação original: "b) os membros do Congresso Nacional, das assembléias Legislativas, da

Ac.-TSE nº 20.349/2002: aplicabilidade do novo prazo também àqueles cujo mandato foi cassado anteriormente à vigência da LC nº 81/94.

c) o Governador e o Vice-Governador de Estado e do Distrito Federal e o Prefeito e o Vice-Prefeito que perderem seus cargos eletivos por infringência a dispositivo da Constituição Estadual, da Lei Orgânica do Distrito Federal ou da Lei Orgânica do Município, para as eleições que se realizarem durante o período remanescente e nos 8 (oito) anos subsequentes ao término do mandato para o qual tenham sido eleitos;[2] (*Redação dada pelo art. 2º da LC nº 135/2010*)
d) os que tenham contra sua pessoa representação julgada procedente pela Justiça Eleitoral, em decisão transitada em julgado ou proferida por órgão colegiado, em processo de apuração de abuso do poder econômico ou político, para a eleição na qual concorrem ou tenham sido diplomados, bem como para as que se realizarem nos 8 (oito) anos seguintes;[3] (*Redação dada pelo art. 2º da LC nº 135/2010*)

V. art. 22, XIV, desta lei complementar. Súm.-TSE nº 19/2000: "O prazo de inelegibilidade de três anos, por abuso de poder econômico ou político, é contado a partir da data da eleição em que se verificou".

e) os que forem condenados, em decisão transitada em julgado ou proferida por órgão judicial colegiado, desde a condenação até o transcurso do prazo de 8 (oito) anos após o cumprimento da pena, pelos crimes:[4] (*Redação dada pelo art. 2º da LC nº 135/2010*)
1. contra a economia popular, a fé pública, a administração pública e o patrimônio público; (*Acrescido pelo art. 2º da LC nº 135/2010*)

Câmara Legislativa e das Câmaras Municipais que hajam perdido os respectivos mandatos por infringência do disposto no art. 55, I e II, da Constituição Federal, dos dispositivos equivalentes sobre perda de mandato das Constituições Estaduais e Leis Orgânicas dos Municípios e do Distrito Federal, para as eleições que se realizarem durante o período remanescente do mandato para o qual foram eleitos e nos 3 (três) anos subseqüentes ao término da legislatura;".

[2] Redação original: "c) o Governador e o Vice-Governador de Estado e do Distrito Federal, o Prefeito e o Vice-Prefeito que perderem seus cargos eletivos por infringência a dispositivo da Constituição Estadual, da Lei Orgânica do Distrito Federal ou da Lei Orgânica do Município, para as eleições que se realizarem durante o período remanescente e nos 3 (três) anos subseqüentes ao término do mandato para o qual tenham sido eleitos;".

[3] Redação original: "d) os que tenham contra sua pessoa representação julgada procedente pela Justiça Eleitoral, transitada em julgado, em processo de apuração de abuso do poder econômico ou político, para a eleição na qual concorrem ou tenham sido diplomados, bem como para as que se realizarem nos 3 (três) anos seguintes;".

[4] Redação original: "e) os que forem condenados criminalmente, com sentença transitada em julgado, pela prática de crimes contra a economia popular, a fé pública, a administração pública, o patrimônio público, o mercado financeiro, pelo tráfico de entorpecentes e por crimes eleitorais, pelo prazo de 3 (três) anos, após o cumprimento da pena;".

2. contra o patrimônio privado, o sistema financeiro, o mercado de capitais e os previstos na lei que regula a falência; (*Acrescido pelo art. 2º da LC nº 135/2010*)
3. contra o meio ambiente e a saúde pública; (*Acrescido pelo art. 2º da LC nº 135/2010*)
4. eleitorais, para os quais a lei comine pena privativa de liberdade; (*Acrescido pelo art. 2º da LC nº 135/2010*)
5. de abuso de autoridade, nos casos em que houver condenação à perda do cargo ou à inabilitação para o exercício de função pública; (*Acrescido pelo art. 2º da LC nº 135/2010*)
6. de lavagem ou ocultação de bens, direitos e valores; (*Acrescido pelo art. 2º da LC nº 135/2010*)
7. de tráfico de entorpecentes e drogas afins, racismo, tortura, terrorismo e hediondos; (*Acrescido pelo art. 2º da LC nº 135/2010*)
8. de redução à condição análoga à de escravo; (*Acrescido pelo art. 2º da LC nº 135/2010*)
9. contra a vida e a dignidade sexual; e (*Acrescido pelo art. 2º da LC nº 135/2010*)
10. praticados por organização criminosa, quadrilha ou bando; (*Acrescido pelo art. 2º da LC nº 135/2010*)

> Ac.-TSE, de 5.10.2010, no RO nº 68.417: a inelegibilidade prevista nesta alínea somente pode incidir após a publicação do acórdão condenatório.
>
> CF/88, art. 15, III: suspensão dos direitos políticos enquanto durarem os efeitos da condenação criminal transitada em julgado. Ac.-TSE nº 16.742/2000 e 22.148/2004: o art. 15, III, da Constituição não torna inconstitucional este dispositivo, que tem apoio no art. 14, §9º, da Constituição.

f) os que forem declarados indignos do oficialato, ou com ele incompatíveis, pelo prazo de 8 (oito) anos;[5] (*Redação dada pelo art. 2º da LC nº 135/2010*)
g) os que tiverem suas contas relativas ao exercício de cargos ou funções públicas rejeitadas por *irregularidade insanável* que configure ato doloso de improbidade administrativa, e por decisão irrecorrível do *órgão competente*, salvo se esta *houver sido suspensa ou anulada pelo Poder Judiciário*, para as eleições que se realizarem nos 8 (oito) anos seguintes, contados a partir da data da decisão, aplicando-se o disposto no inciso II do art. 71 da Constituição Federal, a todos os ordenadores de despesa, sem exclusão de mandatários que houverem agido nessa condição;[6] (*Redação dada pelo art. 2º da LC nº 135/2010*)

---

[5] Redação original: "f) os que forem declarados indignos do oficialato, ou com ele incompatíveis, pelo prazo de 4 (quatro) anos;".

[6] Redação original: "g) os que tiverem suas contas relativas ao exercício de cargos ou funções públicas rejeitadas por irregularidade insanável e por decisão irrecorrível do órgão

Caracterização de irregularidade insanável, apta a autorizar a rejeição das contas: Ac.-TSE, de 19.11.2008, no REspe nº 31.012 (não observância dos limites de gastos previstos nos incisos do art. 29-A da CF/88); Ac.-TSE, de 17.12.2008, no REspe nº 29.314 (despesa de Câmara Municipal com folha de pagamento em percentual superior a 70% de sua receita, conforme art. 29-A, §1º, da CF/88); Ac.-TSE, de 11.9.2008, no REspe nº 29.563 (não pagamento de precatórios, mesmo diante da comprovada existência de recursos); Ac.-TSE, de 12.11.2008, no REspe nº 32.510 (não recolhimento de contribuições previdenciárias). Irregularidade sanável: Ac.-TSE, de 28.4.2009, no REspe nº 30.169 (não aplicação do percentual mínimo destinado à educação, nos termos do art. 212, *caput*, da CF/88).

Ac.-TSE, de 25.11.2008, no REspe nº 30.516; de 6.11.2008, no REspe nº 34.160; de 6.10.2008, no REspe nº 29.981 e Ac.-STF, de 17.6.92, no RE nº 132.747: compete ao Poder Legislativo o julgamento das contas do chefe do Executivo, atuando o Tribunal de Contas como órgão auxiliar, na esfera opinativa (CF/88, art 71, I). Ac.-TSE, de 6.10.2008, no REspe nº 28.944 e Ac.-TSE nº 24.848/2004: na apreciação das contas do chefe do Executivo relativas a convênio, a competência dos tribunais de contas é de julgamento, e não opinativa (CF/88, art. 71, II). Ac.-TSE nº 13.174/96: as contas de todos os demais responsáveis por dinheiros e bens públicos são julgadas pelo Tribunal de Contas e suas decisões a respeito geram inelegibilidade (CF/88, art. 71, II).

Súm.-TSE nº 1/92: proposta a ação para desconstituir a decisão que rejeitou as contas antes da impugnação, fica suspensa a inelegibilidade. Ac.-TSE, de 24.8.2006, no RO nº 912; de 13.9.2006, no RO nº 963; de 29.9.2006, no RO nº 965 e no REspe nº 26.942 e, de 16.11.2006, no RO nº 1.067, dentre outros: a mera propositura da ação anulatória, sem a obtenção de provimento liminar ou tutela antecipada, não suspende a inelegibilidade. Ac.-TSE, de 8.3.2007, no RO nº 1.239: "A revogação de tutela antecipada que suspendeu os efeitos de decisão de rejeição de contas, ocorrida após a realização do pleito, à proclamação dos eleitos e às vésperas da diplomação, não tem o condão de alterar a situação do candidato que concorreu na eleição já respaldado pela referida tutela". Ac.-TSE nºs 237/98, 815/2004, 24.199/2004 e Ac.-TSE, de 31.10.2006, no RO nº 1.104: transitada em julgado a sentença, não acolhendo o pedido, volta a correr o prazo, persistindo a inelegibilidade pelo tempo que faltar. V., ainda, Ac.-TSE, de 28.10.2008, no REspe nº 31.942: "Havendo decisão de rejeição de contas que seja irrecorrível e que aponte vícios de natureza insanável, somente o Poder Judiciário pode suspender a incidência da cláusula de inelegibilidade. (...) A existência de recurso de revisão (ou recurso de rescisão) não desfaz a natureza irrecorrível do julgado administrativo impugnado".

---

competente, salvo se a questão houver sido ou estiver sendo submetida à apreciação do Poder Judiciário, para as eleições que se realizarem nos 5 (cinco) anos seguintes, contados a partir da data da decisão;".

Ac.-TSE, de 17.11.2009, no REspe nº 36.637: "A ausência de intimação da decisão do TCE que rejeitou as contas do candidato configura cerceamento de defesa e justifica a propositura de pedido de reconsideração e obtenção de provimento liminar após o pedido de registro de candidatura".
Ac.-TSE nºs 15.148/97, 15.209/98, 15.204/98, 15.208/99 e Ac.-TSE, de 1º.8.2006, no Ag nº 6.316: não incidência da cláusula de inelegibilidade na hipótese de rejeição de contas superveniente ao registro de candidatura, pois o dispositivo aplica-se às eleições que vierem a se realizar, e não às já realizadas, ainda que se trate de reeleição.
Ac.-TSE, de 26.11.2008, no REspe nº 33.280 e, de 6.11.2008, no REspe nº 31.111: impossibilidade de aprovação do parecer da corte de contas pelo mero decurso do prazo conferido à Câmara Municipal para julgamento. V., ainda, Ac.-TSE, de 10.11.2009, no REspe nº 35.791 e, de 19.9.2006, no RO nº 1.247: a rejeição de contas de prefeito em razão do decurso do prazo conferido à câmara municipal para apreciar o parecer do tribunal de contas não atrai a inelegibilidade cominada neste dispositivo.
Ac.-TSE, de 16.12.2008, no REspe nº 29.540 e, de 30.9.2008, no REspe nº 29.684: a edição de decreto legislativo rejeitando as contas do chefe do poder Executivo municipal, devidamente antecedido de parecer de corte ou conselho de contas, impossibilita à câmara municipal proferir novo decreto, desconsiderando o anterior e aprovando as contas. V., contudo, Ac.-TSE, de 22.10.2009, no REspe nº 35.476: possibilidade da câmara municipal declarar a nulidade do decreto legislativo em razão de vício de natureza formal.

h) os detentores de cargo na administração pública direta, indireta ou fundacional, que beneficiarem a si ou a terceiros, pelo abuso do poder econômico ou político, que forem condenados em decisão transitada em julgado ou proferida por órgão judicial colegiado, para a eleição na qual concorrem ou tenham sido diplomados, bem como para as que se realizarem nos 8 (oito) anos seguintes;[7] *(Redação dada pelo art. 2º da LC nº 135/2010)*

Ac.-TSE nºs 19.533/2002 e 23.347/2004: exigência de finalidade eleitoral para incidência da inelegibilidade prevista neste dispositivo.
Ac.-TSE nº 13.138/96: o abuso deve vincular-se a finalidades eleitorais, embora não a um concreto processo eleitoral em curso, o que corresponde à previsão da letra *d* deste inciso; para o cômputo do prazo de três anos, considera-se o lapso de tempo correspondente a um ano e não o ano civil, começando a fluir tão logo findo o mandato.

---

[7] Redação original: "h) os detentores de cargo na administração pública direta, indireta ou fundacional, que beneficiarem a si ou a terceiros, pelo abuso do poder econômico ou político apurado em processo, com sentença transitada em julgado, para as eleições que se realizarem nos 3 (três) anos seguintes ao término do seu mandato ou do período de sua permanência no cargo;".

i) os que, em estabelecimento de crédito, financiamento ou seguro, que tenham sido ou estejam sendo objeto de processo de liquidação judicial ou extrajudicial, hajam exercido, nos 12 (doze) meses anteriores à respectiva decretação, cargo ou função de direção, administração ou representação, enquanto não forem exonerados de qualquer responsabilidade;

> Ac.-TSE nº 22.739/2004: este dispositivo não é inconstitucional ao condicionar a duração da inelegibilidade à exoneração de responsabilidade, sem fixação de prazo.

j) os que forem condenados, em decisão transitada em julgado ou proferida por órgão colegiado da Justiça Eleitoral, por corrupção eleitoral, por captação ilícita de sufrágio, por doação, captação ou gastos ilícitos de recursos de campanha ou por conduta vedada aos agentes públicos em campanhas eleitorais que impliquem cassação do registro ou do diploma, pelo prazo de 8 (oito) anos a contar da eleição; (*Acrescida pelo art. 2º da LC nº 135/2010*)

k) o Presidente da República, o Governador de Estado e do Distrito Federal, o Prefeito, os membros do Congresso Nacional, das Assembleias Legislativas, da Câmara Legislativa, das Câmaras Municipais, que renunciarem a seus mandatos desde o oferecimento de representação ou petição capaz de autorizar a abertura de processo por infringência a dispositivo da Constituição Federal, da Constituição Estadual, da Lei Orgânica do Distrito Federal ou da Lei Orgânica do Município, para as eleições que se realizarem durante o período remanescente do mandato para o qual foram eleitos e nos 8 (oito) anos subsequentes ao término da legislatura; (*Acrescida pelo art. 2º da LC nº 135/2010*)

l) os que forem condenados à suspensão dos direitos políticos, em decisão transitada em julgado ou proferida por órgão judicial colegiado, por ato doloso de improbidade administrativa que importe lesão ao patrimônio público e enriquecimento ilícito, desde a condenação ou o trânsito em julgado até o transcurso do prazo de 8 (oito) anos após o cumprimento da pena; (*Acrescida pelo art. 2º da LC nº 135/2010*)

> Ac.-TSE, de 8.9.2010, no REspe nº 420.382: inaplicabilidade da LC nº 135/2010 em caso de condenação de candidato à suspensão de direitos políticos apenas por juiz singular.

m) os que forem excluídos do exercício da profissão, por decisão sancionatória do órgão profissional competente, em decorrência de infração ético-profissional, pelo prazo de 8 (oito) anos, salvo se o ato houver sido anulado ou suspenso pelo Poder Judiciário; (*Acrescida pelo art. 2º da LC nº 135/2010*)

n) os que forem condenados, em decisão transitada em julgado ou proferida por órgão judicial colegiado, em razão de terem desfeito ou simulado desfazer vínculo conjugal ou de união estável para evitar caracterização de

inelegibilidade, pelo prazo de 8 (oito) anos após a decisão que reconhecer a fraude; (*Acrescida pelo art. 2º da LC nº 135/2010*)
o) os que forem demitidos do serviço público em decorrência de processo administrativo ou judicial, pelo prazo de 8 (oito) anos, contado da decisão, salvo se o ato houver sido suspenso ou anulado pelo Poder Judiciário; (*Acrescida pelo art. 2º da LC nº 135/2010*)
p) a pessoa física e os dirigentes de pessoas jurídicas responsáveis por doações eleitorais tidas por ilegais por decisão transitada em julgado ou proferida por órgão colegiado da Justiça Eleitoral, pelo prazo de 8 (oito) anos após a decisão, observando-se o procedimento previsto no art. 22; (*Acrescida pelo art. 2º da LC nº 135/2010*)
q) os magistrados e os membros do Ministério Público que forem aposentados compulsoriamente por decisão sancionatória, que tenham perdido o cargo por sentença ou que tenham pedido exoneração ou aposentadoria voluntária na pendência de processo administrativo disciplinar, pelo prazo de 8 (oito) anos; (*Acrescida pelo art. 2º da LC nº 135/2010*)
II - para Presidente e Vice-Presidente da República:
a) até 6 (seis) meses depois de afastados definitivamente de seus cargos e funções:
1. os Ministros de Estado;
2. os Chefes dos órgãos de assessoramento direto, civil e militar, da Presidência da República;
3. o Chefe do órgão de assessoramento de informações da Presidência da República;
4. o Chefe do Estado-Maior das Forças Armadas;
5. o Advogado-Geral da União e o Consultor-Geral da República;
6. os Chefes do Estado-Maior da Marinha, do Exército e da Aeronáutica;
7. os Comandantes do Exército, Marinha e Aeronáutica;
8. os Magistrados;
9. os Presidentes, Diretores e Superintendentes de autarquias, empresas públicas, sociedades de economia mista, e *fundações públicas e as mantidas pelo Poder Público*;

> Res.-TSE nº 22.793/2008: "O professor de carreira em instituição federal de ensino que exerça o cargo de reitor e venha a se candidatar ao cargo de prefeito ou de vice-prefeito, deverá afastar-se definitivamente do cargo de reitor quatro meses antes do pleito, bem como licenciar-se das funções de magistério até três meses antes do pleito".
> Ac.-TSE, de 7.10.2008, no REspe nº 30.539: "Para concluir que a associação seja mantida pelo Poder Público, é necessário que as verbas públicas correspondam, pelo menos, a mais da metade de suas receitas". Inexigência do cumprimento do prazo de desincompatibilização previsto neste dispositivo no tocante a dirigente de entidade privada sem fins lucrativos que receba recursos públicos.

10. os Governadores de Estado, do Distrito Federal e de Territórios;
11. os Interventores Federais;
12. os Secretários de Estado;
13. os Prefeitos Municipais;
14. os membros do Tribunal de Contas da União, dos Estados e do Distrito Federal;
15. o Diretor-Geral do Departamento de Polícia Federal;
16. os Secretários-Gerais, os Secretários Executivos, os Secretários Nacionais, os Secretários Federais dos Ministérios e as pessoas que ocupem cargos equivalentes;
b) os que tenham exercido, nºs 6 (seis) meses anteriores à eleição, nos Estados, no Distrito Federal, Territórios e em qualquer dos Poderes da União, cargo ou função, de nomeação pelo Presidente da República, sujeito à aprovação prévia do Senado Federal;
c) (Vetado.)
d) os que, até 6 (seis) meses antes da eleição tiverem competência ou interesse, direta, indireta ou eventual, no lançamento, arrecadação ou fiscalização de impostos, taxas e contribuições de caráter obrigatório, inclusive parafiscais, ou para aplicar multas relacionadas com essas atividades;

> Res.-TSE nºs 19.506/96 e 22.627/2007: afastamento não remunerado dos servidores que se enquadrarem neste dispositivo. V., em sentido diverso, Res.-TSE nº 18.136/92: remuneração assegurada apenas durante o trimestre imediatamente anterior ao pleito, à míngua de previsão legal de remuneração nos primeiros 3 meses de afastamento.

e) os que, até 6 (seis) meses antes da eleição tenham exercido cargo ou função de direção, administração ou representação nas empresas de que tratam os arts. 3º e 5º da *Lei nº 4.137, de 10 de setembro de 1962*, quando, pelo âmbito e natureza de suas atividades, possam tais empresas influir na economia nacional;

> A lei citada foi revogada pelo art. 92 da Lei nº 8.884/94, que dispõe sobre a "(...) prevenção e a repressão às infrações contra a ordem econômica, orientada pelos ditames constitucionais de liberdade de iniciativa, livre concorrência, função social da propriedade, defesa dos consumidores e repressão ao abuso do poder econômico".

f) os que, detendo o controle de empresas ou grupo de empresas que atuem no Brasil, nas condições monopolísticas previstas no parágrafo único do art. 5º da Lei citada na alínea anterior, não apresentarem à Justiça Eleitoral, até 6 (seis) meses antes do pleito, a prova de que fizeram cessar o abuso apurado, do poder econômico, ou de que transferiram, por força regular, o controle de referidas empresas ou grupo de empresas;

g) os que tenham, dentro dos 4 (quatro) meses anteriores ao pleito, ocupado cargo ou função de direção, administração ou representação em entidades representativas de classe, mantidas, total ou parcialmente, por contribuições impostas pelo poder público ou com recursos arrecadados e repassados pela Previdência Social;

> Res.-TSE nº 23.232/2010: Desincompatibilização de dirigentes de serviços sociais e de formação profissional autônomos.

h) os que, até 6 (seis) meses depois de afastados das funções, tenham exercido cargo de Presidente, Diretor ou Superintendente de sociedades com objetivos exclusivos de operações financeiras e façam publicamente apelo à poupança e ao crédito, inclusive através de cooperativas e da empresa ou estabelecimentos que gozem, sob qualquer forma, de vantagens asseguradas pelo Poder Público, salvo se decorrentes de contratos que obedeçam a cláusulas uniformes;

i) os que, dentro de 6 (seis) meses anteriores ao pleito, hajam exercido cargo ou função de direção, administração ou representação em pessoa jurídica ou em empresa que mantenha contrato de execução de obras, de prestação de serviços ou de fornecimento de bens com órgão de Poder Público ou sob seu controle, salvo no caso de contrato que obedeça a cláusulas uniformes;

j) os que, membros do Ministério Público, não se tenham afastado das suas funções até 6 (seis) meses anteriores ao pleito;

l) os que, servidores públicos, estatutários ou não, dos órgãos ou entidades da administração direta ou indireta da União, dos Estados, do Distrito Federal, dos Municípios e dos Territórios, inclusive das fundações mantidas pelo Poder Público, não se afastarem até 3 (três) meses anteriores ao pleito, garantido o direito à percepção dos seus vencimentos integrais;

> Lei nº 8.112/90 (regime jurídico dos servidores públicos federais): "Art. 86. O servidor terá direito a licença, sem remuneração, durante o período que mediar entre a sua escolha em convenção partidária, como candidato a cargo eletivo, e a véspera do registro de sua candidatura perante a Justiça Eleitoral. §1º O servidor candidato a cargo eletivo na localidade onde desempenhe suas funções e que exerça cargo de direção, chefia, assessoramento, arrecadação ou fiscalização, dele será afastado, a partir do dia imediato ao do registro de sua candidatura perante a Justiça Eleitoral, até o décimo dia seguinte ao do pleito. §2º A partir do registro da candidatura e até o décimo dia seguinte ao da eleição, o servidor fará jus à licença, assegurados os vencimentos do cargo efetivo, somente pelo período de três meses".
> Res.-TSE nºs 19.506/96 e 20.135/98, e Ac.-TSE nºs 12.835/96, 16.734/2000 e 22.286/2004: incidência do art. 1º, II, d, aos servidores públicos que tenham competência ou interesse no lançamento, arrecadação ou fiscalização de impostos, taxas e contribuições de caráter obrigatório, inclusive parafiscais, ou para aplicar multas relacionadas com essas atividades.

> Ac.-TSE, de 12.11.2008, no REspe nº 32.377: "Ao estudante estagiário
> não se aplica a regra do art. 1º, inciso II, alínea *l*, da Lei Complementar
> nº 64/90".
> V. nota ao art. 1º, II, *d*, desta lei.

III - para Governador e Vice-Governador de Estado e do Distrito Federal:
a) os inelegíveis para os cargos de Presidente e Vice-Presidente da República especificados na alínea *a* do inciso II deste artigo e, no tocante às demais alíneas, quando se tratar de repartição pública, associação ou empresas que operem no território do Estado ou do Distrito Federal, observados os mesmos prazos;
b) até 6 (seis) meses depois de afastados definitivamente de seus cargos ou funções:
1. os Chefes dos Gabinetes Civil e Militar do Governador do Estado ou do Distrito Federal;
2. os Comandantes do Distrito Naval, Região Militar e Zona Aérea;
3. os Diretores de órgãos estaduais ou sociedades de assistência aos Municípios;
4. os Secretários da administração municipal ou membros de órgãos congêneres;
IV - para Prefeito e Vice-Prefeito:
a) no que lhes for aplicável, por identidade de situações, os inelegíveis para os cargos de Presidente e Vice-Presidente da República, Governador e Vice-Governador de Estado e do Distrito Federal, observado o prazo de 4 (quatro) meses para a desincompatibilização;
b) os membros do Ministério Público e *Defensoria Pública* em exercício na Comarca, nos 4 (quatro) meses anteriores ao pleito, *sem prejuízo dos vencimentos integrais*;

> Res.-TSE nº 22.141/2006: o direito à percepção dos vencimentos ou
> remuneração do defensor público estadual, candidato a vereador,
> deverá ser analisado à luz da LC nº 80/94 e das leis orgânicas das
> defensorias públicas estaduais.

c) as autoridades policiais, civis ou militares, com exercício no Município, nos 4 (quatro) meses anteriores ao pleito;
V - para o Senado Federal:
a) os inelegíveis para os cargos de Presidente e Vice-Presidente da República especificados na alínea *a* do inciso II deste artigo e, no tocante às demais alíneas, quando se tratar de repartição pública, associação ou empresa que opere no território do Estado, observados os mesmos prazos;
b) em cada Estado e no Distrito Federal, os inelegíveis para os cargos de Governador e Vice-Governador, nas mesmas condições estabelecidas, observados os mesmos prazos;

VI - para a Câmara dos Deputados, Assembléia Legislativa e Câmara Legislativa, no que lhes for aplicável, por identidade de situações, os inelegíveis para o Senado Federal, nas mesmas condições estabelecidas, observados os mesmos prazos;
VII - para a Câmara Municipal:
a) no que lhes for aplicável, por identidade de situações, os inelegíveis para o Senado Federal e para a Câmara dos Deputados, observado o prazo de 6 (seis) meses para a desincompatibilização;
b) em cada Município, os inelegíveis para os cargos de Prefeito e Vice-Prefeito, observado o prazo de 6 (seis) meses para a desincompatibilização.
§1º Para concorrência a outros cargos, o Presidente da República, os Governadores de Estado e do Distrito Federal e os Prefeitos devem renunciar aos respectivos mandatos até 6 (seis) meses antes do pleito.

> CF/88, art. 14, §5º: possibilidade de reeleição para um único período subsequente.
> Res.-TSE nº 19.952/97: reelegibilidade, para um único período subseqüente, também do vice-presidente da República, dos vice-governadores e dos vice-prefeitos; inexigibilidade de desincompatibilização dos titulares para disputarem a reeleição, solução que se estende ao vice-presidente da República, aos vice-governadores e aos vice-prefeitos.

§2º O Vice-Presidente, o Vice-Governador e o Vice-Prefeito poderão candidatar-se a outros cargos, preservando os seus mandatos respectivos, desde que, nos últimos 6 (seis) meses anteriores ao pleito, não tenham sucedido ou substituído o titular.
§3º São inelegíveis, no território de jurisdição do titular, o *cônjuge* e os parentes consangüíneos ou afins, até o segundo grau ou por adoção, do Presidente da República, de Governador de Estado ou Território, do Distrito Federal, de Prefeito ou de quem os haja substituído dentro dos 6 (seis) meses anteriores ao pleito, salvo se já titular de mandato eletivo e candidato à reeleição.

> CF/88, art. 14, §7º. CC/2002, art. 1.591 a 1.595 (relações de parentesco), 1.723 a 1.727 (união estável e concubinato).
> Ac.-TSE nº 24.564/2004: "Os sujeitos de uma relação estável homossexual, à semelhança do que ocorre com os de relação estável, de concubinato e de casamento, submetem-se à regra de inelegibilidade prevista no art. 14, §7º, da Constituição Federal".
> Ac.-TSE nºs 3.043/2001, 19.442/2001 e Ac.-STF, de 7.4.2003, no RE nº 344.882, dentre outros: elegibilidade de cônjuge e parentes do chefe do Executivo para o mesmo cargo do titular, quando este for reelegível e tiver se afastado definitivamente do cargo até seis meses antes da eleição. Res.-TSE nºs 15.120/89 e 21.508/2003, e Ac.-TSE nº 193/98, dentre outros: elegibilidade de cônjuge e parentes do chefe do

Executivo para cargo diverso, desde que este se afaste definitivamente até seis meses antes da eleição. Res.-TSE nº 23.087/2009: possibilidade de cônjuges, não detentores de mandato eletivo, candidatarem-se aos cargos de prefeito e vice-prefeito, sem que tal situação configure a inelegibilidade do art. 14, §7º, da CF/88, que diz respeito à hipótese em que um dos cônjuges ocupa cargo eletivo.

Súm.-STF nº 18/2009: "A dissolução da sociedade ou do vínculo conjugal, no curso do mandato, não afasta a inelegibilidade prevista no §7º do art. 14 da Constituição Federal".

§4º A inelegibilidade prevista na alínea e do inciso I deste artigo não se aplica aos crimes culposos e àqueles definidos em lei como de menor potencial ofensivo, nem aos crimes de ação penal privada. (*Acrescido pelo art. 2º da LC nº 135/2010*)

§5º A renúncia para atender à desincompatibilização com vistas a candidatura a cargo eletivo ou para assunção de mandato não gerará a inelegibilidade prevista na alínea k, a menos que a Justiça Eleitoral reconheça fraude ao disposto nesta Lei Complementar. (*Acrescido pelo art. 2º da LC nº 135/2010*)

Art. 2º Compete à Justiça Eleitoral conhecer e decidir as argüições de inelegibilidade.
Parágrafo único. A argüição de inelegibilidade será feita perante:
I - o Tribunal Superior Eleitoral, quando se tratar de candidato a Presidente ou Vice-Presidente da República;
II - os Tribunais Regionais Eleitorais, quando se tratar de candidato a Senador, Governador e Vice-Governador de Estado e do Distrito Federal, Deputado Federal, Deputado Estadual e Deputado Distrital;
III - os Juízes Eleitorais, quando se tratar de candidato a Prefeito, Vice-Prefeito e Vereador.

Art. 3º Caberá a qualquer candidato, a partido político, coligação ou ao Ministério Público, no prazo de 5 (cinco) dias, contados da publicação do pedido de registro de candidato, impugná-lo em petição fundamentada.

Ilegitimidade para impugnar registro de candidatura: Ac.-TSE, de 29.9.2008, no REspe nº 30.842; Ac.-TSE nºs 23.578/2004, 19.960/2002, 16.867/2000 e 345/98 (partido político coligado, isoladamente); Ac.-TSE nºs 23.556/2004, 549/2002, 20.267/2002, 14.807/96 e 12.375/92 (eleitor; possibilidade, contudo, de apresentação de notícia de inelegibilidade); Ac.-TSE, de 20.9.2006, no REspe nº 26.861 (diretório municipal em eleição federal e estadual); Ac.-TSE, de 13.10.2008, no REspe nº 31.162 (partido político ou coligação partidária em virtude de irregularidade em convenção de agremiação adversária).

Ac.-TSE, de 17.12.2008, no REspe nº 34.532: a duplicidade de filiação partidária pode ser conhecida de ofício no curso do processo de registro de candidatura, não se impondo seja aferida em processo próprio.

§1º A impugnação, por parte do candidato, partido político ou coligação, não impede a ação do Ministério Público no mesmo sentido.

§2º Não poderá impugnar o registro de candidato o representante do Ministério Público que, nos 4 (quatro) anos anteriores, tenha disputado cargo eletivo, integrado Diretório de partido ou exercido atividade político-partidária.

§3º O impugnante especificará, desde logo, os meios de prova com que pretende demonstrar a veracidade do alegado, arrolando testemunhas, se for o caso, no máximo de 6 (seis).

Art. 4º A partir da data em que terminar o prazo para impugnação, passará a correr, após devida notificação, o prazo de 7 (sete) dias para que o candidato, partido político ou coligação possa contestá-la, juntar documentos, indicar rol de testemunhas e requerer a produção de outras provas, inclusive documentais, que se encontrarem em poder de terceiros, de repartições públicas ou em procedimentos judiciais, ou administrativos, salvo os processos em tramitação em segredo de Justiça.

Art. 5º Decorrido o prazo para contestação, se não se tratar apenas de matéria de direito e a prova protestada for relevante, serão designados os 4 (quatro) dias seguintes para inquirição das testemunhas do impugnante e do impugnado, as quais comparecerão por iniciativa das partes que as tiverem arrolado, com notificação judicial.

§1º As testemunhas do impugnante e do impugnado serão ouvidas em uma só assentada.

§2º Nos 5 (cinco) dias subseqüentes, o Juiz, ou o Relator, procederá a todas as diligências que determinar, de ofício ou a requerimento das partes.

§3º No prazo do parágrafo anterior, o Juiz, ou o Relator, poderá ouvir terceiros, referidos pelas partes, ou testemunhas, como conhecedores dos fatos e circunstâncias que possam influir na decisão da causa.

§4º Quando qualquer documento necessário à formação da prova se achar em poder de terceiro, o Juiz, ou o Relator, poderá ainda, no mesmo prazo, ordenar o respectivo depósito.

§5º Se o terceiro, sem justa causa, não exibir o documento, ou não comparecer a Juízo, poderá o Juiz contra ele expedir mandado de prisão e instaurar processo por crime de desobediência.

Art. 6º Encerrado o prazo da dilação probatória, nos termos do artigo anterior, as partes, inclusive o Ministério Público, poderão apresentar alegações no prazo comum de 5 (cinco) dias.

> Ac.-TSE nº 22.785/2004: no processo de registro de candidatura, a abertura de prazo para alegações finais é opcional, a critério do juiz.
> Ac.-TSE, de 21.8.2007, no REspe nº 26.100: na ação de impugnação de mandato eletivo, a iniciativa para a apresentação de alegações finais é das partes e do Ministério Público, fluindo o prazo independentemente de intimação ou vista, cujo termo inicial está vinculado "(...) ou ao término da dilação probatória ou a uma decisão do juiz indeferindo-a por não ser relevante 'a prova protestada' ou requerida (art. 5º)".

Art. 7º Encerrado o prazo para alegações, os autos serão conclusos ao Juiz, ou ao Relator, no dia imediato, para sentença ou julgamento pelo Tribunal.
Parágrafo único. O Juiz, ou o Tribunal, formará sua convicção pela livre apreciação da prova, atendendo aos fatos e às circunstâncias constantes dos autos, ainda que não alegados pelas partes, mencionando, na decisão, os que motivaram seu convencimento.

Art. 8º Nos pedidos de registro de candidatos a eleições municipais, o Juiz Eleitoral apresentará a sentença em Cartório 3 (três) dias após a conclusão dos autos, passando a correr deste momento o prazo de 3 (três) dias para a interposição de recurso para o Tribunal Regional Eleitoral.

> Súm.-TSE nº 10/92: a contagem do prazo de recurso não se altera quando a sentença é entregue antes dos 3 (três) dias previstos.
> Súm.-TSE nº 3/92: não tendo o juiz aberto prazo para o suprimento de defeito da instrução do pedido, pode o documento, cuja falta houver motivado o indeferimento, ser juntado com o recurso ordinário.
> Súm.-TSE nº 11/92: ilegitimidade do partido que não impugnou o registro de candidato para recorrer da sentença que o deferiu, salvo se cuidar de matéria constitucional.

§1º A partir da data em que for protocolizada a petição de recurso, passará a correr o prazo de 3 (três) dias para a apresentação de contra-razões.
§2º Apresentadas as contra-razões, serão os autos imediatamente remetidos ao Tribunal Regional Eleitoral, inclusive por portador, se houver necessidade, decorrente da exigüidade de prazo, correndo as despesas do transporte por conta do recorrente, se tiver condições de pagá-las.

Art. 9º Se o Juiz Eleitoral não apresentar a sentença no prazo do artigo anterior, o prazo para recurso só começará a correr após a publicação da mesma por edital, em Cartório.
Parágrafo único. Ocorrendo a hipótese prevista neste artigo, o Corregedor Regional, de ofício, apurará o motivo do retardamento e proporá ao Tribunal Regional Eleitoral, se for o caso, a aplicação da penalidade cabível.

Art. 10. Recebidos os autos na Secretaria do Tribunal Regional Eleitoral, estes serão autuados e apresentados no mesmo dia ao Presidente, que, também na mesma data, os distribuirá a um Relator e mandará abrir vistas ao Procurador Regional pelo prazo de 2 (dois) dias.

Parágrafo único. Findo o prazo, com ou sem parecer, os autos serão enviados ao Relator, que os apresentará em mesa para julgamento em 3 (três) dias, independentemente de publicação em pauta.

Art. 11. Na sessão do julgamento, que poderá se realizar em até 2 (duas) reuniões seguidas, feito o relatório, facultada a palavra às partes e ouvido o Procurador Regional, proferirá o Relator o seu voto e serão tomados os dos demais Juízes.

§1º Proclamado o resultado, o Tribunal se reunirá para lavratura do acórdão, no qual serão indicados o direito, os fatos e as circunstâncias com base nos fundamentos do Relator ou do voto vencedor.

§2º Terminada a sessão, far-se-á a leitura e a publicação do acórdão, passando a correr dessa data o prazo de 3 (três) dias, para a interposição de recurso para o Tribunal Superior Eleitoral, em petição fundamentada.

> Res.-TSE nºs 20.890/2001, 21.518/2003, 22.249/2006 e 22.579/2007 (calendários eleitorais): a data limite para proclamação dos candidatos eleitos tem sido considerada também a data a partir da qual as decisões não mais serão publicadas em sessão, salvo prestação de contas de campanha. V., contudo, Res.-TSE nº 23.089/2009 (calendário eleitoral para as eleições de 2010): data limite a partir da qual as decisões não mais são publicadas em sessão coincidente com a data da *diplomação* dos eleitos.
>
> Ac.-TSE, de 12.11.2008, no REspe nº 32.510: "Nos processos de registro de candidatura, incide a regra geral da intimação pessoal do membro do Ministério Público, com exceção do disposto no art. 6º, da LC nº 64/90". No mesmo sentido, Ac.-TSE, de 11.11.2008, no REspe nº 34.204; de 3.11.2008, no REspe nº 33.831 e, de 9.10.2008, no REspe nº 30.322.

Art. 12. Havendo recurso para o Tribunal Superior Eleitoral, a partir da data em que for protocolizada a petição passará a correr o prazo de 3 (três) dias para a apresentação de contra-razões, notificado por telegrama o recorrido. Parágrafo único. Apresentadas as contra-razões, serão os autos imediatamente remetidos ao Tribunal Superior Eleitoral.

> Ac.-TSE nºs 12.074/91, 12.693/92, 13.007/92, 12.265/94, 2.447/2000 e 21.923/2004: recurso especial em processo de registro de candidato não está sujeito a juízo de admissibilidade pelo presidente do TRE.

Art. 13. Tratando-se de registro a ser julgado originariamente por Tribunal Regional Eleitoral, observado o disposto no art. 6º desta Lei Complementar,

o pedido de registro, com ou sem impugnação, será julgado em 3 (três) dias, independentemente de publicação em pauta.
Parágrafo único. Proceder-se-á ao julgamento na forma estabelecida no art. 11 desta Lei Complementar e, havendo recurso para o Tribunal Superior Eleitoral, observar-se-á o disposto no artigo anterior.

Art. 14. No Tribunal Superior Eleitoral, os recursos sobre registro de candidatos serão processados e julgados na forma prevista nos arts. 10 e 11 desta Lei Complementar.

> RITSE, art. 36, §§6º e 7º, com redação dada pela Res.-TSE nº 20.595/2000: possibilidade de o relator negar seguimento a pedido ou recurso intempestivo, manifestamente inadmissível, improcedente, prejudicado ou em confronto com súmula ou com jurisprudência dominante do TSE, do STF ou de Tribunal Superior; possibilidade, também, de prover, desde logo, o recurso se a decisão recorrida estiver na situação descrita por último. Em qualquer hipótese, da decisão cabe agravo regimental, conforme previsto no §8º do mesmo artigo.

Art. 15. Transitada em julgado ou publicada a decisão proferida por órgão colegiado que declarar a inelegibilidade do candidato, ser-lhe-á negado registro, ou cancelado, se já tiver sido feito, ou declarado nulo o diploma, se já expedido.[8] (*Redação dada pelo art. 2º da LC nº 135/2010*)
Parágrafo único. A decisão a que se refere o caput, independentemente da apresentação de recurso, deverá ser comunicada, de imediato, ao Ministério Público Eleitoral e ao órgão da Justiça Eleitoral competente para o registro de candidatura e expedição de diploma do réu. (*Acrescido pelo art. 2º da LC nº 135/2010*)

> Ac.-TSE, de 10.5.2007, na MC nº 2.181, e de 2.8.2007, no REspe nº 28.116: "O art. 15 da Lei Complementar nº 64/90, nos processos de registro de candidatura, aplica-se apenas às hipóteses em que se discute inelegibilidade".

Art. 16. Os prazos a que se referem os arts. 3º e seguintes desta Lei Complementar são peremptórios e contínuos e correm em Secretaria ou Cartório e, a partir da data do encerramento do prazo para registro de candidatos, não se suspendem aos sábados, domingos e feriados.

Art. 17. É facultado ao partido político ou coligação que requerer o registro de candidato considerado inelegível dar-lhe substituto, mesmo que a

---

[8] Redação original: "Art. 15. Transitada em julgado a decisão que declarar a inelegibilidade do candidato, ser-lhe-á negado registro, ou cancelado, se já tiver sido feito, ou declarado nulo o diploma, se já expedido".

decisão passada em julgado tenha sido proferida após o termo final do prazo de registro, caso em que a respectiva Comissão Executiva do partido fará a escolha do candidato.

CE/65, art. 101, §5º, e Lei nº 9.504/97, art. 13.

Art. 18. A declaração de inelegibilidade do candidato à Presidência da República, Governador de Estado e do Distrito Federal e Prefeito Municipal não atingirá o candidato a Vice-Presidente, Vice-Governador ou Vice-Prefeito, assim como a destes não atingirá aqueles.

Ac.-TSE, de 26.10.2006, no REspe nº 25.586: "(...) o art. 18 da LC nº 64/90 é aplicável aos casos em que o titular da chapa majoritária teve seu registro indeferido antes das eleições. Assim, o partido tem a faculdade de substituir o titular, sem qualquer prejuízo ao vice. Entretanto, a cassação do registro ou diploma do titular, após o pleito, atinge o seu vice, perdendo este, também, o seu diploma, porquanto maculada restou a chapa. Isso com fundamento no princípio da indivisibilidade da chapa única majoritária (...). Desse modo, (...) incabível a aplicação do art. 18 da LC nº 64/90, pois, no caso dos autos, a candidata a prefeita teve seu registro indeferido posteriormente às eleições".

Art. 19. As transgressões pertinentes a origem de valores pecuniários, abuso do poder econômico ou político, em detrimento da liberdade de voto, serão apuradas mediante investigações jurisdicionais realizadas pelo Corregedor-Geral e Corregedores Regionais Eleitorais.

Lei nº 9.504/97, art. 22, §§3º e 4º, acrescidos pelo art. 1º da Lei nº 11.300/2006: remessa de cópia do processo em que rejeitadas as contas de campanha ao Ministério Público Eleitoral para os fins do art. 22 desta lei complementar; art. 25: caracterização de abuso do poder econômico pelo descumprimento das normas referentes à arrecadação e aplicação de recursos nas campanhas eleitorais; art. 30-A: investigação judicial para apurar condutas relativas à arrecadação e gastos de recursos de campanha.

Parágrafo único. A apuração e a punição das transgressões mencionadas no *caput* deste artigo terão o objetivo de proteger a normalidade e legitimidade das eleições contra a influência do poder econômico ou do abuso do exercício de função, cargo ou emprego na administração direta, indireta e fundacional da União, dos Estados, do Distrito Federal e dos Municípios.

Art. 20. O candidato, partido político ou coligação são parte legítima para denunciar os culpados e promover-lhes a responsabilidade; a nenhum servidor público, inclusive de autarquias, de entidade paraestatal e de sociedade de economia mista será lícito negar ou retardar ato de ofício tendente a esse fim, sob pena de crime funcional.

Art. 21. As transgressões a que se refere o art. 19 desta Lei Complementar serão apuradas mediante procedimento sumaríssimo de investigação judicial, realizada pelo Corregedor-Geral e Corregedores Regionais Eleitorais, nos termos das Leis nºs 1.579, de 18 de março de 1952; 4.410, de 24 de setembro de 1964, com as modificações desta Lei Complementar.

Art. 22. Qualquer partido político, coligação, candidato ou Ministério Público Eleitoral poderá representar à Justiça Eleitoral, diretamente ao Corregedor-Geral ou Regional, relatando fatos e indicando provas, indícios e circunstâncias e pedir abertura de investigação judicial para apurar uso indevido, desvio ou abuso do poder econômico ou do poder de autoridade, ou utilização indevida de veículos ou meios de comunicação social, em benefício de candidato ou de partido político, obedecido o seguinte rito:

Lei nº 9.504/97, art. 74: abuso de autoridade.
Ac.-TSE, de 19.8.2010, no AI nº 11.834: inexigência de formação de litisconsórcio passivo necessário entre o beneficiado e os que contribuíram para a realização da conduta abusiva.
Legitimidade ativa: Ac.-TSE, de 29.6.2006, no REspe nº 26.012 (partido político que não tenha participado das eleições, não indicando candidatos); Ac.-TSE, de 25.11.2008, no RO nº 1.537: (candidato que "(...) pertença à circunscrição do réu, tenha sido registrado para o pleito e os fatos motivadores da pretensão se relacionem à mesma eleição, sendo desnecessária a repercussão direta na esfera política do autor"). Ilegitimidade ativa: Ac.-TSE nºs 25.015/2005 e 24.982/2005 (partido coligado atuando isoladamente); Ac.-TSE nºs 25.002/2005 e 5.485/2005 (nulidade da investigação judicial suscitada sem aprovação de todos os partidos coligados); Ac.-TSE, de 21.9.2006, na Rp nº 963 e, de 30.11.2006, na Rp nº 1.251 (eleitor).
Ac.-TSE nºs 717/2003, 782/2004 e 373/2005: ilegitimidade de pessoa jurídica para figurar no polo passivo da investigação judicial eleitoral.
Ac.-TSE, de 8.8.2006, no Ag nº 6.821: possibilidade de propositura de ação de investigação judicial eleitoral fundada em abuso do poder político após a data do pleito, não incidindo, na espécie, o entendimento consubstanciado em questão de ordem no REspe nº 25.935/2006. Ac.-TSE, de 25.3.2008, no REspe nº 28.469: a ação de investigação judicial eleitoral proposta com base no art. 41-A da Lei nº 9.504/97 pode ser ajuizada até a data da diplomação. V., ainda, arts. 41-A, §3º, e 73, §12, da Lei nº 9.504/97, acrescidos pela Lei nº 12.034/2009: as representações fundadas em captação de sufrágio e condutas vedadas a agentes públicos em campanha eleitoral podem ser ajuizadas até a data da diplomação. Ac.-TSE, de 17.4.2008, no RO nº 1.530: possibilidade de propositura de ação de investigação judicial eleitoral antes de iniciado o período eleitoral.

Ac.-TSE, de 6.3.2008, no MS nº 3.706: "A condenação pela prática de abuso não está condicionada à limitação temporal das condutas vedadas descritas no art. 73 da Lei nº 9.504/97".

I - o Corregedor, que terá as mesmas atribuições do Relator em processos judiciais, ao despachar a inicial, adotará as seguintes providências:

> Res.-TSE nº 20.960/2001: possibilidade de convocação ou designação de juízes de direito pelo corregedor para realização de atos relativos à instrução processual. Res.-TSE nº 22.694/2008: inexistência de previsão legal específica quanto à forma de remuneração.

a) ordenará que se notifique o representado do conteúdo da petição, entregando-se-lhe a segunda via apresentada pelo representante com as cópias dos documentos, a fim de que, no prazo de 5 (cinco) dias, ofereça ampla defesa, juntada de documentos e rol de testemunhas, se cabível;
b) determinará que se suspenda o ato que deu motivo à representação, quando for relevante o fundamento e do ato impugnado puder resultar a ineficiência da medida, caso seja julgada procedente;
c) indeferirá desde logo a inicial, quando não for caso de representação ou lhe faltar algum requisito desta Lei Complementar;
II - no caso do Corregedor indeferir a reclamação ou representação, ou retardar-lhe a solução, poderá o interessado renová-la perante o Tribunal, que resolverá dentro de 24 (vinte e quatro) horas;

> Res.-TSE nº 22.022/2005: inaplicabilidade deste inciso quando se tratar de eleições municipais, cabendo recurso no caso de indeferimento da petição inicial ou, no caso de demora, a invocação do inciso III deste artigo, perante o TRE.
> Ac.-TSE, de 1º.6.2006, no RO nº 714: a renovação da representação, na hipótese de anterior indeferimento, requer a apresentação de fatos, indícios, circunstâncias e fundamentos novos em relação aos que já foram apresentados e analisados pela corregedoria regional, excetuando-se essa regra quando o corregedor retardar a solução da investigação judicial.

III - o interessado, *quando for atendido* ou ocorrer demora, poderá levar o fato ao conhecimento do Tribunal Superior Eleitoral, a fim de que sejam tomadas as providências necessárias;

> Depreende-se do contexto que o vocábulo "não" foi omitido por engano da expressão "quando for atendido".

IV - feita a notificação, a Secretaria do Tribunal juntará aos autos cópia autêntica do ofício endereçado ao representado, bem como a prova da entrega ou da sua recusa em aceitá-la ou dar recibo;

V - findo o prazo da notificação, com ou sem defesa, abrir-se-á prazo de 5 (cinco) dias para inquirição, em uma só assentada, de testemunhas arroladas pelo representante e pelo representado, até o máximo de 6 (seis) para cada um, as quais comparecerão independentemente de intimação;

> Ac.-TSE nºs 19.419/2001, 5.502/2005, 1.727/2005 e 6.241/2005: impossibilidade de julgamento antecipado da lide na representação por abuso de poder ou captação ilícita de sufrágio.
> Ac.-TSE, de 4.5.2010, no REspe nº 36.151: Extrapolação do número de testemunhas em virtude da diversidade de fatos suscitados num mesmo processo.
> Ac.-TSE, de 18.5.2006, no REspe nº 26.148: "(...) a apresentação do rol de testemunhas deve ocorrer no momento da inicial ajuizada pelo representante e da defesa protocolada pelo representado".
> Ac.-TSE, de 4.6.2009, no HC nº 131: inexistência de previsão legal quanto à obrigatoriedade de depoimento pessoal de prefeito e vice-prefeito que figuram no polo passivo de ação de investigação judicial eleitoral.

VI - nos 3 (três) dias subsequentes, o Corregedor procederá a todas as diligências que determinar, *ex officio* ou a requerimento das partes;
VII - no prazo da alínea anterior, o Corregedor poderá ouvir terceiros, referidos pelas partes, ou testemunhas, como conhecedores dos fatos e circunstâncias que possam influir na decisão do feito;
VIII - quando qualquer documento necessário à formação da prova se achar em poder de terceiro, inclusive estabelecimento de crédito, oficial ou privado, o Corregedor poderá, ainda, no mesmo prazo, ordenar o respectivo depósito ou requisitar cópias;
IX - se o terceiro, sem justa causa, não exibir o documento, ou não comparecer a Juízo, o Juiz poderá expedir contra ele mandado de prisão e instaurar processo por crime de desobediência;
X - encerrado o prazo da dilação probatória, as partes, inclusive o Ministério Público, poderão apresentar alegações no prazo comum de 2 (dois) dias;

> Ac.-TSE, de 16.5.2006, no RO nº 749: o prazo comum para alegações finais previsto neste dispositivo não caracteriza cerceamento de defesa.

XI - terminado o prazo para alegações, os autos serão conclusos ao Corregedor, no dia imediato, para apresentação de relatório conclusivo sobre o que houver sido apurado;
XII - o relatório do Corregedor, que será assentado em 3 (três) dias, e os autos da representação serão encaminhados ao Tribunal competente, no dia imediato, com pedido de inclusão incontinenti do feito em pauta, para julgamento na primeira sessão subsequente;

Ac.-TSE nº 404/2002: impossibilidade de o corregedor julgar monocraticamente a representação, não se aplicando à hipótese os §§6º e 7º do art. 36 do RITSE. Ac.-TSE nº 4.029/2003: impossibilidade de o juiz auxiliar julgar monocraticamente a representação fundada no art. 41-A da Lei nº 9.504/97 nas eleições estaduais e federais, em razão da adoção do procedimento do art. 22 deste artigo.

XIII - no Tribunal, o Procurador-Geral ou Regional Eleitoral terá vista dos autos por 48 (quarenta e oito) horas, para se pronunciar sobre as imputações e conclusões do relatório;

Ac.-TSE, de 15.5.2007, no REspe nº 25.934: "No juízo eleitoral de primeiro grau, o representante do Ministério Público tem o prazo de 48 horas para emitir seu parecer nas representações processadas mediante as regras da Lei Complementar nº 64/90. Interpretação dos arts. 22, XIII e 24 da citada lei complementar".

XIV - julgada procedente a representação, ainda que após a proclamação dos eleitos, o Tribunal declarará a inelegibilidade do representado e de quantos hajam contribuído para a prática do ato, cominando-lhes sanção de inelegibilidade para as eleições a se realizarem nos 8 (oito) anos subsequentes à eleição em que se verificou, além da cassação do registro ou diploma do candidato diretamente beneficiado pela interferência do poder econômico ou pelo desvio ou abuso do poder de autoridade ou dos meios de comunicação, determinando a remessa dos autos ao Ministério Público Eleitoral, para instauração de processo disciplinar, se for o caso, e de ação penal, ordenando quaisquer outras providências que a espécie comportar;[9] *(Redação dada pelo art. 2º da LC nº 135/2010)*

V. art. 1º, I, d, desta lei complementar. Súm.-TSE nº 19/2000: "O prazo de inelegibilidade de três anos, por abuso de poder econômico ou político, é contado a partir da data da eleição em que se verificou".
Ac.TSE, de 23.6.2009, no RO nº 1.413: "Para a incidência da inelegibilidade, por abuso de poder político (...) é necessário que o candidato tenha praticado o ato na condição de detentor de cargo na administração pública".
Ac.-TSE, de 12.2.2009, no RO nº 1.362: possibilidade de "(...) imposição da pena de cassação de registro e de inelegibilidade, mesmo

---

[9] Redação original: "XIV - julgada procedente a representação, o Tribunal declarará a inelegibilidade do representado e de quantos hajam contribuído para a prática do ato, cominando-lhes sanção de inelegibilidade para as eleições a se realizarem nos 3 (três) anos subseqüentes à eleição em que se verificou, além da cassação do registro do candidato diretamente beneficiado pela interferência do poder econômico e pelo desvio ou abuso do poder de autoridade, determinando a remessa dos autos ao Ministério Público Eleitoral, para instauração de processo disciplinar, se for o caso, e processo-crime, ordenando quaisquer outras providências que a espécie comportar;".

após o dia da votação, mas antes da diplomação do candidato eleito. Interpretação que visa a excluir um vácuo jurisdicional (do dia da votação até a diplomação dos eleitos) durante o qual não existiria qualquer provimento jurisdicional efetivo, capaz de gerar a cassação de registro, hábil a afastar do processo eleitoral e a impedir que venha a ser diplomado o candidato que abusou do seu poder econômico ou político".
Ac.-TSE, de 13.10.2009, no RO nº 1.443; de 10.3.2009, no REspe nº 25.476 e, de 25.3.2008, no REspe nº 28.469: ultrapassado o período de três anos da realização do pleito, opera-se a perda de objeto da ação de investigação judicial eleitoral na parte em que decreta a inelegibilidade.

XV - (Revogado pelo art. 4º da LC nº 135/2010)[10]
XVI - para a configuração do ato abusivo, não será considerada a potencialidade de o fato alterar o resultado da eleição, mas apenas a gravidade das circunstâncias que o caracterizam. (Acrescido pelo art. 2º da LC nº 135/2010)
Parágrafo único. O recurso contra a diplomação, interposto pelo representante, não impede a atuação do Ministério Público no mesmo sentido.

Art. 23. O Tribunal formará sua convicção pela livre apreciação dos fatos públicos e notórios, dos indícios e presunções e prova produzida, atentando para circunstâncias ou fatos, ainda que não indicados ou alegados pelas partes, mas que preservem o interesse público de lisura eleitoral.

Art. 24. Nas eleições municipais, o Juiz Eleitoral será competente para conhecer e processar a representação prevista nesta Lei Complementar, exercendo todas as funções atribuídas ao Corregedor-Geral ou Regional, constantes dos incisos I a XV do art. 22 desta Lei Complementar, cabendo ao representante do Ministério Público Eleitoral em função da Zona Eleitoral as atribuições deferidas ao Procurador-Geral e Regional Eleitoral, observadas as normas do procedimento previstas nesta Lei Complementar.

Art. 25. Constitui crime eleitoral a arguição de inelegibilidade, ou a impugnação de registro de candidato feito por interferência do poder econômico, desvio ou abuso do poder de autoridade, deduzida de forma temerária ou de manifesta má-fé:
Pena - detenção de 6 (seis) meses a 2 (dois) anos, e multa de 20 (vinte) a 50 (cinquenta) vezes o valor do Bônus do Tesouro Nacional – BTN e, no caso de sua extinção, de título público que o substitua.

---

[10] Redação original: "XV - se a representação for julgada procedente após a eleição do candidato, serão remetidas cópias de todo o processo ao Ministério Público Eleitoral, para os fins previstos no art. 14, §§10 e 11, da Constituição Federal, e art. 262, inciso IV, do Código Eleitoral;".

O BTN foi extinto pelo art. 3º da Lei nº 8.177/91.

Ac.-TSE, de 10.10.2006, no RHC nº 97: impossibilidade de imediato trancamento de investigação criminal contra candidato a prefeito, a coligação a que pertence e os advogados que a representam judicialmente na hipótese de indícios de manifesta má-fé na proposição de ação de investigação judicial eleitoral contra adversário político.

Art. 26. Os prazos de desincompatibilização previstos nesta Lei Complementar que já estiverem ultrapassados na data de sua vigência considerar-se-ão atendidos desde que a desincompatibilização ocorra até 2 (dois) dias após a publicação desta Lei Complementar.

Art. 26-A. Afastada pelo órgão competente a inelegibilidade prevista nesta Lei Complementar, aplicar-se-á, quanto ao registro de candidatura, o disposto na lei que estabelece normas para as eleições. (*Acrescido pelo art. 2º da LC nº 135/2010*)

Art. 26-B. O Ministério Público e a Justiça Eleitoral darão prioridade, sobre quaisquer outros, aos processos de desvio ou abuso do poder econômico ou do poder de autoridade até que sejam julgados, ressalvados os de *habeas corpus* e mandado de segurança. (*Acrescido pelo art. 2º da LC nº 135/2010*)
§1º É defeso às autoridades mencionadas neste artigo deixar de cumprir qualquer prazo previsto nesta Lei Complementar sob alegação de acúmulo de serviço no exercício das funções regulares. (*Acrescido pelo art. 2º da LC nº 135/2010*)
§2º Além das polícias judiciárias, os órgãos da receita federal, estadual e municipal, os tribunais e órgãos de contas, o Banco Central do Brasil e o Conselho de Controle de Atividade Financeira auxiliarão a Justiça Eleitoral e o Ministério Público Eleitoral na apuração dos delitos eleitorais, com prioridade sobre as suas atribuições regulares. (*Acrescido pelo art. 2º da LC nº 135/2010*)
§3º O Conselho Nacional de Justiça, o Conselho Nacional do Ministério Público e as Corregedorias Eleitorais manterão acompanhamento dos relatórios mensais de atividades fornecidos pelas unidades da Justiça Eleitoral a fim de verificar eventuais descumprimentos injustificados de prazos, promovendo, quando for o caso, a devida responsabilização. (*Acrescido pelo art. 2º da LC nº 135/2010*)

Art. 26-C. O órgão colegiado do tribunal ao qual couber a apreciação do recurso contra as decisões colegiadas a que se referem as alíneas *d, e, h, j, l* e *n* do inciso I do art. 1º poderá, em caráter cautelar, suspender a inelegibilidade sempre que existir plausibilidade da pretensão recursal e desde que a providência tenha sido expressamente requerida, sob pena de preclusão, por ocasião da interposição do recurso. (*Acrescido pelo art. 2º da LC nº 135/2010*)

Art. 3º da LC nº 135/2010: "Os recursos interpostos antes da vigência desta Lei Complementar poderão ser aditados para o fim a que se refere o *caput* do art. 26-C da Lei Complementar nº 64, de 18 de maio de 1990, introduzido por esta Lei Complementar."

§1º Conferido efeito suspensivo, o julgamento do recurso terá prioridade sobre todos os demais, à exceção dos de mandado de segurança e de *habeas corpus*. (*Acrescido pelo art. 2º da LC nº 135/2010*)

§2º Mantida a condenação de que derivou a inelegibilidade ou revogada a suspensão liminar mencionada no *caput*, serão desconstituídos o registro ou o diploma eventualmente concedidos ao recorrente. (*Acrescido pelo art. 2º da LC nº 135/2010*)

§3º A prática de atos manifestamente protelatórios por parte da defesa, ao longo da tramitação do recurso, acarretará a revogação do efeito suspensivo. (*Acrescido pelo art. 2º da LC nº 135/2010*)

> Ac.-TSE, de 22.6.2010, na QO-AC nº 142.085: o disposto neste artigo "não afasta o poder geral de cautela conferido ao juiz pelo art. 798 do CPC, nem transfere ao Plenário a competência para examinar, inicialmente, pedido de concessão de medida liminar, ainda que a questão envolva inelegibilidade."

Art. 27. Esta Lei Complementar entra em vigor na data de sua publicação.

Art. 28. Revogam-se a Lei Complementar nº 5, de 29 de abril de 1970 e as demais disposições em contrário.

Brasília, 18 de maio de 1990.

LEI Nº 9.096, DE 19 DE SETEMBRO DE 1995

(DOU, 20 SET. 1995)

Dispõe sobre partidos políticos, regulamenta os arts. 17 e 14, §3º, inciso V, da Constituição Federal.

O Vice-Presidente da República, no exercício do cargo de Presidente da República faço saber que o Congresso Nacional decreta e eu sanciono a seguinte Lei:

Título I
Disposições Preliminares

Art. 1º O partido político, pessoa jurídica de direito privado, destina-se a assegurar, no interesse do regime democrático, a autenticidade do sistema representativo e a defender os direitos fundamentais definidos na Constituição Federal.

Lei nº 10.406/2002 (Código Civil):
"Art. 44. São pessoas jurídicas de direito privado: (...)
V - os partidos políticos. (...)
§3º Os partidos políticos serão organizados e funcionarão conforme o disposto em lei específica. (...)
Art. 2.031. As associações, sociedades e fundações, constituídas na forma das leis anteriores, bem como os empresários, deverão se adaptar às disposições deste Código até 11 de janeiro de 2007.
Parágrafo único. O disposto neste artigo não se aplica às organizações religiosas nem aos partidos políticos".
IN-RFB nº 1.005/2010, que "Dispõe sobre o Cadastro Nacional da Pessoa Jurídica (CNPJ)":
"Art. 11. São também obrigados a se inscrever no CNPJ: (...)
§4º Serão inscritos na condição de estabelecimento matriz:
I - a direção nacional, as comissões provisórias, os diretórios regionais, municipais e zonais e demais órgãos de direção dos partidos políticos; e (...)"

Art. 2º É livre a criação, fusão, incorporação e extinção de partidos políticos cujos programas respeitem a soberania nacional, o regime democrático, o pluripartidarismo e os direitos fundamentais da pessoa humana.

CF/88, art. 17.

Art. 3º É assegurada, ao partido político, autonomia para definir sua estrutura interna, organização e funcionamento.

> CF/88, art. 17, §1º, com redação dada pela EC nº 52/2006: "É assegurada aos partidos políticos autonomia para definir sua estrutura interna, organização e funcionamento e para adotar os critérios de escolha e o regime de suas coligações eleitorais, sem obrigatoriedade de vinculação entre as candidaturas em âmbito nacional, estadual, distrital ou municipal, devendo seus estatutos estabelecer normas de disciplina e fidelidade partidária".
> Ac.-TSE, de 12.11.2008, no REspe nº 31.913: possibilidade de a Justiça Eleitoral examinar ilegalidades e nulidades na hipótese de conflito de interesses, com reflexos no pleito, entre os diretórios regional e municipal de partido político.

Art. 4º Os filiados de um partido político têm iguais direitos e deveres.

Art. 5º A ação do partido tem caráter nacional e é exercida de acordo com seu estatuto e programa, sem subordinação a entidades ou governos estrangeiros.

Art. 6º É vedado ao partido político ministrar instrução militar ou paramilitar, utilizar-se de organização da mesma natureza e adotar uniforme para seus membros.

> CF/88, art. 17, §4º.

Art. 7º O partido político, após adquirir personalidade jurídica na forma da lei civil, registra seu estatuto no Tribunal Superior Eleitoral.

> CF/88, art. 17, §2º.

§1º Só é admitido o registro do estatuto de partido político que tenha caráter nacional, considerando-se como tal aquele que comprove o apoiamento de eleitores correspondente a, pelo menos, meio por cento dos votos dados na última eleição geral para a Câmara dos Deputados, não computados os votos em branco e os nulos, distribuídos por um terço, ou mais, dos Estados, com um mínimo de um décimo por cento do eleitorado que haja votado em cada um deles.

> Res.-TSE nº 22.711/2008: constitucionalidade deste dispositivo.

§2º Só o partido que tenha registrado seu estatuto no Tribunal Superior Eleitoral pode participar do processo eleitoral, receber recursos do *Fundo Partidário* e ter acesso gratuito ao rádio e à televisão, nos termos fixados nesta Lei.

CF/88, art. 17, §3º.
Res.-TSE nº 22.592/2007: o partido incorporador tem direito à percepção das cotas do Fundo Partidário devidas ao partido incorporado, anteriores à averbação do registro no TSE.

§3º Somente o registro do estatuto do partido no Tribunal Superior Eleitoral assegura a exclusividade da sua denominação, sigla e símbolos, vedada a utilização, por outros partidos, de variações que venham a induzir a erro ou confusão.

Título II
Da Organização e Políticos

Capítulo I
Da Criação e do Registro dos Partidos Políticos

Art. 8º O requerimento do registro de partido político, dirigido ao Cartório competente do Registro Civil das Pessoas Jurídicas, da Capital Federal, deve ser subscrito pelos seus fundadores, em número nunca inferior a cento e um, com domicílio eleitoral em, no mínimo, um terço dos Estados, e será acompanhado de:
I - cópia autêntica da ata da reunião de fundação do partido;
II - exemplares do *Diário Oficial* que publicou, no seu inteiro teor, o programa e o estatuto;
III - relação de todos os fundadores com o nome completo, naturalidade, número do *título eleitoral* com a Zona, Seção, Município e Estado, profissão e endereço da residência.

Res.-TSE nº 22.510/2007: impossibilidade de utilização de cédula de identidade em lugar do título eleitoral no procedimento de coleta de assinaturas de apoiamento para criação de partido político.

§1º O requerimento indicará o nome e função dos dirigentes provisórios e o endereço da *sede do partido* na Capital Federal.

Res.-TSE nº 22.316/2006: o endereço a ser indicado deve ser o da sede *nacional* do partido político na capital federal.
Res.-TSE nº 23.078/2009: "As comunicações telefônicas ou via fac-símile e correspondências oficiais do TSE aos partidos políticos deverão ser encaminhadas às suas respectivas sedes na capital federal".

§2º Satisfeitas as exigências deste artigo, o Oficial do Registro Civil efetua o registro no livro correspondente, expedindo certidão de inteiro teor.

§3º Adquirida a personalidade jurídica na forma deste artigo, o partido promove a obtenção do apoiamento mínimo de eleitores a que se refere o §1º do art. 7º e realiza os atos necessários para a constituição definitiva de seus órgãos e designação dos dirigentes, na forma do seu estatuto.

Art. 9º Feita a constituição e designação, referidas no §3º do artigo anterior, os dirigentes nacionais promoverão o registro do estatuto do partido junto ao Tribunal Superior Eleitoral, através de requerimento acompanhado de:
I - exemplar autenticado do inteiro teor do programa e do estatuto partidários, inscritos no Registro Civil;
II - certidão do Registro Civil da Pessoa Jurídica, a que se refere o §2º do artigo anterior;
III - certidões dos Cartórios Eleitorais que comprovem ter o partido obtido o apoiamento mínimo de eleitores a que se refere o §1º do art. 7º.
§1º A prova do apoiamento mínimo de eleitores é feita por meio de suas assinaturas, com menção ao número do respectivo *título eleitoral*, em listas organizadas para cada Zona, sendo a veracidade das respectivas assinaturas e o número dos títulos atestados pelo *Escrivão Eleitoral*.

> Lei nº 10.842/2004, art. 4º: as atribuições da escrivania eleitoral passaram a ser exercidas privativamente pelo chefe de cartório eleitoral.
> Dec.-TSE s/nº, de 9.9.97, na Pet nº 363: indefere pedido de reconhecimento, como válidas, de assinaturas de apoiamento de eleitores colhidas via Internet. Res.-TSE nº 22.553/2007: inadmissibilidade de encaminhamento de ficha de apoiamento de eleitores pela Internet, tendo em vista a exigência contida no art. 9º, §1º, da Lei nº 9.096/95. Res.-TSE nº 21.966/2004: "Partido político em processo de registro na Justiça Eleitoral tem direito de obter lista de eleitores, com os respectivos número do título e zona eleitoral". Res.-TSE nº 21.853/2004, sobre formulário para coleta de assinaturas: pode ser inserida frase no sentido de que a assinatura não representa filiação partidária; cidadão analfabeto pode manifestar apoio por meio de impressão digital, desde que identificado pelo nome, números de inscrição, zona e seção, município, unidade da Federação e data de emissão do título eleitoral; e possibilidade de conter campos para endereço e telefone.

§2º O *Escrivão Eleitoral* dá imediato recibo de cada lista que lhe for apresentada e, no prazo de quinze dias, lavra o seu atestado, devolvendo-a ao interessado.
§3º Protocolado o pedido de registro no Tribunal Superior Eleitoral, o processo respectivo, no prazo de quarenta e oito horas, é distribuído a um Relator, que, ouvida a Procuradoria-Geral, em dez dias, determina, em igual prazo, diligências para sanar eventuais falhas do processo.

§4º Se não houver diligências a determinar, ou após o seu atendimento, o Tribunal Superior Eleitoral registra o estatuto do partido, no prazo de trinta dias.

Art. 10. As alterações programáticas ou estatutárias, após registradas no Ofício Civil competente, devem ser encaminhadas, para o mesmo fim, ao Tribunal Superior Eleitoral.
Parágrafo único. O partido comunica à Justiça Eleitoral a constituição de seus órgãos de direção e os nomes dos respectivos integrantes, bem como as alterações que forem promovidas, para anotação: (*Acrescido pelo art. 1º da Lei nº 9.259/96*)

> Lei nº 9.259/96 art. 3º: dispõe que este parágrafo aplica-se a todas as alterações efetivadas a qualquer tempo, ainda que submetidas à Justiça Eleitoral na vigência da Lei nº 5.682/71.
>
> Res.-TSE nº 23.093/2009, que "Dispõe sobre o Sistema de Gerenciamento de Informações Partidárias (SGIP)", art. 5º, *caput*: previsão de módulo externo que permite aos partidos políticos remeterem à Justiça Eleitoral, pela Internet, dados referentes à constituição e às alterações dos órgãos de direção partidários, em qualquer âmbito, e ao credenciamento e descredenciamento de delegados perante a Justiça Eleitoral.

I - no Tribunal Superior Eleitoral, dos integrantes dos órgãos de âmbito nacional; (*Acrescido pelo art. 1º da Lei nº 9.259/96*)
II - nos Tribunais Regionais Eleitorais, dos integrantes dos órgãos de âmbito estadual, municipal ou zonal. (*Acrescido pelo art. 1º da Lei nº 9.259/96*)

Art. 11. O partido com registro no Tribunal Superior Eleitoral pode credenciar, respectivamente:
I - Delegados perante o Juiz Eleitoral;
II - Delegados perante o Tribunal Regional Eleitoral;
III - Delegados perante o Tribunal Superior Eleitoral.
Parágrafo único. Os Delegados credenciados pelo órgão de direção nacional representam o partido perante quaisquer Tribunais ou Juízes Eleitorais; os credenciados pelos órgãos estaduais, somente perante o Tribunal Regional Eleitoral e os Juízes Eleitorais do respectivo Estado, do Distrito Federal ou Território Federal; e os credenciados pelo órgão municipal, perante o Juiz Eleitoral da respectiva jurisdição.

Capítulo II
Do Funcionamento Parlamentar

Art. 12. O partido político funciona, nas Casas Legislativas, por intermédio de uma bancada, que deve constituir suas lideranças de acordo com o estatuto do partido, as disposições regimentais das respectivas Casas e as normas desta Lei.

Ac-STF, de 9.2.2000, na ADIn nº 1.363-7: constitucionalidade deste dispositivo.

Art. 13. Tem direito a funcionamento parlamentar, em todas as Casas Legislativas para as quais tenha elegido representante, o partido que, em cada eleição para a Câmara dos Deputados obtenha o apoio de, no mínimo, cinco por cento dos votos apurados, não computados os brancos e os nulos, distribuídos em, pelo menos, um terço dos Estados, com um mínimo de dois por cento do total de cada um deles.

Ac.-STF, de 7.12.2006, nas ADIn nºs 1.351 e 1.354: declara inconstitucional este artigo.

Res.-TSE nºs 22.132/2005 e 22.280/2006: a questão relativa ao funcionamento dos partidos não é matéria eleitoral.

Capítulo III
Do Programa e do Estatuto

Art. 14. Observadas as disposições constitucionais e as desta Lei, o partido é livre para fixar, em seu programa, seus objetivos políticos e para estabelecer, em seu estatuto, a sua estrutura interna, organização e funcionamento.

Art. 15. O estatuto do partido deve conter, entre outras, normas sobre:
I - nome, denominação abreviada e o estabelecimento da sede na Capital Federal;
II - filiação e desligamento de seus membros;
III - direitos e deveres dos filiados;
IV - modo como se organiza e administra, com a definição de sua estrutura geral e identificação, composição e competências dos órgãos partidários nos níveis municipal, estadual e nacional, duração dos mandatos e processo de eleição dos seus membros;
V - fidelidade e disciplina partidárias, processo para apuração das infrações e aplicação das penalidades, assegurado amplo direito de defesa;
VI - condições e forma de escolha de seus candidatos a cargos e funções eletivas;
VII - finanças e contabilidade, estabelecendo, inclusive, normas que os habilitem a apurar as quantias que os seus candidatos possam despender com a própria eleição, que fixem os limites das contribuições dos filiados e definam as diversas fontes de receita do partido, além daquelas previstas nesta Lei;

VIII - critérios de distribuição dos recursos do Fundo Partidário entre os órgãos de nível municipal, estadual e nacional que compõem o partido;

V. notas aos arts. 28, §3º, e 37, §2º, desta lei.

IX - procedimento de reforma do programa e do estatuto.

Art. 15-A. A responsabilidade, inclusive civil e trabalhista, cabe exclusivamente ao órgão partidário municipal, estadual ou nacional que tiver dado causa ao não cumprimento da obrigação, à violação de direito, a dano a outrem ou a qualquer ato ilícito, excluída a solidariedade de outros órgãos de direção partidária.[1] (*Acrescido pelo art. 1º da Lei nº 11.694/2008; redação dada pelo art. 2º da Lei nº 12.034/2009*)

Capítulo IV
Da Filiação Partidária

Res.-TSE nº 23.117/2009: "Dispõe sobre a filiação partidária, aprova nova sistemática destinada ao encaminhamento de dados pelos partidos à Justiça Eleitoral e dá outras providências".

Art. 16. Só pode filiar-se a partido o eleitor que estiver no pleno gozo de seus direitos políticos.

Lei nº 6.996/82, art. 7º, §2º, e Res.-TSE nº 21.538/2003, arts. 17, §1º, e 18, §5º: fornecimento de relações de eleitores aos partidos políticos nos dias 1º e 15 de cada mês, ou no primeiro dia útil seguinte, pelos cartórios eleitorais.

Vedações de atividade político-partidária: CF/88, arts. 142, §3º, V (militares); CF/88, art. 128, §5º, II, *e* (membros do Ministério Público); CF/88, art. 95, p. único, III (magistrados); CF/88, art. 73, §§3º e 4º (membros do TCU); LC nº 80/94, arts. 46, V, 91, V, e 130, V (membros da Defensoria Pública); CE/65, art. 366 (servidor da Justiça Eleitoral).

Res.-TSE nº 23.117/2009, art. 1º: a inelegibilidade não impede a filiação partidária. No mesmo sentido, Ac.-TSE nºs 23.351/2004, 22.014/2004 e 12.371/92.

Art. 17. Considera-se deferida, para todos os efeitos, a filiação partidária, com o atendimento das regras estatutárias do partido.

Parágrafo único. Deferida a filiação do eleitor, será entregue comprovante ao interessado, no modelo adotado pelo partido.

---

[1] Redação original: "Art. 15-A. A responsabilidade, inclusive civil, cabe exclusivamente ao órgão partidário municipal, estadual ou nacional que tiver dado causa ao não cumprimento da obrigação, à violação de direito, a dano a outrem ou a qualquer ato ilícito, excluída a solidariedade de outros órgãos de direção partidária".

Art. 18. Para concorrer a cargo eletivo, o eleitor deverá estar filiado ao respectivo partido pelo menos um ano antes da data fixada para as eleições, majoritárias ou proporcionais.

> Lei nº 9.504/97, art. 9º, *caput*; Res.-TSE nºs 19.978/97, 19.988/97, 20.539/99, 22.012/2005, 22.015/2005, 22.095/2005 e Ac-TSE, de 21.9.2006, no RO nº 993: prazo de filiação partidária igual ao de desincompatibilização para magistrados, membros dos tribunais de contas e do Ministério Público. Res.-TSE nº 22.088/2005: servidor da Justiça Eleitoral deve se exonerar para cumprir o prazo legal de filiação partidária, ainda que afastado do órgão de origem e pretenda concorrer em Estado diverso de seu domicílio profissional. Ac.-TSE nº 11.314/90 e Res.-TSE nº 21.787/2004: inexigência de prévia filiação partidária do militar da ativa, bastando o pedido de registro de candidatura após escolha em convenção partidária. Res.-TSE nºs 20.614/2000 e 20.615/2000: militar da reserva deve se filiar em 48 horas, ao passar para a inatividade, quando esta ocorrer após o prazo limite de filiação partidária, mas antes da escolha em convenção. Ac.-TSE, de 4.3.2008, no MS nº 3.709: observância do prazo mínimo de um ano de filiação partidária ainda que na renovação da eleição de que trata o art. 224 do CE/65.

Art. 19. Na *segunda semana* dos meses de abril e outubro de cada ano, o partido, por seus órgãos de direção municipais, regionais ou nacional, deverá remeter, aos Juízes Eleitorais, para arquivamento, publicação e cumprimento dos prazos de filiação partidária para efeito de candidatura a cargos eletivos, a relação dos nomes de todos os seus filiados, da qual constará a data de filiação, o número dos títulos eleitorais e das Seções em que estão inscritos.[2] (*Redação dada pelo art. 103 da Lei nº 9.504/97*)

> Res.-TSE nº 19.989/97: a relação de filiados aos partidos políticos deverá ser encaminhada à Justiça Eleitoral nos dias 8 a 14 dos meses de abril e outubro, durante expediente normal dos cartórios. Res.-TSE nºs 20.793/2001, 20.874/2001, 21.061/2002, 21.709/2004, 21.936/2004, 22.164/2006 e Prov.-CGE nº 7/2007: prorrogação do prazo quando o termo inicial ou final recair em dia não útil.
>
> Súm.-TSE nº 20/2000: "A falta do nome do filiado ao partido na lista por este encaminhada à Justiça Eleitoral, nos termos do art. 19 da Lei nº 9.096, de 19.9.95, pode ser suprida por outros elementos de prova de oportuna filiação".

---

[2] Redação original: "Art. 19. Na primeira semana dos meses de maio e dezembro de cada ano, o partido envia, aos Juízes Eleitorais, para arquivamento, publicação e cumprimento dos prazos de filiação partidária para efeito de candidatura a cargos eletivos, a relação dos nomes de todos os seus filiados, da qual constará o número dos títulos eleitorais e das seções em que são inscritos".

Ac.-TSE, de 21.8.2008, no REspe nº 28.988: "A ficha de filiação partidária não substitui a relação de filiados encaminhada pelo partido político ao juízo eleitoral".

§1º Se a relação não é remetida nos prazos mencionados neste artigo, permanece inalterada a filiação de todos os eleitores, constante da relação remetida anteriormente.

§2º Os prejudicados por desídia ou má-fé poderão requerer, diretamente à Justiça Eleitoral, a observância do que prescreve o *caput* deste artigo.

> Prov.-CGE nº 4/2005: "Estabelece a forma de controle de processamento de listas especiais" decorrentes deste dispositivo.

§3º Os órgãos de direção nacional dos partidos políticos terão pleno acesso às informações de seus filiados constantes do cadastro eleitoral. (*Acrescido pelo art. 2º da Lei nº 12.034/2009*)

> Res.-TSE nº 21.538/2003, art. 29: disciplina o acesso ao cadastro eleitoral.

Art. 20. É facultado ao partido político estabelecer, em seu estatuto, prazos de filiação partidária superiores aos previstos nesta Lei, com vistas à candidatura a cargos eletivos.
Parágrafo único. Os prazos de filiação partidária, fixados no estatuto do partido, com vistas à candidatura a cargos eletivos, não podem ser alterados no ano da eleição.

Art. 21. Para desligar-se do partido, o filiado faz comunicação escrita ao órgão de direção municipal e ao Juiz Eleitoral da Zona em que for inscrito.

> Res.-TSE nº 23.117/2009, art. 13, §5º: comunicação apenas ao juiz da zona eleitoral em que inscrito o filiado na hipótese de inexistência de órgão municipal ou comprovada impossibilidade de localização do representante do partido político.

Parágrafo único. Decorridos dois dias da data da entrega da comunicação, o vínculo torna-se extinto, para todos os efeitos.

Art. 22. O cancelamento imediato da filiação partidária verifica-se nos casos de:
I - morte;
II - perda dos direitos políticos;
III - expulsão;
IV - outras formas previstas no estatuto, com comunicação obrigatória ao atingido no prazo de quarenta e oito horas da decisão.

Parágrafo único. Quem se filia a outro partido deve fazer comunicação ao partido e ao Juiz de sua respectiva Zona Eleitoral, para cancelar sua filiação; se não o fizer no dia imediato ao da nova filiação, *fica configurada dupla filiação, sendo ambas consideradas nulas para todos os efeitos.*

CE/65, art. 320.
Ac.-STF, de 24.2.2005, na ADIn nº 1.465: constitucionalidade do trecho grifado.
Ac.-TSE, de 26.5.2009, no AI nº 10.745; de 5.2.2009, no REspe nº 32.726; de 17.10.2006, no RO nº 1.195 e Ac.-TSE nºs 22.375/2004 e 22.132/2004: havendo o candidato feito comunicação de sua desfiliação à Justiça Eleitoral e à agremiação partidária antes do envio das listas a que se refere o art. 19 da Lei nº 9.096/95, não há falar em dupla filiação.
Ac.-TSE, de 3.10.2006, no REspe nº 26.433: a finalidade deste artigo é impedir que a dupla filiação desvirtue o certame eleitoral e não de assegurar ao eleitor maior leque de opções quanto ao seu voto.
Prov.-CGE nº 10/2009, art. 5º: "Aplicar-se-á às decisões proferidas pelos juízos eleitorais nos processos de duplicidade de filiação partidária, em matéria recursal, no que couber, o disposto nos arts. 257 e seguintes do Código Eleitoral".

Capítulo V
Da Fidelidade e da Disciplina Partidárias

Art. 23. A responsabilidade por violação dos deveres partidários deve ser apurada e punida pelo competente órgão, na conformidade do que disponha o estatuto de cada partido.
§1º Filiado algum pode sofrer medida disciplinar ou punição por conduta que não esteja tipificada no estatuto do partido político.
§2º Ao acusado é assegurado amplo direito de defesa.

Art. 24. Na Casa Legislativa, o integrante da bancada de partido deve subordinar sua ação parlamentar aos princípios doutrinários e programáticos e às diretrizes estabelecidas pelos órgãos de direção partidários, na forma do estatuto.

Art. 25. O estatuto do partido poderá estabelecer, além das medidas disciplinares básicas de caráter partidário, normas sobre penalidades, inclusive com desligamento temporário da bancada, suspensão do direito de voto nas reuniões internas ou perda de todas as prerrogativas, cargos e funções que exerça em decorrência da representação e da proporção partidária, na respectiva Casa Legislativa, ao parlamentar que se opuser, pela atitude ou pelo voto, às diretrizes legitimamente estabelecidas pelos órgãos partidários.

Art. 26. Perde automaticamente a função ou cargo que exerça, na respectiva Casa Legislativa, em virtude da proporção partidária, o parlamentar que deixar o partido sob cuja legenda tenha sido eleito.

> Res.-TSE nº 22.526/2007: preservação, pelos partidos políticos e coligações partidárias, do direito à vaga obtida pelo sistema proporcional na hipótese de pedido de cancelamento de filiação ou de transferência do candidato eleito para agremiação partidária diversa. Res.-TSE nºs 22.563/2007 e 22.580/2007: preservação da vaga, também, no caso de transferência para agremiação partidária integrante da coligação pela qual o candidato elegeu-se. Res.-TSE nº 22.600/2007: entendimento aplicável às vagas obtidas pelo sistema majoritário.
>
> Res.-TSE nº 22.610/2007: regulamentação dos processos de perda de cargo eletivo e de justificação de desfiliação partidária. Ac.-STF, de 12.11.2008, nas ADIn nºs 3.999 e 4.086 e Ac.-TSE, de 11.10.2008, na AC nº 2.424: constitucionalidade da citada resolução.

Capítulo VI
Da Fusão, Incorporação e Extinção dos Partidos Políticos

Art. 27. Fica cancelado, junto ao Ofício Civil e ao Tribunal Superior Eleitoral, o registro do partido que, na forma de seu estatuto, se dissolva, se incorpore ou venha a se fundir a outro.

Art. 28. O Tribunal Superior Eleitoral, após trânsito em julgado de decisão, determina o cancelamento do registro civil e do estatuto do partido contra o qual fique provado:
I - ter recebido ou estar recebendo recursos financeiros de procedência estrangeira;
II - estar subordinado a entidade ou governo estrangeiros;
III - não ter prestado, nos termos desta Lei, as devidas contas à Justiça Eleitoral;

> Res.-TSE nº 20.679/2000: a não prestação de contas pelos órgãos partidários regionais ou municipais não implica o seu cancelamento.

IV - que mantém organização paramilitar.
§1º A decisão judicial a que se refere este artigo deve ser precedida de processo regular, que assegure ampla defesa.
§2º O processo de cancelamento é iniciado pelo Tribunal à vista de denúncia de qualquer eleitor, de representante de partido, ou de representação do Procurador-Geral Eleitoral.
§3º O partido político, em nível nacional, não sofrerá a suspensão das cotas do Fundo Partidário, nem qualquer outra punição como consequência de

atos praticados por órgãos regionais ou municipais. (*Acrescido pelo art. 2º da Lei nº 9.693/98*)

> Res.-TSE nº 22.090/2005: o diretório regional ou municipal diretamente beneficiado por conduta vedada pelo art. 73 da Lei nº 9.504/97 será excluído da distribuição de recursos de multas dela oriundas, cuja importância será decotada do diretório nacional, e sucessivamente dos órgãos inferiores, de modo a atingir o órgão partidário efetivamente responsável.

§4º Despesas realizadas por órgãos partidários municipais ou estaduais ou por candidatos majoritários nas respectivas circunscrições devem ser assumidas e pagas exclusivamente pela esfera partidária correspondente, salvo acordo expresso com órgão de outra esfera partidária. (*Acrescido pelo art. 2º da Lei nº 12.034/2009*)

§5º Em caso de não pagamento, as despesas não poderão ser cobradas judicialmente dos órgãos superiores dos partidos políticos, recaindo eventual penhora exclusivamente sobre o órgão partidário que contraiu a dívida executada. (*Acrescido pelo art. 2º da Lei nº 12.034/2009*)

§6º O disposto no inciso III do *caput* refere-se apenas aos órgãos nacionais dos partidos políticos que deixarem de prestar contas ao Tribunal Superior Eleitoral, não ocorrendo o cancelamento do registro civil e do estatuto do partido quando a omissão for dos órgãos partidários regionais ou municipais. (*Acrescido pelo art. 2º da Lei nº 12.034/2009*)

Art. 29. Por decisão de seus órgãos nacionais de deliberação, dois ou mais partidos poderão fundir-se num só ou incorporar-se um ao outro.
§1º No primeiro caso, observar-se-ão as seguintes normas:
I - os órgãos de direção dos partidos elaborarão projetos comuns de estatuto e programa;
II - os órgãos nacionais de deliberação dos partidos em processo de fusão votarão em reunião conjunta, por maioria absoluta, os projetos, e elegerão o órgão de direção nacional que promoverá o registro do novo partido.
§2º No caso de incorporação, observada a lei civil, caberá ao partido incorporando deliberar por maioria absoluta de votos, em seu órgão nacional de deliberação, sobre a adoção do estatuto e do programa de outra agremiação.
§3º Adotados o estatuto e o programa do partido incorporador, realizar-se-á, em reunião conjunta dos órgãos nacionais de deliberação, a eleição do novo órgão de direção nacional.
§4º Na hipótese de fusão, a existência legal do novo partido tem início com o registro, no Ofício Civil competente da Capital Federal, do estatuto e do programa, cujo requerimento deve ser acompanhado das atas das decisões dos órgãos competentes.

§5º No caso de incorporação, o instrumento respectivo deve ser levado ao Ofício Civil competente, que deve, então, cancelar o registro do partido incorporado a outro.

§6º Havendo fusão ou incorporação de partidos, os votos obtidos por eles, na última eleição geral para a Câmara dos Deputados, devem ser somados para efeito do *funcionamento parlamentar, nos termos do art. 13*, da distribuição dos recursos do Fundo Partidário e do acesso gratuito ao rádio e à televisão.

Res.-TSE nº 22.592/2007: o partido incorporador tem direito à percepção das cotas do Fundo Partidário devidas ao partido incorporado, anteriores à averbação do registro no TSE.

§7º O novo estatuto ou instrumento de incorporação deve ser levado a registro e averbado, respectivamente, no Ofício Civil e no Tribunal Superior Eleitoral.

Título III
Das finanças e contabilidade dos partidos

Capítulo I
Da Prestação de Contas

Res.-TSE nº 21.841/2004, alterada pelas Res.-TSE nºs 22.067/2005 e 22.655/2007: "Disciplina a prestação de contas dos partidos políticos e a Tomada de Contas Especial".

Port. Conjunta-TSE/SRF nº 74/2006: "Dispõe sobre o intercâmbio de informações entre o Tribunal Superior Eleitoral e a Secretaria da Receita Federal e dá outras providências", abrangendo informações relativas à prestação de contas de candidatos e de comitês financeiros de partidos políticos (art. 1º, *caput*) e à prestação anual de contas dos partidos políticos (art. 1º, §1º); prevê a possibilidade de qualquer cidadão apresentar denúncia à SRF sobre uso indevido de recursos, financeiros ou não, em campanha eleitoral ou nas atividades dos partidos políticos (art. 2º) e a verificação do cometimento de ilícitos tributários (art. 3º) e a informação ao TSE de qualquer infração tributária detectada (art. 4º, *caput*) e ao disposto nos arts. 23, 27 e 81 da Lei nº 9.504/97 (art. 4º, p. único).

Res.-TSE nº 22.654/2007: inexistência de prazo para a Justiça Eleitoral julgar prestação de contas de partido político.

Art. 30. O partido político, através de seus órgãos nacionais, regionais e municipais, deve manter escrituração contábil, de forma a permitir o conhecimento da origem de suas receitas e a destinação de suas despesas.

Art. 31. É vedado ao partido receber, direta ou indiretamente, sob qualquer forma ou pretexto, contribuição ou auxílio pecuniário ou estimável em dinheiro, inclusive através de publicidade de qualquer espécie, procedente de:

Lei nº 9.504/97, art. 24: doações vedadas a partido e candidato para campanhas eleitorais.

I - entidade ou governo estrangeiros;

CF/88, art. 17, II.

II - *autoridade* ou órgãos públicos, ressalvadas as dotações referidas no art. 38;

Res.-TSE nº 21.841/2004, art. 5º, §1º: a vedação não alcança os agentes políticos e os servidores públicos filiados a partidos políticos, investidos em cargos, funções, mandatos, comissões, por nomeação, eleição, designação ou delegação para o exercício de atribuições constitucionais. V., contudo, Res.-TSE nº 22.025/2005: "(...) Incide a vedação do inciso II do art. 31 da Lei nº 9.096/95, relativamente à contribuição de detentor de cargo ou função de confiança, calculada em percentagem sobre a remuneração percebida e recolhida ao Partido mediante consignação em folha de pagamento". V., ainda, Res.-TSE nº 23.077/2009: fixação de critérios de contribuição em observância à Res.-TSE nº 22.585/2007, que estabelece vedação aos titulares de cargos demissíveis *ad nutum* que ostentem a condição de autoridade.

III - autarquias, empresas públicas ou concessionárias de serviços públicos, sociedades de economia mista e *fundações instituídas em virtude de lei* e para cujos recursos concorram órgãos ou entidades governamentais;

Res.-TSE nº 21.841/2004, art. 5º, §2º: "As fundações mencionadas no inciso III abrangem o instituto ou a fundação de pesquisa e de doutrinação e educação política de que trata o art. 44, inciso IV, Lei nº 9.096/95". V., contudo, Ac.-TSE, de 9.2.2006, no REspe nº 25.559: "O que se contém no inciso III do art. 31 da Lei nº 9.096/95, quanto às fundações, há de ser observado consideradas as fundações de natureza pública".

IV - entidade de classe ou sindical.

Art. 32. O partido está obrigado a enviar, anualmente, à Justiça Eleitoral, o balanço contábil do exercício findo, até o dia 30 de abril do ano seguinte. §1º O balanço contábil do órgão nacional será enviado ao Tribunal Superior Eleitoral, o *dos órgãos estaduais aos Tribunais Regionais Eleitorais* e o dos órgãos municipais aos Juízes Eleitorais.

Ac.-TSE, de 8.5.2007, no REspe nº 27.934: competência originária dos tribunais regionais eleitorais para julgar as prestações de contas de diretório regional de partido político.

§2º A Justiça Eleitoral determina, imediatamente, a publicação dos balanços na imprensa oficial, e, onde ela não exista, procede à afixação dos mesmos no Cartório Eleitoral.
§3º No ano em que ocorrem eleições, o partido deve enviar balancetes mensais à Justiça Eleitoral, durante os quatro meses anteriores e os dois meses posteriores ao pleito.

Art. 33. Os balanços devem conter, entre outros, os seguintes itens:
I - discriminação dos valores e destinação dos recursos oriundos do Fundo Partidário;
II - origem e valor das contribuições e doações;
III - despesas de caráter eleitoral, com a especificação e comprovação dos gastos com programas no rádio e televisão, comitês, propaganda, publicações, comícios, e demais atividades de campanha;
IV - discriminação detalhada das receitas e despesas.

Art. 34. A Justiça Eleitoral exerce a fiscalização sobre a escrituração contábil e a prestação de contas do partido e das despesas de campanha eleitoral, devendo atestar se elas refletem adequadamente a real movimentação financeira, os dispêndios e recursos aplicados nas campanhas eleitorais, exigindo a observação das seguintes normas:
I - obrigatoriedade de constituição de comitês e designação de dirigentes partidários específicos, para movimentar recursos financeiros nas campanhas eleitorais;

> Lei nº 9.504/97, art. 19: prazo para a constituição de comitês; art. 20: administração financeira da campanha eleitoral feita pelo próprio candidato.
> IN Conjunta-TSE/RFB nº 1.019/2010: "Dispõe sobre atos, perante o Cadastro Nacional da Pessoa Jurídica (CNPJ), dos comitês financeiros de partidos políticos e de candidatos a cargos eletivos, inclusive vices e suplentes".

II - caracterização da responsabilidade dos dirigentes do partido e comitês, inclusive do Tesoureiro, que responderão, civil e criminalmente, por quaisquer irregularidades;
III - escrituração contábil, com documentação que comprove a entrada e saída de dinheiro ou de bens recebidos e aplicados;
IV - obrigatoriedade de ser conservada pelo partido a documentação comprobatória de suas prestações de contas, por prazo não inferior a cinco anos;
V - obrigatoriedade de prestação de contas, pelo partido político, seus comitês e candidatos, no encerramento da campanha eleitoral, com o recolhimento imediato à tesouraria do partido dos saldos financeiros eventualmente apurados.

> Lei nº 9.504/97, art. 31: sobras de recursos financeiros de campanha.

Parágrafo único. Para efetuar os exames necessários ao atendimento do disposto no *caput*, a Justiça Eleitoral pode requisitar técnicos do Tribunal de Contas da União ou dos Estados, pelo tempo que for necessário.

Art. 35. O Tribunal Superior Eleitoral e os Tribunais Regionais Eleitorais, à vista de denúncia fundamentada de filiado ou Delegado de partido, de representação do Procurador-Geral ou Regional ou de iniciativa do Corregedor, determinarão o exame da escrituração do partido e a apuração de qualquer ato que viole as prescrições legais ou estatutárias a que, em matéria financeira, aquele ou seus filiados estejam sujeitos, podendo, inclusive, determinar a quebra de sigilo bancário das contas dos partidos para o esclarecimento ou apuração de fatos vinculados à denúncia.

> Port. Conjunta-TSE/SRF nº 74/2006, arts. 2º, 3º e 4º: possibilidade de qualquer cidadão apresentar denúncia à Receita Federal do Brasil sobre uso indevido de recursos, financeiros ou não, em campanha eleitoral ou nas atividades dos partidos políticos; verificação do cometimento de ilícitos tributários e informação ao TSE de qualquer infração tributária detectada e ao disposto nos arts. 23, 27 e 81 da Lei nº 9.504/97.
>
> Ac.-TSE, de 14.8.2007, no REspe nº 27.858: "(...) Não cabe recurso especial contra ato de Tribunal Regional Eleitoral que, em face de representação do Ministério Público Eleitoral fundada nos arts. 35 da Lei nº 9.096/95 e 25 da Res.-TSE nº 21.841/2004, determina a realização de auditoria extraordinária nas contas de partido político".

Parágrafo único. O partido pode examinar, na Justiça Eleitoral, as prestações de contas mensais ou anuais dos demais partidos, quinze dias após a publicação dos balanços financeiros, aberto o prazo de cinco dias para impugná-las, podendo, ainda, relatar fatos, indicar provas e pedir abertura de investigação para apurar qualquer ato que viole as prescrições legais ou estatutárias a que, em matéria financeira, os partidos e seus filiados estejam sujeitos.

> Ac.-TSE, de 11.4.2006, no RMS nº 426: o presente dispositivo aplica-se tão somente à prestação de contas dos partidos políticos, sendo a prestação de contas da campanha eleitoral regulada pelos arts. 28 e seguintes da Lei nº 9.504/97.

Art. 36. Constatada a violação de normas legais ou estatutárias, ficará o partido sujeito às seguintes sanções:
I - no caso de recursos de origem não mencionada ou esclarecida, fica suspenso o recebimento das quotas do Fundo Partidário até que o esclarecimento seja aceito pela Justiça Eleitoral;
II - no caso de recebimento de recursos mencionados no art. 31, fica suspensa a participação no Fundo Partidário por um ano;

III - no caso de recebimento de doações cujo valor ultrapasse os limites previstos no art. 39, §4º, fica suspensa por dois anos a participação no Fundo Partidário e será aplicada ao partido multa correspondente ao valor que exceder aos limites fixados.

O §4º mencionado foi revogado pelo art. 107 da Lei nº 9.504/97.

Art. 37. A falta de prestação de contas ou sua desaprovação total ou parcial implica a suspensão de novas cotas do Fundo Partidário e sujeita os responsáveis às penas da lei.[3] (*Redação dada pelo art. 3º da Lei nº 9.693/98*)
§1º A Justiça Eleitoral pode determinar diligências necessárias à complementação de informações ou ao saneamento de irregularidades encontradas nas contas dos órgãos de direção partidária ou de candidatos.[4] (*Renumerado pelo art. 3º da Lei nº 9.693/98*)

> Lei nº 9.504/97, art. 25: perda do direito ao recebimento da cota do Fundo Partidário do ano seguinte ao partido que descumprir as normas referentes à arrecadação e aplicação de recursos fixadas naquela lei.

§2º A sanção a que se refere o *caput* será aplicada exclusivamente à esfera partidária responsável pela irregularidade. (*Acrescido pelo art. 3º da Lei nº 9.693/98*)

> Res.-TSE nº 21.841/2004, art. 29: procedimentos em caso de suspensão de cotas do Fundo Partidário. Res.-TSE nº 21.797/2004: cabe ao diretório nacional, recebida a comunicação, deixar de repassar ao diretório regional a respectiva cota do Fundo Partidário, independentemente de tomada de contas especial. Res.-TSE nº 22.626/2007: "A suspensão dos repasses dos valores relativos ao Fundo Partidário pelo diretório nacional ao ente regional deve ocorrer a partir da publicação da decisão regional que rejeitou as referidas contas".
> V. art. 15-A desta lei.

§3º A sanção de suspensão do repasse de novas quotas do Fundo Partidário, por desaprovação total ou parcial da prestação de contas de partido, deverá ser aplicada de forma proporcional e razoável, pelo período de 1 (um) mês

---

[3] Redação original: "Art. 37. A falta de prestação de contas ou sua desaprovação total ou parcial, implica a suspensão de novas quotas do fundo partidário e sujeita os responsáveis às penas da lei, cabíveis na espécie, aplicado também o disposto no art. 28".

[4] Redação original: "Parágrafo único. A Justiça Eleitoral pode determinar diligências necessárias à complementação de informações ou ao saneamento de irregularidades encontradas nas contas dos órgãos de direção partidária ou de candidatos".

a 12 (doze) meses, ou por meio do desconto, do valor a ser repassado, da importância apontada como irregular, não podendo ser aplicada a sanção de suspensão, caso a prestação de contas não seja julgada, pelo juízo ou tribunal competente, após 5 (cinco) anos de sua apresentação. (*Acrescido pelo art. 2º da Lei nº 12.034/2009*)

> Ac.-TSE, de 15.9.2010, na Pet nº 1.680: "a aplicação da sanção ao partido deve ser proporcional e razoável, levando-se em conta a gravidade das irregularidades constatadas na prestação de contas". Lei nº 9.504/97, art. 25, p. único: dispositivo de teor semelhante, relativo à prestação de contas de candidato.

§4º Da decisão que desaprovar total ou parcialmente a prestação de contas dos órgãos partidários caberá recurso para os Tribunais Regionais Eleitorais ou para o Tribunal Superior Eleitoral, conforme o caso, o qual deverá ser recebido com efeito suspensivo. (*Acrescido pelo art. 2º da Lei nº 12.034/2009*)
§5º As prestações de contas desaprovadas pelos Tribunais Regionais e pelo Tribunal Superior poderão ser revistas para fins de aplicação proporcional da sanção aplicada, mediante requerimento ofertado nos autos da prestação de contas. (*Acrescido pelo art. 2º da Lei nº 12.034/2009*)

> Ac.-TSE, de 30.3.2010, no AgR-Pet nº 1.616: irretroatividade do disposto neste parágrafo, na redação dada pela Lei nº 12.034/2009

§6º O exame da prestação de contas dos órgãos partidários tem caráter jurisdicional. (*Acrescido pelo art. 2º da Lei nº 12.034/2009*)

Capítulo II
Do Fundo Partidário

> Res.-TSE nº 21.875/2004: "Regulamenta o recolhimento do percentual de participação de institutos ou fundações de pesquisa e de doutrinação e educação política nas verbas do Fundo Partidário". Res.-TSE nº 21.975/2004: "Disciplina o recolhimento e a cobrança das multas previstas no Código Eleitoral e leis conexas e a distribuição do Fundo Especial de Assistência Financeira aos Partidos Políticos (Fundo Partidário)", Port.-TSE nº 288/2005: "Estabelece normas e procedimentos visando à arrecadação, recolhimento e cobrança das multas previstas no Código Eleitoral e leis conexas, e à utilização da Guia de Recolhimento da União (GRU)" e Res.-TSE nº 21.841/2004, alterada pelas Res.-TSE nºs 22.067/2005 e 22.655/2007: "Disciplina a prestação de contas dos partidos políticos e a Tomada de Contas Especial".
> Res.-TSE nºs 22.489/2006, 22.629/2007 e 19.982/97: impossibilidade de o TSE efetuar o bloqueio de cotas do Fundo Partidário em razão de ordem de penhora. Res.-TSE nº 22.737/2008: competência do juiz

da execução para determinar a penhora de valores depositados em conta bancária de partido político, podendo o TSE fornecer o número da conta respectiva mediante pedido dirigido à diretoria-geral da secretaria da Corte.

Art. 38. O Fundo Especial de Assistência Financeira aos Partidos Políticos (Fundo Partidário) é constituído por:

> Res.-TSE nº 23.126/2009: os recursos recebidos pelos partidos políticos oriundos de fontes não identificadas devem ser recolhidos ao Fundo Partidário mediante Guia de Recolhimento da União (GRU), nos termos da Res.-TSE nº 21.975/2004 e Port.-TSE nº 288/2005.

I - multas e penalidades pecuniárias aplicadas nos termos do Código Eleitoral e leis conexas;
II - recursos financeiros que lhe forem destinados por lei, em caráter permanente ou eventual;
III - doações de pessoa física ou jurídica, efetuadas por intermédio de depósitos bancários diretamente na conta do Fundo Partidário;
IV - dotações orçamentárias da União em valor nunca inferior, cada ano, ao número de eleitores inscritos em 31 de dezembro do ano anterior ao da proposta orçamentária, multiplicados por trinta e cinco centavos de real, em valores de agosto de 1995.
§1º (Vetado.)
§2º (Vetado.)

Art. 39. Ressalvado o disposto no art. 31, o partido político pode receber doações de pessoas físicas e jurídicas para constituição de seus fundos.

> Res.-TSE nº 23.086/2009: "O Partido pode receber doações de pessoas físicas ou jurídicas para financiar a propaganda intrapartidária, bem como para a realização das prévias partidárias (...)". Restrição, contudo, no tocante ao postulante a cargo eletivo.

§1º As doações de que trata este artigo podem ser feitas diretamente aos órgãos de direção nacional, estadual e municipal, que remeterão, à Justiça Eleitoral e aos órgãos hierarquicamente superiores do partido, o demonstrativo de seu recebimento e respectiva destinação, juntamente com o balanço contábil.
§2º Outras doações, quaisquer que sejam, devem ser lançadas na contabilidade do partido, definidos seus valores em moeda corrente.
§3º As doações em recursos financeiros devem ser, obrigatoriamente, efetuadas por cheque cruzado em nome do partido político ou por depósito bancário diretamente na conta do partido político.

§4º (Revogado pelo art. 107 da Lei nº 9.504/97)⁵

§5º Em ano eleitoral, os partidos políticos poderão aplicar ou distribuir pelas diversas eleições os recursos financeiros recebidos de pessoas físicas e jurídicas, observando-se o disposto no §1º do art. 23, no art. 24 e no §1º do art. 81 da Lei nº 9.504, de 30 de setembro de 1997, e os critérios definidos pelos respectivos órgãos de direção e pelas normas estatutárias. (Acrescido pelo art. 2º da Lei nº 12.034/2009)

Art. 40. A previsão orçamentária de recursos para o Fundo Partidário deve ser consignada, no Anexo do Poder Judiciário, ao Tribunal Superior Eleitoral.

§1º O Tesouro Nacional depositará, mensalmente, os duodécimos no Banco do Brasil, em conta especial à disposição do Tribunal Superior Eleitoral.

§2º Na mesma conta especial serão depositadas as quantias arrecadadas pela aplicação de multas e outras penalidades pecuniárias, previstas na legislação eleitoral.

Art. 41. O Tribunal Superior Eleitoral, dentro de cinco dias, a contar da data do depósito a que se refere o §1º do artigo anterior, fará a respectiva distribuição aos órgãos nacionais dos partidos, *obedecendo aos seguintes critérios:*

Ac.-STF, de 7.12.2006, nas ADIn nºs 1.351 e 1.354: declara inconstitucional a expressão grifada.
V. art. 41-A desta lei, acrescido pela Lei nº 11.459/2007: estabelece critérios para distribuição do Fundo Partidário.
V. segunda nota aos arts. 28, §3º, desta lei.

I - um por cento do total do Fundo Partidário será destacado para entrega, em partes iguais, a todos os partidos que tenham seus estatutos registrados no Tribunal Superior Eleitoral;

Ac.-STF, de 7.12.2006, nas ADIn nºs 1.351 e 1.354: declara inconstitucional este inciso.

II - noventa e nove por cento do total do Fundo Partidário serão distribuídos aos partidos que tenham preenchido as condições do art. 13, na proporção dos votos obtidos na última eleição geral para a Câmara dos Deputados.

---

5   Redação original: "§4º O valor das doações feitas a partido político, por pessoa jurídica, limita-se à importância máxima calculada sobre o total das dotações previstas no inciso IV do artigo anterior, corrigida até o mês em que se efetuar a doação, obedecidos os seguintes percentuais:
   I - para órgãos de direção nacional: até dois décimos por cento;
   II - para órgãos de direção regional e municipal: até dois centésimos por cento."

Ac.-STF, de 7.12.2006, nas ADIn nºs 1.351 e 1.354: declara inconstitucional este inciso.

Art. 41-A. 5% (cinco por cento) do total do Fundo Partidário serão destacados para entrega, em partes iguais, a todos os partidos que tenham seus estatutos registrados no Tribunal Superior Eleitoral e 95% (noventa e cinco por cento) do total do Fundo Partidário serão distribuídos a eles na proporção dos votos obtidos na última eleição geral para a Câmara dos Deputados. (*Acrescido pelo art. 1º da Lei nº 11.459/2007*)

Art. 42. Em caso de cancelamento ou caducidade do órgão de direção nacional do partido, reverterá ao Fundo Partidário a quota que a este caberia.

Art. 43. Os depósitos e movimentações dos recursos oriundos do Fundo Partidário serão feitos em estabelecimentos bancários controlados pelo Poder Público Federal, pelo Poder Público Estadual ou, inexistindo estes, no banco escolhido pelo órgão diretivo do partido.

Art. 44. Os recursos oriundos do Fundo Partidário serão aplicados:
I - na manutenção das sedes e serviços do partido, permitido o pagamento de pessoal, a qualquer título, observado neste último caso o limite máximo de 50% (cinquenta por cento) do total recebido;[6] (*Redação dada pelo art. 2º da Lei nº 12.034/2009*)

> Ac.-TSE, de 30.3.2010, no RMS nº 712: "o não cumprimento dessa regra, por si só, não implica automática rejeição das contas de agremiação político-partidária, ainda mais quando demonstrada a inocorrência da má-fé e desídia."
> Ac.-TSE, de 30.3.2010, na Pet nº 1.831: O pagamento de juros e multas decorre do inadimplemento de uma obrigação, não se incluindo entre as despesas destinadas à manutenção das sedes e serviços do partido, autorizadas por este inciso.
> Res.-TSE nº 21.837/2004: possibilidade de utilização de recursos do Fundo Partidário na aquisição de bens mobiliários, computadores, impressoras, *softwares* e veículos automotivos.
> Res.-TSE nº 22.224/2006: o partido político não pode arcar e contabilizar a favor do diretório nacional as despesas com pagamento de pessoal de seus diretórios estaduais efetuadas com verbas do Fundo Partidário.
> Res.-TSE nº 23.086/2009: a destinação de verbas do Fundo Partidária prevista neste inciso estende-se às despesas congêneres efetuadas pelo partido político na propaganda intrapartidária (prévias partidárias).

---

[6] Redação original: "I - na manutenção das sedes e serviços do partido, permitido o pagamento de pessoal, a qualquer título, este último até o limite máximo de vinte por cento do total recebido."

II - na propaganda doutrinária e política;
III - no alistamento e campanhas eleitorais;
IV - na criação e manutenção de *instituto* ou fundação de pesquisa e de doutrinação e educação política, sendo esta aplicação de, no mínimo, vinte por cento do total recebido;

> Res.-TSE nº 21.875/2004: "Regulamenta o recolhimento do percentual de participação de institutos ou fundações de pesquisa e de doutrinação e educação política nas verbas do Fundo Partidário".
> Res.-TSE nº 22.226/2006: "As fundações criadas devem ter a forma de pessoa jurídica de direito privado (art. 1º da Res.-TSE nº 22.121, de 9.12.2005)"; a execução dos programas de divulgação da linha programática partidária é matéria *interna corporis* dos partidos políticos.

V - na criação e manutenção de programas de promoção e difusão da participação política das mulheres conforme percentual que será fixado pelo órgão nacional de direção partidária, observado o mínimo de 5% (cinco por cento) do total. (*Acrescido pelo art. 2º da Lei nº 12.034/2009*)

V. art. 45, IV, desta lei.

§1º Na prestação de contas dos órgãos de direção partidária de qualquer nível devem ser discriminadas as despesas realizadas com recursos do Fundo Partidário, de modo a permitir o controle da Justiça Eleitoral sobre o cumprimento do disposto nos incisos I e IV deste artigo.
§2º A Justiça Eleitoral pode, a qualquer tempo, investigar sobre a aplicação de recursos oriundos do Fundo Partidário.
§3º Os recursos de que trata este artigo não estão sujeitos ao regime da Lei nº 8.666, de 21 de junho de 1993. (*Acrescido pelo art. 104 da Lei nº 9.504/97*)
§4º Não se incluem no cômputo do percentual previsto no inciso I deste artigo encargos e tributos de qualquer natureza. (*Acrescido pelo art. 2º da Lei nº 12.034/2009*)
§5º O partido que não cumprir o disposto no inciso V do *caput* deste artigo deverá, no ano subsequente, acrescer o percentual de 2,5% (dois inteiros e cinco décimos por cento) do Fundo Partidário para essa destinação, ficando impedido de utilizá-lo para finalidade diversa. (*Acrescido pelo art. 2º da Lei nº 12.034/2009*)

Título IV
Do Acesso Gratuito ao Rádio e à Televisão

> Res.-TSE nº 20.034/97, alterada pelas Res.-TSE nºs 20.086/97, 20.400/98, 20.479/99, 20.822/2001, 20.849/2001, 22.503/2006 e 22.696/2008: instruções para o acesso gratuito ao rádio e à televisão pelos partidos políticos.

Res.-TSE nº 21.983/2005: possibilidade da realização de propaganda partidária por meio de mídia impressa ou *outdoor*.
Res.-TSE nº 23.086/2009, que dispõe sobre a propaganda intrapartidária (prévias partidárias) visando escolha de candidatos em convenção: "(...) A divulgação das prévias não pode revestir caráter de propaganda eleitoral antecipada, razão pela qual se limita a consulta de opinião dentro do partido. 1) A divulgação das prévias por meio de página na Internet extrapola o limite interno do partido e, por conseguinte, compromete a fiscalização, pela Justiça Eleitoral, do seu alcance. 2) Tendo em vista a restrição de que a divulgação das prévias não pode ultrapassar o âmbito intrapartidário, as mensagens eletrônicas são permitidas apenas aos filiados do partido. 3) Nos termos do art. 36, §3º da Lei nº 9.504/97, que pode ser estendido por analogia às prévias, não se veda o uso de faixas e cartazes para realização de propaganda intrapartidária, desde que em local próximo da realização das prévias, com mensagem aos filiados. (...) 4) (...) a confecção de panfletos para distribuição aos filiados, dentro dos limites do partido, não encontra, por si só, vedação na legislação eleitoral. (...) 5) Assim como as mensagens eletrônicas, o envio de cartas, como forma de propaganda intrapartidária, é permitido por ocasião das prévias, desde que essas sejam dirigidas exclusivamente aos filiados do partido. 6) Incabível autorizar matérias pagas em meios de comunicação, uma vez que ultrapassam ou podem ultrapassar o âmbito partidário e atingir, por conseguinte, toda a comunidade (...)".

Art. 45. A propaganda partidária gratuita, gravada ou ao vivo, efetuada mediante transmissão por rádio e televisão será realizada entre as dezenove horas e trinta minutos e as vinte e duas horas para, com exclusividade:

Lei nº 9.504/97, art. 36, §2º: vedação de veiculação de propaganda partidária gratuita no segundo semestre do ano da eleição.

I - difundir os programas partidários;
II - transmitir mensagens aos filiados sobre a execução do programa partidário, dos eventos com este relacionados e das atividades congressuais do partido;
III - divulgar a posição do partido em relação a temas político-comunitários;
IV - promover e difundir a participação política feminina, dedicando às mulheres o tempo que será fixado pelo órgão nacional de direção partidária, observado o mínimo de 10% (dez por cento). (*Acrescido pelo art. 2º da Lei nº 12.034/2009*)

V. art. 44, V, desta lei.

§1º Fica vedada, nos programas de que trata este Título:

Ac.-TSE, de 8.3.2007, na Rp nº 862: possibilidade de identificação do partido político por meio de sombreamento da logomarca (marca d'água).

I - a participação de pessoa filiada a partido que não o responsável pelo programa;
II - a divulgação de propaganda de candidatos a cargos eletivos e a defesa de interesses pessoais ou de outros partidos;
III - a utilização de imagens ou cenas incorretas ou incompletas, efeitos ou quaisquer outros recursos que distorçam ou falseiem os fatos ou a sua comunicação.

Ac.-TSE, de 30.3.2006, na Rp nº 782: caracterização do desvio de finalidade ainda que não se faça uso de montagem ou de trucagem de imagens.

§2º O partido que contrariar o disposto neste artigo será punido:[7] (*Redação dada pelo art. 2º da Lei nº 12.034/2009*)

Ac.-TSE, de 30.5.2006, nas Rp nºs 902, 906 e 907: "A procedência da representação implica a perda do espaço que seria ocupado presumivelmente pela exibição do filme publicitário acaso não tivesse sido deferida a medida liminar e também a cassação do direito do partido às inserções correspondentes a que faria jus no semestre seguinte (...)".
Ac.-TSE, de 8.3.2007, na Rp nº 888: "A ausência de identificação da agremiação partidária não é capaz de, por si só, acarretar a imposição da penalidade de perda do direito de transmissão no semestre seguinte preconizada no art. 45, §2º, da Lei nº 9.096/95, aplicável somente aos partidos políticos que contrariem o disposto na referida norma".
Res.-TSE nº 20.744/2000 e Ac.-TSE nºs 1.176/2000, 657/2003 e 683/2004: cabimento de pedido de direito de resposta na propaganda partidária com base no art. 5º, V, da CF/88.
Ac-TSE, de 18.12.2007, na Rp nº 997; de 30.10.2007, na Rp nº 944: "Competência do corregedor-geral para apreciar feito que verse sobre a utilização do espaço destinado ao programa partidário para a realização de propaganda eleitoral extemporânea, presente o cúmulo objetivo, sendo possível a dualidade de exames, sob a ótica das Leis nº 9.096/95 e 9.504/97".

---

[7] Redação original: "§2º O Tribunal Superior Eleitoral, julgando procedente representação de partido, cassará o direito de transmissão a que faria jus, no semestre seguinte, do partido que contrariar o disposto neste artigo".

I - quando a infração ocorrer nas transmissões em bloco, com a cassação do direito de transmissão no semestre seguinte; (Acrescido pelo art. 2º da Lei nº 12.034/2009)
II - quando a infração ocorrer nas transmissões em inserções, com a cassação de tempo equivalente a 5 (cinco) vezes ao da inserção ilícita, no semestre seguinte. (Acrescido pelo art. 2º da Lei nº 12.034/2009)
§3º A representação, que *somente poderá ser oferecida por partido político*, será julgada pelo Tribunal Superior Eleitoral quando se tratar de programa em *bloco* ou inserções nacionais e pelos Tribunais Regionais Eleitorais quando se tratar de programas em bloco ou inserções transmitidos nos Estados correspondentes.[8] (*Redação dada pelo art. 2º da Lei nº 12.034/2009*)

> Res.-TSE nº 20.034/97, art. 13, editada na vigência da redação original do §2º: outros casos de legitimidade. Res.-TSE nº 21.078/2002 e Ac.-TSE nº 678/2004: legitimidade do titular de direito autoral para representar à Justiça Eleitoral, visando coibir prática ilegal em horário gratuito de propaganda partidária ou eleitoral.

§4º O prazo para o oferecimento da representação encerra-se no último dia do semestre em que for veiculado o programa impugnado, ou se este tiver sido transmitido nos últimos 30 (trinta) dias desse período, até o 15º (décimo quinto) dia do semestre seguinte. (*Acrescido pelo art. 2º da Lei nº 12.034/2009*)
§5º Das decisões dos Tribunais Regionais Eleitorais que julgarem procedente representação, cassando o direito de transmissão de propaganda partidária, caberá recurso para o Tribunal Superior Eleitoral, que será recebido com efeito suspensivo. (*Acrescido pelo art. 2º da Lei nº 12.034/2009*)
§6º A propaganda partidária, no rádio e na televisão, fica restrita aos horários gratuitos disciplinados nesta Lei, com proibição de propaganda paga. (*Renumerado do §3º pelo art. 2º da Lei nº 12.034/2009*)

> Res.-TSE nº 21.705/2004, proferida na vigência da redação anterior do §3º, de mesmo teor: este dispositivo abrange os programas destinados à doutrinação e à educação política produzidos por fundação criada por partido político; a vedação de propaganda paga se estende aos canais de televisão por assinatura ou via satélite.

Art. 46. As emissoras de rádio e de televisão ficam obrigadas a realizar, para os partidos políticos, na forma desta Lei, transmissões gratuitas em âmbito nacional e estadual, por iniciativa e sob a responsabilidade dos respectivos órgãos de direção.

---

[8] Redação original: "§3º A propaganda partidária, no rádio e na televisão, fica restrita aos horários gratuitos disciplinados nesta Lei, com proibição de propaganda paga".

Ac.-TSE nºs 370/2002 e 236/2003, dentre outros: defere-se nova data para transmissão que não tenha sido efetivada por falha técnica da emissora. Ac.-TSE nº 690/2004: inexistência de direito da emissora a compensação fiscal nessa hipótese.
Res.-TSE nº 23.010/2009: impossibilidade de alteração do horário de transmissão da propaganda partidária em bloco em apenas uma unidade da Federação.
Dec. monocrática, de 2.9.2009, na PP nº 14: impossibilidade de veiculação de propaganda partidária, em cadeia nacional, com exibição de conteúdo diferenciado entre as unidades da Federação.

§1º As transmissões serão em bloco, em cadeia nacional ou *estadual*, e em inserções de trinta segundos e um minuto, no intervalo da programação normal das emissoras.

Ac.-TSE, de 20.3.2007, na Rcl nº 380, de 22.3.2007, nas Rp nºs 800 e 863, de 10.4.2007, na Rp nº 859 e, de 26.4.2007, na Rp nº 861: com a edição da Res.-TSE nº 22.503/2006, foram extintos os espaços destinados a divulgação de propaganda partidária em cadeia regional.

§2º A formação das cadeias, tanto nacional quanto *estaduais*, será autorizada pelo Tribunal Superior Eleitoral, que fará a necessária requisição dos horários às emissoras de rádio e de televisão, mediante requerimento dos órgãos nacionais dos partidos, com antecedência mínima de quinze dias.

Res.-TSE nº 20.034/97, art. 5º, com redação dada pela Res.-TSE nº 20.479/99: prazo até o dia 1º de dezembro do ano anterior à transmissão para os partidos requererem a formação das cadeias. Ac.-TSE nº 2.175/2000: legitimidade da fixação do referido prazo, em face da competência do TSE para regular a fiel execução da lei, não importando em restrição de direitos.

§3º No requerimento a que se refere o parágrafo anterior, o órgão partidário solicitará conjuntamente a fixação das datas de formação das cadeias, nacional e *estaduais*.
§4º O Tribunal Superior Eleitoral, independentemente do âmbito nacional ou *estadual* da transmissão, havendo coincidência de data, dará prioridade ao partido que apresentou o requerimento em primeiro lugar.
§5º As fitas magnéticas com as gravações dos programas em bloco ou em inserções serão entregues às emissoras com a *antecedência mínima de doze horas* da transmissão.

Res.-TSE nº 20.034/97, art. 7º: entrega das fitas magnéticas com antecedência de 24 horas. Na revogada Res.-TSE nº 19.586/96, o prazo de 12 horas fora repetido, prevendo-se, no entanto, no art. 6º, a obrigatoriedade de o partido indicar o tempo que seria utilizado

para permitir reorganização da grade da emissora na hipótese da não utilização integral do tempo reservado.
Res.-TSE nº 21.381/2003 e Ac.-TSE, de 8.3.2007, na Rp nº 893: inexigência legal de entrega, pelos partidos, de material uniforme ou análogo para as propagandas partidárias realizadas por meio de inserções, tanto nacionais como estaduais (as transmissões em cadeia regional foram extintas pela Res.-TSE nº 22.503/2006).

§6º As inserções a serem feitas na programação das emissoras serão determinadas:
I - pelo Tribunal Superior Eleitoral, quando solicitadas por órgão de direção nacional de partido;
II - pelo Tribunal Regional Eleitoral, quando solicitadas por órgão de direção estadual de partido.
§7º Em cada rede somente serão autorizadas até dez inserções de trinta segundos ou cinco de um minuto por dia.

Art. 47. Para agilizar os procedimentos, condições especiais podem ser pactuadas diretamente entre as emissoras de rádio e de televisão e os órgãos de direção do partido, obedecidos os limites estabelecidos nesta Lei, dando-se conhecimento ao Tribunal Eleitoral da respectiva jurisdição.

Art. 48. O partido registrado no Tribunal Superior Eleitoral que não atenda ao disposto no art. 13 tem assegurada a realização de um programa em cadeia nacional, em cada semestre, com a duração de dois minutos.

Ac.-STF, de 7.12.2006, nas ADIn nºs 1.351 e 1.354: declara inconstitucional este artigo.

Art. 49. O partido *que atenda ao disposto no art. 13* tem assegurado:

Ac.-STF, de 7.12.2006, nas ADIn nºs 1.351 e 1.354: declara inconstitucional a expressão grifada, com redução de texto.
Lei nº 9.259/96, art. 4º: eficácia imediata do disposto neste artigo.

I - a realização de um programa, em cadeia nacional e de um programa, em *cadeia estadual* em cada semestre, com a duração de vinte minutos cada;

Ac.-TSE, de 20.3.2007, na Rcl nº 380, de 22.3.2007, nas Rp nºs 800 e 863, de 10.4.2007, na Rp nº 859 e, de 26.4.2007, na Rp nº 861: com a edição da Res.-TSE nº 22.503/2006, foram extintos os espaços destinados à divulgação de propaganda partidária em cadeia regional.

II - a utilização do tempo total de quarenta minutos, por semestre, para inserções de trinta segundos ou um minuto, nas redes nacionais, e de igual tempo nas emissoras estaduais.

Título V
Disposições Gerais

Art. 50. (Vetado.)

Art. 51. É assegurado ao partido político com estatuto registrado no Tribunal Superior Eleitoral o direito à utilização gratuita de escolas públicas ou Casas Legislativas para a realização de suas reuniões ou Convenções, responsabilizando-se pelos danos porventura causados com a realização do evento.

> Lei nº 9.504/97, art. 8º, §2º: utilização gratuita de prédios públicos para realização de convenções de escolha de candidatos.

Art. 52. (Vetado.)
Parágrafo único. As emissoras de rádio e televisão terão direito a compensação fiscal pela cedência do horário gratuito previsto nesta Lei.

> Lei nº 9.504/97, art. 99, §1º a 3º, acrescidos pelo art. 3º da Lei nº 12.034/2009:
> "Art. 99. (...)
> §1º O direito à compensação fiscal das emissoras de rádio e televisão previsto no p. único do art. 52 da Lei nº 9.096, de 19 de setembro de 1995, e neste artigo, pela cedência do horário gratuito destinado à divulgação das propagandas partidárias e eleitoral, estende-se à veiculação de propaganda gratuita de plebiscitos e referendos de que dispõe o art. 8º da Lei nº 9.709, de 18 de novembro de 1998, mantido também, a esse efeito, o entendimento de que:
> I - (Vetado.);
> II - o valor apurado na forma do inciso I poderá ser deduzido do lucro líquido para efeito de determinação do lucro real, na apuração do Imposto sobre a Renda da Pessoa Jurídica (IRPJ), inclusive da base de cálculo dos recolhimentos mensais previstos na legislação fiscal (art. 2º da Lei nº 9.430, de 27 de dezembro de 1996), bem como da base de cálculo do lucro presumido.
> §2º (Vetado.).
> §3º No caso de microempresas e empresas de pequeno porte optantes pelo Regime Especial Unificado de Arrecadação de Tributos e Contribuições (Simples Nacional), o valor integral da compensação fiscal apurado na forma do inciso I do §1º será deduzido da base de cálculo de imposto e contribuições federais devidos pela emissora, seguindo os critérios definidos pelo Comitê Gestor do Simples Nacional (CGSN)."
> Dec. nº 5.331/2005: "Regulamenta o p. único do art. 52 da Lei nº 9.096, de 19 de setembro de 1995, e o art. 99 da Lei nº 9.504, de 30 de setembro de 1997, para os efeitos de compensação fiscal pela divulgação gratuita da propaganda partidária ou eleitoral".

Ato Declaratório Interpretativo-SRF nº 2/2006 (*DOU* de 10.3.2006), que "Dispõe sobre o critério de cálculo da compensação fiscal pela divulgação gratuita da propaganda partidária ou eleitoral":
"Artigo único. A compensação fiscal de que trata o art. 1º do Decreto nº 5.331, de 2005, corresponde a oito décimos do somatório dos valores efetivamente praticados na mesma grade horária exibida no dia anterior à data de início de divulgação gratuita da propaganda partidária ou eleitoral.

§1º Para efeito do *caput*, considera-se valor efetivamente praticado o resultado da multiplicação do preço do espaço comercializado pelo tempo de exibição da publicidade contratada.

§2º Na hipótese de o tempo destinado à divulgação gratuita abranger apenas parte de um espaço comercializado do dia anterior ao de início da divulgação, o valor efetivamente praticado deverá ser apurado proporcionalmente ao tempo abrangido.

§3º O disposto neste artigo aplica-se também em relação aos comunicados, às instruções e a outras requisições da Justiça Eleitoral, relativos aos programas partidários ou eleitorais".

Res.-TSE nº 22.917/2008: competência da Justiça Federal para apreciar pedido de extensão da prerrogativa de compensação fiscal a empresa autorizada pelo poder público para exploração dos serviços de rede de transporte de comunicações. Prejudicado, ainda, pedido alternativo de formalização de contrato com o TSE para transmissão do sinal gerado às emissoras de televisão e rádio na propaganda partidária e eleitoral gratuita.

Ac.-TSE nº 690/2004: inexistência de direito à compensação fiscal na hipótese de deferimento de nova data para transmissão da propaganda partidária em razão de falha técnica da emissora.

Art. 53. A fundação ou *instituto* de direito privado, criado por partido político, destinado ao estudo e pesquisa, à doutrinação e à educação política, rege-se pelas normas da lei civil e tem autonomia para contratar com instituições públicas e privadas, prestar serviços e manter estabelecimentos de acordo com suas finalidades, podendo, ainda, manter intercâmbio com instituições não nacionais.

Res.-TSE nº 22.121/2005: "Dispõe sobre as regras de adequação de institutos ou fundações de pesquisa e de doutrinação e educação política de partidos políticos às normas estabelecidas no Código Civil de 2002". Segundo essa resolução, os entes a que se refere este artigo devem ter a forma de fundações de direito privado, à qual devem ser convertidos, nos termos e prazos da lei civil, aqueles criados sob a forma de instituto, associação ou sociedade civil (art. 1º, *caput*, §1º, e art. 3º).

V. art. 44, IV, desta lei: aplicação de recursos do Fundo Partidário na criação e manutenção das fundações a que se refere este artigo.

Art. 54. Para fins de aplicação das normas estabelecidas nesta Lei, consideram-se como equivalentes a Estados e Municípios o Distrito Federal e os Territórios e respectivas divisões político-administrativas.

Título VI
Disposições Finais e Transitórias

Art. 55. O partido político que, nos termos da legislação anterior, tenha registro definitivo, fica dispensado da condição estabelecida no §1º do art. 7º, e deve providenciar a adaptação de seu estatuto às disposições desta Lei, no prazo de seis meses da data de sua publicação.

§1º A alteração estatutária com a finalidade prevista neste artigo pode ser realizada pelo partido político em reunião do órgão nacional máximo, especialmente convocado na forma dos estatutos, com antecedência mínima de trinta dias e ampla divulgação, entre seus órgãos e filiados, do projeto do estatuto.

§2º Aplicam-se as disposições deste artigo ao partido que, na data da publicação desta Lei:

I - tenha completado seu processo de organização nos termos da legislação anterior e requerido o registro definitivo;

II - tenha seu pedido de registro *sub judice*, desde que sobrevenha decisão favorável do órgão judiciário competente;

III - tenha requerido registro de seus estatutos junto ao Tribunal Superior Eleitoral, após o devido registro como entidade civil.

Art. 56. No período entre a data da publicação desta Lei e início da próxima legislatura, será observado o seguinte:

> Ac.-STF, de 7.12.2006, nas ADIn nºs 1.351 e 1.354: dá ao *caput* deste artigo interpretação que elimina as limitações temporais dele constantes até que sobrevenha disposição legislativa a respeito.

I - fica assegurado o direito ao *funcionamento parlamentar* na Câmara dos Deputados ao partido que tenha elegido e mantenha filiados, no mínimo, três representantes de diferentes Estados;

II - a Mesa Diretora da Câmara dos Deputados disporá sobre o funcionamento da representação partidária conferida, nesse período, ao partido que possua representação eleita ou filiada em número inferior ao disposto no inciso anterior;

> Ac.-STF, de 7.12.2006, nas ADIn nºs 1.351 e 1.354: julga improcedente arguição de inconstitucionalidade deste inciso.

III - ao partido que preencher as condições do inciso I é assegurada a realização anual de um programa, em cadeia nacional, com a duração de dez minutos;

IV - ao partido com representante na Câmara dos Deputados desde o início da Sessão Legislativa de 1995, fica assegurada a realização de um programa em cadeia nacional em cada semestre, com a duração de cinco minutos, não cumulativos com o tempo previsto no inciso III;
V - (*Revogado pelo art. 2º da Lei nº 11.459/2007*)[9]

Art. 57. No período entre o início da próxima Legislatura e a proclamação dos resultados da segunda eleição geral subseqüente para a Câmara dos Deputados, será observado o seguinte:

> Ac.-STF, de 7.12.2006, nas ADIn nºs 1.351 e 1.354: dá ao *caput* deste artigo interpretação que elimina as limitações temporais dele constantes até que sobrevenha disposição legislativa a respeito.

I - direito a *funcionamento parlamentar* ao partido com registro definitivo de seus estatutos no Tribunal Superior Eleitoral até a data da publicação desta Lei que, a partir de sua fundação tenha concorrido ou venha a concorrer às eleições gerais para a Câmara dos Deputados, elegendo representantes em duas eleições consecutivas:
a) na Câmara dos Deputados, toda vez que eleger representante em, no mínimo, cinco Estados e obtiver um por cento dos votos apurados no País, não computados os brancos e os nulos;
b) nas Assembléias Legislativas e nas Câmaras de Vereadores, toda vez que, atendida a exigência do inciso anterior, eleger representante para a respectiva Casa e obtiver um total de um por cento dos votos apurados na circunscrição, não computados os brancos e os nulos;
II - (*Revogado pelo art. 2º da Lei nº 11.459/2007*)[10]
III - é assegurada, aos partidos a que se refere o inciso I, observadas, no que couber, as disposições do Título IV:
a) a realização de um programa, em cadeia nacional, com duração de dez minutos por semestre;
b) a utilização do tempo total de vinte minutos por semestre em inserções de trinta segundos ou um minuto, nas redes nacionais e de igual tempo nas emissoras dos Estados *onde hajam atendido ao disposto no inciso I, b*.

> Ac.-TSE, de 11.3.2008, no REspe nº 21.334: inconstitucionalidade do trecho grifado.

---

[9] Redação original: "V - vinte e nove por cento do Fundo Partidário será destacado para distribuição a todos os partidos com estatutos registrados no Tribunal Superior Eleitoral, na proporção da representação parlamentar filiada no início da Sessão Legislativa de 1995".
[10] Redação original: "II - vinte e nove por cento do Fundo Partidário será destacado para distribuição, aos Partidos que cumpram o disposto no art. 13 ou no inciso anterior, na proporção dos votos obtidos na última eleição geral para a Câmara dos Deputados;".

Res.-TSE nº 20.991/2002: "A regra do art. 57, inciso III, aplica-se ao período entre o início da legislatura que se iniciou em 1998 ('*próxima legislatura*') até a proclamação dos resultados da eleição geral a realizar-se em 2006 ('*segunda eleição geral subsequente*')".

Art. 58. A requerimento de partido, o Juiz Eleitoral devolverá as fichas de filiação partidária existentes no Cartório da respectiva Zona, devendo ser organizada a primeira relação de filiados, nos termos do art. 19, obedecidas as normas estatutárias.
Parágrafo único. Para efeito de candidatura a cargo eletivo será considerada como primeira filiação a constante das listas de que trata este artigo.

Art. 59. O art. 16 da Lei nº 3.071, de 1º de janeiro de 1916 (Código Civil), passa a vigorar com a seguinte redação:
"Art. 16. (...)
III - os partidos políticos. (...)
§3º Os partidos políticos reger-se-ão pelo disposto, no que lhes for aplicável, nos arts. 17 a 22 deste Código e em lei específica."

Art. 60. Os artigos a seguir enumerados da Lei nº 6.015, de 31 de dezembro de 1973, passam a vigorar com a seguinte redação:
"Art. 114. (...)
III - os atos constitutivos e os estatutos dos partidos políticos. (...)
Art. 120. O registro das sociedades, fundações e partidos políticos consistirá na declaração, feita em livro, pelo oficial, do número de ordem, da data da apresentação e da espécie do ato constitutivo, com as seguintes indicações:
(...)
Parágrafo único. Para o registro dos partidos políticos, serão obedecidos, além dos requisitos deste artigo, os estabelecidos em lei específica."

Art. 61. O Tribunal Superior Eleitoral expedirá instruções para a fiel execução desta Lei.

Res.-TSE nºs 23.282/2010 ("Disciplina a criação, organização, fusão, incorporação e extinção de partidos políticos"), 20.034/97 ("Instruções para o acesso gratuito ao rádio e à televisão pelos partidos políticos"), 21.377/2003 ("(...) Disciplina os novos procedimentos a serem adotados, pela Secretaria de Informática do TSE, nos casos de fusão ou incorporação dos partidos políticos"), 21.841/2004 ("Disciplina a prestação de contas dos partidos políticos e a tomada de contas especial"), 21.875/2004 ("Regulamenta o recolhimento do percentual de participação de institutos ou fundações de pesquisa e de doutrinação e educação política nas verbas do Fundo Partidário"), 21.975/2004 ("Disciplina o recolhimento e a cobrança das multas previstas no Código Eleitoral e leis conexas e a distribuição do Fundo Especial de Assistência Financeira aos Partidos Políticos (Fundo

Partidário)"), 22.121/2005 ("Dispõe sobre as regras de adequação de institutos ou fundações de pesquisa e de doutrinação e educação política de partidos políticos às normas estabelecidas no Código Civil de 2002"), 23.117/2009 ("Dispõe sobre a filiação partidária, aprova nova sistemática destinada ao encaminhamento de dados pelos partidos à Justiça Eleitoral e dá outras providências") e respectivas alterações, 23.093/2009 ("Dispõe sobre o Sistema de Gerenciamento de Informações Partidárias – SGIP").

Art. 62. Esta Lei entra em vigor na data de sua publicação.

Art. 63. Ficam revogadas a Lei nº 5.682, de 21 de julho de 1971, e respectivas alterações; a Lei nº 6.341, de 5 de julho de 1976; a Lei nº 6.817, de 5 de setembro de 1980; a Lei nº 6.957, de 23 de novembro de 1981; o art. 16 da Lei nº 6.996, de 7 de junho de 1982; a Lei nº 7.307, de 9 de abril de 1985, e a Lei nº 7.514, de 9 de julho de 1986.

Brasília, 19 de setembro de 1995.

RESOLUÇÕES EXPEDIDAS PELO TSE PARA AS ELEIÇÕES DE 2012

Resolução nº 23.341, de 28 de junho de 2011

*Instrução nº 933-81.2011.6.00.0000, Classe 19, Brasília/DF. Rel. Min. Arnaldo Versiani.
DJe-TSE, 8.7.2011.*

CALENDÁRIO ELEITORAL
(Eleições de 2012)

O Tribunal Superior Eleitoral, no uso das atribuições que lhe conferem o art. 23, IX, do Código Eleitoral e o art. 105 da Lei nº 9.504, de 30 de setembro de 1997, resolve expedir a seguinte instrução:

OUTUBRO DE 2011
7 de outubro - sexta-feira
(1 ano antes)

1. Data até a qual todos os partidos políticos que pretendam participar das eleições de 2012 devem ter obtido registro de seus estatutos no Tribunal Superior Eleitoral (Lei nº 9.504/97, art. 4º).
2. Data até a qual os candidatos a cargo eletivo nas eleições de 2012 devem ter domicílio eleitoral na circunscrição na qual pretendem concorrer (Lei nº 9.504/97, art. 9º, *caput*).
3. Data até a qual os candidatos a cargo eletivo nas eleições de 2012 devem estar com a filiação deferida no âmbito partidário, desde que o estatuto partidário não estabeleça prazo superior (Lei nº 9.504/97, art. 9º, *caput* e Lei nº 9.096/95, arts. 18 e 20, *caput*).

DEZEMBRO DE 2011
19 de dezembro - segunda-feira

1. Último dia para os Tribunais Regionais Eleitorais designarem, para os Municípios onde houver mais de uma Zona Eleitoral, o(s) Juízo(s) Eleitoral(is) que ficará(ão) responsável(is) pelo registro de candidatos e de pesquisas eleitorais com as reclamações e representações a elas pertinentes, pelo exame das prestações de contas, pela propaganda eleitoral com as reclamações e representações a ela pertinentes, bem como pela sua fiscalização e pelas investigações judiciais eleitorais.

JANEIRO DE 2012
1º de janeiro - domingo

1. Data a partir da qual as entidades ou empresas que realizarem pesquisas de opinião pública relativas às eleições ou aos candidatos ficam obrigadas a registrar, no Juízo Eleitoral competente para o registro das respectivas candidaturas, as informações previstas em lei e nas instruções expedidas pelo Tribunal Superior Eleitoral (Lei nº 9.504/97, art. 33, *caput* e §1º).
2. Data a partir da qual fica proibida a distribuição gratuita de bens, valores ou benefícios por parte da Administração Pública, exceto nos casos de calamidade pública, de estado de emergência ou de programas sociais autorizados em lei e já em execução orçamentária no exercício anterior, casos em que o Ministério Público Eleitoral poderá promover o acompanhamento de sua execução financeira e administrativa (Lei nº 9.504/97, art.73, §10).
3. Data a partir da qual ficam vedados os programas sociais executados por entidade nominalmente vinculada a candidato ou por esse mantida, ainda que autorizados em lei ou em execução orçamentária no exercício anterior (Lei nº 9.504/97, art. 73, §11).

MARÇO DE 2012
5 de março - segunda-feira

1. Último dia para o Tribunal Superior Eleitoral expedir as instruções relativas às eleições de 2012 (Lei nº 9.504/97, art. 105, *caput*).

ABRIL DE 2012
7 de abril - sábado
(6 meses antes)

1. Data a partir da qual todos os programas de computador de propriedade do Tribunal Superior Eleitoral, desenvolvidos por ele ou sob sua encomenda, utilizados nas urnas eletrônicas e nos computadores da Justiça Eleitoral para os processos de votação, apuração e totalização, poderão ter suas fases de especificação e de desenvolvimento acompanhadas por técnicos indicados pelos partidos políticos, pela Ordem dos Advogados do Brasil e pelo Ministério Público (Lei nº 9.504/97, art. 66, §1º).

10 de abril - terça-feira
(180 dias antes)

1. Último dia para o órgão de direção nacional do partido político publicar, no Diário Oficial da União, as normas para a escolha e substituição de candidatos e para a formação de coligações, na hipótese de omissão do estatuto (Lei nº 9.504/97, art. 7º, §1º).
2. Data a partir da qual, até a posse dos eleitos, é vedado aos agentes públicos fazer, na circunscrição do pleito, revisão geral da remuneração dos servidores públicos que exceda a recomposição da perda de seu poder aquisitivo ao longo do ano da eleição (Lei nº 9.504/97, art. 73, VIII e Resolução nº 22.252/2006).

MAIO DE 2012
9 de maio - quarta-feira
(151 dias antes)

1. Último dia para o eleitor requerer inscrição eleitoral ou transferência de domicílio (Lei nº 9.504/97, art. 91, *caput*).
2. Último dia para o eleitor que mudou de residência dentro do Município pedir alteração no seu título eleitoral (Lei nº 9.504/97, art. 91, *caput* e Resolução nº 20.166/98).
3. Último dia para o eleitor com deficiência ou mobilidade reduzida solicitar sua transferência para Seção Eleitoral Especial (Lei nº 9.504/97, art. 91, *caput* e Resolução nº 21.008/2002, art. 2º).

26 de maio - sábado

1. Data a partir da qual é permitido ao postulante à candidatura a cargo eletivo realizar propaganda intrapardidária com vista à indicação de seu nome, vedado o uso de rádio, televisão e outdoor, observado o prazo de 15 dias que antecede a data definida pelo partido para a escolha dos candidatos (Lei nº 9.504/97, art. 36, §1º).

JUNHO DE 2012
5 de junho - terça-feira

1. Último dia para a Justiça Eleitoral enviar aos partidos políticos, na respectiva circunscrição, a relação de todos os devedores de multa eleitoral, a qual embasará a expedição das certidões de quitação eleitoral (Lei nº 9.504/97, art. 11, §9º).

10 de junho - domingo

1. Data a partir da qual é permitida a realização de convenções destinadas a deliberar sobre coligações e escolher candidatos a Prefeito, a Vice-Prefeito e a Vereador (Lei nº 9.504/97, art. 8º, caput).
2. Data a partir da qual é vedado às emissoras de rádio e de televisão transmitir programa apresentado ou comentado por candidato escolhido em convenção (Lei nº 9.504/97, art. 45,§1º).
3. Data a partir da qual os feitos eleitorais terão prioridade para a participação do Ministério Público e dos Juízes de todas as justiças e instâncias, ressalvados os processos de habeas corpus e mandado de segurança (Lei nº 9.504/97, art. 94, caput).
4. Início do período para nomeação dos membros das Mesas Receptoras para o primeiro e eventual segundo turnos de votação (Resolução nº 21.726/2004).
5. Último dia para fixação, por lei, dos limites de gastos de campanha para os cargos em disputa, observadas as peculiaridades locais (Lei nº 9.504/97, art. 17-A).
6. Data a partir da qual é assegurado o exercício do direito de resposta ao candidato, ao partido político ou à coligação atingidos, ainda que de forma indireta, por conceito, imagem ou afirmação caluniosa, difamatória, injuriosa ou sabidamente inverídica, difundidas por qualquer veículo de comunicação social (Lei nº 9.504/97, art. 58, caput).
7. Data a partir da qual é permitida a formalização de contratos que gerem despesas e gastos com a instalação física de comitês financeiros de candidatos e de partidos políticos, desde que só haja o efetivo desembolso financeiro após a obtenção do número de registro de CNPJ do candidato ou do comitê financeiro e a abertura de conta bancária específica para a movimentação financeira de campanha e emissão de recibos eleitorais.
8. Data a partir da qual, observada a realização da convenção partidária, até a apuração final da eleição, não poderão servir como Juízes Eleitorais nos Tribunais Regionais, ou como Juiz Eleitoral, o cônjuge ou companheiro, parente consanguíneo ou afim, até o segundo grau, de candidato a cargo eletivo registrado na circunscrição (Código Eleitoral, art. 14, §3º).

11 de junho - segunda-feira

1. Data a partir da qual, se não fixado por lei, caberá a cada partido político fixar o limite de gastos de campanha para os cargos em disputa e comunicá-lo, no pedido de registro de seus candidatos, à Justiça Eleitoral, que dará a essas informações ampla publicidade (Lei nº 9.504/97, art. 17-A).

30 de junho - sábado

1. Último dia para a realização de convenções destinadas a deliberar sobre coligações e escolher candidatos a Prefeito, a Vice-Prefeito e a Vereador (Lei nº 9.504/97, art. 8º, caput).

JULHO DE 2012
1º de julho - domingo

1. Data a partir da qual não será veiculada a propaganda partidária gratuita prevista na Lei nº 9.096/95, nem será permitido nenhum tipo de propaganda política paga no rádio e na televisão (Lei nº 9.504/97, art. 36, §2º).
2. Data a partir da qual é vedado às emissoras de rádio e de televisão, em programação normal e em noticiário (Lei nº 9.504/97, art. 45, I a VI):
I - transmitir, ainda que sob a forma de entrevista jornalística, imagens de realização de pesquisa ou de qualquer outro tipo de consulta popular de natureza eleitoral em que seja possível identificar o entrevistado ou em que haja manipulação de dados;

II - veicular propaganda política;
III - dar tratamento privilegiado a candidato, partido político ou coligação;
IV - veicular ou divulgar filmes, novelas, minisséries ou qualquer outro programa com alusão ou crítica a candidato ou partido político, mesmo que dissimuladamente, exceto programas jornalísticos ou debates políticos;
V - divulgar nome de programa que se refira a candidato escolhido em convenção, ainda quando preexistente, inclusive se coincidente com o nome de candidato ou com a variação nominal por ele adotada.

5 de julho - quinta-feira

1. Último dia para os partidos políticos e coligações apresentarem no Cartório Eleitoral competente, até as 19 horas, o requerimento de registro de candidatos a Prefeito, a Vice-Prefeito e a Vereador (Lei nº 9.504/97, art. 11, *caput*).
2. Data a partir da qual permanecerão abertos aos sábados, domingos e feriados os Cartórios Eleitorais e as Secretarias dos Tribunais Eleitorais, em regime de plantão (Lei Complementar nº 64/90, art. 16).
3. Último dia para os Tribunais e Conselhos de Contas tornarem disponível à Justiça Eleitoral relação daqueles que tiveram suas contas relativas ao exercício de cargos ou funções públicas rejeitadas por irregularidade insanável e por decisão irrecorrível do órgão competente, ressalvados os casos em que a questão estiver sendo submetida à apreciação do Poder Judiciário, ou que haja sentença judicial favorável ao interessado (Lei nº 9.504/97, art. 11, §5º).
4. Data a partir da qual o nome de todos aqueles que tenham solicitado registro de candidatura deverá constar das pesquisas realizadas mediante apresentação da relação de candidatos ao entrevistado.
5. Data a partir da qual, até a proclamação dos eleitos, as intimações das decisões serão publicadas em cartório, certificando-se no edital e nos autos o horário, salvo nas representações previstas nos arts. 30-A, 41-A, 73 e nos §2º e §3º do art. 81 da Lei 9.504/97, cujas decisões continuarão a ser publicadas no Diário de Justiça Eletrônico (DJe).

6 de julho - sexta-feira

1. Data a partir da qual será permitida a propaganda eleitoral (Lei nº 9.504/97, art. 36, *caput*).
2. Data a partir da qual os candidatos, os partidos ou as coligações podem fazer funcionar, das 8 às 22 horas, alto-falantes ou amplificadores de som, nas suas sedes ou em veículos (Lei nº 9.504/97, art. 39, §3º).
3. Data a partir da qual os candidatos, os partidos políticos e as coligações poderão realizar comícios e utilizar aparelhagem de sonorização fixa, das 8 às 24 horas (Lei no 9.504/97, art. 39, §4º).
4. Data a partir da qual será permitida a propaganda eleitoral na internet, vedada a veiculação de qualquer tipo de propaganda paga (Lei nº 9.504/97, art. 57-A e art. 57-C, *caput*).
5. Data a partir da qual, independentemente do critério de prioridade, os serviços telefônicos oficiais ou concedidos farão instalar, nas sedes dos diretórios devidamente registrados, telefones necessários, mediante requerimento do respectivo presidente e pagamento das taxas devidas (Código Eleitoral, art. 256, §1º).

7 de julho - sábado
(3 meses antes)

1. Data a partir da qual são vedadas aos agentes públicos as seguintes condutas (Lei nº 9.504/97, art. 73, V e VI, a):

I - nomear, contratar ou de qualquer forma admitir, demitir sem justa causa, suprimir ou readaptar vantagens ou por outros meios dificultar ou impedir o exercício funcional e, ainda, *ex officio*, remover, transferir ou exonerar servidor público, na circunscrição do pleito, até a posse dos eleitos, sob pena de nulidade de pleno direito, ressalvados os casos de:
a) nomeação ou exoneração de cargos em comissão e designação ou dispensa de funções de confiança;
b) nomeação para cargos do Poder Judiciário, do Ministério Público, dos Tribunais ou Conselhos de Contas e dos órgãos da Presidência da República;
c) nomeação dos aprovados em concursos públicos homologados até 7 de julho de 2012;
d) nomeação ou contratação necessária à instalação ou ao funcionamento inadiável de serviços públicos essenciais, com prévia e expressa autorização do chefe do Poder Executivo;
e) transferência ou remoção *ex officio* de militares, de policiais civis e de agentes penitenciários;
II - realizar transferência voluntária de recursos da União aos Estados e Municípios, e dos Estados aos Municípios, sob pena de nulidade de pleno direito, ressalvados os recursos destinados a cumprir obrigação formal preexistente para execução de obra ou de serviço em andamento e com cronograma prefixado, e os destinados a atender situações de emergência e de calamidade pública.
2. Data a partir da qual é vedado aos agentes públicos das esferas administrativas cujos cargos estejam em disputa na eleição (Lei nº 9.504/97, art. 73, VI, b e c, e §3º):
I - com exceção da propaganda de produtos e serviços que tenham concorrência no mercado, autorizar publicidade institucional dos atos, programas, obras, serviços e campanhas dos órgãos públicos municipais, ou das respectivas entidades da administração indireta, salvo em caso de grave e urgente necessidade pública, assim reconhecida pela Justiça Eleitoral;
II - fazer pronunciamento em cadeia de rádio e de televisão, fora do horário eleitoral gratuito, salvo quando, a critério da Justiça Eleitoral, tratar-se de matéria urgente, relevante e característica das funções de governo.
3. Data a partir da qual é vedada, na realização de inaugurações, a contratação de shows artísticos pagos com recursos públicos (Lei nº 9.504/97, art. 75).
4. Data a partir da qual é vedado a qualquer candidato comparecer a inaugurações de obras públicas (Lei nº 9.504/97, art. 77).
5. Data a partir da qual órgãos e entidades da Administração Pública direta e indireta poderão, quando solicitados pelos Tribunais Eleitorais, ceder funcionários em casos específicos e de forma motivada pelo período de até 3 meses depois da eleição (Lei nº 9.504/97, art. 94-A).

8 de julho - domingo

1. Último dia para a Justiça Eleitoral publicar lista/edital dos pedidos de registro de candidatos apresentados pelos partidos políticos ou coligação (Código Eleitoral, art. 97 e Lei nº 9.504/97, art. 11, §4º).
2. Data a partir da qual o Juiz Eleitoral designado pelo Tribunal Regional Eleitoral deve convocar os partidos políticos e a representação das emissoras de televisão e de rádio para a elaboração de plano de mídia para uso da parcela do horário eleitoral gratuito a que tenham direito (Lei nº 9.504/97, art. 52).
3. Último dia para a Justiça Eleitoral encaminhar à Receita Federal os dados dos candidatos cujos pedidos de registro tenham sido requeridos por partido político ou coligação, para efeito de emissão do número de inscrição no CNPJ (Lei nº 9.504/97, art. 22-A, §1º).

9 de julho - segunda-feira
(90 dias antes)

1. Último dia para os representantes dos partidos políticos, da Ordem dos Advogados do Brasil e do Ministério Público interessados em assinar digitalmente os programas a serem utilizados nas eleições de 2012 entregarem à Secretaria de Tecnologia da Informação do Tribunal Superior Eleitoral programa próprio para análise e posterior homologação.
2. Último dia para a Justiça Eleitoral realizar audiência com os interessados em firmar parceria para a divulgação dos resultados.
3. Último dia para o Tribunal Regional Eleitoral apresentar o esquema de distribuição e padrões tecnológicos e de segurança a serem adotados na disponibilização dos dados oficiais que serão fornecidos às entidades interessadas na divulgação dos resultados.
4. Último dia para o eleitor com deficiência ou mobilidade reduzida que tenha solicitado transferência para Seção Eleitoral Especial comunicar ao Juiz Eleitoral, por escrito, suas restrições e necessidades, a fim de que a Justiça Eleitoral, se possível, providencie os meios e recursos destinados a facilitar-lhe o exercício do voto (Resolução nº 21.008/2002, art. 3º).

10 de julho - terça-feira

1. Último dia para os candidatos, escolhidos em convenção, requererem seus registros perante o Juízo Eleitoral competente, até as 19 horas, caso os partidos políticos ou as coligações não os tenham requerido (Lei nº 9.504/97, art. 11, §4º).

13 de julho - sexta-feira

1. Último dia para a Justiça Eleitoral encaminhar à Receita Federal os dados dos candidatos cujos pedidos de registro tenham sido requeridos pelos próprios candidatos para efeito de emissão do número de inscrição no CNPJ (Lei nº 9.504/97, art. 22-A, §1º c.c. art. 11, §4º).
2. Último dia para os partidos políticos constituírem os comitês financeiros, observado o prazo de 10 dias úteis após a escolha de seus candidatos em convenção (Lei nº 9.504/97, art. 19, *caput*).
3. Último dia para a Justiça Eleitoral publicar lista/edital dos pedidos de registro individual de candidatos, escolhidos em convenção, cujos partidos políticos ou coligações não os tenham requerido (Código Eleitoral, art. 97 e Lei nº 9.504/97, art. 11, §4º).
4. Último dia para qualquer candidato, partido político, coligação ou o Ministério Público Eleitoral impugnar os pedidos de registro de candidatos apresentados pelos partidos políticos ou coligações (Lei Complementar nº 64/90, art. 3º).
5. Último dia para qualquer cidadão no gozo de seus direitos políticos dar ao Juízo Eleitoral notícia de inelegibilidade que recaia em candidato com pedido de registro apresentado pelo partido político ou coligação.

18 de julho - quarta-feira

1. Último dia para os partidos políticos registrarem os comitês financeiros, perante o Juízo Eleitoral encarregado do registro dos candidatos, observado o prazo de 5 dias após a respectiva constituição (Lei nº 9.504/97, art. 19, §3º).
2. Último dia para qualquer candidato, partido político, coligação ou o Ministério Público Eleitoral impugnar os pedidos de registro individual de candidatos, cujos partidos políticos ou coligações não os tenham requerido (Lei Complementar nº 64/90, art. 3º).
3. Último dia para qualquer cidadão no gozo de seus direitos políticos dar ao Juízo Eleitoral notícia de inelegibilidade que recaia em candidato que tenha formulado pedido de registro individual, na hipótese de os partidos políticos ou coligações não o terem requerido.

29 de julho - domingo
(70 dias antes)

1. Último dia para que os títulos dos eleitores que requereram inscrição ou transferência estejam prontos para entrega (Código Eleitoral, art. 114, *caput*).

2. Último dia para a publicação, no órgão oficial do Estado, dos nomes das pessoas indicadas para compor as Juntas Eleitorais para o primeiro e eventual segundo turnos de votação (Código Eleitoral, art. 36, §2º).

31 de julho - terça-feira

1. Data a partir da qual, até o dia do pleito, o Tribunal Superior Eleitoral poderá requisitar das emissoras de rádio e de televisão até 10 minutos diários, contínuos ou não, que poderão ser somados e usados em dias espaçados, para a divulgação de seus comunicados, boletins e instruções ao eleitorado, podendo, ainda, ceder, a seu juízo exclusivo, parte desse tempo para utilização por Tribunal Regional Eleitoral (Lei nº 9.504/97, art. 93).

AGOSTO DE 2012
1º de agosto - quarta-feira
(67 dias antes)

1. Último dia para os partidos políticos impugnarem, em petição fundamentada, os nomes das pessoas indicadas para compor as Juntas Eleitorais, observado o prazo de 3 dias, contados da publicação do edital (Código Eleitoral, art. 36, §2º).

3 de agosto - sexta-feira
(65 dias antes)

1. Último dia para o Juiz Eleitoral anunciar a realização de audiência pública para a nomeação do presidente, primeiro e segundo mesários, secretários e suplentes que irão compor a Mesa Receptora (Código Eleitoral, arts. 35, XIV e 120).

4 de agosto - sábado

1. Último dia para o partido político ou coligação comunicar à Justiça Eleitoral as anulações de deliberações decorrentes de convenção partidária (Lei nº 9.504/97, art. 7º, §3º).

5 de agosto - domingo

1. Data em que todos os pedidos originários de registro, inclusive os impugnados, deverão estar julgados e publicadas as respectivas decisões perante o Juízo Eleitoral.

6 de agosto - segunda-feira

1. Data em que os partidos políticos, as coligações e os candidatos são obrigados a divulgar, pela rede mundial de computadores (internet), relatório discriminado dos recursos em dinheiro ou estimáveis em dinheiro que tenham recebido para financiamento da campanha eleitoral e os gastos que realizarem, em sítio criado pela Justiça Eleitoral para esse fim (Lei nº 9.504/97, art. 28, §4º).

8 de agosto - quarta-feira
(60 dias antes)

1. Data a partir da qual é assegurada prioridade postal aos partidos políticos para a remessa da propaganda de seus candidatos registrados (Código Eleitoral, art. 239).

2. Último dia para os órgãos de direção dos partidos políticos preencherem as vagas remanescentes para as eleições proporcionais, observados os percentuais mínimo e máximo para candidaturas de cada sexo, no caso de as convenções para a escolha de candidatos não terem indicado o número máximo previsto no §5º do art. 10 da Lei n º 9.504/97.
3. Último dia para o pedido de registro de candidatura às eleições proporcionais, na hipótese de substituição, observado o prazo de até 10 dias, contados do fato ou da decisão judicial que deu origem à substituição (Lei nº 9.504/97, art. 13, §1º e §3º).
4. Último dia para a designação da localização das Mesas Receptoras para o primeiro e eventual segundo turnos de votação (Código Eleitoral, arts. 35, XIII, e 135, *caput*).
5. Último dia para nomeação dos membros das Mesas Receptoras para o primeiro e eventual segundo turnos de votação (Código Eleitoral, art. 35, XIV).
6. Último dia para a nomeação dos membros das Juntas Eleitorais para o primeiro e eventual segundo turnos de votação (Código Eleitoral, art. 36, §1º).
7. Último dia para o Juízo Eleitoral mandar publicar no jornal oficial, onde houver, e, não havendo, em cartório, as nomeações que tiver feito, fazendo constar da publicação a intimação dos mesários para constituírem as Mesas no dia e lugares designados, às 7 horas (Código Eleitoral, art. 120, §3º).
8. Último dia para as empresas interessadas em divulgar os resultados oficiais das eleições solicitarem cadastramento à Justiça Eleitoral.
9. Último dia para o eleitor que estiver fora do seu domicílio eleitoral requerer a segunda via do título eleitoral em qualquer Cartório Eleitoral, esclarecendo se vai recebê-la na sua Zona Eleitoral ou naquela em que a requereu (Código Eleitoral, art.53, §4º).

11 de agosto - sábado

1. Último dia para os partidos políticos reclamarem da designação da localização das Mesas Receptoras para o primeiro e eventual segundo turnos de votação, observado o prazo de 3 dias, contados da publicação (Código Eleitoral, art. 135, §7º).

12 de agosto - domingo

1. Último dia para o Juiz Eleitoral realizar sorteio para a escolha da ordem de veiculação da propaganda de cada partido político ou coligação no primeiro dia do horário eleitoral gratuito (Lei nº 9.504/97, art. 50).

13 de agosto - segunda-feira

1. Último dia para os partidos políticos reclamarem da nomeação dos membros das Mesas Receptoras, observado o prazo de 5 dias, contados da nomeação (Lei nº 9.504/97, art. 63, *caput*).
2. Último dia para os membros das Mesas Receptoras recusarem a nomeação, observado o prazo de 5 dias da nomeação (Código Eleitoral, art. 120, §4º).

15 de agosto - quarta-feira

1. Último dia para o Juízo Eleitoral decidir sobre as recusas e reclamações contra a nomeação dos membros das Mesas Receptoras, observado o prazo de 48 horas da respectiva apresentação (Lei nº 9.504/97, art. 63, *caput*).

18 de agosto - sábado
(50 dias antes)

1. Último dia para os partidos políticos recorrerem da decisão do Juiz Eleitoral sobre a nomeação dos membros da Mesa Receptora, observado o prazo de 3 dias, contados da publicação da decisão (Lei nº 9.504/97, art. 63, §1º).

2. Último dia para os responsáveis por todas as repartições, órgãos e unidades do serviço público oficiarem ao Juízo Eleitoral, informando o número, a espécie e a lotação dos veículos e embarcações de que dispõem para o primeiro e eventual segundo turnos de votação (Lei nº 6.091/74, art. 3º).

21 de agosto - terça-feira
(47 dias antes)

1. Início do período da propaganda eleitoral gratuita no rádio e na televisão (Lei nº 9.504/97, art. 47, *caput*).

2. Último dia para os Tribunais Regionais Eleitorais decidirem sobre os recursos interpostos contra a nomeação dos membros das Mesas Receptoras, observado o prazo de 3 dias da chegada do recurso no Tribunal (Lei nº 9.504/97, art. 63, §1º).

23 de agosto - quinta-feira
(45 dias antes)

1. Último dia para os Tribunais Regionais Eleitorais tornarem disponíveis ao Tribunal Superior Eleitoral as informações sobre os candidatos s eleições majoritárias e proporcionais registrados, das quais constarão, obrigatoriamente, a referência ao sexo e ao cargo a que concorrem, para fins de centralização e divulgação de dados (Lei nº 9.504/97, art. 16).
2. Data em que todos os recursos sobre pedido de registro de candidatos deverão estar julgados pela Justiça Eleitoral e publicadas as respectivas decisões (Lei nº 9.504/97, art. 16, §1º).

28 de agosto - terça-feira
(40 dias antes)

1. Último dia para os diretórios regionais dos partidos políticos indicarem integrantes da Comissão Especial de Transporte e Alimentação para o primeiro e eventual segundo turnos de votação (Lei nº 6.091/74, art. 15).

SETEMBRO DE 2012
2 de setembro - domingo

1. Último dia para verificação das fotos e dados que constarão da urna eletrônica por parte dos candidatos, partidos políticos ou coligações (Resolução nº 22.717/2008, art. 68 e Resolução nº 23.221/2010, art. 61).

4 de setembro - terça-feira

1. Último dia para os candidatos, partidos políticos ou coligações substituírem a foto e/ou dados que serão utilizados na urna eletrônica (Resolução nº 22.717/2008, art. 68, §1º e Resolução nº 23.221/2010, art. 61, §3º e §4º).

6 de setembro - quinta-feira

1. Data em que os partidos políticos e os candidatos são obrigados a divulgar, pela rede mundial de computadores (internet), relatório discriminando os recursos em dinheiro ou estimáveis em dinheiro que tenham recebido para financiamento da campanha eleitoral e os gastos que realizarem, em sítio criado pela Justiça Eleitoral para esse fim (Lei nº 9.504/97, art. 28, §4º).

7 de setembro - sexta-feira
(30 dias antes)

1. Último dia para entrega dos títulos eleitorais resultantes dos pedidos de inscrição ou de transferência (Código Eleitoral, art. 69, *caput*).
2. Último dia para o Juízo Eleitoral comunicar ao Tribunal Regional Eleitoral os nomes dos escrutinadores e dos componentes da Junta Eleitoral nomeados e publicar, mediante edital, a composição do órgão (Código Eleitoral, art. 39).
3. Último dia para a instalação da Comissão Especial de Transporte e Alimentação (Lei nº 6.091/74, art. 14).
4. Último dia para a requisição de veículos e embarcações aos órgãos ou unidades do serviço público para o primeiro e eventual segundo turnos de votação (Lei nº 6.091/74, art. 3º, §2º).
5. Último dia para os Tribunais Regionais Eleitorais designarem, em sessão pública, a comissão de auditoria para verificação do funcionamento das urnas eletrônicas, por meio de votação paralela (Resolução nº 21.127/2002 e Resolução nº 23.205/2010, art. 47).
6. Último dia de publicação, pelo Juiz Eleitoral, para uso na votação e apuração, de lista organizada em ordem alfabética, formada pelo nome completo de cada candidato e pelo nome que deve constar da urna eletrônica, também em ordem alfabética, seguidos da respectiva legenda e número (Lei nº 9.504/97, art. 12, §5º, I e II, Resolução nº 21.607/2004, e Resolução nº 21.650/2004).
7. Último dia para o Tribunal Superior Eleitoral convocar os partidos políticos, a Ordem dos Advogados do Brasil e o Ministério Público para a Cerimônia de Assinatura Digital e Lacração dos Sistemas a serem utilizados nas eleições de 2012.

10 de setembro - segunda-feira

1. Último dia para os partidos políticos oferecerem impugnação motivada aos nomes dos escrutinadores e aos componentes da Junta nomeados, constantes do edital publicado (Código Eleitoral, art. 39).
2. Último dia para os partidos políticos e coligações impugnarem a indicação de componente da comissão de auditoria para verificação do funcionamento das urnas eletrônicas, por meio de votação paralela, observado o prazo de 3 dias, contados da nomeação (Resolução nº 22.714/2008, art. 34 e Resolução nº 23.205/2010, art. 48).

12 de setembro - quarta-feira

1. Último dia para os partidos políticos, a Ordem dos Advogados do Brasil e o Ministério Público indicarem à Secretaria de Tecnologia da Informação do Tribunal Superior Eleitoral os técnicos que, como seus representantes, participarão da Cerimônia de Assinatura Digital e Lacração dos Sistemas a serem utilizados nas eleições de 2012.

17 de setembro - segunda-feira
(20 dias antes)

1. Último dia para o Tribunal Superior Eleitoral apresentar aos partidos políticos os programas de computador a serem utilizados nas eleições de 2012 (Lei nº 9.504/97, art. 66, §2º).
2. Último dia para a instalação da comissão de auditoria para verificação do funcionamento das urnas eletrônicas por meio de votação paralela (Resolução nº 21.127/2002).
3. Último dia para os Tribunais Regionais Eleitorais divulgarem, em edital, o local onde será realizada a votação paralela.

19 de setembro - quarta-feira

1. Último dia para o Tribunal Superior Eleitoral compilar, assinar digitalmente, gerar os resumos digitais (*hash*) e lacrar todos os programas-fonte, programas-executáveis, arquivos fixos, arquivos de assinatura digital e chaves públicas.

22 de setembro - sábado
(15 dias antes)

1. Data a partir da qual nenhum candidato, membro de Mesa Receptora e fiscal de partido poderão ser detidos ou presos, salvo em flagrante delito (Código Eleitoral, art. 236, §1º).
2. Último dia para a requisição de funcionários e instalações destinados aos serviços de transporte e alimentação de eleitores no primeiro e eventual segundo turnos de votação (Lei nº 6.091/74, art. 1º, §2º).
3. Data em que deve ser divulgado o quadro geral de percursos e horários programados para o transporte de eleitores para o primeiro e eventual segundo turnos de votação (Lei nº 6.091/74, art. 4º).
4. Último dia para os partidos políticos e coligações indicarem, perante os Juízos Eleitorais, o nome dos fiscais que estarão habilitados a fiscalizar os trabalhos de votação durante o pleito municipal (Resolução nº 22.895/2008).

24 de setembro - segunda-feira

1. Último dia para os partidos políticos, a Ordem dos Advogados do Brasil e o Ministério Público impugnarem os programas a serem utilizados nas eleições de 2012, por meio de petição fundamentada, observada a data de encerramento da Cerimônia de Assinatura Digital e Lacração dos Sistemas (Lei nº 9.504/97, art. 66, §3º).

25 de setembro - terça-feira

1. Último dia para a reclamação contra o quadro geral de percursos e horários programados para o transporte de eleitores no primeiro e eventual segundo turnos de votação (Lei nº 6.091/74, art. 4º, §2º).

27 de setembro - quinta-feira
(10 dias antes)

1. Último dia para o eleitor requerer a segunda via do título eleitoral dentro do seu domicílio eleitoral (Código Eleitoral, art. 52).
2. Último dia para o Juízo Eleitoral comunicar aos chefes das repartições públicas e aos proprietários, arrendatários ou administradores das propriedades particulares, a resolução de que serão os respectivos edifícios, ou parte deles, utilizados para o funcionamento das Mesas Receptoras no primeiro e eventual segundo turnos de votação (Código Eleitoral, art. 137).
3. Data a partir da qual os Tribunais Regionais Eleitorais informarão por telefone, na respectiva página da internet ou por outro meio de comunicação social, o que é necessário para o eleitor votar, vedada a prestação de tal serviço por terceiros, ressalvada a contratação de mão de obra para montagem de atendimento telefônico em ambiente supervisionado pelos Tribunais Regionais Eleitorais, assim como para a divulgação de dados referentes à localização de seções e locais de votação.

28 de setembro - sexta-feira

1. Último dia para o Juízo Eleitoral decidir as reclamações contra o quadro geral de percursos e horários para o transporte de eleitores, devendo, em seguida, divulgar, pelos meios disponíveis, o quadro definitivo (Lei nº 6.091/74, art. 4º, §3º e §4º).

OUTUBRO DE 2012
2 de outubro - terça-feira
(5 dias antes)

1. Data a partir da qual e até 48 horas depois do encerramento da eleição, nenhum eleitor poderá ser preso ou detido, salvo em flagrante delito, ou em virtude de sentença criminal condenatória por crime inafiançável, ou, ainda, por desrespeito a salvo-conduto (Código Eleitoral, art. 236, caput).
2. Último dia para os partidos políticos e coligações indicarem aos Juízos Eleitorais representantes para o Comitê Interpartidário de Fiscalização (Lei nº 9.504/97, art. 65 e Resolução nº 22.712, art. 93).

4 de outubro - quinta-feira
(3 dias antes)

1. Data a partir da qual o Juízo Eleitoral ou o Presidente da Mesa Receptora poderá expedir salvo-conduto em favor de eleitor que sofrer violência moral ou física na sua liberdade de votar (Código Eleitoral, art. 235, parágrafo único).
2. Último dia para a divulgação da propaganda eleitoral gratuita no rádio e na televisão (Lei nº 9.504/97, art. 47, caput).
3. Último dia para propaganda política mediante reuniões públicas ou promoção de comícios e utilização de aparelhagem de sonorização fixa entre as 8 e as 24 horas (Código Eleitoral, art. 240, parágrafo único e Lei nº 9.504/97, art. 39, §4º e §5º, I).
4. Último dia para a realização de debate no rádio e na televisão, admitida a extensão do debate cuja transmissão se inicie nesta data e se estenda até as 7 horas do dia 5 de outubro de 2012.
5. Último dia para o Juízo Eleitoral remeter ao Presidente da Mesa Receptora o material destinado à votação (Código Eleitoral, art. 133).
6. Último dia para os partidos políticos e coligações indicarem, perante os Juízos Eleitorais, o nome das pessoas autorizadas a expedir as credenciais dos fiscais e delegados que estarão habilitados a fiscalizar os trabalhos de votação durante o pleito eleitoral.

5 de outubro - sexta-feira
(2 dias antes)

1. Último dia para a divulgação paga, na imprensa escrita, e a reprodução na internet do jornal impresso, de propaganda eleitoral (Lei nº 9.504/97, art. 43).
2. Data em que o Presidente da Mesa Receptora que não tiver recebido o material destinado à votação deverá diligenciar para o seu recebimento (Código Eleitoral, art. 133, §2º).

6 de outubro - sábado
(1 dia antes)

1. Último dia para entrega da segunda via do título eleitoral (Código Eleitoral, art. 69, parágrafo único).
2. Último dia para a propaganda eleitoral mediante alto-falantes ou amplificadores de som, entre as 8 e as 22 horas (Lei nº 9.504/97, art. 39, §3º e §5º, I).

3. Último dia, até as 22 horas, para a distribuição de material gráfico e a promoção de caminhada, carreata, passeata ou carro de som que transite pela cidade divulgando jingles ou mensagens de candidatos (Lei nº 9.504/97, art. 39, §9º).
4. Data em que a Comissão de Votação Paralela deverá promover, entre as 9 e as 12 horas, em local e horário previamente divulgados, os sorteios das Seções Eleitorais.
5. Último dia para o Tribunal Superior Eleitoral tornar disponível, em sua página da internet, a tabela de correspondências esperadas entre urna e seção.
6. Data em que, após as 12 horas, será realizada a oficialização do Sistema de Gerenciamento dos Tribunais e Zonas Eleitorais.

7 de outubro - domingo
DIA DAS ELEIÇÕES
(Lei nº 9.504, art. 1º, *caput*)

1. Data em que se realiza a votação, observando-se, de acordo com o horário local:
Às 7 horas
Instalação da Seção Eleitoral (Código Eleitoral, art. 142).
Às 7:30 horas
Constatado o não comparecimento do Presidente da Mesa Receptora, assumirá a presidência o primeiro mesário e, na sua falta ou impedimento, o segundo mesário, um dos secretários ou o suplente, podendo o membro da Mesa Receptora que assumir a presidência nomear ad hoc, dentre os eleitores presentes, os que forem necessários para completar a Mesa (Código Eleitoral, art. 123, §2º e §3º).
Às 8 horas
Início da votação (Código Eleitoral, art. 144).
A partir das 12 horas
Oficialização do Sistema Transportador.
Até as 15 horas
Horário final para a atualização da tabela de correspondência, considerando o horário local de cada Unidade da Federação.
Às 17 horas
Encerramento da votação (Código Eleitoral, arts. 144 e 153).
A partir das 17 horas
Emissão dos boletins de urna e início da apuração e da totalização dos resultados.
2. Data em que há possibilidade de funcionamento do comércio, com a ressalva de que os estabelecimentos que funcionarem nesta data deverão proporcionar as condições para que seus funcionários possam exercer o direito/dever do voto (Resolução nº 22.963/2008).
3. Data em que é permitida a manifestação individual e silenciosa da preferência do eleitor por partido político, coligação ou candidato (Lei nº 9.504/97, art. 39-A, *caput*).
4. Data em que é vedada, até o término da votação, a aglomeração de pessoas portando vestuário padronizado, bem como bandeiras, broches, dísticos e adesivos que caracterizem manifestação coletiva, com ou sem utilização de veículos (Lei nº 9.504/97, art. 39-A, §1º).
5. Data em que, no recinto das Seções Eleitorais e Juntas Apuradoras, é proibido aos servidores da Justiça Eleitoral, aos mesários e aos escrutinadores o uso de vestuário ou objeto que contenha qualquer propaganda de partido político, de coligação ou de candidato (Lei nº 9.504/97, art. 39-A, §2º).
6. Data em que, no recinto da cabina de votação, é vedado ao eleitor portar aparelho de telefonia celular, máquinas fotográficas, filmadoras, equipamento de radiocomunicação ou qualquer instrumento que possa comprometer o sigilo do voto, devendo ficar retidos na Mesa Receptora enquanto o eleitor estiver votando (Lei n º 9.504/97, art. 91-A, parágrafo único).
7. Data em que é vedado aos fiscais partidários, nos trabalhos de votação, o uso de vestuário padronizado, sendo-lhes permitido tão só o uso de crachás com o nome e a sigla do partido político ou coligação (Lei nº 9.504/97, art. 39-A, §3º).

8. Data em que deverá ser afixada, na parte interna e externa das Seções Eleitorais e em local visível, cópia do inteiro teor do disposto no art. 39-A da Lei nº 9.504/97 (Lei nº 9.504/97, art. 39-A, §4º).
9. Data em que é vedada qualquer espécie de propaganda de partidos políticos ou de seus candidatos (Lei nº 9.504/97, art. 39, §5º, III).
10. Data em que serão realizados, das 8 às 17 horas, em cada Unidade da Federação, em um só local, designado pelo respectivo Tribunal Regional Eleitoral, os procedimentos, por amostragem, de votação paralela para fins de verificação do funcionamento das urnas sob condições normais de uso.
11. Data em que é permitida a divulgação, a qualquer momento, de pesquisas realizadas em data anterior à realização das eleições e, a partir das 17 horas do horário local, a divulgação de pesquisas feitas no dia da eleição.
12. Data em que, havendo necessidade e desde que não se tenha dado início ao processo de votação, será permitida a carga em urna, desde que convocados os representantes dos partidos políticos ou coligações, do Ministério Público e da Ordem dos Advogados do Brasil para, querendo, participar do ato.
13. Data em que, constatado problema em uma ou mais urnas antes do início da votação, o Juiz Eleitoral poderá determinar a sua substituição por urna de contingência, substituir o cartão de memória de votação ou realizar nova carga, conforme conveniência, convocando-se os representantes dos partidos políticos ou coligações, do Ministério Público e da Ordem dos Advogados do Brasil para, querendo, participar do ato.
14. Data em que poderá ser efetuada carga, a qualquer momento, em urnas de contingência ou de justificativa.
15. Último dia para o partido político requerer o cancelamento do registro do candidato que dele for expulso, em processo no qual seja assegurada a ampla defesa, com observância das normas estatutárias (Lei nº 9.504/97, art. 14).
16. Último dia para candidatos e comitês financeiros arrecadarem recursos e contraírem obrigações, ressalvada a hipótese de arrecadação com o fim exclusivo de quitação de despesas já contraídas e não pagas até esta data (Lei nº 9.504/97, art. 29, §3º).

8 de outubro - segunda-feira
(dia seguinte ao primeiro turno)

1. Data em que o Juízo Eleitoral é obrigado, até as 12 horas, sob pena de responsabilidade e multa, a transmitir ao Tribunal Regional Eleitoral e comunicar aos representantes dos partidos políticos e das coligações o número de eleitores que votaram em cada uma das seções sob sua jurisdição, bem como o total de votantes da Zona Eleitoral (Código Eleitoral, art. 156).
2. Data em que qualquer candidato, delegado ou fiscal de partido político e de coligação poderá obter cópia do relatório emitido pelo sistema informatizado de que constem as informações do número de eleitores que votaram em cada uma das seções e o total de votantes da Zona Eleitoral, sendo defeso ao Juízo Eleitoral recusar ou procrastinar a sua entrega ao requerente (Código Eleitoral, art. 156, §3º).
3. Data a partir da qual, decorrido o prazo de 24 horas do encerramento da votação (17 horas no horário local), é possível fazer propaganda eleitoral para o segundo turno (Código Eleitoral, art. 240, parágrafo único).
4. Data a partir da qual, decorrido o prazo de 24 horas do encerramento da votação (17 horas no horário local), será permitida a propaganda eleitoral mediante alto-falantes ou amplificadores de som, entre as 8 e as 22 horas, bem como a promoção de comício ou utilização aparelhagem de sonorização fixa, entre as 8 e as 24 horas (Código Eleitoral, art. 240, parágrafo único c.c. Lei nº 9.504/97, art. 39, §3º, §4º e §5º, I).
5. Data a partir da qual, decorrido o prazo de 24 horas do encerramento da votação (17 horas no horário local), será permitida a promoção de carreata e distribuição de material

de propaganda política (Código Eleitoral, art. 240, parágrafo único c.c. Lei nº 9.504/97, art. 39, §5º, I e III).

9 de outubro - terça-feira
(2 dias após o primeiro turno)

1. Término do prazo, às 17 horas, do período de validade do salvo-conduto expedido pelo Juízo Eleitoral ou Presidente da Mesa Receptora (Código Eleitoral, art. 235, parágrafo único).
2. Término do período, após as 17 horas, em que nenhum eleitor poderá ser preso ou detido, salvo em flagrante delito, ou em virtude de sentença criminal condenatória por crime inafiançável, ou, ainda, por desrespeito a salvo-conduto (Código Eleitoral, art. 236, *caput*).

10 de outubro - quarta-feira
(3 dias após o primeiro turno)

1. Último dia para o mesário que abandonou os trabalhos durante a votação apresentar ao Juízo Eleitoral sua justificativa (Código Eleitoral, art. 124, §4º).

11 de outubro - quinta-feira
(4 dias após o primeiro turno)

1. Último dia para os Tribunais Regionais Eleitorais ou os Cartórios Eleitorais entregarem aos partidos políticos e coligações, quando solicitados, os relatórios dos boletins de urna que estiverem em pendência, sua motivação e a respectiva decisão, observado o horário de encerramento da totalização.
2. Último dia para a Justiça Eleitoral tornar disponível em sua página da internet os dados de votação especificados por Seção Eleitoral, assim como as tabelas de correspondências efetivadas, observado o horário de encerramento da totalização em cada Unidade da Federação.

12 de outubro - sexta-feira

1. Último dia para o Juízo Eleitoral divulgar o resultado provisório da eleição para Prefeito e Vice-Prefeito, se obtida a maioria absoluta de votos, nos Municípios com mais de 200 mil eleitores, ou os dois candidatos mais votados, sem prejuízo desta divulgação ocorrer, nas referidas localidades, tão logo se verifique matematicamente a impossibilidade de qualquer candidato obter a maioria absoluta de votos.
2. Último dia para conclusão dos trabalhos de apuração pelas Juntas Eleitorais.

13 de outubro - sábado
(15 dias antes do segundo turno)

1. Data a partir da qual nenhum candidato que participará do segundo turno de votação poderá ser detido ou preso, salvo no caso de flagrante delito (Código Eleitoral, art. 236, §1º).
2. Data a partir da qual, nos Municípios em que não houver votação em segundo turno, os Cartórios Eleitorais não mais permanecerão abertos aos sábados, domingos e feriados, e as decisões, salvo as relativas a prestação de contas de campanha, não mais serão publicadas em cartório.
3. Data a partir da qual, nos Estados em que não houver votação em segundo turno, as Secretarias dos Tribunais Regionais Eleitorais não mais permanecerão abertas aos sábados, domingos e feriados, e as decisões não mais serão publicadas em sessão.

4. Data limite para o início do período de propaganda eleitoral gratuita, no rádio e na televisão, relativa ao segundo turno, observado o prazo final para a divulgação do resultado das eleições (Lei nº 9.504/97, art. 49, *caput*).

23 de outubro - terça-feira
(5 dias antes do segundo turno)

1. Data a partir da qual e até 48 horas depois do encerramento da eleição nenhum eleitor poderá ser preso ou detido, salvo em flagrante delito, ou em virtude de sentença criminal condenatória por crime inafiançável, ou, ainda, por desrespeito a salvo-conduto (Código Eleitoral, art. 236, *caput*).
2. Último dia para que os representantes dos partidos políticos e coligações, da Ordem dos Advogados do Brasil e do Ministério Público interessados formalizem pedido ao Juízo Eleitoral para a verificação das assinaturas digitais, a ser realizada das 48 horas que antecedem o início da votação até o momento anterior à oficialização do sistema transportador nas Zonas Eleitorais.

25 de outubro - quinta-feira
(3 dias antes do segundo turno)

1. Início do prazo de validade do salvo-conduto expedido pelo Juízo Eleitoral ou Presidente da Mesa Receptora (Código Eleitoral, art. 235, parágrafo único).
2. Último dia para propaganda política mediante reuniões públicas ou promoção de comícios (Código Eleitoral, art. 240, parágrafo único e Lei nº 9.504/97, art. 39, §4º e §5º, I).
3. Último dia para o Juízo Eleitoral remeter ao Presidente da Mesa Receptora o material destinado à votação (Código Eleitoral, art. 133).

26 de outubro - sexta-feira
(2 dias antes do segundo turno)

1. Último dia para a divulgação da propaganda eleitoral do segundo turno no rádio e na televisão (Lei nº 9.504/97, art. 49, *caput*).
2. Último dia para a divulgação paga, na imprensa escrita, de propaganda eleitoral do segundo turno (Lei nº 9.504/97, art. 43, *caput*).
3. Último dia para a realização de debate, não podendo estender-se além do horário de meia-noite (Resolução nº 22.452/2006).
4. Data em que o Presidente da Mesa Receptora que não tiver recebido o material destinado à votação deverá diligenciar para o seu recebimento (Código Eleitoral, art. 133, §2º).
5. Último dia para a Receita Federal encaminhar à Justiça Eleitoral, por meio eletrônico listas contendo: nome do candidato ou comitê financeiro; número do título de eleitor e de inscrição no CPF do candidato ou do Presidente do comitê financeiro, conforme o caso; número de inscrição no CNPJ; e data da inscrição (Instrução Normativa Conjunta RFB/TSE nº 1019/2010, art. 6º).

27 de outubro - sábado
(1 dia antes do segundo turno)

1. Último dia para a propaganda eleitoral mediante alto-falantes ou amplificadores de som, entre as 8 e as 22 horas (Lei nº 9.504/97, art. 39, §3º e §5º, I).
2. Último dia, até as 22 horas, para a distribuição de material gráfico e a promoção de caminhada, carreata, passeata ou carro de som que transite pela cidade divulgando jingles ou mensagens de candidatos (Lei nº 9.504/97, art. 39, §9º).

3. Data em que a Comissão de Votação Paralela deverá promover, entre as 9 e as 12 horas, em local e horário previamente divulgados, os sorteios das Seções Eleitorais.
4. Último dia para o Tribunal Superior Eleitoral tornar disponível, na sua página da internet, a tabela de correspondências esperadas entre urna e seção.

28 de outubro - domingo
DIA DA ELEIÇÃO
(Lei nº 9.504/97, art. 2º, §1º)

1. Data em que se realiza a votação, observando-se, de acordo com o horário local:
Às 7 horas
Instalação da Seção Eleitoral (Código Eleitoral, art. 142).
Às 7:30 horas
Constatado o não comparecimento do Presidente da Mesa Receptora, assumirá a presidência o primeiro mesário e, na sua falta ou impedimento, o segundo mesário, um dos secretários ou o suplente, podendo o membro da Mesa Receptora que assumir a presidência nomear ad hoc, dentre os eleitores presentes, os que forem necessários para completar a Mesa (Código Eleitoral, art. 123, §2º e §3º).
Às 8 horas
Início da votação (Código Eleitoral, art. 144).
Até as 15 horas
Horário final para a atualização da tabela de correspondência, considerando o horário local de cada Unidade da Federação.
Às 17 horas
Encerramento da votação (Código Eleitoral, arts. 144 e 153).
A partir das 17 horas
Emissão dos boletins de urna e início da apuração e da totalização dos resultados.
2. Data em que é possível o funcionamento do comércio, com a ressalva de que os estabelecimentos que funcionarem nesta data deverão proporcionar as condições para que seus funcionários possam exercer o direito/dever do voto (Resolução nº 22.963/2008).
3. Data em que é permitida a manifestação individual e silenciosa da preferência do eleitor por partido político, coligação ou candidato (Lei nº 9.504/97, art. 39-A, *caput*).
4. Data em que é vedada, até o término da votação, a aglomeração de pessoas portando vestuário padronizado, bem como bandeiras, broches, dísticos e adesivos que caracterizem manifestação coletiva, com ou sem utilização de veículos (Lei nº 9.504/97, art. 39-A, §1º).
5. Data em que, no recinto das Seções Eleitorais e Juntas Apuradoras, é proibido aos servidores da Justiça Eleitoral, aos mesários e aos escrutinadores o uso de vestuário ou objeto que contenha qualquer propaganda de partido político, de coligação ou de candidato (Lei nº 9.504/97, art. 39-A, §2º).
6. Data em que, no recinto da cabina de votação, é vedado ao eleitor portar aparelho de telefonia celular, máquinas fotográficas, filmadoras, equipamento de radiocomunicação ou qualquer instrumento que possa comprometer o sigilo do voto, devendo ficar retidos na Mesa Receptora enquanto o eleitor estiver votando (Lei nº 9.504/97, art. 91-A, parágrafo único).
7. Data em que é vedado aos fiscais partidários, nos trabalhos de votação, o uso de vestuário padronizado, sendo-lhes permitido tão só o uso de crachás com o nome e a sigla do partido político ou coligação (Lei nº 9.504/97, art. 39-A, §3º).
8. Data em que deverá ser afixada, na parte interna e externa das Seções Eleitorais e em local visível, cópia do inteiro teor do disposto no art. 39-A da Lei nº 9.504/97 (Lei nº 9.504/97, art. 39-A, §4º).
9. Data em que é vedada qualquer espécie de propaganda de partidos políticos ou de seus candidatos (Lei nº 9.504/97, art. 39, §5º, III).

10. Data em que serão realizados, das 8 às 17 horas, em cada Unidade da Federação, em um só local, designado pelo respectivo Tribunal Regional Eleitoral, os procedimentos, por amostragem, de votação paralela para fins de verificação do funcionamento das urnas sob condições normais de uso.
11. Data em que é permitida a divulgação, a qualquer momento, de pesquisas realizadas em data anterior à realização das eleições e, a partir das 17 horas do horário local, a divulgação de pesquisas feitas no dia da eleição.
12. Data em que, havendo necessidade e desde que não se tenha dado início ao processo de votação, será permitida a carga em urna, desde que convocados os representantes dos partidos políticos ou coligações, do Ministério Público e da Ordem dos Advogados do Brasil para, querendo, participarem do ato.
13. Data em que, constatado problema em uma ou mais urnas antes do início da votação, o Juízo Eleitoral poderá determinar a sua substituição por urna de contingência, substituir o cartão de memória de votação ou realizar nova carga, conforme conveniência, convocando-se os representantes dos partidos políticos ou coligações, do Ministério Público e da Ordem dos Advogados do Brasil para, querendo, participar do ato.
14. Data em que poderá ser efetuada carga, a qualquer momento, em urnas de contingência ou de justificativa.
15. Último dia para candidatos e comitês financeiros que disputam o segundo turno arrecadarem recursos e contraírem obrigações, ressalvada a hipótese de arrecadação com o fim exclusivo de quitação de despesas já contraídas e não pagas até esta data (Lei nº 9.504/97, art. 29, §3º).

29 de outubro - segunda-feira
(dia seguinte ao segundo turno)

1. Data em que o Juízo Eleitoral é obrigado, até as 12 horas, sob pena de responsabilidade e multa, a transmitir ao Tribunal Regional Eleitoral e comunicar aos representantes dos partidos políticos e das coligações o número de eleitores que votaram em cada uma das seções sob sua jurisdição, bem como o total de votantes da Zona Eleitoral (Código Eleitoral, art. 156).
2. Data em que qualquer candidato, delegado ou fiscal de partido político e de coligação poderá obter cópia do relatório emitido pelo sistema informatizado de que constem as informações do número de eleitores que votaram em cada uma das seções e o total de votantes da Zona Eleitoral, sendo defeso ao Juízo Eleitoral recusar ou procrastinar a sua entrega ao requerente (Código Eleitoral, art. 156, §3º).

30 de outubro - terça-feira
(2 dias após o segundo turno)

1. Término do prazo, às 17 horas, do período de validade do salvo-conduto expedido pelo Juízo Eleitoral ou pelo Presidente da Mesa Receptora (Código Eleitoral, art. 235, parágrafo único).
2. Término do período, após as 17 horas, em que nenhum eleitor poderá ser preso ou detido, salvo em flagrante delito, ou em virtude de sentença criminal condenatória por crime inafiançável, ou, ainda, por desrespeito a salvo-conduto (Código Eleitoral, art. 236, *caput*).

31 de outubro - quarta-feira
(3 dias após o segundo turno)

1. Último dia para o mesário que abandonou os trabalhos durante a votação de 28 de outubro apresentar justificativa ao Juízo Eleitoral (Código Eleitoral, art. 124, §4º).

NOVEMBRO DE 2012
2 de novembro - sexta-feira
(5 dias após o segundo turno)

1. Último dia em que os feitos eleitorais terão prioridade para a participação do Ministério Público e dos Juízes de todas as justiças e instâncias, ressalvados os processos de habeas corpus e mandado de segurança (Lei nº 9.504/97, art. 94, *caput*).
2. Último dia para o Juízo Eleitoral divulgar o resultado provisório da eleição para Prefeito e Vice-Prefeito em segundo turno.
3. Último dia para o encerramento dos trabalhos de apuração do segundo turno pelas Juntas Eleitorais (Código Eleitoral, art. 159, e Lei nº 6.996/82, art. 14).

6 de novembro - terça-feira
(30 dias após o primeiro turno)

1. Último dia para o mesário que faltou à votação de 7 de outubro apresentar justificativa ao Juízo Eleitoral (Código Eleitoral, art. 124).
2. Último dia para os candidatos, inclusive a vice e a suplentes, comitês financeiros e partidos políticos encaminharem à Justiça Eleitoral as prestações de contas referentes ao primeiro turno, salvo as dos candidatos que concorreram ao segundo turno das eleições (Lei nº 9.504/97, art. 29, III e IV).
3. Último dia para encaminhamento da prestação de contas pelos candidatos às eleições proporcionais que optarem por fazê-lo diretamente à Justiça Eleitoral (Lei nº 9.504/97, art. 29, §1º).
4. Último dia para os candidatos, os partidos políticos e as coligações, nos Estados onde não houve segundo turno, removerem as propagandas relativas às eleições, com a restauração do bem, se for o caso (Resolução nº 22.718/2008, art. 78 e Resolução nº 23.191/2009, art. 89).
5. Último dia para o pagamento de aluguel de veículos e embarcações referente à votação de 7 de outubro, caso não tenha havido votação em segundo turno (Lei nº 6.091/74, art. 2º, parágrafo único).

16 de novembro - sexta-feira

1. Data a partir da qual os Cartórios e as Secretarias dos Tribunais Regionais Eleitorais, exceto a do Tribunal Superior Eleitoral e as unidades responsáveis pela análise das prestações de contas, não mais permanecerão abertos aos sábados, domingos e feriados, e as decisões, salvo as referentes às prestações de contas de campanha, não mais serão publicadas em cartório ou em sessão.
2. Último dia para a proclamação dos candidatos eleitos.

27 de novembro - terça-feira
(30 dias após o segundo turno)

1. Último dia para os candidatos, os partidos políticos e as coligações, nos Estados onde houve segundo turno, removerem as propagandas relativas às eleições, com a restauração do bem, se for o caso (Resolução nº 22.622/2007).
2. Último dia para os candidatos, inclusive a vice e a suplentes, comitês financeiros e partidos políticos encaminharem à Justiça Eleitoral as prestações de contas dos candidatos que concorreram ao segundo turno das eleições (Lei nº 9.504/97, art. 29, IV).
3. Último dia para o pagamento do aluguel de veículos e embarcações referente às eleições de 2012, nos Estados onde tenha havido votação em segundo turno (Lei nº 6.091/74, art. 2º, parágrafo único).

4. Último dia para o mesário que faltou à votação de 28 de outubro apresentar justificativa ao Juízo Eleitoral (Código Eleitoral, art. 124).

DEZEMBRO DE 2012
6 de dezembro - quinta-feira
(60 dias após o primeiro turno)

1. Último dia para o eleitor que deixou de votar nas eleições de 7 de outubro apresentar justificativa ao Juízo Eleitoral (Lei nº 6.091/74, art. 7º).
2. Último dia para o Juízo Eleitoral responsável pela recepção dos requerimentos de justificativa, nos locais onde não houve segundo turno, assegurar o lançamento dessas informações no cadastro de eleitores, determinando todas as providências relativas à conferência obrigatória e digitação dos dados, quando necessário.

11 de dezembro - terça-feira

1. Último dia do prazo para a publicação da decisão do Juízo Eleitoral que julgar as contas dos candidatos eleitos (Lei nº 9.504/97, art. 30, §1º).

19 de dezembro - quarta-feira

1. Último dia para a diplomação dos eleitos.
2. Data a partir da qual o Tribunal Superior Eleitoral não mais permanecerá aberto aos sábados, domingos e feriados, e as decisões não mais serão publicadas em sessão (Resolução nº 22.971/2008).

27 de dezembro - quinta-feira
(60 dias após o segundo turno)

1. Último dia para o eleitor que deixou de votar no dia 28 de outubro apresentar justificativa ao Juízo Eleitoral (Lei nº 6.091/74, art. 7º).
2. Último dia para o Juízo Eleitoral responsável pela recepção dos requerimentos de justificativa, nos locais onde houve segundo turno, assegurar o lançamento dessas informações no cadastro de eleitores, determinando todas as providências relativas à conferência obrigatória e digitação dos dados, quando necessário.

31 de dezembro - segunda-feira

1. Data em que todas as inscrições dos candidatos e comitês financeiros na Receita Federal serão, de ofício, canceladas (Instrução Normativa Conjunta RFB/TSE nº 1019/2010, art. 7º).

JANEIRO DE 2013
15 de janeiro - terça-feira

1. Data a partir da qual não há mais necessidade de preservação e guarda dos documentos e materiais produzidos nas eleições de 2012, dos meios de armazenamento de dados utilizados pelos sistemas eleitorais, bem como as cópias de segurança dos dados, desde que não haja recurso envolvendo as informações neles contidas.
2. Data a partir da qual os sistemas utilizados nas eleições de 2012 poderão ser desinstalados, desde que não haja recurso envolvendo procedimentos a eles inerentes.
3. Último dia para os partidos políticos e coligações solicitarem os arquivos de log referentes ao Sistema Gerenciador de Dados, Aplicativos e Interface com a Urna Eletrônica.
4. Último dia para os partidos políticos e coligações solicitarem cópias dos boletins de urna e dos arquivos de log referentes ao Sistema de Totalização.

5. Último dia para os partidos políticos solicitarem formalmente aos Tribunais Regionais Eleitorais as informações relativas às ocorrências de troca de urnas.
6. Último dia para os partidos políticos ou coligação requererem cópia do Registro Digital do Voto.
7. Último dia para a realização, após as eleições, da verificação da assinatura digital e dos resumos digitais (*hash*).

16 de janeiro - quarta-feira

1. Data a partir da qual poderão ser retirados das urnas os lacres e cartões de memória de carga e realizada a formatação das mídias.
2. Data a partir da qual as cédulas e as urnas de lona, porventura utilizadas nas eleições de 2012, poderão ser respectivamente inutilizadas e deslacradas, desde que não haja pedido de recontagem de votos ou recurso quanto ao seu conteúdo.

JULHO DE 2013
31 de julho - quarta-feira

1. Último dia para os Juízos Eleitorais concluírem os julgamentos das prestações de contas de campanha eleitoral dos candidatos não eleitos.

MAIO DE 2014
8 de maio - quinta-feira

1. Data a partir da qual, até 7 de junho de 2014, deverão ser incinerados os lacres destinados às eleições de 2012 que não foram utilizados.

Brasília, 28 de junho de 2011.

Resolução nº 23.358, de 13 de outubro de 2011

Instrução nº 934-66.2011.6.00.0000, Classe 19, Brasília/DF. Rel. Min. Arnaldo Versiani. DJE-TSE, 11.11.2011.

Dispõe sobre as cédulas oficiais de uso contingente para as eleições de 2012.

O Tribunal Superior Eleitoral, no uso das atribuições que lhe conferem o art. 23, inciso IX, do Código Eleitoral e o art. 105 da Lei nº 9.504, de 30 de setembro de 1997, resolve expedir a seguinte instrução:

Art. 1º As cédulas de que trata esta resolução serão utilizadas pela Mesa Receptora de Votos que passar para o sistema de votação manual, após fracassadas todas as tentativas de votação em urna eletrônica.

Art. 2º As cédulas serão exclusivamente confeccionadas e distribuídas conforme planejamento estabelecido pelo Tribunal Regional Eleitoral.

Art. 3º A impressão das cédulas será feita em papel opaco, com tinta preta e em tipos uniformes de letras e números (Código Eleitoral, art. 104, *caput* e Lei nº 9.504/97, art. 83, *caput*).

Art. 4º Haverá duas cédulas distintas — uma de cor amarela, para a eleição majoritária, e outra de cor branca, para a eleição proporcional —, a serem confeccionadas de acordo com os modelos anexos e de maneira tal que, dobradas, resguardem o sigilo do voto sem que seja necessário o emprego de cola para fechá-las (Código Eleitoral, art. 104, §6º e Lei nº 9.504/97, arts. 83, §1º, e 84).

Art. 5º A cédula terá espaços para que o eleitor escreva o nome ou o número do candidato escolhido, ou a sigla ou o número do partido político de sua preferência (Lei nº 9.504/97, art. 83, §3º).

Art. 6º No verso de cada cédula será impressa faixa na cor preta com cobertura de 100% em *off-set*, contraposta ao espaço destinado ao voto do eleitor, de forma a impedir a identificação do seu conteúdo.

Art. 7º Esta resolução entra em vigor na data de sua publicação.

Brasília, 13 de outubro de 2011.

RESOLUÇÃO Nº 23.358, DE 13 DE OUTUBRO DE 2011 | 277

ANEXO I

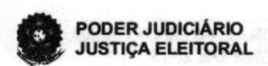

PODER JUDICIÁRIO
JUSTIÇA ELEITORAL

MODELO DA CÉDULA ELEITORAL MAJORITÁRIA
ELEIÇÕES MUNICIPAIS DE 2012

FRENTE

JUSTIÇA ELEITORAL

PARA PREFEITO

NOME OU NÚMERO DO CANDIDATO

- Confeccionar em papel opaco amarelo de 75 g/m².
- Dimensões: altura 84 mm; largura 191 mm; largura após a dobra 84 mm.

VERSO

1ª DOBRA | 2ª DOBRA

PRESIDENTE

MESÁRIO
MESÁRIO

ANEXO II

PODER JUDICIÁRIO
JUSTIÇA ELEITORAL

MODELO DA CÉDULA ELEITORAL PROPORCIONAL
ELEIÇÕES MUNICIPAIS DE 2012

FRENTE

JUSTIÇA ELEITORAL

PARA VEREADOR

NOME OU NÚMERO DO CANDIDATO OU SIGLA OU NÚMERO DO PARTIDO

- Confeccionar em papel opaco branco de 75 g/m².
- Dimensões: altura 84 mm; largura 191 mm; largura após a dobra 84 mm.

VERSO

1ª DOBRA

2ª DOBRA

PRESIDENTE

MESÁRIO

MESÁRIO

Resolução nº 23.359, de 13 de outubro de 2011

Instrução nº 936-36.2011.6.00.0000, Classe 19, Brasília/DF.
Rel. Min. Arnaldo Versiani. DJE-TSE, 11 nov. 2011.

Dispõe sobre os formulários a serem utilizados nas eleições de 2012.

O Tribunal Superior Eleitoral, no uso das atribuições que lhe conferem o art. 23, inciso IX, do Código Eleitoral e o art. 105 da Lei nº 9.504, de 30 de setembro de 1997, resolve expedir a seguinte instrução:

Art. 1º Os formulários para as eleições de 2012 serão os constantes dos anexos desta resolução.

Art. 2º Será de responsabilidade do Tribunal Superior Eleitoral a confecção dos seguintes formulários:
I - Caderno de Folhas de Votação para dois turnos (Anexo I): no tamanho 260x297mm, papel branco de 90g/m², impressão frente em *off-set*, na cor sépia e impressão de dados variáveis, na cor preta, contendo relação de eleitores impedidos de votar;
II - Caderno de Folhas de Votação para um turno (Anexo II): no tamanho 210x297mm, papel branco de 90g/m², impressão frente em *off-set*, na cor sépia e impressão de dados variáveis, na cor preta, contendo relação de eleitores impedidos de votar;
III - Requerimento de Justificativa Eleitoral (Anexo III): no tamanho 74x280mm, papel branco de 75g/m², impressão frente na cor sépia.

Art. 3º Será de responsabilidade dos Tribunais Regionais Eleitorais a confecção dos seguintes formulários:
I - Ata da Mesa Receptora de Justificativas (Anexo IV): no formato A4, papel branco de 75g/m², impressão frente na cor preta;
II - Ata da Mesa Receptora de Votos (Anexo V): no formato A4, papel branco de 75g/m², impressão frente e verso na cor preta.

Art. 4º A distribuição dos formulários de que trata esta resolução será realizada conforme planejamento estabelecido pelo respectivo Tribunal Regional Eleitoral.

Art. 5º Esta resolução entra em vigor na data de sua publicação.

Brasília, 13 de outubro de 2011.

ANEXO I

TRIBUNAL REGIONAL ELEITORAL
Eleições 2012
Folhas de Votação

UNIDADE DA FEDERAÇÃO
PIAUÍ

CÓDIGO - NOME DO MUNICÍPIO
10006 - BRASILEIRA

ZONA	LOCAL	SEÇÃO
0011	1023	0083

Atenção

1. O manuseio correto deste Caderno de Folhas de Votação é muito importante.
2. Os nomes dos eleitores estão em ordem alfabética.
3. O eleitor com título desta Zona e Seção cujo nome não conste no caderno, mas conste na Urna Eletrônica, poderá votar, devendo a situação ser registrada na Ata de Mesa Receptora de Votos.
4. Os eleitores suspensos ou impedidos de votar, desta Seção, estão relacionados na contracapa deste caderno.
5. Confira se o nome e a sequência do eleitor apresentado no Microterminal coincide com o constante na folha de votação respectiva.
6. Cuide para que o eleitor assine no espaço reservado ao seu nome.
7. Verifique se está entregando o comprovante correto ao eleitor.
8. Após o encerramento da votação, confira se a quantidade de eleitores que votaram na urna eletrônica coincide com o comparecimento verificado nas folhas de votação.
9. Lembre-se de que este Caderno de Folhas de Votação, contendo as assinaturas ou impressões digitais dos eleitores, comprova o comparecimento dos eleitores à eleição. Assim, deve ser devolvido à Justiça Eleitoral em perfeitas condições.

Art. 309 do Código Eleitoral - "Votar ou tentar votar mais de uma vez, ou em lugar de outrem: Pena - reclusão até três anos"

DADOS DO CADERNO

Sequência Inicial:	001	Inscrição Inicial: 0264 9057 1517
Eleitor Inicial :	ANTÔNIA PASSOS DE SOUSA GUIMARÃES	
Sequência Final :	008	Inscrição Final : 0898 5695 1550
Eleitor Final :	ZULMIRA SANTOS DE MENESES AMARAL	

PASTA (CADERNO)	Nº DE PÁGINAS	ELEITORADO APTO
0001 (1/1)	001	008/008

COMPARECIMENTO 1º TURNO

COMPARECIMENTO 2º TURNO

ASSINATURA DO PRESIDENTE DA MESA 1º TURNO

ASSINATURA DO PRESIDENTE DA MESA 2º TURNO

ANEXO I

RESOLUÇÃO Nº 23.359, DE 13 DE OUTUBRO DE 2011 | 281

TRIBUNAL REGIONAL ELEITORAL - PI
Folha de Votação Eleições 2012

10006 - BRASILEIRA
ZONA 0011 | LOCAL 1023 | SEÇÃO 0083 | PÁGINA 0001 | PASTA (CADERNO) 000001(1/1)

COMPROVANTE DE VOTAÇÃO 2º TURNO
COMPROVANTE DE VOTAÇÃO 1º TURNO

Seq	Eleitor	Mãe	Nascimento	Inscrição
001	ANTÔNIA PASSOS DE SOUSA GUIMARÃES	NELCINA ANGELICA DE SOUSA	12/06/1976	0264 9057 1517
002	BARBARA CUSTODIO DA COSTA	RAIMUNDA CUSTODIO DA COSTA	13/02/1983	0050 2253 1580
003	FRANCISCO DAS CHAGAS NETO	FRANCISCA MARIA DAS CHAGAS	05/10/1945	0386 2310 1512
004	FRANCISCO DAS CHAGAS NETO	MARIA PEREIRA DA CHAGAS	12/09/1986	0188 1979 1520
005	GEOVANE RODRIGUES DOS SANTOS	RAIMUNDA ARAUJO DOS SANTOS	01/01/1990	0400 7170 1579
006	HUMBERTO FALCÃO NETO	MARIA FALCÃO AMARAL	01/06/1975	0351 1265 1510
007	IRACEMA MENESES DE SOUSA COSTA SOBRINHO	MARIA CONCEIÇÃO DE SOUSA	09/12/1989	0388 9937 1564
008	ZULMIRA SANTOS DE MENESES AMARAL	MARIA LUCIA DE MENESES	10/08/1979	0898 5695 1550

Exemplo Formulário

JUSTIÇA ELEITORAL ELEIÇÕES 2012	PASTA: 99999
TRIBUNAL REGIONAL ELEITORAL - UF	PÁGINA: 99999
RELAÇÃO DE ELEITORES IMPEDIDOS DE VOTAR - Período de 99/99/9999 a 9999	DATA: 99/99/2010
TURNO: 1	

MUNICÍPIO: 9999-9	NOME DO MUNICÍPIO	ZONA: 999	SEÇÃO: 9999
Inscrição	Data Nascimento	Eleitor	Situação
123456789012	99/99/9999	Antonio Henrique Carvalho Almeida Cavalcante da Silva	Cancelado
123456789012	99/99/9999	Antonio Henrique Carvalho Almeida Cavalcante da Silva	Suspenso
123456789012	99/99/9999	Antonio Henrique Carvalho Almeida Cavalcante da Silva	Cancelado
123456789012	99/99/9999	Antonio Henrique Carvalho Almeida Cavalcante da Silva	Suspenso
123456789012	99/99/9999	Antonio Henrique Carvalho Almeida Cavalcante da Silva	Cancelado
123456789012	99/99/9999	Antonio Henrique Carvalho Almeida Cavalcante da Silva	Cancelado
123456789012	99/99/9999	Antonio Henrique Carvalho Almeida Cavalcante da Silva	Cancelado
123456789012	99/99/9999	Antonio Henrique Carvalho Almeida Cavalcante da Silva	Suspenso
123456789012	99/99/9999	Antonio Henrique Carvalho Almeida Cavalcante da Silva	Cancelado
123456789012	99/99/9999	Antonio Henrique Carvalho Almeida Cavalcante da Silva	Suspenso
123456789012	99/99/9999	Antonio Henrique Carvalho Almeida Cavalcante da Silva	Cancelado
123456789012	99/99/9999	Antonio Henrique Carvalho Almeida Cavalcante da Silva	Cancelado
123456789012	99/99/9999	Antonio Henrique Carvalho Almeida Cavalcante da Silva	Cancelado
123456789012	99/99/9999	Antonio Henrique Carvalho Almeida Cavalcante da Silva	Suspenso
123456789012	99/99/9999	Antonio Henrique Carvalho Almeida Cavalcante da Silva	Cancelado

Total de Eleitores Impedidos de Votar na Seção – 999

ANEXO II

TRIBUNAL REGIONAL ELEITORAL
Eleições 2012
Folhas de Votação

UNIDADE DA FEDERAÇÃO
RONDÔNIA

CÓDIGO - NOME DO MUNICÍPIO
00019 - GUAJARÁ-MIRIM

ZONA	LOCAL	SEÇÃO
0001	1023	0083

Atenção

1. O manuseio correto deste Caderno de Folhas de Votação é muito importante.
2. Os nomes dos eleitores estão em ordem alfabética.
3. O eleitor com título desta Zona e Seção cujo nome não conste no caderno, mas conste na Urna Eletrônica, poderá votar, devendo a situação ser registrada na Ata de Mesa Receptora de Votos.
4. Os eleitores suspensos ou impedidos de votar, desta Seção, estão relacionados na contracapa deste caderno.
5. Confira se o nome e a sequência do eleitor apresentado no Microterminal coincide com o constante na folha de votação respectiva.

6. Cuide para que o eleitor assine no espaço reservado ao seu nome.
7. Verifique se está entregando o comprovante correto ao eleitor.
8. Após o encerramento da votação, confira se a quantidade de eleitores que votaram na urna eletrônica coincide com o comparecimento verificado nas folhas de votação.
9. Lembre-se de que este Caderno de Folhas de Votação, contendo as assinaturas ou impressões digitais dos eleitores, comprova o comparecimento dos eleitores à eleição. Assim, deve ser devolvido à Justiça Eleitoral em perfeitas condições.

Art. 309 do Código Eleitoral - "Votar ou tentar votar mais de uma vez, ou em lugar de outrem: Pena - reclusão até três anos"

DADOS DO CADERNO

Sequência Inicial: 001   Inscrição Inicial: 0264 9057 2317
Eleitor Inicial   : ADRIANA PASSOS DE SOUSA GUIMARÃES

Sequência Final : 008   Inscrição Final : 0898 5698 2350
Eleitor Final   : ZULEIDE SANTOS DE MENESES AMARAL

PASTA (CADERNO)	Nº DE PÁGINAS	ELEITORADO APTO
0001 (1/1)	001	008/008

COMPARECIMENTO

ASSINATURA DO PRESIDENTE DA MESA

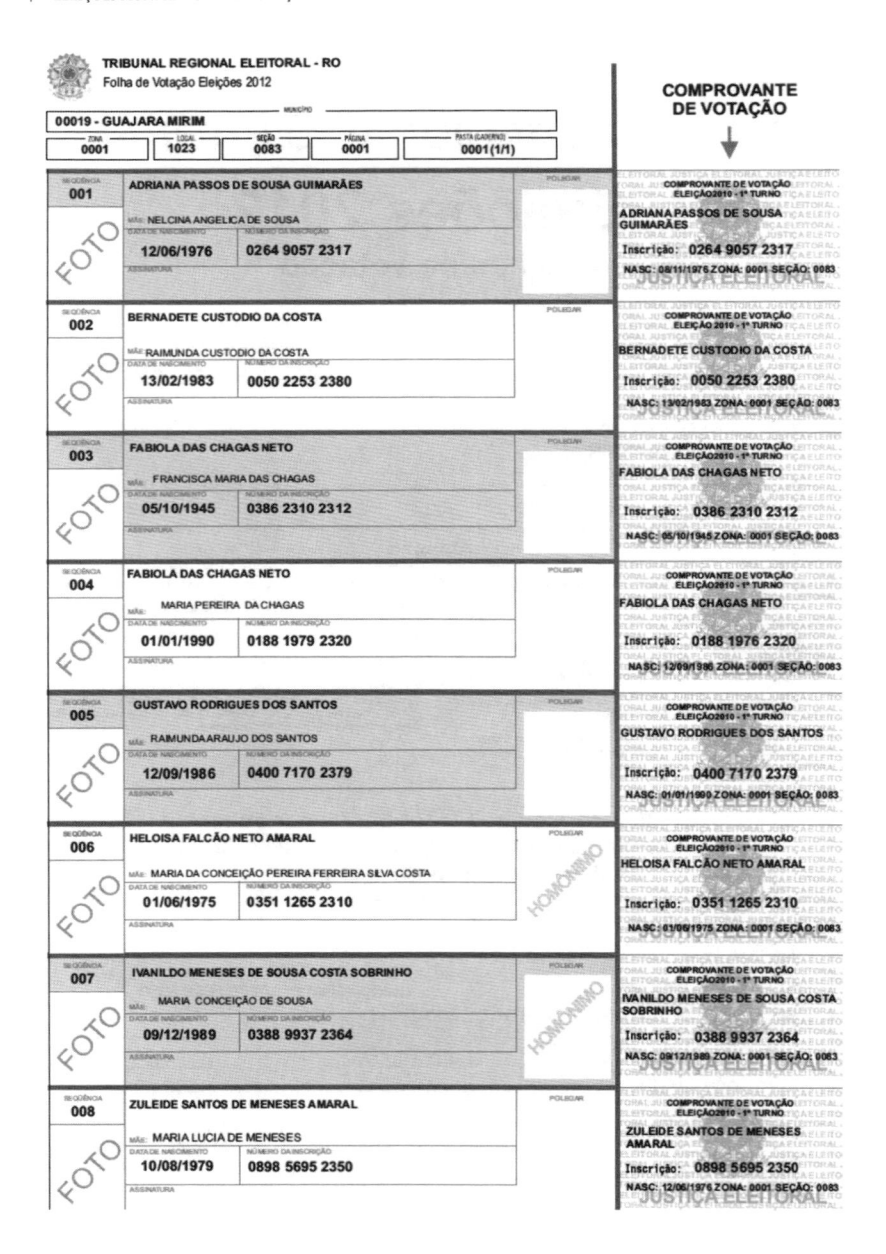

TRIBUNAL REGIONAL ELEITORAL - RO
Folha de Votação Eleições 2012

00019 - GUAJARA MIRIM

ZONA	LOCAL	SEÇÃO	PÁGINA	PASTA (CADERNO)
0001	1023	0083	0001	0001(1/1)

COMPROVANTE DE VOTAÇÃO

---

001 — ADRIANA PASSOS DE SOUSA GUIMARÃES
Mãe: NELCINA ANGELICA DE SOUSA
Data de Nascimento: 12/06/1976 — Número da Inscrição: 0264 9057 2317

COMPROVANTE DE VOTAÇÃO — ELEIÇÃO 2010 - 1º TURNO
ADRIANA PASSOS DE SOUSA GUIMARÃES
Inscrição: 0264 9057 2317
NASC: 08/11/1976 ZONA: 0001 SEÇÃO: 0083

---

002 — BERNADETE CUSTODIO DA COSTA
Mãe: RAIMUNDA CUSTODIO DA COSTA
Data de Nascimento: 13/02/1983 — Número da Inscrição: 0050 2253 2380

COMPROVANTE DE VOTAÇÃO — ELEIÇÃO 2010 - 1º TURNO
BERNADETE CUSTODIO DA COSTA
Inscrição: 0050 2253 2380
NASC: 13/02/1983 ZONA: 0001 SEÇÃO: 0083

---

003 — FABIOLA DAS CHAGAS NETO
Mãe: FRANCISCA MARIA DAS CHAGAS
Data de Nascimento: 05/10/1945 — Número da Inscrição: 0386 2310 2312

COMPROVANTE DE VOTAÇÃO — ELEIÇÃO 2010 - 1º TURNO
FABIOLA DAS CHAGAS NETO
Inscrição: 0386 2310 2312
NASC: 05/10/1945 ZONA: 0001 SEÇÃO: 0083

---

004 — FABIOLA DAS CHAGAS NETO
Mãe: MARIA PEREIRA DA CHAGAS
Data de Nascimento: 01/01/1990 — Número da Inscrição: 0188 1979 2320

COMPROVANTE DE VOTAÇÃO — ELEIÇÃO 2010 - 1º TURNO
FABIOLA DAS CHAGAS NETO
Inscrição: 0188 1976 2320
NASC: 12/09/1986 ZONA: 0001 SEÇÃO: 0083

---

005 — GUSTAVO RODRIGUES DOS SANTOS
Mãe: RAIMUNDA ARAUJO DOS SANTOS
Data de Nascimento: 12/09/1986 — Número da Inscrição: 0400 7170 2379

COMPROVANTE DE VOTAÇÃO — ELEIÇÃO 2010 - 1º TURNO
GUSTAVO RODRIGUES DOS SANTOS
Inscrição: 0400 7170 2379
NASC: 01/01/1990 ZONA: 0001 SEÇÃO: 0083

---

006 — HELOISA FALCÃO NETO AMARAL
Mãe: MARIA DA CONCEIÇÃO PEREIRA FERREIRA SILVA COSTA
Data de Nascimento: 01/06/1975 — Número da Inscrição: 0351 1265 2310

COMPROVANTE DE VOTAÇÃO — ELEIÇÃO 2010 - 1º TURNO
HELOISA FALCÃO NETO AMARAL
Inscrição: 0351 1265 2310
NASC: 01/06/1975 ZONA: 0001 SEÇÃO: 0083

---

007 — IVANILDO MENESES DE SOUSA COSTA SOBRINHO
Mãe: MARIA CONCEIÇÃO DE SOUSA
Data de Nascimento: 09/12/1989 — Número da Inscrição: 0388 9937 2364

COMPROVANTE DE VOTAÇÃO — ELEIÇÃO 2010 - 1º TURNO
IVANILDO MENESES DE SOUSA COSTA SOBRINHO
Inscrição: 0388 9937 2364
NASC: 09/12/1989 ZONA: 0001 SEÇÃO: 0083

---

008 — ZULEIDE SANTOS DE MENESES AMARAL
Mãe: MARIA LUCIA DE MENESES
Data de Nascimento: 10/08/1979 — Número da Inscrição: 0898 5695 2350

COMPROVANTE DE VOTAÇÃO — ELEIÇÃO 2010 - 1º TURNO
ZULEIDE SANTOS DE MENESES AMARAL
Inscrição: 0898 5695 2350
NASC: 12/06/1976 ZONA: 0001 SEÇÃO: 0083

Exemplo Formulário

JUSTIÇA ELEITORAL	ELEIÇÕES 2012		PASTA: 99999
TRIBUNAL REGIONAL ELEITORAL - UF			PÁGINA: 99999
RELAÇÃO DE ELEITORES IMPEDIDOS DE VOTAR - Período de 99/99/9999 a 9999			DATA: 99/99/2010
TURNO: 1			

MUNICÍPIO: 9999-9	NOME DO MUNICÍPIO	ZONA: 999	SEÇÃO: 9999
Inscrição	Data Nascimento	Eleitor	Situação
123456789012	99/99/9999	Antonio Henrique Carvalho Almeida Cavalcante da Silva	Cancelado
123456789012	99/99/9999	Antonio Henrique Carvalho Almeida Cavalcante da Silva	Suspenso
123456789012	99/99/9999	Antonio Henrique Carvalho Almeida Cavalcante da Silva	Cancelado
123456789012	99/99/9999	Antonio Henrique Carvalho Almeida Cavalcante da Silva	Suspenso
123456789012	99/99/9999	Antonio Henrique Carvalho Almeida Cavalcante da Silva	Cancelado
123456789012	99/99/9999	Antonio Henrique Carvalho Almeida Cavalcante da Silva	Cancelado
123456789012	99/99/9999	Antonio Henrique Carvalho Almeida Cavalcante da Silva	Cancelado
123456789012	99/99/9999	Antonio Henrique Carvalho Almeida Cavalcante da Silva	Suspenso
123456789012	99/99/9999	Antonio Henrique Carvalho Almeida Cavalcante da Silva	Cancelado
123456789012	99/99/9999	Antonio Henrique Carvalho Almeida Cavalcante da Silva	Suspenso
123456789012	99/99/9999	Antonio Henrique Carvalho Almeida Cavalcante da Silva	Cancelado
123456789012	99/99/9999	Antonio Henrique Carvalho Almeida Cavalcante da Silva	Cancelado
123456789012	99/99/9999	Antonio Henrique Carvalho Almeida Cavalcante da Silva	Cancelado
123456789012	99/99/9999	Antonio Henrique Carvalho Almeida Cavalcante da Silva	Suspenso
123456789012	99/99/9999	Antonio Henrique Carvalho Almeida Cavalcante da Silva	Cancelado

Total de Eleitores Impedidos de Votar na Seção – 999

ANEXO III

ANEXO IV

PODER JUDICIÁRIO — JUSTIÇA ELEITORAL

ATA DA MESA RECEPTORA DE JUSTIFICATIVAS — ELEIÇÕES 2012

ARJ

1 - NÚMERO DA ARJ

2 - UF 3 - MUNICÍPIO 4 - CÓDIGO DO MUNICÍPIO 5 - ZONA ELEITORAL 6 - LOCAL

7 - NÚMERO DAS URNAS ELETRÔNICAS

UE-1 UE-2 UE-3

Aos ____ dias do mês de _____ de _____, reuniu-se a Mesa Receptora de Justificativa acima identificada.

IDENTIFICAÇÃO DOS MESÁRIOS

8 - NOMES DOS MEMBROS DA MESA

1 PRESIDENTE
2
3
4

9 - HOUVE SUBSTITUIÇÃO? ☐ SIM ☐ NÃO   10 - NOMEAÇÃO

OCORRÊNCIAS DURANTE O PERÍODO DE FUNCIONAMENTO DA MESA

11 - HOUVE ATRASO NO INÍCIO DOS TRABALHOS? ☐ SIM ☐ NÃO   12 - MOTIVOS

13 - HOUVE FALTA DE ENERGIA ELÉTRICA E NECESSIDADE DE USO DE BATERIA EXTERNA? ☐ SIM ☐ NÃO   13.1 - HORA   14 - A SITUAÇÃO RETORNOU À NORMALIDADE? ☐ SIM ☐ NÃO   14.1 - HORA

15 - NA PARALISAÇÃO DE URNA ELETRÔNICA, DESCREVER O PROBLEMA

16 - FOI NECESSÁRIA ALGUMA SUBSTITUIÇÃO DE ALGUMA URNA ELETRÔNICA? ☐ SIM ☐ NÃO   17 - HORA   18 - NÚMERO DA NOVA URNA ELETRÔNICA

19 - HOUVE ATRASO OU INTERRUPÇÃO DURANTE OS TRABALHOS? ☐ SIM ☐ NÃO   20 - PERÍODO DE INTERRUPÇÃO   21 - MOTIVOS

22 - HOUVE ATRASO NO ENCERRAMENTO DOS TRABALHOS? ☐ SIM ☐ NÃO   23 - MOTIVOS

QUANTITATIVO DE ELEITORES QUE JUSTIFICARAM JUNTO À MESA (TRANSCREVER OS DADOS CONSTANTES DO BOLETIM DE URNA DE JUSTIFICATIVA)

24 - JUSTIFICATIVAS PROCESSADAS

UE-1 UE-2 UE-3

25 - ANOTAÇÕES

COMPOSIÇÃO DA ATA

26 - EXISTE RASURA, EMENDA OU ENTRELINHA NESTA ATA? ☐ SIM ☐ NÃO   27 - RESSALVAS

28 - ESTA ATA CONTINUA EM OUTRAS FOLHAS? ☐ SIM ☐ NÃO   29 - Nº DE FOLHAS   CASO EXISTAM OUTRAS FOLHAS, ESTAS DEVERÃO SER RUBRICADAS PELO PRESIDENTE E PELOS MESÁRIOS.

ASSINATURA DOS MESÁRIOS (RELACIONADOS RESPECTIVAMENTE NOS CAMPOS 8 E 10)

30 - MEMBROS DA MESA

1
2
3
4

31 - ASSINATURA DO PRESIDENTE DA MESA   32 - DATA DE PREENCHIMENTO   33 - HORA

ANEXO V

JUSTIFICATIVA ELEITORAL

32 - FOI RECEBIDO O REQUERIMENTO DE JUSTIFICATIVA ELEITORAL?
☐ SIM   ☐ NÃO

33 - QUANTIDADE RECEBIDA

COMPOSIÇÃO DA ATA

34 - EXISTE RASURA, EMENDA OU ENTRELINHA NESTA ATA?
☐ SIM
☐ NÃO

35 - RESSALVAS

36 - ESTA ATA CONTINUA EM OUTRAS FOLHAS?
☐ SIM   ☐ NÃO

37 - Nº DE FOLHAS

CASO EXISTAM OUTRAS FOLHAS, ESTAS DEVERÃO SER RUBRICADAS PELO PRESIDENTE E PELOS MESÁRIOS. PODERÃO TAMBÉM RUBRICÁ-LAS OS FISCAIS QUE ASSIM O DESEJAREM.

ASSINATURA DOS MESÁRIOS E DOS FISCAIS DOS PARTIDOS (RELACIONADOS RESPECTIVAMENTE NOS CAMPOS 7, 9 E 10)

38 - MEMBROS DA MESA

2	4
3	5
	6

39 - FISCAIS DOS PARTIDOS PRESENTES

| A | C |
| B | D |

40 - ANOTAÇÕES

41 - ASSINATURA DO PRESIDENTE DA MESA

42 - DATA DE PREENCHIMENTO

43 - HORA

Resolução nº 23.362, de 20 de outubro de 2011

Instrução nº 935-51.2011.6.00.0000, Classe 19, Brasília/DF.
Rel. Min. Arnaldo Versiani. DJE-TSE, 8.11.2011.

Dispõe sobre os modelos de lacres para as urnas, etiquetas de segurança e envelopes com lacres de segurança e seu uso nas eleições de 2012.

O Tribunal Superior Eleitoral, no uso das atribuições que lhe conferem o art. 23, IX, do Código Eleitoral e o art. 105 da Lei nº 9.504, de 30 de setembro de 1997, resolve expedir a seguinte instrução:

Art. 1º Serão utilizados lacres, etiquetas e envelopes para garantir a inviolabilidade da urna e das respectivas mídias de resultado, como fator de segurança física, na forma do disposto nesta resolução.
Parágrafo único. Consideram-se mídias de resultado os disquetes ou Memórias de Resultado (MR) utilizados para armazenamento da apuração de cada Seção Eleitoral.

Art. 2º Em todas as urnas preparadas para as eleições de 2012, serão utilizados os lacres, etiquetas de segurança e envelopes descritos nesta resolução, observados os momentos e períodos de utilização previstos na resolução que dispõe sobre os atos preparatórios das eleições de 2012, a recepção de votos, as garantias eleitorais, a justificativa eleitoral, a totalização e a proclamação dos resultados, e a diplomação.

Art. 3º Os lacres, as etiquetas e os envelopes a serem utilizados para cumprimento do previsto no art. 1º desta resolução são os seguintes:
I - para o primeiro turno:
a) lacre para a tampa da mídia de resultado;
b) lacre de reposição para a tampa da mídia de resultado;
c) lacre para a tampa do cartão de memória de votação;
d) lacre do dispositivo de cartão inteligente (*smartcard*) – (UE2009, UE2010 e UE2011);
e) lacre USB/TAN para a tampa do conector do teclado alfanumérico ou USB (duas unidades);
f) lacres para a tampa do conector/gabinete do Terminal do Mesário – TM (duas unidades para cada TM);
g) lacre do gabinete do Terminal do Eleitor – TE;
h) etiqueta para a mídia de resultado;
i) etiqueta para o cartão de memória de votação;
j) etiqueta para o controle dos números dos lacres;
k) lacre de reposição para a tampa da mídia de resultado (adicional);
l) lacre de reposição para a tampa do cartão de memória (adicional);
m) etiquetas para os cartões de memória de carga;
n) etiquetas para os cartões de memória de contingência;
II - para o segundo turno:
a) lacre para a tampa da mídia de resultado;
b) lacre de reposição para a tampa da mídia de resultado;
c) etiqueta para a mídia de resultado;
d) etiqueta para controle dos números dos lacres;
III - envelope azul com lacre;

IV - lacres para utilização na urna de lona, no caso de votação por cédula, tanto no primeiro quanto no segundo turnos, conforme modelos anexos.
Parágrafo único. As etiquetas de identificação descritas no inciso I, alíneas h, i, j, m, n e as descritas no inciso II, alíneas c e d serão confeccionadas em etiquetas autoadesivas de papel, em cartelas apartadas dos demais lacres.

Art. 4º Os lacres, etiquetas e envelopes definidos no artigo anterior serão utilizados:
I - lacre para a tampa da mídia de resultado: impedir o acesso indevido à mídia instalada no momento da carga;
II - lacre de reposição para a tampa da mídia de resultado: uso após a retirada das mídias com o resultado da votação, resguardando o acesso a esta unidade;
III - lacre para a tampa do cartão de memória: impedir que se tenha acesso ao cartão de memória de votação originalmente instalado no momento da carga ou que ele seja removido, modificado, substituído ou danificado;
IV - lacre do dispositivo de cartão inteligente (*smartcard*): impedir que seja inserido qualquer cartão nesta unidade no Terminal do Mesário – TM;
V - lacres USB/TAN: impedir o uso indevido da porta USB ou da tampa do conector do teclado alfanumérico (TAN);
VI - lacres para a tampa do conector/gabinete do Terminal do Mesário – TM: impedir o acesso indevido aos seus conectores ou mecanismos eletrônicos internos;
VII - lacre do gabinete do Terminal do Eleitor – TE: impedir a abertura do TE e o acesso indevido aos mecanismos eletrônicos internos da urna;
VIII - etiqueta de identificação e controle a ser afixada nas mídias de resultado que serão inseridas na urna;
IX - etiqueta de identificação e controle a ser afixada no cartão de memória de votação que será inserido na urna;
X - etiqueta para controle dos números dos lacres empregados nas urnas no momento da carga;
XI - lacre de reposição para a tampa da mídia de resultado e lacre de reposição para a tampa do cartão de memória;
XII - etiqueta para identificação e controle do cartão de memória de carga gerado;
XIII - etiqueta de identificação e controle para o cartão de memória de contingência;
XIV - envelope azul com lacre, para armazenar e proteger:
a) o cartão de memória de votação de contingência;
b) o cartão de memória de votação danificado;
c) a mídia de ajuste de data/hora da urna eletrônica e documento de controle;
d) os cartões de memória de carga gerados, ou
e) os cartões de memória de carga utilizados.
Parágrafo único. Os itens definidos nos incisos I, VIII e X deste artigo serão utilizados na preparação das urnas para o segundo turno das eleições.

Art. 5º Os jogos de lacres para as urnas deverão ser confeccionados em material autoadesivo de segurança que evidencie sua retirada após a aplicação, conforme os modelos anexos, e atenderão às seguintes especificações técnicas:
I - deverão possuir numeração sequencial com sete dígitos em *ink jet*;
II - material em poliéster branco, com espessura de 45 ± 5 micra, revestido de adesivo permanente em acrílico termofixo com sistema de evidência de violação que identifique a tentativa de remoção do lacre, sem deixar resíduos na superfície em que foi aplicada;
III - espessura de 60 ± 5 micra, adesividade maior que 9,80N/25 mm, temperatura de aplicação maior que 10ºC, resistência a frio de até -40ºC, resistência a calor de até 80ºC;
IV - as tintas utilizadas nos lacres e etiquetas deverão atender aos seguintes requisitos:
a) os lacres serão impressos em offset úmido com secagem U.V., em 3 cores, com numeração sequencial;

b) possuir fundo numismático com texto "ELEIÇÕES 2012";
c) o texto "TSE" em microcaracteres;
d) imagem das "Armas da República" acompanhada do texto "Justiça Eleitoral";
e) tinta fluorescente amarela sensível à luz ultravioleta para a impressão das siglas "TSE" e "TRE".

Art. 6º Os modelos descritos nos anexos, bem como as especificações dispostas no art. 5º desta resolução poderão sofrer alterações, em caso de necessidade técnica superveniente.

Art. 7º A confecção dos lacres, das etiquetas e dos envelopes será feita pela Casa da Moeda do Brasil, e obedecerá aos critérios e modelos estabelecidos nesta resolução.
§1º A Casa da Moeda do Brasil deverá informar ao Tribunal Superior Eleitoral a numeração sequencial dos lacres entregues a cada Tribunal Regional Eleitoral.
§2º A Casa da Moeda do Brasil deverá informar a todos os Tribunais Eleitorais, em documento próprio, os procedimentos para utilização correta dos lacres e etiquetas adesivas e dos envelopes plásticos, bem como as condições adequadas para o correto armazenamento e transporte.

Art. 8º Aos Tribunais Regionais Eleitorais incumbe a guarda dos lacres e a sua distribuição aos locais de preparação das urnas e aos Cartórios Eleitorais.
§1º Os Tribunais Regionais Eleitorais deverão controlar a distribuição dos lacres, registrar o número de lacres excedentes e documentar a numeração e o tipo dos lacres que, eventualmente, venham a ser extraviados.
§2º É vedada a entrega dos lacres e envelopes a pessoas estranhas à Justiça Eleitoral.

Art. 9º As Secretarias de Tecnologia da Informação dos Tribunais Regionais Eleitorais instruirão os servidores e técnicos sobre a localização dos compartimentos das urnas que deverão ser lacrados.
§1º É vedada a execução de qualquer procedimento que impeça a fixação do lacre nos compartimentos das urnas;
§2º É vedada a fixação incorreta dos lacres que possibilite a violação ou o acesso aos compartimentos das urnas eletrônicas sem a ruptura ou evidência de retirada dos lacres.

Art. 10. Esta resolução entra em vigor na data de sua publicação.

Brasília, 20 de outubro de 2011.

ELEIÇÕES 2012
MODELO DE JOGO DE LACRES
URNAS ELETRÔNICAS

2º TURNO

ELEIÇÕES 2012
MODELO DE ETIQUETAS PARA
MÍDIA DE RESULTADO E CARTÃO DE MEMÓRIA
1º TURNO

RESOLUÇÃO Nº 23.362, DE 20 DE OUTUBRO DE 2011 | 295

ELEIÇÕES 2012
MODELO DE ETIQUETAS PARA MÍDIA DE RESULTADO
2º TURNO

ELEIÇÕES 2012
MODELO DE ETIQUETAS PARA MÍDIA DE RESULTADO
2º TURNO

RESOLUÇÃO Nº 23.362, DE 20 DE OUTUBRO DE 2011 | 297

ELEIÇÕES 2012
MODELO DE JOGO DE ETIQUETAS PARA CARTÕES DE MEMÓRIA DE CARGA

NUMERAÇÃO DE 0000001 A 0000010

ELEIÇÕES 2012
MODELO DE JOGO DE LACRES PARA REPOSIÇÃO
(ADICIONAL)

ELEIÇÕES 2012
MODELO DE JOGO DE ETIQUETAS PARA CARTÕES DE MEMÓRIA DE CONTINGÊNCIA

ELEIÇÕES 2012
ENVELOPE AZUL COM LACRE

9999999999

Nº do Lacre:
VERIFICAR SOLDA 9999999999 **VERIFICAR SOLDA**

ATENÇÃO
Se o selo acima apresentar sinal de violação, não abra o envelope.
Comunique o fato imediatamente ao Juiz Eleitoral respectivo.

JUSTIÇA ELEITORAL

CONTÉM:
- Um cartão de memória de votação (flash card) de contingência.
- Um cartão de memória de votação (flash card) danificado.
- Um disquete de ajuste de data/hora da urna eletrônica e documento de controle.
- Cartão(ões) de memória de carga gerado(s).
- Cartão(ões) de memória de carga utilizado(s).

Qtd.

Observações

Rubricas

PARA ABRIR CORTE AO LONGO DESTA LINHA

JUSTIÇA ELEITORAL

RECIBO DE ENTREGA DO ENVELOPE LACRADO

Nº do Lacre: 9999999999
Município:
Zona: Seção:
Presidente da Seção Eleitoral: Inscrição:
Assinatura: Data/Hora:

RESOLUÇÃO Nº 23.362, DE 20 DE OUTUBRO DE 2011 | 301

URNA
ANULADA
RUBRICAS
ELEIÇÕES 2012
Eleições2012 Eleições2012 Eleições2012
JUSTIÇA
ELEITORAL

RASGUE
ATENÇÃO
ESTE SELO DEVE SER RASGADO PELOS MESÁRIOS
APARECENDO, ENTÃO, A FENDA PARA VOTAÇÃO
RUBRICAS
ELEIÇÕES 2012
Eleições2012 Eleições2012 Eleições2012
JUSTIÇA
ELEITORAL

RESOLUÇÃO Nº 23.362, DE 20 DE OUTUBRO DE 2011 | 303

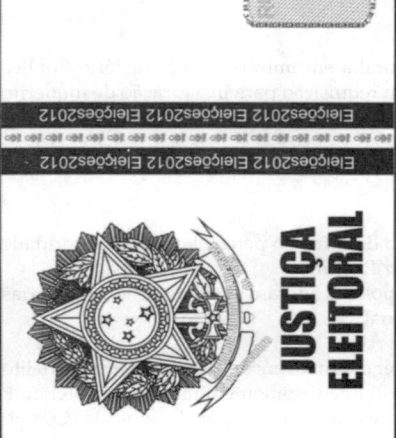

Resolução nº 23.363, de 17 de novembro de 2011

Instrução nº 1160-71.2011.6.00.0000, Classe 19, Brasília/DF.
Rel. Min. Arnaldo Versiani. DJE-TSE, 2.12.2011.

Dispõe sobre a apuração de crimes eleitorais.

O Tribunal Superior Eleitoral, no uso das atribuições que lhe conferem o art. 23, inciso IX, do Código Eleitoral e o art. 105 da Lei nº 9.504, de 30 de setembro de 1997, resolve expedir a seguinte instrução:

CAPÍTULO I
Da Polícia Judiciária Eleitoral

Art. 1º O Departamento de Polícia Federal ficará à disposição da Justiça Eleitoral sempre que houver eleições, gerais ou parciais, em qualquer parte do Território Nacional (Decreto-Lei nº 1.064/69, art. 2º).

Art. 2º A Polícia Federal exercerá, com prioridade sobre as suas atribuições regulares, a função de polícia judiciária em matéria eleitoral, limitada às instruções e requisições do Tribunal Superior Eleitoral, dos Tribunais Regionais, dos Juízes Eleitorais ou do Ministério Público Eleitoral (Lei nº 9.504/97, art. 94, §3º, e Resolução nº 8.906/70).
Parágrafo único. Quando no local da infração não existirem órgãos da Polícia Federal, a Polícia do respectivo Estado terá atuação supletiva (Resolução nº 11.494/82 e HC nº 439, de 15 de maio de 2003).

CAPÍTULO II
Da Notícia-Crime Eleitoral

Art. 3º Qualquer pessoa que tiver conhecimento da existência de infração penal eleitoral deverá, verbalmente ou por escrito, comunicá-la ao Juiz Eleitoral (Código Eleitoral, art. 356, e Código de Processo Penal, art. 5º, §3º).

Art. 4º Recebida a notícia-crime, o Juiz Eleitoral a encaminhará ao Ministério Público Eleitoral ou, quando necessário, à polícia, com requisição para instauração de inquérito policial (Código Eleitoral, art. 356, §1º).

Art. 5º Verificada a sua incompetência, o Juízo Eleitoral determinará a remessa dos autos ao Juízo competente.

Art. 6º Quando tiver conhecimento da prática da infração penal eleitoral, a autoridade policial deverá informar imediatamente o Juiz Eleitoral.
Parágrafo único. Se necessário, a autoridade policial adotará as medidas acautelatórias previstas no art. 6º do Código de Processo Penal.

Art. 7º As autoridades policiais deverão prender quem for encontrado em flagrante delito pela prática de infração eleitoral, comunicando imediatamente o fato ao Juiz Eleitoral, ao Ministério Público Eleitoral e à família do preso ou a pessoa por ele indicada (Código de Processo Penal, art. 306).

§1º Em até 24 horas após a realização da prisão, será encaminhado ao Juiz Eleitoral o auto de prisão em flagrante e, caso o autuado não informe o nome de seu advogado, cópia integral para a Defensoria Pública (Código de Processo Penal, art. 306, §1º).
§2º No mesmo prazo de até 24 horas após a realização da prisão, será entregue ao preso, mediante recibo, a nota de culpa, assinada pela autoridade policial, com o motivo da prisão, o nome do condutor e os das testemunhas (Código de Processo Penal, art. 306, §2º)
§3º A apresentação do preso ao Juiz Eleitoral, bem como os atos subsequentes, observarão o disposto no art. 304 do Código de Processo Penal.
§4º Ao receber o auto de prisão em flagrante, o Juiz Eleitoral deverá fundamentadamente:
I - relaxar a prisão ilegal; ou
II - converter a prisão em flagrante em preventiva, quando presentes os requisitos constantes do art. 312 do Código de Processo Penal, e se revelarem inadequadas ou insuficientes as medidas cautelares diversas da prisão; ou
III - conceder liberdade provisória, com ou sem fiança (Código de Processo Penal, art. 310).
§5º Se o juiz verificar, pelo auto de prisão em flagrante, que o agente praticou o fato nas condições constantes dos incisos I a III do caput do art. 23 do Código Penal, poderá, fundamentadamente, conceder ao acusado liberdade provisória, mediante termo de comparecimento a todos os atos processuais, sob pena de revogação (Código de Processo Penal, art. 310, parágrafo único).
§6º Ausentes os requisitos que autorizam a decretação da prisão preventiva, o Juiz Eleitoral deverá conceder liberdade provisória, impondo, se for o caso, as medidas cautelares previstas no art. 319 e observados os critérios constantes do art. 282, ambos do Código de Processo Penal (Código de Processo Penal, art. 321).
§7º A fiança e as medidas cautelares serão aplicadas com a observância das respectivas disposições do Código de Processo Penal pela autoridade competente.
§8º Quando a infração for de menor potencial ofensivo, a autoridade policial elaborará termo circunstanciado de ocorrência e providenciará o encaminhamento ao Juiz Eleitoral.

CAPÍTULO III
Do Inquérito Policial Eleitoral

Art. 8º O inquérito policial eleitoral somente será instaurado mediante requisição do Ministério Público Eleitoral ou determinação da Justiça Eleitoral, salvo a hipótese de prisão em flagrante.

Art. 9º Se o indiciado tiver sido preso em flagrante ou preventivamente, o inquérito policial eleitoral será concluído em até 10 dias, contado o prazo a partir do dia em que se executar a ordem de prisão (Código de Processo Penal, art. 10).
§1º Se o indiciado estiver solto, o inquérito policial eleitoral será concluído em até 30 dias, mediante fiança ou sem ela (Código de Processo Penal, art. 10).
§2º A autoridade policial fará minucioso relatório do que tiver sido apurado e enviará os autos ao Juiz Eleitoral (Código de Processo Penal, art. 10, §1º).
§3º No relatório, poderá a autoridade policial indicar testemunhas que não tiverem sido inquiridas, mencionando o lugar onde possam ser encontradas (Código de Processo Penal, art. 10, §2º).
§4º Quando o fato for de difícil elucidação e o indiciado estiver solto, a autoridade policial poderá requerer ao Juiz Eleitoral a devolução dos autos, para ulteriores diligências, que serão realizadas no prazo marcado pelo Juiz Eleitoral (Código de Processo Penal, art. 10, §3º).

Art. 10. O Ministério Público Eleitoral poderá requerer novas diligências, desde que necessárias à elucidação dos fatos.

Parágrafo único. Se o Ministério Público Eleitoral considerar necessários maiores esclarecimentos e documentos complementares ou outros elementos de convicção, deverá requisitá-los diretamente de quaisquer autoridades ou funcionários que possam fornecê-los (Código Eleitoral, art. 356, §2º).

Art. 11. Quando o inquérito for arquivado por falta de base para o oferecimento da denúncia, a autoridade policial poderá proceder a nova investigação se de outras provas tiver notícia, desde que haja nova requisição, nos termos dos arts. 4º e 6º desta resolução (Código de Processo Penal, art. 18).

Art. 12. Aplica-se subsidiariamente ao inquérito policial eleitoral o disposto no Código de Processo Penal.

Art. 13. Esta resolução entra em vigor na data de sua publicação, revogadas a Resolução nº 22.376, de 17 de agosto de 2006 e a Resolução nº 23.222, de 4 de março de 2010.

Brasília, 17 de novembro de 2011.

Resolução nº 23.364, de 17 de novembro de 2011

Instrução nº 1161-56.2011.6.00.0000, Classe 19, Brasília/DF. Rel. Min. Arnaldo Versiani. DJE-TSE, 5.12.2011.

Dispõe sobre pesquisas eleitorais para as eleições de 2012.

O Tribunal Superior Eleitoral, no uso das atribuições que lhe conferem o art. 23, inciso IX, do Código Eleitoral e o art. 105 da Lei nº 9.504, de 30 de setembro de 1997, resolve expedir a seguinte instrução:

CAPÍTULO I
Disposições Preliminares

Art. 1º A partir de 1º de janeiro de 2012, as entidades e empresas que realizarem pesquisas de opinião pública relativas às eleições ou aos candidatos, para conhecimento público, são obrigadas, para cada pesquisa, a registrar no Juízo Eleitoral ao qual compete fazer o registro dos candidatos, com no mínimo 5 dias de antecedência da divulgação, as seguintes informações:
I - quem contratou a pesquisa;
II - valor e origem dos recursos despendidos no trabalho;
III - metodologia e período de realização da pesquisa;
IV - plano amostral e ponderação quanto a sexo, idade, grau de instrução e nível econômico do entrevistado e área física de realização do trabalho, intervalo de confiança e margem de erro;
V - sistema interno de controle e verificação, conferência e fiscalização da coleta de dados e do trabalho de campo;
VI - questionário completo aplicado ou a ser aplicado;
VII - nome de quem pagou pela realização do trabalho;
VIII - contrato social, estatuto social ou inscrição como empresário, que comprove o regular registro da empresa, com a qualificação completa dos responsáveis legais, razão social ou denominação, número de inscrição no CNPJ, endereço, número de fac-símile em que receberão notificações e comunicados da Justiça Eleitoral;
IX - nome do estatístico responsável pela pesquisa e o número de seu registro no competente Conselho Regional de Estatística (Decreto nº 62.497/68, art. 11);
X - número do registro da empresa responsável pela pesquisa no Conselho Regional de Estatística, caso o tenha;
XI - indicação do Município abrangido pela pesquisa.
§1º Na hipótese de a pesquisa abranger mais de um Município, os registros deverão ser individualizados por Município.
§2º O registro de pesquisa será realizado via internet e todas as informações de que trata este artigo deverão ser digitadas no Sistema de Registro de Pesquisas Eleitorais, disponível nos sítios dos Tribunais Eleitorais, à exceção do questionário de que trata o inciso VI, o qual deverá ser anexado no formato PDF (*Portable Document Format*).
§3º A Justiça Eleitoral não se responsabiliza por nenhum erro de digitação, de geração, de conteúdo ou de leitura dos arquivos anexados no Sistema de Registro de Pesquisas Eleitorais.
§4º O registro de pesquisa poderá ser realizado a qualquer tempo, independentemente do horário de funcionamento do Cartório Eleitoral.

§5º A contagem do prazo de que cuida o *caput* se fará excluindo o dia de começo e incluindo o do vencimento.

§6º Até 24 horas contadas da divulgação do respectivo resultado, o registro da pesquisa será complementado com os dados relativos aos Municípios e bairros abrangidos pela pesquisa; na ausência de delimitação do bairro, será identificada a área em que foi realizada a pesquisa.

§7º O cadastramento eletrônico da documentação a que se refere o inciso VIII deste artigo no Sistema de Registro de Pesquisas Eleitorais dispensa a sua apresentação a cada pedido de registro de pesquisa, sendo, entretanto, obrigatória a informação de qualquer alteração superveniente.

§8º As entidades e empresas deverão informar, no ato do registro, o valor de mercado das pesquisas que realizarão por iniciativa própria.

Art. 2º Não estão sujeitas a registro as enquetes ou sondagens.

§1º Na divulgação dos resultados de enquetes ou sondagens, deverá ser informado que não se trata de pesquisa eleitoral, prevista no art. 33 da Lei nº 9.504/97, e sim de mero levantamento de opiniões, sem controle de amostra, o qual não utiliza método científico para a sua realização, dependendo, apenas, da participação espontânea do interessado.

§2º A divulgação de resultados de enquetes ou sondagens sem os esclarecimentos previstos no parágrafo anterior constitui divulgação de pesquisa eleitoral sem registro e autoriza a aplicação das sanções previstas nesta resolução.

Art. 3º A partir de 5 de julho de 2012, o nome de todos aqueles que tenham solicitado registro de candidatura deverá constar das pesquisas realizadas mediante apresentação da relação de candidatos ao entrevistado.

CAPÍTULO II
Do Registro das Pesquisas Eleitorais

Seção I
Do Sistema de Registro de Pesquisas Eleitorais

Art. 4º Para o registro de pesquisa é obrigatória a utilização do Sistema de Registro de Pesquisas Eleitorais, disponível nos sítios dos Tribunais Eleitorais.

Art. 5º Para a utilização do sistema, as entidades e empresas deverão cadastrar-se uma única vez perante a Justiça Eleitoral, por meio eletrônico, mediante o fornecimento das seguintes informações e documento eletrônico:
a) nome de pelo menos 1 e no máximo 3 dos responsáveis legais;
b) razão social ou denominação;
c) número de inscrição no CNPJ;
d) endereço e número de fac-símile em que poderão receber notificações;
e) arquivo, no formato PDF, com a íntegra do contrato social, estatuto social ou inscrição como empresário, que comprove o regular registro.
§1º Não será permitido mais de um cadastro por número de inscrição no CNPJ.
§2º É de inteira responsabilidade da empresa ou entidade a manutenção de dados atualizados perante a Justiça Eleitoral e a legibilidade do arquivo eletrônico previsto neste artigo.

Art. 6º O sistema permitirá que as empresas ou entidades responsáveis pela pesquisa façam alterações nos dados do registro previamente à sua efetivação.

Art. 7º Efetivado o registro, será emitido recibo eletrônico que conterá:
I - resumo das informações;

II - número de identificação da pesquisa.
Parágrafo único. O número de identificação de que trata o inciso II deste artigo deverá constar da divulgação e da publicação dos resultados da pesquisa.

Art. 8º O Sistema de Registro de Pesquisas Eleitorais permitirá ainda a alteração de dados após a sua efetivação, mas antes de expirado o prazo de 5 dias para a divulgação do resultado da pesquisa.
§1º Serão mantidos no sistema a data do registro e os históricos da data do registro e das alterações realizadas.
§2º As alterações nos dados do registro da pesquisa implicarão a renovação do prazo de que trata o art. 1º desta resolução, o qual passará a correr da data do registro das alterações.
§3º No caso de registro de pesquisa de que trata o §1º do art. 1º desta resolução, as alterações deverão ser feitas para cada número de identificação gerado.
§4º Feitas as alterações, o sistema informará a nova data a partir da qual será permitida a divulgação da pesquisa.
§5º Não será permitida alteração no campo correspondente à Unidade da Federação – UF.
§6º Na hipótese do parágrafo anterior, a pesquisa deverá ser cancelada pelo próprio usuário e será necessário gerar novo registro da pesquisa.

Art. 9º Será livre o acesso à pesquisa registrada nos sítios dos Tribunais Eleitorais.

Art. 10. As informações e os dados registrados no sistema ficarão à disposição de qualquer interessado, pelo prazo de 30 dias, nos sítios dos Tribunais Eleitorais (Lei nº 9.504/97, art. 33, §2º).

Seção II
Da Divulgação dos Resultados

Art. 11. Na divulgação dos resultados de pesquisas, atuais ou não, serão obrigatoriamente informados:
I - o período de realização da coleta de dados;
II - a margem de erro;
III - o número de entrevistas;
IV - o nome da entidade ou empresa que a realizou e, se for o caso, de quem a contratou;
V - o número de registro da pesquisa.

Art. 12. As pesquisas realizadas em data anterior ao dia das eleições poderão ser divulgadas a qualquer momento, inclusive no dia das eleições, desde que respeitado o prazo de 5 dias para o registro.

Art. 13. A divulgação de levantamento de intenção de voto efetivado no dia das eleições somente se fará após encerrado o escrutínio na respectiva Unidade da Federação.

Art. 14. Mediante requerimento ao Juiz Eleitoral, os partidos políticos poderão ter acesso ao sistema interno de controle, verificação e fiscalização da coleta de dados das entidades e das empresas que divulgaram pesquisas de opinião relativas aos candidatos e às eleições, incluídos os referentes à identificação dos entrevistadores e, por meio de escolha livre e aleatória de planilhas individuais, mapas ou equivalentes, confrontar e conferir os dados publicados, preservada a identidade dos entrevistados (Lei nº 9.504/97, art. 34, §1º).
§1º Além dos dados de que trata o *caput*, poderá o interessado ter acesso ao relatório entregue ao solicitante da pesquisa e ao modelo do questionário aplicado para facilitar a conferência das informações divulgadas.

§2º A solicitação de que trata o *caput* deverá ser instruída com cópia da pesquisa disponível no sítio do respectivo Tribunal Eleitoral.

Art. 15. Na divulgação de pesquisas no horário eleitoral gratuito, devem ser informados, com clareza, o período de sua realização e a margem de erro, não sendo obrigatória a menção aos concorrentes, desde que o modo de apresentação dos resultados não induza o eleitor em erro quanto ao desempenho do candidato em relação aos demais.

Seção III
Das Impugnações

Art. 16. O Ministério Público Eleitoral, os candidatos e os partidos políticos ou coligações estão legitimados para impugnar o registro e/ou a divulgação de pesquisas eleitorais perante o Juiz Eleitoral competente, quando não atendidas as exigências contidas nesta resolução e no art. 33 da Lei nº 9.504/97.

Art. 17. Havendo impugnação, ela será autuada na classe Representação e o Cartório Eleitoral providenciará a notificação imediata do representado, por fac-símile ou no endereço informado pela empresa ou entidade no seu cadastro, para apresentar defesa em 48 horas (Lei nº 9.504/97, art. 96, *caput* e §5º).
§1º A petição inicial deverá ser instruída, sob pena de indeferimento, com cópia integral do registro da pesquisa disponível no sítio do respectivo Tribunal Eleitoral.
§2º Considerando a relevância do direito invocado e a possibilidade de prejuízo de difícil reparação, o Juiz Eleitoral poderá determinar a suspensão da divulgação dos resultados da pesquisa impugnada ou a inclusão de esclarecimento na divulgação de seus resultados.

CAPÍTULO III
Da Penalidade Administrativa

Art. 18. A divulgação de pesquisa sem o prévio registro das informações constantes do art. 1º desta resolução sujeita os responsáveis à multa no valor de R$53.205,00 (cinquenta e três mil duzentos e cinco reais) a R$106.410,00 (cento e seis mil quatrocentos e dez reais) (Lei nº 9.504/97, art. 33, §3º).

CAPÍTULO IV
Das Disposições Penais

Art. 19. A divulgação de pesquisa fraudulenta constitui crime, punível com detenção de 6 meses a 1 ano e multa no valor de R$53.205,00 (cinquenta e três mil duzentos e cinco reais) a R$106.410,00 (cento e seis mil quatrocentos e dez reais) (Lei nº 9.504/97, art. 33, §4º).

Art. 20. O não cumprimento do disposto no art. 14 desta resolução ou qualquer ato que vise a retardar, impedir ou dificultar a ação fiscalizadora dos partidos políticos constitui crime, punível com detenção de 6 meses a 1 ano, com a alternativa de prestação de serviços à comunidade pelo mesmo prazo, e multa no valor de R$10.641,00 (dez mil seiscentos e quarenta e um reais) a R$21.282,00 (vinte e um mil duzentos e oitenta e dois reais) (Lei nº 9.504/97, art. 34, §2º).
Parágrafo único. A comprovação de irregularidade nos dados publicados sujeita os responsáveis às penas mencionadas no *caput*, sem prejuízo da obrigatoriedade de veiculação dos dados corretos no mesmo espaço, local, horário, página, caracteres e outros elementos de destaque, de acordo com o veículo usado (Lei nº 9.504/97, art. 34, §3º).

Art. 21. Pelos crimes definidos nos arts. 19 e 20 desta resolução, serão responsabilizados penalmente os representantes legais da empresa ou entidade de pesquisa e do órgão veiculador (Lei nº 9.504/97, art. 35).

Art. 22. O veículo de comunicação social arcará com as consequências da publicação de pesquisa não registrada, mesmo que esteja reproduzindo matéria veiculada em outro órgão de imprensa.

Art. 23. Esta resolução entra em vigor na data de sua publicação.

Brasília, 17 de novembro de 2011.

Resolução nº 23.365, de 17 de novembro de 2011

Instrução nº 1205-75.2011.6.00.000, Classe 19, Brasília/DF.
Rel. Min. Arnaldo Versiani. DJE-TSE, 11.11.2011.

Dispõe sobre a cerimônia de assinatura digital e fiscalização do sistema eletrônico de votação, do registro digital do voto, da votação paralela e dos procedimentos de segurança dos dados dos sistemas eleitorais.

O Tribunal Superior Eleitoral, no uso das atribuições que lhe conferem o art. 23, inciso IX, do Código Eleitoral e o art. 105 da Lei nº 9.504, de 30 de setembro de 1997, resolve expedir a seguinte instrução:

CAPÍTULO I
Disposições Preliminares

Art. 1º Aos fiscais dos partidos políticos, à Ordem dos Advogados do Brasil e ao Ministério Público é garantido acesso antecipado aos programas de computador desenvolvidos pelo Tribunal Superior Eleitoral ou sob sua encomenda a serem utilizados nas eleições, para fins de fiscalização e auditoria, em ambiente específico e controlado pelo Tribunal Superior Eleitoral.

§1º Os programas a serem fiscalizados, auditados, assinados digitalmente, lacrados e verificados serão os pertinentes aos seguintes sistemas: Gerenciador de Dados, Aplicativos e Interface com a Urna Eletrônica, Preparação, Gerenciamento, Transportador, Receptor de Arquivos de Urna, Votação, Justificativa Eleitoral, Apuração, utilitários e sistemas operacionais das urnas, segurança, e bibliotecas-padrão e especiais.

§2º Para efeito dos procedimentos previstos nesta resolução, os partidos políticos serão representados, respectivamente, perante o Tribunal Superior Eleitoral, pelo diretório nacional, perante os Tribunais Regionais Eleitorais, pelos diretórios estaduais, e, perante os Juízes Eleitorais, pelos diretórios municipais.

Art. 2º É vedado aos partidos políticos, à Ordem dos Advogados do Brasil e ao Ministério Público desenvolver ou introduzir, nos equipamentos da Justiça Eleitoral, comando, instrução ou programa de computador, salvo o previsto no art. 16 desta resolução, bem como obter acesso aos sistemas com o objetivo de copiá-los.

CAPÍTULO II
Do Acompanhamento do Desenvolvimento dos Sistemas

Art. 3º Os partidos políticos, a Ordem dos Advogados do Brasil e o Ministério Público, a partir de 6 meses antes do primeiro turno das eleições, poderão acompanhar as fases de especificação e de desenvolvimento dos sistemas, por representantes formalmente indicados e qualificados perante a Secretaria de Tecnologia da Informação do Tribunal Superior Eleitoral.

§1º O acompanhamento de que trata o *caput* somente poderá ser realizado no Tribunal Superior Eleitoral.

§2º Os pedidos, inclusive dúvidas e questionamentos técnicos, formulados durante o acompanhamento dos sistemas deverão ser formalizados pelo representante à Secretaria do Tribunal para análise e posterior resposta, no prazo de até 10 dias, prorrogável por igual prazo em razão da complexidade da matéria.

§3º As respostas previstas no parágrafo anterior deverão ser apresentadas antes do início da cerimônia de que trata o art. 4º desta resolução, ressalvadas aquelas decorrentes de pedidos formalizados nos 10 dias que a antecede, os quais deverão, se possível, ser respondidos na própria cerimônia, resguardado, em qualquer hipótese, o direito à dilação do prazo em razão da complexidade da matéria.

CAPÍTULO III
Da Cerimônia de Assinatura Digital e Lacração dos Sistemas

Art. 4º Os programas a serem utilizados nas eleições, após concluídos, serão apresentados, compilados, assinados digitalmente pelos representantes dos órgãos listados no art. 1º desta resolução, testados, assinados digitalmente pelo Tribunal Superior Eleitoral e lacrados em cerimônia específica, denominada Cerimônia de Assinatura Digital e Lacração dos Sistemas, que terá duração mínima de 3 dias.
§1º A cerimônia de que trata o *caput* será finalizada com a assinatura da ata de encerramento pelos presentes.
§2º Deverão constar da ata de encerramento da cerimônia os seguintes itens, no mínimo:
I - nomes, versões e data da última alteração dos sistemas compilados e lacrados;
II - relação das consultas e pedidos apresentados pelos representantes dos partidos políticos, da Ordem dos Advogados do Brasil e do Ministério Público credenciados e as datas em que as respostas foram apresentadas;
III - relação de todas as pessoas que assinaram digitalmente os sistemas, discriminando os programas utilizados e seus respectivos fornecedores.

Art. 5º Os partidos políticos, a Ordem dos Advogados do Brasil e o Ministério Público serão convocados pelo Tribunal Superior Eleitoral a participar da cerimônia a que se refere o artigo anterior.
§1º A convocação será realizada por meio de correspondência com Aviso de Recebimento, enviada com pelo menos 10 dias de antecedência da cerimônia, da qual constarão a data, o horário e o local do evento.
§2º Os partidos políticos, a Ordem dos Advogados do Brasil e o Ministério Público, até 5 dias antes da data fixada para a cerimônia, deverão indicar à Secretaria de Tecnologia da Informação do Tribunal Superior Eleitoral os técnicos que, como seus representantes, participarão do evento e registrarão expressamente, se houver, o interesse em assinar digitalmente os programas e apresentar o certificado digital para conferência de sua validade.
§3º A indicação de que trata o parágrafo anterior será realizada por meio de formulário próprio que seguirá anexo ao ato convocatório.

Art. 6º Os programas utilizados nas eleições serão apresentados para análise na forma de programas-fonte e programas-executáveis, enquanto as chaves privadas e as senhas de acesso serão mantidas em sigilo pela Justiça Eleitoral.

Art. 7º Durante a cerimônia, na presença dos representantes credenciados, os programas serão compilados e assinados digitalmente pelo Presidente do Tribunal Superior Eleitoral, que poderá delegar a atribuição a Ministro ou a servidor do próprio Tribunal, sendo lacradas as cópias dos programas-fonte e dos programas-executáveis, as quais ficarão sob a guarda do Tribunal Superior Eleitoral.

Art. 8º Na mesma cerimônia, serão compilados e lacrados os programas dos partidos políticos, da Ordem dos Advogados do Brasil e do Ministério Público a serem utilizados na assinatura digital dos sistemas e na respectiva verificação.

§1º Os programas de que trata o *caput* deverão ser previamente homologados pela equipe designada pela Secretaria de Tecnologia da Informação do Tribunal Superior Eleitoral, nos termos desta resolução.
§2º Os partidos políticos, a Ordem dos Advogados do Brasil e o Ministério Público assinarão os seus respectivos programas e chaves públicas.

Art. 9º Será assegurado aos representantes dos partidos políticos, da Ordem dos Advogados do Brasil e do Ministério Público, cujos programas forem homologados pelo Tribunal Superior Eleitoral e compilados na cerimônia, assinar digitalmente os programas-fonte e os programas-executáveis dos sistemas, desde que tenham expressamente manifestado o interesse, conforme o §2º do art. 5º desta resolução.
Parágrafo único. Caberá ao Presidente do Tribunal Superior Eleitoral, ou, se por ele designado, a Ministro ou a servidor do próprio Tribunal, assinar digitalmente os programas de verificação e respectivos arquivos auxiliares das entidades e agremiações, visando à garantia de sua autenticidade.

Art. 10. Após os procedimentos de compilação, assinatura digital e testes, serão gerados resumos digitais (*hash*) de todos os programas-fonte, programas-executáveis, arquivos fixos dos sistemas, arquivos de assinatura digital e chaves públicas.
Parágrafo único. O arquivo contendo os resumos digitais será assinado digitalmente pelo Presidente, pelo Diretor-Geral e pelo Secretário de Tecnologia da Informação do Tribunal Superior Eleitoral ou pelos substitutos por eles formalmente designados.

Art. 11. Os resumos digitais serão entregues aos representantes dos partidos políticos, da Ordem dos Advogados do Brasil e do Ministério Público presentes e serão publicados na página da internet do Tribunal Superior Eleitoral.

Art. 12. Os arquivos referentes aos programas-fonte, programas-executáveis, arquivos fixos dos sistemas, arquivos de assinatura digital, chaves públicas e resumos digitais dos sistemas e dos programas de assinatura e verificação apresentados pelas entidades e agremiações serão gravados em mídias não regraváveis.
Parágrafo único. As mídias serão acondicionadas em invólucro lacrado, assinado por todos os presentes, e armazenadas em cofre próprio da Secretaria de Tecnologia da Informação do Tribunal Superior Eleitoral.

Art. 13. Encerrada a Cerimônia de Assinatura Digital e Lacração dos Sistemas, havendo necessidade de modificação dos programas a serem utilizados nas eleições, será dado conhecimento do fato aos representantes dos partidos políticos, da Ordem dos Advogados do Brasil e do Ministério Público, para que sejam novamente analisados, compilados, assinados digitalmente, testados e lacrados.
§1º As modificações nos programas já lacrados somente poderão ser executadas após prévia autorização do Presidente ou de seu substituto.
§2º Na hipótese prevista no *caput*, a comunicação deverá ser feita com antecedência mínima de 48 horas do início da cerimônia, cuja duração será estabelecida pelo Tribunal Superior Eleitoral, não podendo ser inferior a 2 dias.
§3º As comunicações expedidas pelo Tribunal Superior Eleitoral serão destinadas aos diretórios nacionais dos partidos políticos.

Art. 14. No prazo de 5 dias, a contar do término do período destinado à cerimônia, os partidos políticos, a Ordem dos Advogados do Brasil e o Ministério Público poderão impugnar os programas apresentados, em petição fundamentada (Lei nº 9.504/97, art. 66, §3º).

Parágrafo único. A impugnação será autuada na classe "Petição" e distribuída a relator que, após ouvir a Secretaria de Tecnologia da Informação e o Ministério Público Eleitoral, além de terceiros que entender necessário, a apresentará para julgamento pelo Plenário do Tribunal, em sessão administrativa.

Art. 15. Nas eleições suplementares, após a notificação oficial da decisão judicial que tenha autorizado a realização de nova eleição, caso necessário, os programas de computador serão atualizados pelo Tribunal Superior Eleitoral.
§1º Havendo necessidade de modificação dos programas a serem utilizados nas eleições suplementares, será dado conhecimento do fato aos representantes dos partidos políticos, do Ministério Público e da Ordem dos Advogados do Brasil para análise, compilação, assinatura digital, testes dos programas modificados e lacre.
§2º A convocação será realizada por meio de correspondência, com Aviso de Recebimento dirigida aos diretórios nacionais dos partidos políticos, com a antecedência mínima de 2 dias.
§3º A Cerimônia de Assinatura Digital e Lacração dos Sistemas terá duração mínima de 2 dias.
§4º No prazo de 2 dias, a contar do término do período destinado à cerimônia, os partidos políticos, o Ministério Público e a Ordem dos Advogados do Brasil poderão apresentar impugnação fundamentada ao Tribunal Superior Eleitoral.
§5º A publicação dos resumos digitais dos programas utilizados nas eleições suplementares obedecerá aos procedimentos previstos nos arts. 10 e 11 desta resolução.

CAPÍTULO IV
Dos Programas para Análise de Código

Art. 16. Para proceder à fiscalização e à auditoria na fase de especificação e de desenvolvimento, assim como na Cerimônia de Assinatura Digital e Lacração dos Sistemas, os partidos políticos, a Ordem dos Advogados do Brasil e o Ministério Público poderão utilizar programas para análise de códigos, desde que sejam programas de conhecimento público e normalmente comercializados ou disponíveis no mercado.

Art. 17. Os interessados em utilizar programa para análise de código deverão comunicar ao Tribunal Superior Eleitoral, com a antecedência mínima de 15 dias da data prevista para a sua primeira utilização.
Parágrafo único. A comunicação deverá estar acompanhada de plano de uso que contenha, no mínimo, o nome do programa, a empresa fabricante, os eventuais recursos necessários a serem providos pelo Tribunal Superior Eleitoral, com as respectivas configurações necessárias ao funcionamento do programa e demais informações pertinentes à avaliação de sua aplicabilidade.

Art. 18. Caberá à Secretaria de Tecnologia da Informação do Tribunal Superior Eleitoral avaliar e aprovar o programa referido no artigo anterior e vetar, de forma fundamentada, a sua utilização se o considerar inadequado.

Art. 19. Os programas para análise de código, aprovados pela Secretaria de Tecnologia da Informação do Tribunal Superior Eleitoral, deverão ser instalados em equipamentos da Justiça Eleitoral, no ambiente destinado ao acompanhamento das fases de especificação e desenvolvimento e de assinatura digital e lacração dos sistemas.

Art. 20. Os representantes dos partidos políticos, da Ordem dos Advogados do Brasil e do Ministério Público poderão apenas consultar os resultados dos testes e dados estatísticos obtidos com o respectivo programa de análise de código apresentado, não sendo permitida a sua extração, impressão ou reprodução por qualquer forma.

Parágrafo único. Os representantes a que se refere o *caput* poderão autorizar, por meio de requerimento apresentado à Secretaria de Tecnologia da Informação do Tribunal Superior Eleitoral, a consulta dos resultados dos testes e dados estatísticos por representantes credenciados de outros partidos políticos, da Ordem dos Advogados do Brasil ou do Ministério Público.

Art. 21. A licença de uso e a integridade do programa de análise de código, durante todo o período dos eventos, serão de responsabilidade da entidade ou agremiação que solicitar a sua utilização.

CAPÍTULO V
Dos Programas e das Chaves para Assinatura Digital

Seção I
Do Programa de Assinatura Digital do Tribunal Superior Eleitoral

Art. 22. As assinaturas digitais dos representantes do Tribunal Superior Eleitoral serão executadas por meio de programa próprio, cujos códigos e mecanismos poderão ser objeto de auditoria na oportunidade prevista no art. 4º desta resolução, e deverão seguir, no que couber, a regulamentação expedida pelo Comitê Gestor da Infraestrutura de Chaves Públicas Brasileira (ICP Brasil).

Art. 23. A geração das chaves utilizadas pela Justiça Eleitoral será de responsabilidade do Tribunal Superior Eleitoral, sendo essas chaves entregues a servidor da Secretaria de Tecnologia da Informação, a quem caberá o seu exclusivo controle, uso e conhecimento. Parágrafo único. A geração e a guarda das chaves de que trata o *caput* seguirão as regras estabelecidas na Resolução nº 23.183/2009, que cria a Autoridade Certificadora da Justiça Eleitoral (AC-JE) e dispõe sobre a sistemática de funcionamento.

Seção II
Dos Programas Externos para Assinatura Digital e Verificação

Art. 24. Os representantes dos partidos políticos, da Ordem dos Advogados do Brasil e do Ministério Público interessados em assinar digitalmente os programas a serem utilizados nas eleições poderão fazer uso dos programas desenvolvidos e distribuídos pelo Tribunal Superior Eleitoral.
Parágrafo único. Os programas de que trata o *caput* não poderão ser comercializados pelo Tribunal Superior Eleitoral ou por qualquer pessoa física ou jurídica.

Art. 25. Caso tenham interesse em fazer uso de programa próprio, os representantes dos partidos políticos, da Ordem dos Advogados do Brasil e do Ministério Público deverão entregar à Secretaria de Tecnologia da Informação do Tribunal Superior Eleitoral, para análise e homologação, até 90 dias antes da realização do primeiro turno das eleições, o seguinte material:
I - os programas-fonte a serem empregados na assinatura digital e em sua verificação, que deverão estar em conformidade com a especificação técnica disponível na Secretaria de Tecnologia da Informação do Tribunal Superior Eleitoral;
II - o certificado digital, emitido por autoridade certificadora vinculada à ICP Brasil, contendo a chave pública correspondente àquela que será utilizada pelos representantes na Cerimônia de Assinatura Digital e Lacração dos Sistemas;
III - licenças de uso das ferramentas de desenvolvimento empregadas na construção do programa, na hipótese de o Tribunal Superior Eleitoral não as possuir, ficando sob a sua guarda até a realização das eleições.

Parágrafo único. No prazo de que trata o *caput*, os representantes dos partidos políticos, da Ordem dos Advogados do Brasil e do Ministério Público deverão entregar documentos de especificação, utilização e todas as informações necessárias à geração do programa-executável, na forma do art. 8º desta resolução.

Art. 26. Os responsáveis pela entrega dos programas de assinatura digital e verificação garantirão o seu funcionamento, qualidade e segurança.

§1º O Tribunal Superior Eleitoral realizará a análise dos programas-fonte entregues, verificando a sua integridade, autenticidade e funcionalidade.

§2º Detectado qualquer problema no funcionamento dos programas e/ou em sua implementação, a equipe da Secretaria de Tecnologia da Informação do Tribunal Superior Eleitoral informará o fato para que o respectivo representante, em até 5 dias corridos da data do recebimento do laudo, providencie o ajuste, submetendo-os a novos testes.

§3º A homologação dos programas de assinatura digital e verificação somente se dará após realizados todos os ajustes solicitados pela equipe da Secretaria de Tecnologia da Informação do Tribunal Superior Eleitoral e deverá ocorrer em até 15 dias da data determinada para a Cerimônia de Assinatura Digital e Lacração dos Sistemas.

§4º Caso os representantes não providenciem os ajustes solicitados, observado o prazo estabelecido nos §2º e §3º, a equipe designada pela Secretaria de Tecnologia da Informação do Tribunal Superior Eleitoral expedirá laudo fundamentado declarando o programa inabilitado para os fins a que se destina.

Art. 27. Os programas utilizados para verificação da assinatura digital poderão calcular o resumo digital (*hash*) de cada arquivo assinado na forma do art. 10 desta resolução, utilizando-se do mesmo algoritmo público e na mesma forma de representação utilizados pelo Tribunal Superior Eleitoral.

Art. 28. Os programas de assinatura digital e de verificação não homologados, bem como aqueles homologados cujos representantes não comparecerem à Cerimônia de Assinatura Digital e Lacração dos Sistemas serão desconsiderados para todos os efeitos.

Art. 29. Não será permitida a gravação de nenhum tipo de dado pelos programas utilizados para a verificação das respectivas assinaturas digitais, nem a impressão de nenhuma informação na impressora da urna a partir desses programas.

Art. 30. Compete, exclusivamente, aos partidos políticos, à Ordem dos Advogados do Brasil e ao Ministério Público a distribuição, aos respectivos representantes, dos programas para a verificação da assinatura digital e dos resumos digitais (*hash*), homologados e lacrados.
Parágrafo único. Os programas desenvolvidos pelos partidos políticos, pela Ordem dos Advogados do Brasil e pelo Ministério Público poderão ser cedidos a quaisquer outros interessados, desde que comunicado ao Tribunal Superior Eleitoral em até 24 horas antes de seu efetivo uso.

Art. 31. Para a verificação dos resumos digitais (*hash*), também poderão ser utilizados os seguintes programas, de propriedade da Justiça Eleitoral:
I - Verificação Pré-Pós Eleição (VPP), que é parte integrante dos programas da urna, para conferir os sistemas nela instalados;
II - Verificador de Autenticação de Programas (VAP), para conferir os sistemas instalados em microcomputadores.

Art. 32. Os programas-executáveis e as informações necessárias à verificação da assinatura digital dos programas instalados na urna deverão estar armazenados, obrigatoriamente, em mídia compatível com a respectiva urna eletrônica.

Art. 33. A execução dos programas será precedida de confirmação da sua autenticidade, por meio de verificação da assinatura digital, utilizando-se programa próprio da Justiça Eleitoral, sendo recusado na hipótese de se constatar que algum arquivo se encontra danificado, ausente ou excedente.

Seção III
Dos Momentos para a Verificação

Art. 34. A verificação da assinatura digital e dos resumos digitais (*hash*) poderá ser realizada nos seguintes momentos:
I - durante a cerimônia de geração de mídias;
II - durante a carga das urnas;
III - desde 48 horas que antecedem o início da votação até o momento anterior à oficialização do Sistema Transportador nas Zonas Eleitorais;
IV - desde 48 horas que antecedem o início da votação até o momento anterior à oficialização do Sistema de Gerenciamento no Tribunal Regional Eleitoral;
V - após as eleições, até 15 de janeiro de 2013.
§1º Na fase de geração de mídias, poderão ser verificados o Sistema Gerenciador de Dados, Aplicativos e Interface com a Urna Eletrônica e o Subsistema de Instalação e Segurança instalados nos equipamentos da Justiça Eleitoral.
§2º Durante a carga das urnas, poderão ser verificados os sistemas instalados nesses equipamentos.
§3º Durante a fase descrita no inciso III, serão verificados o Sistema Transportador e o Subsistema de Instalação e Segurança instalados nos equipamentos da Justiça Eleitoral.
§4º Durante a fase descrita no inciso IV serão verificados os Sistemas de Preparação, Gerenciamento, Receptor de arquivos de Urna e o Subsistema de Instalação e Segurança instalados nos equipamentos da Justiça Eleitoral.
§5º Após as eleições, poderão ser conferidos todos os sistemas citados nos §§1º, 2º e 3º.

Seção IV
Dos Pedidos de Verificação

Art. 35. Os representantes dos partidos políticos e coligações, da Ordem dos Advogados do Brasil e do Ministério Público interessados em realizar a verificação das assinaturas digitais dos sistemas eleitorais deverão formalizar o pedido ao Juiz Eleitoral ou ao Tribunal Regional Eleitoral, de acordo com o local de utilização dos sistemas a serem verificados, nos seguintes prazos:
I - a qualquer momento antes do final das fases previstas nos incisos I e II do art. 34 desta resolução;
II - 5 dias antes das eleições, na fase prevista no inciso III do art. 34 desta resolução;
III - a qualquer momento, na fase prevista no inciso V do art. 34 desta resolução.
Parágrafo único. Poderá o Tribunal Regional Eleitoral ou o Juiz Eleitoral, a qualquer momento, determinar, de ofício, a verificação das assinaturas de que trata o *caput*.

Art. 36. Ao apresentar o pedido, deverá ser informado:
I - se serão verificadas as assinaturas e os resumos digitais (*hash*) por meio de programa próprio, homologado e lacrado pelo Tribunal Superior Eleitoral;
II - se serão verificados os dados e os resumos digitais (*hash*) dos programas das urnas por meio do aplicativo de Verificação Pré-Pós.
§1º O pedido de verificação feito após as eleições deverá relatar fatos, apresentar indícios e circunstâncias que o justifique, sob pena de indeferimento liminar.
§2º Quando se tratar de verificação de sistema instalado em urna, o pedido feito após as eleições deverá indicar quais urnas deseja verificar.

§3º No caso previsto no parágrafo anterior, recebida a petição, o Juiz Eleitoral determinará imediatamente a separação das urnas indicadas e adotará as providências para o seu acautelamento até ser realizada a verificação, permitindo ao requerente a utilização de lacre próprio.

Art. 37. Acatado o pedido, o Juiz Eleitoral designará local, data e hora para realizar a verificação, notificando os partidos políticos e coligações, a Ordem dos Advogados do Brasil e o Ministério Público e informando ao respectivo Tribunal Regional Eleitoral.

Seção V
Dos Procedimentos de Verificação

Art. 38. Na hipótese de realização de verificação, seja qual for o programa utilizado, será designado técnico da Justiça Eleitoral para operá-lo, à vista dos representantes dos partidos políticos e coligações, da Ordem dos Advogados do Brasil e do Ministério Público.

Art. 39. Na verificação dos sistemas instalados nas urnas, por meio do aplicativo de Verificação Pré-Pós, além da verificação de resumo digital (*hash*), poderá haver verificação dos dados constantes do boletim de urna, caso seja realizada após as eleições.

Art. 40. De todo o processo de verificação, deverá ser lavrada ata circunstanciada, assinada pela autoridade eleitoral e pelos presentes, registrando-se os seguintes dados, sem prejuízo de outros que se entendam necessários:
I - local, data e horário de início e término das atividades;
II - nome e qualificação dos presentes;
III - identificação e versão dos sistemas verificados, bem como o resultado obtido;
IV - programas utilizados na verificação.
Parágrafo único. A ata deverá ser arquivada no Cartório Eleitoral ou Tribunal Regional Eleitoral em que se realizou o procedimento de verificação.

Seção VI
Da Verificação no Tribunal Superior Eleitoral

Art. 41. A verificação dos Sistemas de Preparação e Gerenciamento da Totalização, assim como a do Receptor de Arquivos de Urna, será realizada exclusivamente no Tribunal Superior Eleitoral.
§1º Para a verificação dos sistemas de Totalização no Tribunal Superior Eleitoral os partidos políticos, a Ordem dos Advogados do Brasil e o Ministério Público serão convocados com antecedência mínima de 48 horas.
§2º A verificação do Sistema de Preparação será realizada após a sua oficialização.
§3º A verificação do Sistema de Gerenciamento da Totalização e o Receptor de Arquivos de Urna será feita na véspera da eleição.
§4º Após as eleições, a verificação dos sistemas de que trata este artigo obedecerá as regras estabelecidas no inciso V do art. 34 e no §1º do art. 36, ambos desta resolução.

CAPÍTULO VI
Do Registro Digital do Voto

Art. 42. A urna será dotada de arquivo denominado Registro Digital do Voto, no qual ficará gravado aleatoriamente cada voto, separado por cargo, em arquivo único.

Art. 43. A Justiça Eleitoral fornecerá, mediante solicitação, cópia do Registro Digital do Voto para fins de fiscalização, conferência, estatística e auditoria do processo de totalização das eleições.

§1º O Registro Digital do Voto será fornecido em arquivo único, contendo a gravação aleatória de cada voto, separada por cargo.
§2º O pedido poderá ser feito por partido ou coligação concorrente ao pleito, nos Tribunais Eleitorais, observada a circunscrição da eleição, até 15 de janeiro de 2013.
§3º O requerente deverá especificar os Municípios, as Zonas Eleitorais ou Seções de seu interesse, fornecendo as mídias necessárias para gravação.
§4º Os Tribunais Eleitorais terão o prazo de 48 horas, a partir da totalização dos votos, para o atendimento do pedido.

Art. 44. Os arquivos fornecidos estarão em formato e *layout* definidos pelo Tribunal Superior Eleitoral.

Art. 45. Os arquivos contendo os Registros Digitais do Voto deverão ser preservados nos Tribunais Regionais Eleitorais, em qualquer equipamento ou mídia, pelo prazo de 180 dias após a proclamação dos resultados da eleição.
Parágrafo único. Findo o prazo mencionado no *caput*, os arquivos poderão ser descartados, desde que não haja recurso impugnando a votação nas respectivas Seções Eleitorais.

CAPÍTULO VII
Da Votação Paralela

Seção I
Disposições Preliminares

Art. 46. Os Tribunais Regionais Eleitorais realizarão, por amostragem, votação paralela para fins de verificação do funcionamento das urnas sob condições normais de uso.
§1º A votação paralela será realizada, em cada Unidade da Federação, em um só local, designado pelo Tribunal Regional Eleitoral, no mesmo dia e horário da votação oficial.
§2º Os Tribunais Regionais Eleitorais divulgarão, em edital, até 20 dias antes das eleições, o local onde será realizada a votação paralela.
§3º Nenhuma urna eletrônica preparada para uso poderá ser excluída do sorteio, ressalvada a hipótese do art. 55 desta resolução.

Seção II
Da Comissão de Votação Paralela

Art. 47. Para a organização e a condução dos trabalhos, será designada pelos Tribunais Regionais Eleitorais, em sessão pública, até 30 dias antes das eleições, Comissão de Votação Paralela composta por:
I - um Juiz de Direito, que será o Presidente;
II - quatro servidores da Justiça Eleitoral, sendo pelo menos um da Corregedoria Regional Eleitoral, um da Secretaria Judiciária e um da Secretaria de Tecnologia da Informação.
Parágrafo único. O Procurador Regional Eleitoral indicará um representante do Ministério Público para acompanhar os trabalhos da Comissão de Votação Paralela.

Art. 48. Qualquer partido político ou coligação, no prazo de 3 dias da divulgação dos nomes daqueles que comporão a Comissão de Votação Paralela, poderá impugnar, justificadamente, as designações.

Art. 49. Os trabalhos de votação paralela são públicos, podendo ser acompanhados por fiscais de partidos políticos e coligações e por representantes da Ordem dos Advogados do Brasil, bem como por entidades representativas da sociedade.

Art. 50. A Comissão de Votação Paralela será instalada até 20 dias antes das eleições, a quem caberá planejar e definir a organização e o cronograma dos trabalhos, dando publicidade às decisões tomadas.

Seção III
Do Acompanhamento por Empresa Especializada em Auditoria

Art. 51. O Tribunal Superior Eleitoral fará a contratação de empresa de auditoria, cuja finalidade será acompanhar e verificar os trabalhos da votação paralela.

§1º O acompanhamento deverá ser realizado, em todas as fases dos trabalhos da votação paralela, por representante credenciado pelo Tribunal Superior Eleitoral nos Tribunais Regionais Eleitorais.

§2º O representante da empresa indicado a acompanhar os trabalhos deverá reportar-se exclusivamente à Comissão de Votação Paralela.

Art. 52. A empresa de auditoria encaminhará ao Tribunal Superior Eleitoral, ao final dos trabalhos, relatório conclusivo do acompanhamento realizado da votação paralela.

Seção IV
Dos Sorteios das Seções Eleitorais

Art. 53. A Comissão de Votação Paralela deverá promover os sorteios das Seções Eleitorais entre as 9 e as 12 horas do dia anterior às eleições, no primeiro e no segundo turnos, em local e horário previamente divulgados.

Parágrafo único. As seções agregadas não serão consideradas para fins do sorteio de que trata o *caput*.

Art. 54. Para a realização da votação paralela, deverão ser sorteados, no primeiro turno, em cada Unidade da Federação, no mínimo, os seguintes quantitativos de Seções Eleitorais, nos quais sempre se incluirá uma Seção da capital:
a) duas nas Unidades da Federação com até 15.000 Seções no cadastro eleitoral;
b) três nas Unidades da Federação que possuam de 15.001 a 30.000 Seções no cadastro eleitoral;
c) quatro nas demais Unidades da Federação.

§1º Para o segundo turno, deverão ser considerados os quantitativos mínimos de Seções Eleitorais definidos, devendo o sorteio restringir-se às Seções Eleitorais que tenham o pleito.

§2º Caso haja segundo turno na capital, dentre as Seções sorteadas deverá constar uma desse Município.

§3º Não poderá ser sorteada mais de uma Seção por Zona Eleitoral.

Art. 55. A Comissão de Votação Paralela poderá, de comum acordo com os partidos políticos e coligações, restringir a abrangência dos sorteios a determinados Municípios ou Zonas Eleitorais, na hipótese da existência de localidades de difícil acesso, cujo recolhimento da urna em tempo hábil seja inviável.

Seção V
Da Remessa das Urnas

Art. 56. O Presidente da Comissão de Votação Paralela comunicará imediatamente o resultado do sorteio ao Juiz Eleitoral da Zona correspondente à Seção sorteada, para que ele providencie o imediato transporte da urna para o local indicado.

§1º Verificado, pelo Juiz Eleitoral, que circunstância peculiar da Seção Eleitoral sorteada impede a remessa da urna em tempo hábil, a Comissão de Votação Paralela sorteará outra Seção Eleitoral da mesma Zona Eleitoral.
§2º Os Tribunais Regionais Eleitorais providenciarão meio de transporte para a remessa da urna correspondente à Seção sorteada, que poderá ser acompanhada pelos partidos políticos e coligações.

Art. 57. Realizado o sorteio, o Juiz Eleitoral, de acordo com a logística estabelecida pelo Tribunal Regional Eleitoral, providenciará:
I - a preparação de urna substituta;
II - a substituição da urna;
III - o recolhimento da urna original e a lacração da caixa para a remessa ao local indicado pela Comissão de Votação Paralela, juntamente com a respectiva cópia da ata de carga;
IV - a atualização das tabelas de correspondência entre urna e Seção Eleitoral.
Parágrafo único. De todo o procedimento de recolhimento, preparação de urna substituta e remessa da urna original, deverá ser lavrada ata circunstanciada, que será assinada pelo Juiz responsável pela preparação, pelo representante do Ministério Público e pelos fiscais dos partidos políticos e coligações presentes, os quais poderão acompanhar todas as fases.

Seção VI
Da Preparação

Art. 58. A Comissão de Votação Paralela providenciará um mínimo de 500 cédulas de votação paralela, por Seção Eleitoral sorteada, preenchidas por representantes dos partidos políticos e coligações, que serão guardadas em urnas de lona lacradas.
§1º Na ausência dos representantes dos partidos políticos e coligações, a Comissão de Votação Paralela providenciará o preenchimento das cédulas por terceiros, excluídos os servidores da Justiça Eleitoral;
§2º As cédulas deverão ser preenchidas com os números correspondentes a candidatos registrados, a votos nulos e a votos de legenda, bem como deverão existir cédulas com votos em branco.

Art. 59. O ambiente em que se realizarão os trabalhos será aberto a todos os interessados, mas a circulação na área onde as urnas e os computadores estiverem instalados será restrita aos membros da comissão, aos auxiliares por ela designados e ao representante da empresa de auditoria, assegurando-se a fiscalização de todas as fases do processo por pessoas credenciadas.
§1º A área de circulação restrita de que trata o *caput* será isolada por meio de fitas, cavaletes ou outro material disponível que permita total visibilidade aos interessados para acompanhamento e fiscalização dos trabalhos.
§2º Para preservar a integridade do evento de votação paralela, todos os trabalhos serão filmados.

Seção VII
Dos Procedimentos de Votação e Encerramento

Art. 60. Após a emissão dos relatórios Zerésima, expedidos pela urna e pelo sistema de apoio à votação paralela, serão iniciados os trabalhos de auditoria, conforme os procedimentos estabelecidos pelo Tribunal Superior Eleitoral para a votação oficial.
Parágrafo único. A ordem de votação deverá ser aleatória em relação à folha de votação.

Art. 61. Às 17 horas será encerrada a votação, mesmo que a totalidade das cédulas não tenha sido digitada, adotando a comissão as providências necessárias para a conferência dos resultados obtidos nas urnas verificadas.
Parágrafo único. No encerramento, é obrigatória a emissão de relatório comparativo entre o arquivo do registro digital dos votos e as cédulas digitadas.

Art. 62. Verificada a coincidência dos resultados obtidos nos boletins de urna com os dos relatórios emitidos pelo sistema de apoio à votação paralela e entre as cédulas de votação paralela e o registro digital dos votos apurados, será lavrada ata de encerramento dos trabalhos.

Art. 63. Na hipótese de divergência entre o boletim de urna e o resultado esperado, serão adotadas as seguintes providências:
I - localizar as divergências;
II - conferir a digitação das respectivas cédulas divergentes, com base no horário de votação.
Parágrafo único. Persistindo a divergência, a Comissão de Votação Paralela deverá proceder à conferência de todas as cédulas digitadas, com o registro minucioso em ata de todas as divergências, ainda que solucionadas.

Seção VIII
Da Conclusão dos Trabalhos

Art. 64. A ata de encerramento dos trabalhos será encaminhada ao respectivo Tribunal Regional Eleitoral.
§1º Os demais documentos e materiais produzidos serão lacrados, identificados e encaminhados à Secretaria Judiciária, para arquivamento por, pelo menos, 60 dias após a conclusão dos trabalhos.
§2º Havendo questionamento quanto ao resultado da auditoria, o material deverá permanecer guardado até o trânsito em julgado da respectiva decisão.

Art. 65. A Comissão de Votação Paralela comunicará o resultado dos trabalhos ao respectivo Juízo Eleitoral, do qual foram originadas as urnas auditadas.

Art. 66. As urnas auditadas em que não se verificou irregularidade estarão liberadas para utilização pela Justiça Eleitoral.

Art. 67. Na hipótese de urna em auditoria apresentar defeito que impeça o prosseguimento dos trabalhos, a Comissão de Votação Paralela adotará os mesmos procedimentos de contingência das urnas de Seção.
Parágrafo único. Persistindo o defeito, a auditoria será interrompida, considerando-se realizada a votação até o momento.

CAPÍTULO VIII
Da Segurança da Informação

Art. 68. Diariamente deverão ser providenciadas cópias de segurança dos dados relativos aos sistemas das eleições, durante toda a fase oficial, sempre que houver alteração na base de dados.
Parágrafo único. Encerrados os trabalhos das Juntas Eleitorais, será feita cópia de segurança de todos os dados dos sistemas eleitorais, em ambiente autenticado pelo SIS – Subsistema de Instalação e Segurança.

Art. 69. Todos os meios de armazenamento de dados utilizados pelos sistemas eleitorais, bem como as cópias de segurança dos dados, serão identificados e mantidos em condições apropriadas, conforme orientação do respectivo Tribunal Regional Eleitoral, até 15 de janeiro de 2013, desde que não haja recurso envolvendo as informações neles contidas.

Art. 70. A desinstalação dos sistemas de eleição somente poderá ser efetuada a partir de 15 de janeiro de 2013, desde que não haja recurso envolvendo procedimentos a eles inerentes. Parágrafo único. A autorização para desinstalação dos sistemas somente ocorrerá por contrassenha fornecida pela área de Tecnologia da Informação do respectivo Tribunal Regional Eleitoral.

Art. 71. Esta resolução entra em vigor na data de sua publicação.

Brasília, 17 de novembro de 2011.

Resolução nº 23.367, de 13 de dezembro de 2011

Instrução nº 1451-71.2011.6.00.0000, Classe 19, Brasília/DF.
Rel. Min. Arnaldo Versiani. DJE/TSE, 28.12.2011.

Dispõe sobre representações, reclamações e pedidos de resposta previstos na Lei nº 9.504/97.

O Tribunal Superior Eleitoral, no uso das atribuições que lhe conferem o art. 23, inciso IX, do Código Eleitoral e o art. 105 da Lei nº 9.504, de 30 de setembro de 1997, resolve expedir a seguinte instrução:

CAPÍTULO I
Disposições Gerais

Art. 1º As representações e as reclamações relativas ao descumprimento da Lei nº 9.504/97, bem como os pedidos de resposta, referentes às eleições de 2012, serão autuados:
I - na classe processual Representação para as representações e os pedidos de resposta;
II - na classe processual Reclamação para as reclamações.

Art. 2º As reclamações e as representações poderão ser feitas por qualquer partido político, coligação, candidato ou pelo Ministério Público (Lei nº 9.504/97, art. 96, *caput* e inciso I).
§1º São competentes para apreciar as reclamações, as representações e os pedidos de resposta o Juiz que exerce a jurisdição eleitoral no Município e, naqueles com mais de uma Zona Eleitoral, os Juízes Eleitorais designados pelos respectivos Tribunais Regionais Eleitorais (Lei nº 9.504/97, art. 96, §2º).
§2º As representações e as reclamações que versarem sobre a cassação do registro ou do diploma deverão ser apreciadas pelo Juízo Eleitoral competente para julgar o registro de candidatos.

Art. 3º A partir da escolha de candidatos em convenção, é assegurado o exercício do direito de resposta ao candidato, ao partido político ou à coligação atingidos, ainda que de forma indireta, por conceito, imagem ou afirmação caluniosa, difamatória, injuriosa ou sabidamente inverídica, difundidos por qualquer veículo de comunicação social (Lei nº 9.504/97, art. 58, *caput*).

Art. 4º Os pedidos de direito de resposta e as representações por propaganda eleitoral irregular em rádio, televisão e internet tramitarão preferencialmente em relação aos demais processos em curso na Justiça Eleitoral (Lei nº 9.504/97, art. 58-A).

Art. 5º Os prazos relativos às reclamações, às representações e aos pedidos de resposta são contínuos e peremptórios e não se suspendem aos sábados, domingos e feriados entre 5 de julho e 16 de novembro de 2012, inclusive em segundo turno, se houver (Lei Complementar nº 64/90, art. 16).
§1º Nesse período, o arquivamento de procuração dos advogados, inclusive daqueles que representarem as emissoras de rádio, televisão, provedores e servidores de internet, demais veículos de comunicação, e empresas e entidades realizadoras de pesquisas eleitorais, no Cartório Eleitoral, torna dispensável a juntada do instrumento de procuração, exclusivamente para as representações e reclamações de que trata esta resolução, devendo a circunstância ser registrada na petição em que se valerem dessa faculdade, o que será certificado nos autos.

§2º Na hipótese de recurso, a representação processual será atestada pela instância superior se dos autos constar a certidão de que trata o parágrafo anterior, sendo a parte interessada responsável pela verificação da sua existência.

CAPÍTULO II
Do Processamento das Reclamações, Representações e Pedidos de Resposta

Seção I
Disposições Gerais

Art. 6º As representações e reclamações, subscritas por advogado ou por representante do Ministério Público, relatarão fatos, indicando provas, indícios e circunstâncias (Lei nº 9.504/97, art. 96, §1º).
Parágrafo único. As representações relativas à propaganda irregular devem ser instruídas com prova da autoria ou do prévio conhecimento do beneficiário, caso este não seja por ela responsável, observando-se o disposto no art. 40-B da Lei nº 9.504/97.

Art. 7º As petições e recursos relativos às representações e às reclamações serão admitidos, quando possível, por meio eletrônico ou via fac-símile, dispensado o encaminhamento do original, salvo aqueles endereçados ao Supremo Tribunal Federal.
§1º O Cartório Eleitoral providenciará a impressão ou cópia dos documentos recebidos, que serão juntados aos autos.
§2º Para atender ao disposto no *caput* deste artigo, os Cartórios Eleitorais tornarão públicos, mediante a afixação de aviso em quadro próprio e a divulgação no sítio do respectivo Tribunal Regional Eleitoral, os números fac-símile disponíveis e, se for o caso, o manual de utilização do serviço de petição eletrônica.
§3º O envio das petições e recursos por meio eletrônico ou via fac-símile e sua tempestividade serão de inteira responsabilidade do remetente, correndo por sua conta e risco eventuais defeitos ou descumprimentos dos prazos legais.
§4º As duas mídias de áudio e/ou vídeo que instruírem a petição deverão vir obrigatoriamente acompanhadas da respectiva degravação em 2 vias, observados os formatos *mp3*, *aiff* e *wav* para as mídias de áudio; *wmv*, *mpg*, *mpeg* ou *avi* para as mídias de vídeo digital; e VHS para fitas de vídeo.

Art. 8º Recebida a petição, o Cartório Eleitoral notificará imediatamente o(s) representado(s) ou reclamado(s) para apresentar(em) defesa no prazo de 48 horas (Lei nº 9.504/97, art. 96, §5º), exceto quando se tratar de pedido de resposta, cujo prazo será de 24 horas (Lei nº 9.504/97, art. 58, §2º).
Parágrafo único. Se houver pedido de medida liminar, os autos serão conclusos ao Juiz Eleitoral e, depois da respectiva decisão, o Cartório Eleitoral dela notificará o representado ou reclamado, juntamente com a contrafé da petição inicial.

Art. 9º Constatado vício de representação processual das partes, o Juiz Eleitoral determinará a sua regularização no prazo de 24 horas, sob pena de indeferimento da petição inicial (CPC, arts. 13 e 284).

Art. 10. A notificação será instruída com a contrafé da petição inicial e dos documentos que a acompanham e, se o representado ou reclamado for candidato, partido político ou coligação, será encaminhada para o número de fac-símile ou para o correio eletrônico cadastrados no pedido de registro de candidatura (Lei nº 9.504/97, art. 96-A).
§1º Na ausência de número de fac-símile, a notificação será realizada no endereço apontado na petição inicial ou no endereço indicado no pedido de registro de candidato, por via postal com aviso de recebimento ou, ainda, por Oficial de Justiça ou por servidor designado pelo Juiz Eleitoral.

§2º Quando outro for o representado ou reclamado, a notificação será feita no endereço ou número de fac-símile indicado na petição inicial, e, se dela não constar, será feita por via postal com aviso de recebimento, ou, ainda, por Oficial de Justiça ou por servidor designado pelo Juiz Eleitoral.
§3º Na hipótese de a petição inicial de que trata o parágrafo anterior não indicar o endereço ou fac-símile do representado ou reclamado, o Juiz Eleitoral abrirá diligência para emenda da inicial no prazo máximo de 48 horas, sob pena de indeferimento liminar.

Art. 11. As notificações, as comunicações, as publicações e as intimações serão feitas por fac-símile ou outro meio eletrônico, no horário das 10 às 19 horas, salvo se o Juiz Eleitoral dispuser que se faça de outro modo ou em horário diverso.
Parágrafo único. As decisões de concessão de medida liminar serão comunicadas das 8 às 24 horas, salvo quando o Juiz Eleitoral determinar horário diverso.

Art. 12. Apresentada a defesa, ou decorrido o respectivo prazo, os autos serão encaminhados ao Ministério Público Eleitoral, quando estiver atuando exclusivamente como fiscal da lei, para emissão de parecer no prazo de 24 horas, findo o qual, com ou sem parecer, serão imediatamente devolvidos ao Juiz Eleitoral.

Art. 13. Transcorrido o prazo previsto no artigo anterior, o Juiz Eleitoral decidirá e fará publicar a decisão em 24 horas (Lei nº 9.504/97, art. 96, §7º), exceto quando se tratar de pedido de resposta, cuja decisão deverá ser proferida no prazo máximo de 72 horas da data em que for protocolado o pedido (Lei nº 9.504/97, art. 58, §2º).

Art. 14. A publicação dos atos judiciais será realizada no Diário de Justiça Eletrônico ou, na impossibilidade, em outro veículo da imprensa oficial.
§1º No período compreendido entre 5 de julho de 2012 e a proclamação dos eleitos, a publicação dos atos judiciais será realizada em cartório, devendo ser certificado nos autos o horário da publicação.
§2º No período a que se refere o §1º deste artigo, os acórdãos serão publicados em sessão de julgamento, devendo ser certificada nos autos a publicação.
§3º O Ministério Público Eleitoral será pessoalmente intimado das decisões pelo Cartório Eleitoral, mediante cópia, e dos acórdãos, em sessão de julgamento, quando nela forem publicados.
§4º O disposto nos §1º, §2º e §3º não se aplica às representações previstas nos arts. 23, 30-A, 41-A, 73, 74, 75, 77 e nos §2º e §3º do art. 81 da Lei nº 9.504/97.

Seção II
Do Direito de Resposta

Art. 15. Os pedidos de resposta devem dirigir-se ao Juiz Eleitoral encarregado da propaganda eleitoral.

Art. 16. Serão observadas, ainda, as seguintes regras no caso de pedido de resposta relativo à ofensa veiculada (Lei nº 9.504/97, art. 58, §3º):
I - em órgão da imprensa escrita:
a) o pedido deverá ser feito no prazo de 72 horas, a contar das 19 horas da data constante da edição em que veiculada a ofensa, salvo prova documental de que a circulação, no domicílio do ofendido, deu-se após esse horário (Lei nº 9.504/97, art. 58, §1º, III);
b) o pedido deverá ser instruído com um exemplar da publicação e o texto da resposta (Lei nº 9.504/97, art. 58, §3º, I, a);
c) deferido o pedido, a divulgação da resposta será dada no mesmo veículo, espaço, local, página, tamanho, caracteres e outros elementos de realce usados na ofensa, em até 48

horas após a decisão ou, tratando-se de veículo com periodicidade de circulação maior do que 48 horas, na primeira oportunidade em que circular (Lei nº 9.504/97, art. 58, §3º, I, b);
d) por solicitação do ofendido, a divulgação da resposta será feita no mesmo dia da semana em que a ofensa for divulgada, ainda que fora do prazo de 48 horas (Lei nº 9.504/97, art. 58, §3º, I, c);
e) se a ofensa for produzida em dia e hora que inviabilizem sua reparação dentro dos prazos estabelecidos nas alíneas anteriores, a Justiça Eleitoral determinará a imediata divulgação da resposta (Lei nº 9.504/97, art. 58, §3º, I, d);
f) o ofensor deverá comprovar nos autos o cumprimento da decisão, mediante dados sobre a regular distribuição dos exemplares, a quantidade impressa e o raio de abrangência na distribuição (Lei nº 9.504/97, art. 58, §3º, I, e).
II - em programação normal das emissoras de rádio e de televisão:
a) o pedido, com a transcrição do trecho considerado ofensivo ou inverídico, deverá ser feito no prazo de 48 horas, contado a partir da veiculação da ofensa (Lei nº 9.504/97, art. 58, §1º, II);
b) a Justiça Eleitoral, à vista do pedido, deverá notificar imediatamente o responsável pela emissora que realizou o programa, para que confirme data e horário da veiculação e entregue em 24 horas, sob as penas do art. 347 do Código Eleitoral, cópia da fita da transmissão, que será devolvida após a decisão (Lei nº 9.504/97, art. 58, §3º, II, a);
c) o responsável pela emissora, ao ser notificado pela Justiça Eleitoral ou informado pelo representante, por cópia protocolada do pedido de resposta, preservará a gravação até a decisão final do processo (Lei nº 9.504/97, art. 58, §3º, II, b);
d) deferido o pedido, a resposta será dada em até 48 horas após a decisão, em tempo igual ao da ofensa, nunca inferior a 1 minuto (Lei nº 9.504/97, art. 58, §3º, II, c);
III - no horário eleitoral gratuito:
a) o pedido deverá ser feito no prazo de 24 horas, contado a partir da veiculação do programa (Lei nº 9.504/97, art. 58, §1º, I);
b) o pedido deverá especificar o trecho considerado ofensivo ou inverídico e ser instruído com a mídia da gravação do programa, acompanhada da respectiva degravação;
c) deferido o pedido, o ofendido usará, para a resposta, tempo igual ao da ofensa, porém nunca inferior a 1 minuto (Lei nº 9.504/97, art. 58, §3º, III, a);
d) a resposta será veiculada no horário destinado ao partido político ou coligação responsável pela ofensa, devendo dirigir-se aos fatos nela veiculados (Lei nº 9.504/97, art. 58, §3º, III, b);
e) se o tempo reservado ao partido político ou à coligação responsável pela ofensa for inferior a 1 minuto, a resposta será levada ao ar tantas vezes quantas forem necessárias para a sua complementação (Lei nº 9.504/97, art. 58, §3º, III, c);
f) deferido o pedido para resposta, a emissora geradora e o partido político ou a coligação atingidos deverão ser notificados imediatamente da decisão, na qual deverão estar indicados o período, diurno ou noturno, para a veiculação da resposta, sempre no início do programa do partido político ou coligação, e, ainda, o bloco de audiência, caso se trate de inserção (Lei nº 9.504/97, art. 58, §3º, III, d);
g) o meio de armazenamento com a resposta deverá ser entregue à emissora geradora até 36 horas após a ciência da decisão, para veiculação no programa subsequente do partido político ou da coligação em cujo horário se praticou a ofensa (Lei nº 9.504/97, art. 58, §3º, III, e);
h) se o ofendido for candidato, partido político ou coligação que tenha usado o tempo concedido sem responder aos fatos veiculados na ofensa, terá subtraído tempo idêntico do respectivo programa eleitoral; tratando-se de terceiros, ficarão sujeitos à suspensão de igual tempo em eventuais novos pedidos de resposta e a multa no valor de R$2.128,20 (dois mil cento e vinte e oito reais e vinte centavos) a R$5.320,50 (cinco mil trezentos e vinte reais e cinquenta centavos) (Lei nº 9.504/97, art. 58, §3º, III, f).
IV - em propaganda eleitoral pela internet:

a) deferido o pedido, a divulgação da resposta será dada no mesmo veículo, espaço, local, horário, página eletrônica, tamanho, caracteres e outros elementos de realce usados na ofensa, em até 48 horas após a entrega da mídia física com a resposta do ofendido (Lei nº 9.504/97, art. 58, §3º, IV, a);
b) a resposta ficará disponível para acesso pelos usuários do serviço de internet por tempo não inferior ao dobro em que esteve disponível a mensagem considerada ofensiva (Lei nº 9.504/97, art. 58, §3º, IV, b);
c) os custos de veiculação da resposta correrão por conta do responsável pela propaganda original (Lei nº 9.504/97, art. 58, §3º, IV, c).

§1º Se a ofensa ocorrer em dia e hora que inviabilizem sua reparação dentro dos prazos estabelecidos neste artigo, a resposta será divulgada nos horários que a Justiça Eleitoral determinar, ainda que nas 48 horas anteriores ao pleito, em termos e forma previamente aprovados, de modo a não ensejar tréplica (Lei nº 9.504/97, art. 58, §4º).

§2º Apenas as decisões comunicadas à emissora geradora até 1 hora antes da geração ou do início do bloco, quando se tratar de inserções, poderão interferir no conteúdo a ser transmitido; após esse prazo, as decisões somente poderão ter efeito na geração ou no bloco seguintes.

§3º Caso a emissora geradora seja comunicada de decisão proibindo trecho da propaganda no período compreendido entre a entrega do material e o horário de geração dos programas, ela deverá aguardar a substituição do meio de armazenamento até o limite de 1 hora antes do início do programa; no caso de o novo material não ser entregue, a emissora veiculará programa anterior, desde que não contenha propaganda já declarada proibida pela Justiça Eleitoral.

Art. 17. Os pedidos de resposta formulados por terceiro, em relação ao que foi veiculado no horário eleitoral gratuito, serão examinados pela Justiça Eleitoral e deverão observar os procedimentos previstos na Lei nº 9.504/97, naquilo que couber.

Art. 18. Quando o provimento do recurso cassar o direito de resposta já exercido, os Tribunais Eleitorais deverão observar o disposto nas alíneas f e g do inciso III do art. 16 desta resolução, para a restituição do tempo (Lei nº 9.504/97, art. 58, §6º).

Art. 19. A inobservância dos prazos previstos para as decisões sujeitará a autoridade judiciária às penas previstas no art. 345 do Código Eleitoral (Lei nº 9.504/97, art. 58, §7º).

Art. 20. O não cumprimento integral ou em parte da decisão que reconhecer o direito de resposta sujeitará o infrator ao pagamento de multa no valor de R$5.320,50 (cinco mil trezentos e vinte reais e cinquenta centavos) a R$15.961,50 (quinze mil novecentos e sessenta e um reais e cinquenta centavos), duplicada em caso de reiteração de conduta, sem prejuízo do disposto no art. 347 do Código Eleitoral (Lei nº 9.504/97, art. 58, §8º).

Seção III
Das Representações Específicas

Art. 21. As representações que visarem à apuração das hipóteses previstas nos arts. 23, 30-A, 41-A, 73, 74, 75, 77 e 81 da Lei nº 9.504/97 observarão o rito estabelecido pelo art. 22 da Lei Complementar nº 64/90.
Parágrafo único. As representações de que trata o caput deste artigo poderão ser ajuizadas até a data da diplomação, exceto as do art. 30-A e dos arts. 23 e 81 da Lei nº 9.504/97, que poderão ser propostas, respectivamente, no prazo de 15 dias e no de 180 dias a partir da diplomação.

Art. 22. Nas eleições de 2012, o Juiz Eleitoral será competente para conhecer e processar a representação prevista na Lei Complementar nº 64/90, exercendo todas as funções atribuídas ao Corregedor-Geral ou Regional, cabendo ao representante do Ministério Público Eleitoral em função na Zona Eleitoral as atribuições deferidas ao Procurador-Geral e Regional Eleitoral, nos termos dos incisos I a XV do art. 22 e das demais normas de procedimento previstas na LC nº 64/90.

Art. 23. Ao despachar a inicial, o Juiz Eleitoral adotará as seguintes providências:
I - ordenará que se notifique a parte representada e que lhe seja encaminhada a contrafé da petição inicial, acompanhada das cópias dos documentos, para que, no prazo de 5 dias, contados da notificação, ofereça defesa;
II - determinará que se suspenda o ato que deu origem à representação, quando relevante o fundamento e puder resultar na ineficácia da medida, caso seja julgada procedente;
III - indeferirá desde logo a inicial, quando não for caso de representação ou lhe faltar algum requisito essencial.
§1º No caso de representação instruída com imagem e/ou áudio, a respectiva degravação será encaminhada juntamente com a notificação, devendo uma cópia da mídia permanecer nos autos e a outra mantida em cartório, facultado às partes e ao Ministério Público, a qualquer tempo, requerer cópia, independentemente de autorização específica do Juiz Eleitoral.
§2º O Juiz Eleitoral, a requerimento das partes, do Ministério Público ou de ofício poderá, em decisão fundamentada, limitar o acesso aos autos às partes, a seus representantes e ao Ministério Público.
§3º No caso de o Juiz Eleitoral retardar solução na representação, poderá o interessado renová-la perante o respectivo Tribunal Regional Eleitoral, que a resolverá dentro de 24 horas.
§4º O interessado, quando não for atendido ou ocorrer demora, poderá levar o fato ao conhecimento do Tribunal Superior Eleitoral, a fim de que sejam tomadas as providências necessárias.
§5º Da decisão que indeferir liminarmente o processamento da representação, caberá recurso no prazo de 3 dias.

Art. 24. Feita a notificação, o Cartório Eleitoral juntará aos autos cópia autêntica do ofício endereçado ao representado, bem como a prova da entrega ou da sua recusa em aceitá-la ou em dar recibo (LC nº 64, art. 22, IV).

Art. 25. Se a defesa for instruída com documentos, o Juiz Eleitoral determinará a intimação do representante a se manifestar sobre eles no prazo de 48 horas.

Art. 26. Não sendo apresentada a defesa, ou apresentada sem a juntada de documentos, ou, ainda, decorrido o prazo para manifestação do representante sobre os documentos juntados, os autos serão imediatamente conclusos ao Juiz Eleitoral, que designará, nos 5 dias seguintes, data, hora e local para a realização, em única assentada, de audiência para oitiva de testemunhas arroladas.
§1º As testemunhas deverão ser arroladas pelo representante, na inicial, e pelo representado, na defesa, com o limite de 6 para cada parte, sob pena de preclusão.
§2º As testemunhas deverão comparecer à audiência independentemente de intimação.

Art. 27. Ouvidas as testemunhas, ou indeferida a oitiva, o Juiz Eleitoral, nos 3 dias subsequentes, procederá a todas as diligências que determinar, de ofício ou a requerimento das partes.
§1º Nesse prazo de 3 dias, o Juiz Eleitoral poderá, na presença das partes e do Ministério Público, ouvir terceiros, referidos pelas partes, ou testemunhas, como conhecedores dos fatos e circunstâncias que possam influir na decisão do feito.

§2º Quando qualquer documento necessário à formação da prova se achar em poder de terceiro, inclusive estabelecimento de crédito, oficial ou privado, o Juiz Eleitoral poderá ainda, naquele prazo, ordenar o respectivo depósito ou requisitar cópias.
§3º Se o terceiro, sem justa causa, não exibir o documento ou não comparecer a juízo, o Juiz Eleitoral poderá expedir contra ele mandado de prisão e instaurar processo por crime de desobediência.

Art. 28. Encerrada a dilação probatória, o Juiz abrirá prazo comum de 2 dias para que as partes, inclusive o Ministério Público, possam apresentar alegações finais.
Parágrafo único. Nas ações em que não for parte o Ministério Público Eleitoral, apresentadas as alegações finais, ou decorrido seu prazo, os autos lhe serão remetidos para que se manifeste no prazo de 2 dias.

Art. 29. Terminado o prazo para alegações finais, os autos serão conclusos ao Juiz Eleitoral, no dia imediato, para decisão, a ser proferida no prazo de 3 dias.

Art. 30. Proferida a decisão, o Cartório Eleitoral providenciará a imediata publicação no Diário de Justiça Eletrônico ou, na impossibilidade, em outro veículo da imprensa oficial.
Parágrafo único. No caso de cassação de registro de candidato, o Juiz Eleitoral determinará a notificação do partido político ou da coligação pela qual concorre, encaminhando-lhe cópia da decisão, para os fins previstos no §1º do art. 13 da Lei nº 9.504/97.

Art. 31. Os recursos eleitorais contra as sentenças que julgarem as representações previstas nesta Seção deverão ser interpostos no prazo de 3 dias, contados da publicação, observando-se o mesmo prazo para os recursos subsequentes, inclusive recurso especial e agravo, bem como as respectivas contrarrazões e respostas.

Art. 32. Decorrido o prazo legal sem que a representação seja julgada, a demora poderá, a critério do interessado, ensejar a renovação do pedido perante o Tribunal Regional Eleitoral ou a formulação de outra representação com o objetivo de ver prolatada a decisão pelo Juiz Eleitoral, sob pena de o magistrado ser responsabilizado disciplinar e penalmente, seguindo-se em ambos os casos o rito adotado nesta Seção.

CAPÍTULO III
Dos Recursos

Seção I
Do Recurso para o Tribunal Regional Eleitoral

Art. 33. Contra sentença proferida por Juiz Eleitoral é cabível recurso eleitoral para o respectivo Tribunal Regional Eleitoral, no prazo de 24 horas da publicação em cartório, assegurado à parte recorrida o oferecimento de contrarrazões, em igual prazo, a contar da sua notificação, ressalvadas as hipóteses previstas no art. 31 desta resolução (Lei nº 9.504/97, art. 96, §8º).
§1º Oferecidas as contrarrazões, ou decorrido o respectivo prazo, serão os autos imediatamente remetidos ao Tribunal Regional Eleitoral, inclusive mediante portador, se necessário.
§2º Não cabe agravo de instrumento contra decisão proferida por Juiz Eleitoral que concede ou denega medida liminar.

Art. 34. Recebido na Secretaria do Tribunal Regional Eleitoral, o recurso eleitoral será autuado e distribuído na mesma data, devendo ser remetido ao Ministério Público para manifestação no prazo de 24 horas.

§1º Findo o prazo, os autos serão enviados ao relator, o qual poderá:
I - negar seguimento a pedido ou recurso intempestivo, manifestamente inadmissível, improcedente, prejudicado ou em confronto com súmula ou com jurisprudência dominante do próprio Tribunal, do Tribunal Superior Eleitoral, do Supremo Tribunal Federal ou de Tribunal Superior (CPC, art. 557, *caput*, e RITSE, art. 36, §6º);
II - dar provimento ao recurso se a decisão recorrida estiver em manifesto confronto com súmula ou com jurisprudência dominante do próprio Tribunal, do Tribunal Superior Eleitoral, do Supremo Tribunal Federal ou de Tribunal Superior;
III - apresentá-los em mesa para julgamento em 48 horas, independentemente de publicação de pauta (Lei nº 9.504/97, art. 96, §9º), exceto quando se tratar de direito de resposta, cujo prazo para julgamento será de 24 horas, contado da conclusão dos autos (Lei nº 9.504/97, art. 58, §6º).
§2º Caso o Tribunal não se reúna no prazo previsto no §1º deste artigo, o recurso deverá ser julgado na primeira sessão subsequente.
§3º Somente poderão ser apreciados os recursos relacionados até o início da sessão plenária.
§4º Ao advogado de cada parte é assegurado o uso da tribuna pelo tempo máximo de 10 minutos, para sustentação oral de suas razões.
§5º Os acórdãos serão publicados na sessão em que os recursos forem julgados, salvo disposição diversa prevista nesta resolução.
§6º Os embargos de declaração interrompem o prazo para a interposição de recursos subsequentes.

Seção II
Do Recurso para o Tribunal Superior Eleitoral

Art. 35. Do acórdão do Tribunal Regional Eleitoral caberá recurso especial para o Tribunal Superior Eleitoral, no prazo de 3 dias, a contar da publicação (Código Eleitoral, art. 276, §1º), salvo quando se tratar de direito de resposta.
§1º Interposto o recurso especial, os autos serão conclusos ao Presidente do Tribunal Regional Eleitoral, que, no prazo de 24 horas, apreciará a admissibilidade do recurso.
§2º Admitido o recurso especial, será assegurado à parte recorrida o oferecimento de contrarrazões no prazo de 3 dias, contados da intimação em secretaria.
§3º Oferecidas as contrarrazões, ou decorrido o prazo sem o seu oferecimento, serão os autos imediatamente remetidos ao Tribunal Superior Eleitoral, inclusive por portador, se necessário.
§4º Não admitido o recurso especial, caberá agravo para o Tribunal Superior Eleitoral, no prazo de 3 dias, contados da publicação da decisão em secretaria.
§5º Interposto o agravo, será intimada a parte agravada para oferecer resposta ao agravo e ao recurso especial, no prazo de 3 dias da publicação em secretaria.
§6º Recebido na Secretaria do Tribunal Superior Eleitoral, o recurso será autuado e distribuído na mesma data, devendo ser remetido ao Ministério Público para manifestação.
§7º O relator negará seguimento a pedido ou recurso intempestivo, manifestamente inadmissível, improcedente, prejudicado ou em confronto com súmula ou com jurisprudência dominante do Tribunal Superior Eleitoral, do Supremo Tribunal Federal ou de Tribunal Superior (CPC, art. 557, *caput*, e RITSE, art. 36, §6º); ou poderá, ao analisar o agravo, dar provimento ao recurso especial se o acórdão recorrido estiver em manifesto confronto com súmula ou com jurisprudência dominante do Supremo Tribunal Federal ou de Tribunal Superior (CPC, art. 544, §3º, e RITSE, art. 36, §7º).

Art. 36. Quando se tratar de direito de resposta, o prazo para interposição do recurso especial será de 24 horas, a contar da publicação em sessão, dispensado o juízo de admissibilidade, com a imediata intimação do recorrido, por publicação em secretaria, para o oferecimento de contrarrazões no mesmo prazo (Lei nº 9.504/97, art. 58, §5º).

CAPÍTULO IV
Disposições Finais

Art. 37. A competência do Juiz Eleitoral encarregado da propaganda eleitoral não exclui o poder de polícia, que será exercido pelos Juízes Eleitorais e pelos Juízes designados pelos Tribunais Regionais Eleitorais, nos Municípios com mais de uma Zona Eleitoral.

§1º O poder de polícia se restringe às providências necessárias para inibir práticas ilegais, vedada a censura prévia sobre o teor dos programas e matérias jornalísticas a serem exibidos na televisão, no rádio, na internet e na imprensa escrita.

§2º No caso de condutas sujeitas a penalidades, o Juiz Eleitoral delas cientificará o Ministério Público, para os efeitos desta resolução.

Art. 38. As decisões dos Juízes Eleitorais indicarão de modo preciso o que, na propaganda impugnada, deverá ser excluído ou substituído.

§1º Nas inserções de que trata o art. 51 da Lei nº 9.504/97, as exclusões ou substituições observarão o tempo mínimo de 15 segundos e os respectivos múltiplos.

§2º O teor da decisão será comunicado às emissoras de rádio e televisão e aos provedores e servidores de internet pelo Cartório Eleitoral.

§3º É facultado às emissoras de rádio, televisão e demais veículos de comunicação, inclusive provedores e servidores de internet, comunicar aos Tribunais Regionais Eleitorais o número de fac-símile pelo qual receberão notificações e intimações.

§4º Inexistindo a comunicação na forma do parágrafo anterior, as notificações e intimações serão encaminhadas ao número constante da petição inicial.

Art. 39. Da convenção partidária até a apuração final da eleição, não poderão servir como Juízes nos Tribunais Regionais Eleitorais, ou como Juiz Eleitoral, o cônjuge ou companheiro, parente consanguíneo ou afim, até o segundo grau, de candidato a cargo eletivo registrado na circunscrição (Código Eleitoral, art. 14, §3º).

Art. 40. Não poderá servir como chefe de Cartório Eleitoral, sob pena de demissão, membro de órgão de direção partidária, candidato a cargo eletivo, seu cônjuge ou companheiro e parente consanguíneo ou afim até o segundo grau (Código Eleitoral, art. 33, §1º).

Art. 41. O representante do Ministério Público que mantiver o direito a filiação partidária não poderá exercer funções eleitorais enquanto não decorridos 2 anos do cancelamento da aludida filiação (Lei Complementar nº 75/93, art. 80).

Art. 42. Ao Juiz Eleitoral que for parte em ações judiciais que envolvam determinado candidato é defeso exercer suas funções em processo eleitoral no qual o mesmo candidato seja interessado (Lei nº 9.504/97, art. 95).

Parágrafo único. Se, posteriormente ao pedido de registro da candidatura, candidato propuser ação contra Juiz que exerce função eleitoral, o afastamento deste somente decorrerá de declaração espontânea de suspeição ou de procedência da respectiva exceção.

Art. 43. Poderá o candidato, o partido político, a coligação ou o Ministério Público apresentar reclamação ao Tribunal Regional Eleitoral contra o Juiz Eleitoral que descumprir as disposições desta resolução ou der causa a seu descumprimento, inclusive quanto aos prazos processuais; neste caso, ouvido o representado em 24 horas, o Tribunal ordenará a observância do procedimento que explicitar, sob pena de incorrer o Juiz Eleitoral em desobediência (Lei nº 9.504/97, art. 97, *caput*).

§1º É obrigatório, para os membros dos Tribunais Eleitorais e para os representantes do Ministério Público, fiscalizar o cumprimento das disposições desta resolução pelos Juízes e Promotores Eleitorais das instâncias inferiores, determinando, quando for o caso, a abertura de procedimento disciplinar para apuração de eventuais irregularidades verificadas.

§2º No caso de descumprimento das disposições desta resolução por Tribunal Regional Eleitoral, a representação poderá ser feita ao Tribunal Superior Eleitoral, observado o disposto neste artigo.

Art. 44. Os feitos eleitorais previstos nesta resolução, no período compreendido entre 10 de junho e 2 de novembro de 2012, terão prioridade para a participação do Ministério Público e dos Juízes de todas as justiças e instâncias, ressalvados os processos de *habeas corpus* e mandado de segurança (Lei nº 9.504/97, art. 94, *caput*).

§1º É defeso às autoridades mencionadas neste artigo deixar de cumprir qualquer prazo desta resolução em razão do exercício de suas funções regulares (Lei nº 9.504/97, art. 94, §1º).

§2º O descumprimento do disposto neste artigo constitui crime de responsabilidade e será objeto de anotação funcional para efeito de promoção na carreira (Lei nº 9.504/97, art. 94, §2º).

§3º Além das polícias judiciárias, os órgãos da Receita Federal, Estadual e Municipal, os Tribunais e os órgãos de contas auxiliarão a Justiça Eleitoral na apuração dos delitos eleitorais, com prioridade sobre suas atribuições regulares (Lei nº 9.504/97, art. 94, §3º).

Art. 45. Esta resolução entra em vigor na data de sua publicação.

Brasília, 13 de dezembro de 2011.

Resolução nº 23.370, de 13 de dezembro de 2011
(Com a alteração introduzida pela Res. nº 23.377, de 1º.3.2012)

Instrução nº 1162-41.2011.6.00.0000, Classe 19, Brasília/DF.
Rel. Min. Arnaldo Versiani. DJE-TSE, 28.12.2011.

Dispõe sobre a propaganda eleitoral e as condutas ilícitas em campanha eleitoral nas eleições de 2012.

O Tribunal Superior Eleitoral, no uso das atribuições que lhe conferem o art. 23, inciso IX, do Código Eleitoral e o art. 105 da Lei nº 9.504, de 30 de setembro de 1997, resolve expedir a seguinte instrução:

CAPÍTULO I
Disposições Preliminares

Art. 1º A propaganda eleitoral é permitida a partir de 6 de julho de 2012 (Lei nº 9.504/97, art. 36, *caput* e §2º).
§1º Ao postulante a candidatura a cargo eletivo, é permitida a realização, na quinzena anterior à escolha pelo partido político, de propaganda intrapartidária com vista à indicação de seu nome, inclusive mediante a fixação de faixas e cartazes em local próximo da convenção, com mensagem aos convencionais, vedado o uso de rádio, televisão e *outdoor* (Lei nº 9.504/97, art. 36, §1º).
§2º A propaganda de que trata o parágrafo anterior deverá ser imediatamente retirada após a respectiva convenção.
§3º A partir de 1º de julho de 2012, não será veiculada a propaganda partidária gratuita prevista na Lei nº 9.096/95, nem será permitido qualquer tipo de propaganda política paga no rádio e na televisão (Lei nº 9.504/97, art. 36, §2º).
§4º A violação do disposto neste artigo sujeitará o responsável pela divulgação da propaganda e o beneficiário, quando comprovado o seu prévio conhecimento, à multa no valor de R$5.000,00 (cinco mil reais) a R$25.000,00 (vinte e cinco mil reais) ou equivalente ao custo da propaganda, se este for maior (Lei nº 9.504/97, art. 36, §3º).

Art. 2º Não será considerada propaganda eleitoral antecipada (Lei nº 9.504/97, art. 36-A, incisos I a IV):
I - a participação de filiados a partidos políticos ou de pré-candidatos em entrevistas, programas, encontros ou debates no rádio, na televisão e na internet, inclusive com a exposição de plataformas e projetos políticos, desde que não haja pedido de votos, observado pelas emissoras de rádio e de televisão o dever de conferir tratamento isonômico;
II - a realização de encontros, seminários ou congressos, em ambiente fechado e a expensas dos partidos políticos, para tratar da organização dos processos eleitorais, planos de governos ou alianças partidárias visando às eleições;
III - a realização de prévias partidárias e sua divulgação pelos instrumentos de comunicação intrapartidária; ou
IV - a divulgação de atos de parlamentares e debates legislativos, desde que não se mencione a possível candidatura, ou se faça pedido de votos ou de apoio eleitoral.

Art. 3º É vedada, desde 48 horas antes até 24 horas depois da eleição, a veiculação de qualquer propaganda política no rádio ou na televisão — incluídos, entre outros, as rádios

comunitárias e os canais de televisão que operam em UHF, VHF e por assinatura — e, ainda, a realização de comícios ou reuniões públicas, ressalvada a propaganda na internet (Código Eleitoral, art. 240, parágrafo único, e Lei nº 12.034/2009, art. 7º).
Parágrafo único. Não se aplica a vedação constante do parágrafo único do art. 240 do Código Eleitoral à propaganda eleitoral veiculada gratuitamente na internet, no sítio eleitoral, *blog*, sítio interativo ou social, ou outros meios eletrônicos de comunicação do candidato, ou no sítio do partido ou coligação, nas formas previstas no art. 57-B da Lei nº 9.504/97 (Lei nº 12.034/2009, art. 7º).

Art. 4º O Juiz Eleitoral é competente para tomar todas as providências relacionadas à propaganda eleitoral, assim como para julgar representações e reclamações a ela pertinentes.
Parágrafo único. Onde houver mais de uma Zona Eleitoral, o Tribunal Regional Eleitoral designará o Juiz Eleitoral que ficará responsável pela propaganda eleitoral.

CAPÍTULO II
Da Propaganda em Geral

Art. 5º A propaganda, qualquer que seja a sua forma ou modalidade, mencionará sempre a legenda partidária e só poderá ser feita em língua nacional, não devendo empregar meios publicitários destinados a criar, artificialmente, na opinião pública, estados mentais, emocionais ou passionais (Código Eleitoral, art. 242, *caput*).
Parágrafo único. Sem prejuízo do processo e das penas cominadas, a Justiça Eleitoral adotará medidas para impedir ou fazer cessar imediatamente a propaganda realizada com infração do disposto neste artigo (Código Eleitoral, art. 242, parágrafo único).

Art. 6º Na propaganda para eleição majoritária, a coligação usará, obrigatoriamente, sob a sua denominação, as legendas de todos os partidos políticos que a integram; na propaganda para eleição proporcional, cada partido político usará apenas a sua legenda sob o nome da coligação (Lei nº 9.504/97, art. 6º, §2º).
§1º Excepcionalmente nas inserções de 15" da propaganda gratuita no rádio para eleição majoritária, a propaganda deverá ser identificada pelo nome da coligação e do partido do candidato, dispensada a identificação dos demais partidos que integram a coligação.
§2º A denominação da coligação não poderá coincidir, incluir ou fazer referência a nome ou número de candidato, nem conter pedido de voto para partido político (Lei nº 9.504/97, art. 6º, §1º-A).

Art. 7º Da propaganda dos candidatos a Prefeito, deverá constar, também, o nome do candidato a Vice-Prefeito, de modo claro e legível, em tamanho não inferior a 10% (dez por cento) do nome do titular (Lei nº 9.504/97, art. 36, §4º).

Art. 8º A realização de qualquer ato de propaganda partidária ou eleitoral, em recinto aberto ou fechado, não depende de licença da polícia (Lei nº 9.504/97, art. 39, *caput*).
§1º O candidato, o partido político ou a coligação que promover o ato fará a devida comunicação à autoridade policial com, no mínimo, 24 horas de antecedência, a fim de que esta lhe garanta, segundo a prioridade do aviso, o direito contra quem pretenda usar o local no mesmo dia e horário (Lei nº 9.504/97, art. 39, §1º).
§2º A autoridade policial tomará as providências necessárias à garantia da realização do ato e ao funcionamento do tráfego e dos serviços públicos que o evento possa afetar (Lei nº 9.504/97, art. 39, §2º).

Art. 9º É assegurado aos partidos políticos e às coligações o direito de, independentemente de licença da autoridade pública e do pagamento de qualquer contribuição (Código Eleitoral, art. 244, I e II, e Lei nº 9.504/97, art. 39, §3º e §5º):

I - fazer inscrever, na fachada de suas sedes e dependências, o nome que os designe, pela forma que melhor lhes parecer;
II - fazer inscrever, na fachada dos seus comitês e demais unidades, o nome que os designe, da coligação ou do candidato, respeitado o tamanho máximo de 4m²;
III - instalar e fazer funcionar, no período compreendido entre o início da propaganda eleitoral e a véspera da eleição, das 8 às 22 horas, alto-falantes ou amplificadores de som, nos locais referidos, assim como em veículos seus ou à sua disposição, em território nacional, com a observância da legislação comum e dos §1º e §2º, inclusive dos limites do volume sonoro;
IV - comercializar material de divulgação institucional, desde que não contenha nome e número de candidato, bem como cargo em disputa.
§1º São vedados a instalação e o uso de alto-falantes ou amplificadores de som em distância inferior a 200 metros, respondendo o infrator, conforme o caso, pelo emprego de processo de propaganda vedada e pelo abuso de poder (Lei nº 9.504/97, art. 39, §3º, I a III, Código Eleitoral, arts. 222 e 237, e Lei Complementar nº 64/90, art. 22):
I - das sedes dos Poderes Executivo e Legislativo da União, dos Estados, do Distrito Federal e dos Municípios, das sedes dos órgãos judiciais, dos quartéis e de outros estabelecimentos militares;
II - dos hospitais e casas de saúde;
III - das escolas, bibliotecas públicas, igrejas e teatros, quando em funcionamento.
§2º Pode ser utilizada a aparelhagem de sonorização fixa e trio elétrico durante a realização de comícios no horário compreendido entre as 8 e as 24 horas (Lei nº 9.504/97, art. 39, §4º e §10).
§3º São vedadas na campanha eleitoral confecção, utilização, distribuição por comitê, candidato, ou com a sua autorização, de camisetas, chaveiros, bonés, canetas, brindes, cestas básicas ou quaisquer outros bens ou materiais que possam proporcionar vantagem ao eleitor, respondendo o infrator, conforme o caso, pela prática de captação ilícita de sufrágio, emprego de processo de propaganda vedada e, se for o caso, pelo abuso de poder (Lei nº 9.504/97, art. 39, §6º, Código Eleitoral, arts. 222 e 237, e Lei Complementar nº 64/90, art. 22).
§4º É proibida a realização de showmício e de evento assemelhado para promoção de candidatos e a apresentação, remunerada ou não, de artistas com a finalidade de animar comício e reunião eleitoral, respondendo o infrator pelo emprego de processo de propaganda vedada e, se for o caso, pelo abuso do poder (Lei nº 9.504/97, art. 39, §7º, Código Eleitoral, arts. 222 e 237, e Lei Complementar nº 64/90, art. 22).
§5º A proibição de que trata o parágrafo anterior não se estende aos candidatos profissionais da classe artística — cantores, atores e apresentadores —, que poderão exercer a profissão durante o período eleitoral, desde que não tenha por finalidade a animação de comício e que não haja nenhuma alusão à candidatura ou à campanha eleitoral, ainda que em caráter subliminar, sem prejuízo da proibição constante do art. 27, inciso V e §1º, desta resolução.
§6º Até as 22 horas do dia que antecede a eleição, serão permitidos distribuição de material gráfico, caminhada, carreata, passeata ou carro de som que transite pela cidade divulgando *jingles* ou mensagens de candidatos, observados os limites impostos pela legislação comum (Lei nº 9.504/97, art. 39, §9º).

Art. 10. Nos bens cujo uso dependa de cessão ou permissão do poder público, ou que a ele pertençam, e nos de uso comum, inclusive postes de iluminação pública e sinalização de tráfego, viadutos, passarelas, pontes, paradas de ônibus e outros equipamentos urbanos, é vedada a veiculação de propaganda de qualquer natureza, inclusive pichação, inscrição a tinta, fixação de placas, estandartes, faixas e assemelhados (Lei nº 9.504/97, art. 37, *caput*).
§1º Quem veicular propaganda em desacordo com o disposto no *caput* será notificado para, no prazo de 48 horas, removê-la e restaurar o bem, sob pena de multa no valor de

R$2.000,00 (dois mil reais) a R$8.000,00 (oito mil reais), ou defender-se (Lei nº 9.504/97, art. 37, §1º).

§2º Bens de uso comum, para fins eleitorais, são os assim definidos pelo Código Civil e também aqueles a que a população em geral tem acesso, tais como cinemas, clubes, lojas, centros comerciais, templos, ginásios, estádios, ainda que de propriedade privada (Lei nº 9.504/97, art. 37, §4º).

§3º Nas árvores e nos jardins localizados em áreas públicas, bem como em muros, cercas e tapumes divisórios, não é permitida a colocação de propaganda eleitoral de qualquer natureza, mesmo que não lhes cause dano (Lei nº 9.504/97, art. 37, §5º). *(Parágrafo alterado pela Res. nº 23.377, de 1º.3.2012).*

§4º É permitida a colocação de cavaletes, bonecos, cartazes, mesas para distribuição de material de campanha e bandeiras ao longo das vias públicas, desde que móveis e que não dificultem o bom andamento do trânsito de pessoas e veículos (Lei nº 9.504/97, art. 37, §6º).

§5º A mobilidade referida no parágrafo anterior estará caracterizada com a colocação e a retirada dos meios de propaganda entre as 6 e as 22 horas (Lei nº 9.504/97, art. 37, §7º).

§6º Nas dependências do Poder Legislativo, a veiculação de propaganda eleitoral ficará a critério da Mesa Diretora (Lei nº 9.504/97, art. 37, §3º).

Art. 11. Em bens particulares, independe de obtenção de licença municipal e de autorização da Justiça Eleitoral a veiculação de propaganda eleitoral por meio da fixação de faixas, placas, cartazes, pinturas ou inscrições, desde que não excedam a 4m² e não contrariem a legislação eleitoral, sujeitando-se o infrator às penalidades previstas no §1º do artigo anterior (Lei nº 9.504/97, art. 37, §2º).

Parágrafo único. A veiculação de propaganda eleitoral em bens particulares deve ser espontânea e gratuita, sendo vedado qualquer tipo de pagamento em troca de espaço para esta finalidade (Lei nº 9.504/97, art. 37, §8º).

Art. 12. Independe da obtenção de licença municipal e de autorização da Justiça Eleitoral a veiculação de propaganda eleitoral pela distribuição de folhetos, volantes e outros impressos, os quais devem ser editados sob a responsabilidade do partido político, da coligação ou do candidato (Lei nº 9.504/97, art. 38).

Parágrafo único. Todo material impresso de campanha eleitoral deverá conter o número de inscrição no CNPJ ou o número de inscrição no CPF do responsável pela confecção, bem como de quem a contratou, e a respectiva tiragem, respondendo o infrator pelo emprego de processo de propaganda vedada e, se for o caso, pelo abuso do poder (Lei nº 9.504/97, art. 38, §1º, Código Eleitoral, arts. 222 e 237, e Lei Complementar nº 64/90, art. 22).

Art. 13. Não será tolerada propaganda, respondendo o infrator pelo emprego de processo de propaganda vedada e, se for o caso, pelo abuso de poder (Código Eleitoral, arts. 222, 237 e 243, I a IX, Lei nº 5.700/71 e Lei Complementar nº 64/90, art. 22):

I - de guerra, de processos violentos para subverter o regime, a ordem política e social, ou de preconceitos de raça ou de classes;

II - que provoque animosidade entre as Forças Armadas ou contra elas, ou delas contra as classes e as instituições civis;

III - de incitamento de atentado contra pessoa ou bens;

IV - de instigação à desobediência coletiva ao cumprimento da lei de ordem pública;

V - que implique oferecimento, promessa ou solicitação de dinheiro, dádiva, rifa, sorteio ou vantagem de qualquer natureza;

VI - que perturbe o sossego público, com algazarra ou abuso de instrumentos sonoros ou sinais acústicos;

VII - por meio de impressos ou de objeto que pessoa inexperiente ou rústica possa confundir com moeda;

VIII - que prejudique a higiene e a estética urbana;

IX - que caluniar, difamar ou injuriar qualquer pessoa, bem como atingir órgãos ou entidades que exerçam autoridade pública;
X - que desrespeite os símbolos nacionais.

Art. 14. O ofendido por calúnia, difamação ou injúria, sem prejuízo e independentemente da ação penal competente, poderá demandar, no juízo cível, a reparação do dano moral, respondendo por este o ofensor e, solidariamente, o partido político deste, quando responsável por ação ou omissão, e quem quer que favorecido pelo crime, haja de qualquer modo contribuído para ele (Código Eleitoral, art. 243, §1º).

Art. 15. Aos Juízes Eleitorais designados pelos Tribunais Regionais Eleitorais, nas Capitais e nos Municípios onde houver mais de uma Zona Eleitoral, e aos Juízes Eleitorais, nas demais localidades, competirá julgar as reclamações sobre a localização dos comícios e tomar providências sobre a distribuição equitativa dos locais aos partidos políticos e às coligações (Código Eleitoral, art. 245, §3º).

Art. 16. O candidato cujo registro esteja *sub judice* poderá efetuar todos os atos relativos à sua campanha eleitoral, inclusive utilizar o horário eleitoral gratuito para sua propaganda, no rádio e na televisão (Lei nº 9.504/97, art. 16-A).

CAPÍTULO III
Da Propaganda Eleitoral em *Outdoor*

Art. 17. É vedada a propaganda eleitoral por meio de *outdoors*, independentemente de sua destinação ou exploração comercial, sujeitando-se a empresa responsável, os partidos, as coligações e os candidatos à imediata retirada da propaganda irregular e ao pagamento de multa no valor de R$5.320,50 (cinco mil trezentos e vinte reais e cinquenta centavos) a R$15.961,50 (quinze mil novecentos e sessenta e um reais e cinquenta centavos) (Lei nº 9.504/97, art. 39, §8º).
Parágrafo único. Não caracteriza *outdoor* a placa afixada em propriedade particular, cujo tamanho não exceda a 4m².

CAPÍTULO IV
Da Propaganda Eleitoral na Internet

Art. 18. É permitida a propaganda eleitoral na internet após o dia 5 de julho do ano da eleição (Lei nº 9.504/97, art. 57-A).

Art. 19. A propaganda eleitoral na internet poderá ser realizada nas seguintes formas (Lei nº 9.504/97, art. 57-B, incisos I a IV):
I - em sítio do candidato, com endereço eletrônico comunicado à Justiça Eleitoral e hospedado, direta ou indiretamente, em provedor de serviço de internet estabelecido no País;
II - em sítio do partido ou da coligação, com endereço eletrônico comunicado à Justiça Eleitoral e hospedado, direta ou indiretamente, em provedor de serviço de internet estabelecido no País;
III - por meio de mensagem eletrônica para endereços cadastrados gratuitamente pelo candidato, partido ou coligação;
IV - por meio de *blogs*, redes sociais, sítios de mensagens instantâneas e assemelhados, cujo conteúdo seja gerado ou editado por candidatos, partidos ou coligações ou de iniciativa de qualquer pessoa natural.

Art. 20. Na internet, é vedada a veiculação de qualquer tipo de propaganda eleitoral paga (Lei nº 9.504/97, art. 57-C, *caput*).

§1º É vedada, ainda que gratuitamente, a veiculação de propaganda eleitoral na internet, em sítios (Lei nº 9.504/97, art. 57-C, §1º, I e II):
I - de pessoas jurídicas, com ou sem fins lucrativos;
II - oficiais ou hospedados por órgãos ou entidades da Administração Pública direta ou indireta da União, dos Estados, do Distrito Federal e dos Municípios.
§2º A violação do disposto neste artigo sujeita o responsável pela divulgação da propaganda e, quando comprovado seu prévio conhecimento, o beneficiário à multa no valor de R$5.000,00 (cinco mil reais) a R$30.000,00 (trinta mil reais) (Lei nº 9.504/97, art. 57-C, §2º).

Art. 21. É livre a manifestação do pensamento, vedado o anonimato durante a campanha eleitoral, por meio da rede mundial de computadores – internet, assegurado o direito de resposta, nos termos das alíneas a, b e c do inciso IV do §3º do art. 58 e do art. 58-A da Lei nº 9.504/97, e por outros meios de comunicação interpessoal mediante mensagem eletrônica (Lei nº 9.504/97, art. 57-D, *caput*).
Parágrafo único. A violação do disposto neste artigo sujeitará o responsável pela divulgação da propaganda e, quando comprovado seu prévio conhecimento, o beneficiário à multa no valor de R$5.000,00 (cinco mil reais) a R$30.000,00 (trinta mil reais) (Lei nº 9.504/97, art. 57-D, §2º).

Art. 22. São vedadas às pessoas relacionadas no art. 24 da Lei nº 9.504/97 a utilização, doação ou cessão de cadastro eletrônico de seus clientes, em favor de candidatos, partidos ou coligações (Lei nº 9.504/97, art. 57-E, *caput*).
§1º É proibida a venda de cadastro de endereços eletrônicos (Lei nº 9.504/97, art. 57-E, §1º).
§2º A violação do disposto neste artigo sujeita o responsável pela divulgação da propaganda e, quando comprovado seu prévio conhecimento, o beneficiário à multa no valor de R$5.000,00 (cinco mil reais) a R$30.000,00 (trinta mil reais) (Lei nº 9.504/97, art. 57-E, §2º).

Art. 23. Aplicam-se ao provedor de conteúdo e de serviços multimídia que hospeda a divulgação da propaganda eleitoral de candidato, de partido ou de coligação as penalidades previstas nesta resolução, se, no prazo determinado pela Justiça Eleitoral, contado a partir da notificação de decisão sobre a existência de propaganda irregular, não tomar providências para a cessação dessa divulgação (Lei nº 9.504/97, art. 57-F, *caput*).
§1º O provedor de conteúdo ou de serviços multimídia só será considerado responsável pela divulgação da propaganda se a publicação do material for comprovadamente de seu prévio conhecimento (Lei nº 9.504/97, art. 57-F, parágrafo único).
§2º O prévio conhecimento de que trata o parágrafo anterior poderá, sem prejuízo dos demais meios de prova, ser demonstrado por meio de cópia de notificação, diretamente encaminhada e entregue pelo interessado ao provedor de internet, na qual deverá constar, de forma clara e detalhada, a propaganda por ele considerada irregular.

Art. 24. As mensagens eletrônicas enviadas por candidato, partido ou coligação, por qualquer meio, deverão dispor de mecanismo que permita seu descadastramento pelo destinatário, obrigado o remetente a providenciá-lo no prazo de 48 horas (Lei nº 9.504/97, art. 57-G, *caput*).
Parágrafo único. Mensagens eletrônicas enviadas após o término do prazo previsto no *caput* sujeitam os responsáveis ao pagamento de multa no valor de R$100,00 (cem reais), por mensagem (Lei nº 9.504/97, art. 57-G, parágrafo único).

Art. 25. Sem prejuízo das demais sanções legais cabíveis, será punido, com multa de R$5.000,00 (cinco mil reais) a R$30.000,00 (trinta mil reais), quem realizar propaganda eleitoral na internet, atribuindo indevidamente sua autoria a terceiro, inclusive a candidato, partido ou coligação (Lei nº 9.504/97, art. 57-H).

CAPÍTULO V
Da Propaganda Eleitoral na Imprensa

Art. 26. São permitidas, até a antevéspera das eleições, a divulgação paga, na imprensa escrita, e a reprodução na internet do jornal impresso, de até 10 anúncios de propaganda eleitoral, por veículo, em datas diversas, para cada candidato, no espaço máximo, por edição, de 1/8 (um oitavo) de página de jornal padrão e de 1/4 (um quarto) de página de revista ou tabloide (Lei nº 9.504/97, art. 43, *caput*).

§1º Deverá constar do anúncio, de forma visível, o valor pago pela inserção (Lei nº 9.504/97, art. 43, §1º).

§2º A inobservância do disposto neste artigo sujeita os responsáveis pelos veículos de divulgação e os partidos, coligações ou candidatos beneficiados à multa no valor de R$1.000,00 (mil reais) a R$10.000,00 (dez mil reais) ou equivalente ao da divulgação da propaganda paga, se este for maior (Lei nº 9.504/97, art. 43, §2º).

§3º Ao jornal de dimensão diversa do padrão e do tabloide, aplica-se a regra do *caput*, de acordo com o tipo de que mais se aproxime.

§4º Não caracterizará propaganda eleitoral a divulgação de opinião favorável a candidato, a partido político ou a coligação pela imprensa escrita, desde que não seja matéria paga, mas os abusos e os excessos, assim como as demais formas de uso indevido do meio de comunicação, serão apurados e punidos nos termos do art. 22 da Lei Complementar nº 64/90.

§5º É autorizada a reprodução virtual das páginas do jornal impresso na internet, desde que seja feita no sítio do próprio jornal, independentemente do seu conteúdo, devendo ser respeitado integralmente o formato gráfico e o conteúdo editorial da versão impressa, atendido, nesta hipótese, o disposto no *caput* deste artigo.

§6º O limite de anúncios previsto no *caput* será verificado de acordo com a imagem ou nome do respectivo candidato, independentemente de quem tenha contratado a divulgação da propaganda.

CAPÍTULO VI
Da Programação Normal e do Noticiário no Rádio e na Televisão

Art. 27. A partir de 1º de julho de 2012, é vedado às emissoras de rádio e televisão, em sua programação normal e noticiário (Lei nº 9.504/97, art. 45, I a VI):
I - transmitir, ainda que sob a forma de entrevista jornalística, imagens de realização de pesquisa ou qualquer outro tipo de consulta popular de natureza eleitoral em que seja possível identificar o entrevistado ou em que haja manipulação de dados;
II - veicular propaganda política;
III - dar tratamento privilegiado a candidato, partido político ou coligação;
IV - veicular ou divulgar filmes, novelas, minisséries ou qualquer outro programa com alusão ou crítica a candidato ou partido político, mesmo que dissimuladamente, exceto programas jornalísticos ou debates políticos;
V - divulgar nome de programa que se refira a candidato escolhido em convenção, ainda quando preexistente, inclusive se coincidente com o nome do candidato ou o nome por ele indicado para uso na urna eletrônica, e, sendo o nome do programa o mesmo que o do candidato, fica proibida a sua divulgação, sob pena de cancelamento do respectivo registro.

§1º A partir do resultado da convenção, é vedado, ainda, às emissoras transmitir programa apresentado ou comentado por candidato escolhido em convenção (Lei nº 9.504/97, art. 45, §1º).

§2º Sem prejuízo do disposto no parágrafo único do art. 45 desta resolução, a inobservância do disposto neste artigo sujeita a emissora ao pagamento de multa no valor de R$21.282,00 (vinte e um mil duzentos e oitenta e dois reais) a R$106.410,00 (cento e seis mil quatrocentos e dez reais), duplicada em caso de reincidência (Lei nº 9.504/97, art. 45, §2º).

Seção I
Dos Debates

Art. 28. Os debates, transmitidos por emissora de rádio ou televisão, serão realizados segundo as regras estabelecidas em acordo celebrado entre os partidos políticos e a pessoa jurídica interessada na realização do evento, dando-se ciência à Justiça Eleitoral (Lei nº 9.504/97, art. 46, §4º).

§1º Para os debates que se realizarem no primeiro turno das eleições, serão consideradas aprovadas as regras que obtiverem a concordância de pelo menos 2/3 (dois terços) dos candidatos aptos no caso de eleição majoritária, e de pelo menos 2/3 (dois terços) dos partidos ou coligações com candidatos aptos, no caso de eleição proporcional (Lei nº 9.504/97, art. 46, §5º).

§2º São considerados aptos, para os fins previstos no parágrafo anterior, os candidatos filiados a partido político com representação na Câmara dos Deputados e que tenham requerido o registro de candidatura na Justiça Eleitoral.

§3º Julgado o registro, permanecem aptos apenas os candidatos com registro deferido ou, se indeferido, que esteja *sub judice*.

Art. 29. Inexistindo acordo, os debates transmitidos por emissora de rádio ou televisão deverão obedecer às seguintes regras (Lei nº 9.504/97, art. 46, I, a e b, II e III):
I - nas eleições majoritárias, a apresentação dos debates poderá ser feita:
a) em conjunto, estando presentes todos os candidatos a um mesmo cargo eletivo;
b) em grupos, estando presentes, no mínimo, 3 candidatos.
II - nas eleições proporcionais, os debates deverão ser organizados de modo que assegurem a presença de número equivalente de candidatos de todos os partidos políticos e coligações a um mesmo cargo eletivo, podendo desdobrar-se em mais de 1 dia;
III - os debates deverão ser parte de programação previamente estabelecida e divulgada pela emissora, fazendo-se mediante sorteio a escolha do dia e da ordem de fala de cada candidato.
§1º Na hipótese deste artigo, é assegurada a participação de candidatos dos partidos políticos com representação na Câmara dos Deputados, facultada a dos demais.
§2º Para efeito do disposto no parágrafo anterior, considera-se a representação de cada partido político na Câmara dos Deputados a resultante da eleição.

Art. 30. Em qualquer hipótese, deverá ser observado o seguinte:
I - é admitida a realização de debate sem a presença de candidato de algum partido político ou de coligação, desde que o veículo de comunicação responsável comprove tê-lo convidado com a antecedência mínima de 72 horas da realização do debate (Lei nº 9.504/97, art. 46, §1º);
II - é vedada a presença de um mesmo candidato a eleição proporcional em mais de um debate da mesma emissora (Lei nº 9.504/97, art. 46, §2º);
III - o horário destinado à realização de debate poderá ser destinado à entrevista do candidato, caso apenas este tenha comparecido ao evento (Acórdão nº 19.433, de 25.6.2002);
IV - no primeiro turno, o debate poderá se estender até as 7 horas do dia 5 de outubro de 2012 e, no caso de segundo turno, não poderá ultrapassar o horário de meia-noite do dia 26 de outubro de 2012 (Resolução nº 23.329/2010).

Art. 31. O descumprimento do disposto nesta Seção sujeita a empresa infratora à suspensão, por 24 horas, da sua programação, com a transmissão, a cada 15 minutos, da informação de que se encontra fora do ar por desobediência à legislação eleitoral; em cada reiteração de conduta, o período de suspensão será duplicado (Lei nº 9.504/97, art. 46, §3º, e art. 56, §1º e §2º).

CAPÍTULO VII
Da Propaganda Eleitoral Gratuita no Rádio e na Televisão

Art. 32. A propaganda eleitoral no rádio e na televisão se restringirá ao horário gratuito, vedada a veiculação de propaganda paga, respondendo o candidato, o partido político e a coligação pelo seu conteúdo (Lei nº 9.504/97, art. 44).

§1º A propaganda eleitoral gratuita na televisão deverá utilizar a Linguagem Brasileira de Sinais (Libras) ou o recurso de legenda, que deverão constar obrigatoriamente do material entregue às emissoras (Lei nº 9.504/97, art. 44, §1º).

§2º No horário reservado para a propaganda eleitoral, não se permitirá utilização comercial ou propaganda realizada com a intenção, ainda que disfarçada ou subliminar, de promover marca ou produto (Lei nº 9.504/97, art. 44, §2º).

§3º Será punida, nos termos do §1º do art. 37 da Lei nº 9.504/97, a emissora que, não autorizada a funcionar pelo poder competente, veicular propaganda eleitoral (Lei nº 9.504/97, art. 44, §3º).

Art. 33. Nos Municípios em que não houver emissora de rádio e televisão, será garantida aos partidos políticos participantes do pleito a veiculação de propaganda eleitoral gratuita nas localidades aptas à realização de segundo turno de eleições e nas quais seja operacionalmente viável realizar a retransmissão, observadas as normas constantes de instrução específica do Tribunal Superior Eleitoral (Lei nº 9.504/97, art. 48, §1º e 2º).

Art. 34. As emissoras de rádio, inclusive as rádios comunitárias, as emissoras de televisão que operam em VHF e UHF e os canais de televisão por assinatura sob a responsabilidade das Câmaras Municipais reservarão, no período de 21 de agosto a 4 de outubro de 2012, horário destinado à divulgação, em rede, da propaganda eleitoral gratuita, a ser feita da seguinte forma (Lei nº 9.504/97, art. 47, §1º, VI, a e b, VII, §2º, e art. 57):
I - nas eleições para Prefeito e Vice-Prefeito, às segundas, quartas e sextas-feiras:
a) das 7h às 7h30 e das 12h às 12h30, no rádio;
b) das 13h às 13h30 e das 20h30 às 21h, na televisão;
II - nas eleições para Vereador, às terças e quintas-feiras e aos sábados, nos mesmos horários previstos no inciso anterior.
Parágrafo único. Na veiculação da propaganda eleitoral gratuita, será considerado o horário de Brasília/DF.

Art. 35. Os Juízes Eleitorais distribuirão os horários reservados à propaganda de cada eleição entre os partidos políticos e as coligações que tenham candidato, observados os seguintes critérios (Lei nº 9.504/97, art. 47, §2º, I e II; Ac.-TSE nº 8.427, de 30.10.86):
I - um terço, igualitariamente;
II - dois terços, proporcionalmente ao número de representantes na Câmara dos Deputados, considerado, no caso de coligação, o resultado da soma do número de representantes de todos os partidos políticos que a integrarem.
§1º Para efeito do disposto neste artigo, a representação de cada partido político na Câmara dos Deputados é a resultante da eleição (Lei nº 9.504/97, art. 47, §3º).
§2º O número de representantes de partido político que tenha resultado de fusão ou a que se tenha incorporado outro corresponderá à soma dos representantes que os partidos políticos de origem possuíam na data mencionada no parágrafo anterior (Lei nº 9.504/97, art. 47, §4º).
§3º Se o candidato a Prefeito deixar de concorrer, em qualquer etapa do pleito, e não havendo substituição, será feita nova distribuição do tempo entre os candidatos remanescentes (Lei nº 9.504/97, art. 47, §5º).
§4º As coligações sempre serão tratadas como um único partido político.

§5º Para fins de divisão do tempo reservado à propaganda, não serão consideradas as frações de segundo, e as sobras que resultarem desse procedimento serão adicionadas no programa de cada dia ao tempo destinado ao último partido político ou coligação.

§6º Aos partidos políticos e às coligações que, após a aplicação dos critérios de distribuição referidos no *caput*, obtiverem direito a parcela do horário eleitoral inferior a 30 segundos será assegurado o direito de acumulá-lo para uso em tempo equivalente (Lei nº 9.504/97, art. 47, §6º).

§7º A Justiça Eleitoral, os representantes das emissoras de rádio e televisão e os representantes dos partidos políticos, por ocasião da elaboração do plano de mídia, compensarão sobras e excessos, respeitando-se o horário reservado para propaganda eleitoral gratuita.

Art. 36. Se houver segundo turno, as emissoras de rádio, inclusive as rádios comunitárias, as emissoras de televisão que operam em VHF e UHF e os canais de televisão por assinatura sob a responsabilidade das Câmaras Municipais reservarão, a partir de 48 horas da divulgação dos resultados do primeiro turno e até 26 de outubro de 2012, horário destinado à divulgação da propaganda eleitoral gratuita, dividido em dois períodos diários de 20 minutos, inclusive aos domingos, iniciando-se às 7h e às 12h, no rádio, e às 13h e às 20h30, na televisão, horário de Brasília/DF (Lei nº 9.504/97, art. 49, *caput*).

Art. 37. Os Juízes Eleitorais efetuarão, até 12 de agosto de 2012, sorteio para a escolha da ordem de veiculação da propaganda de cada partido político ou coligação no primeiro dia do horário eleitoral gratuito; a cada dia que se seguir, a propaganda veiculada por último, na véspera, será a primeira, apresentando-se as demais na ordem do sorteio (Lei nº 9.504/97, art. 50).

Art. 38. Durante os períodos mencionados nos arts. 34 e 36 desta resolução, as emissoras de rádio, inclusive as rádios comunitárias, as emissoras de televisão que operam em VHF e UHF e os canais de televisão por assinatura sob a responsabilidade das Câmaras Municipais reservarão, ainda, 30 minutos diários, inclusive aos domingos, para a propaganda eleitoral gratuita, a serem usados em inserções de até 60 segundos, a critério do respectivo partido político ou coligação, assinadas obrigatoriamente pelo partido político ou coligação, e distribuídas, ao longo da programação veiculada entre as 8 e as 24 horas, nos termos do art. 35 desta resolução, obedecido o seguinte (Lei nº 9.504/97, art. 51, II, III e IV e art. 57):

I - destinação exclusiva do tempo para a campanha dos candidatos a Prefeito e Vice-Prefeito;

II - a distribuição levará em conta os blocos de audiência entre as 8 e as 12 horas; as 12 e as 18 horas; as 18 e as 21 horas; as 21 e as 24 horas, de modo que o número de inserções seja dividido igualmente entre eles;

III - na veiculação das inserções, são vedadas a utilização de gravações externas, montagens ou trucagens, computação gráfica, desenhos animados e efeitos especiais e a veiculação de mensagens que possam degradar ou ridicularizar candidato, partido político ou coligação.

§1º As inserções no rádio e na televisão serão calculadas à base de 30 segundos e poderão ser divididas em módulos de 15 segundos, ou agrupadas em módulos de 60 segundos, a critério de cada partido político ou coligação; em qualquer caso é obrigatória a identificação do partido político ou da coligação (Resolução nº 20.698/2000).

§2º As emissoras de rádio e televisão deverão evitar a veiculação de inserções idênticas no mesmo intervalo da programação normal.

Art. 39. A partir do dia 8 de julho de 2012, os Juízes Eleitorais convocarão os partidos políticos e a representação das emissoras de televisão e de rádio para elaborarem o

plano de mídia, nos termos do artigo anterior, para o uso da parcela do horário eleitoral gratuito a que tenham direito, garantida a todos participação nos horários de maior e menor audiência (Lei nº 9.504/97, art. 52).
Parágrafo único. Caso os representantes dos partidos políticos e das emissoras não cheguem a acordo, a Justiça Eleitoral deverá elaborar o plano de mídia, utilizando o sistema desenvolvido pelo Tribunal Superior Eleitoral (Resolução nº 21.725/2004).

Art. 40. Os partidos políticos e as coligações deverão apresentar mapas de mídia diários ou periódicos às emissoras, observados os seguintes requisitos (Resolução nº 20.329, de 25.8.98):
I - nome do partido político ou da coligação;
II - título ou número do filme a ser veiculado;
III - duração do filme;
IV - dias e faixas de veiculação;
V - nome e assinatura de pessoa credenciada pelos partidos políticos e pelas coligações para a entrega das fitas com os programas que serão veiculados.
§1º Sem prejuízo do prazo para a entrega das fitas, os mapas de mídia deverão ser apresentados até as 14 horas da véspera de sua veiculação.
§2º Para as transmissões previstas para sábados, domingos e segundas-feiras, os mapas deverão ser apresentados até as 14 horas da sexta-feira imediatamente anterior.
§3º As emissoras ficam eximidas de responsabilidade decorrente de transmissão de programa em desacordo com os mapas de mídia apresentados, quando não observado o prazo estabelecido nos §1º e §2º deste artigo.
§4º Os partidos políticos e as coligações deverão comunicar ao Juiz Eleitoral e às emissoras, previamente, as pessoas autorizadas a apresentar o mapa de mídia e as fitas com os programas que serão veiculados, bem como informar o número de telefone em que poderão ser encontradas em caso de necessidade, devendo a substituição das pessoas indicadas ser feita com 24 horas de antecedência.
§5º As emissoras estarão desobrigadas do recebimento de mapas de mídia e material que não forem encaminhados pelas pessoas credenciadas.
§6º As emissoras deverão fornecer à Justiça Eleitoral, aos partidos políticos e às coligações, previamente, a indicação dos endereços, telefones, números de fac-símile e os nomes das pessoas responsáveis pelo recebimento de fitas e mapas de mídia, após a comunicação de que trata o §4º deste artigo.

Art. 41. Os programas de propaganda eleitoral gratuita deverão ser gravados em meio de armazenamento compatível com as condições técnicas da emissora geradora.
§1º As gravações deverão ser conservadas pelo prazo de 20 dias depois de transmitidas pelas emissoras de até 1 quilowatt e pelo prazo de 30 dias pelas demais (Lei nº 4.117/62, art. 71, §3º, com alterações do Decreto-Lei nº 236, de 28.2.67).
§2º As emissoras e os partidos políticos ou coligações acordarão, sob a supervisão do Juiz Eleitoral, quanto à entrega das gravações, obedecida a antecedência mínima de 4 horas do horário previsto para o início da transmissão de programas divulgados em rede, e de 12 horas do início do primeiro bloco no caso de inserções, sempre no local da geração.
§3º A propaganda eleitoral a ser veiculada no programa de rádio que for ao ar às 7 horas deve ser entregue até as 17 horas do dia anterior.
§4º Em cada fita a ser encaminhada à emissora, o partido político ou a coligação deverá incluir a denominada claquete, na qual deverão estar registradas as informações constantes dos incisos I a IV do *caput* do artigo anterior, que servirão para controle interno da emissora, não devendo ser veiculadas ou computadas no tempo reservado para o programa eleitoral.
§5º A fita para a veiculação da propaganda eleitoral deverá ser entregue à emissora geradora pelo representante legal do partido ou da coligação, ou por pessoa por ele indicada, a quem será dado recibo após a verificação da qualidade técnica da fita.

§6º Caso o material e/ou o mapa de mídia não sejam entregues no prazo ou pelas pessoas credenciadas, as emissoras veicularão o último material por elas exibido, independentemente de consulta prévia ao partido político ou à coligação.

§7º Durante os períodos mencionados no §1º deste artigo, as gravações ficarão no arquivo da emissora, mas à disposição da autoridade eleitoral competente, para servir como prova dos abusos ou dos crimes porventura cometidos.

§8º A inserção cuja duração ultrapasse o estabelecido no plano de mídia terá a sua parte final cortada.

§9º Na propaganda em bloco, as emissoras deverão cortar de sua parte final o que ultrapassar o tempo determinado e, caso a duração seja insuficiente, o tempo será completado pela emissora geradora com a veiculação dos seguintes dizeres: "Horário reservado à propaganda eleitoral gratuita – Lei nº 9.504/97".

Art. 42. Não serão admitidos cortes instantâneos ou qualquer tipo de censura prévia nos programas eleitorais gratuitos (Lei nº 9.504/97, art. 53, *caput*).

§1º É vedada a veiculação de propaganda que possa degradar ou ridicularizar candidatos, sujeitando-se o partido político ou a coligação infratores à perda do direito à veiculação de propaganda no horário eleitoral gratuito do dia seguinte ao da decisão (Lei nº 9.504/97, art. 53, §1º).

§2º Sem prejuízo do disposto no parágrafo anterior, a requerimento de partido político, coligação ou candidato, a Justiça Eleitoral impedirá a reapresentação de propaganda ofensiva à honra de candidato, à moral e aos bons costumes (Lei nº 9.504/97, art. 53, §2º).

§3º A reiteração de conduta que já tenha sido punida pela Justiça Eleitoral poderá ensejar a suspensão temporária do programa.

Art. 43. É vedado aos partidos políticos e às coligações incluir no horário destinado aos candidatos às eleições proporcionais propaganda das candidaturas a eleições majoritárias, ou vice-versa, ressalvada a utilização, durante a exibição do programa, de legendas com referência aos candidatos majoritários, ou, ao fundo, de cartazes ou fotografias desses candidatos (Lei nº 9.504/97, art. 53-A, *caput*).

§1º É facultada a inserção de depoimento de candidatos a eleições proporcionais no horário da propaganda das candidaturas majoritárias e vice-versa, registrados sob o mesmo partido ou coligação, desde que o depoimento consista exclusivamente em pedido de voto ao candidato que cedeu o tempo (Lei nº 9.504/97, art. 53-A, §1º).

§2º É vedada a utilização da propaganda de candidaturas proporcionais como propaganda de candidaturas majoritárias e vice-versa (Lei nº 9.504/97, art. 53-A, §2º).

§3º O partido político ou a coligação que não observar a regra contida neste artigo perderá, em seu horário de propaganda gratuita, tempo equivalente no horário reservado à propaganda da eleição disputada pelo candidato beneficiado (Lei nº 9.504/97, art. 53-A, §3º).

Art. 44. Dos programas de rádio e televisão destinados à propaganda eleitoral gratuita de cada partido político ou coligação poderá participar, em apoio aos candidatos, qualquer cidadão não filiado a outro partido político ou a partido político integrante de outra coligação, sendo vedada a participação de qualquer pessoa mediante remuneração (Lei nº 9.504/97, art. 54, *caput*).

Parágrafo único. No segundo turno das eleições, não será permitida, nos programas de que trata este artigo, a participação de filiados a partidos políticos que tenham formalizado apoio a outros candidatos (Lei nº 9.504/97, art. 54, parágrafo único).

Art. 45. Na propaganda eleitoral gratuita, aplicam-se ao partido político, coligação ou candidato as seguintes vedações (Lei nº 9.504/97, art. 55, *caput*, c.c. o art. 45, I e II):

I - transmitir, ainda que sob a forma de entrevista jornalística, imagens de realização de pesquisa ou qualquer outro tipo de consulta popular de natureza eleitoral em que seja possível identificar o entrevistado ou em que haja manipulação de dados;

II - usar trucagem, montagem ou outro recurso de áudio ou vídeo que, de alguma forma, degradem ou ridicularizem candidato, partido político ou coligação, ou produzir ou veicular programa com esse efeito.

Parágrafo único. A inobservância do disposto neste artigo sujeita o partido político ou a coligação à perda de tempo equivalente ao dobro do usado na prática do ilícito, no período do horário gratuito subsequente, dobrada a cada reincidência, devendo, no mesmo período, exibir-se a informação de que a não veiculação do programa resulta de infração da Lei nº 9.504/97 (Lei nº 9.504/97, art. 55, parágrafo único).

Art. 46. Durante toda a transmissão pela televisão, em bloco ou em inserções, a propaganda deverá ser identificada pela legenda "propaganda eleitoral gratuita" e pelo Município a que se refere.

Parágrafo único. A identificação de que trata o *caput* é de responsabilidade dos partidos políticos e das coligações.

Art. 47. Competirá aos partidos políticos e às coligações distribuir entre os candidatos registrados os horários que lhes forem destinados pela Justiça Eleitoral.

Art. 48. Na divulgação de pesquisas no horário eleitoral gratuito devem ser informados, com clareza, o período de sua realização e a margem de erro, não sendo obrigatória a menção aos concorrentes, desde que o modo de apresentação dos resultados não induza o eleitor em erro quanto ao desempenho do candidato em relação aos demais.

CAPÍTULO VIII
Das Permissões e Vedações no Dia da Eleição

Art. 49. É permitida, no dia das eleições, a manifestação individual e silenciosa da preferência do eleitor por partido político, coligação ou candidato, revelada exclusivamente pelo uso de bandeiras, broches, dísticos e adesivos (Lei nº 9.504/97, art. 39-A, *caput*).

§1º São vedados, no dia do pleito, até o término do horário de votação, a aglomeração de pessoas portando vestuário padronizado e os instrumentos de propaganda referidos no *caput*, de modo a caracterizar manifestação coletiva, com ou sem utilização de veículos (Lei nº 9.504/97, art. 39-A, §1º).

§2º No recinto das seções eleitorais e juntas apuradoras, é proibido aos servidores da Justiça Eleitoral, aos mesários e aos escrutinadores o uso de vestuário ou objeto que contenha qualquer propaganda de partido político, de coligação ou de candidato (Lei nº 9.504/97, art. 39-A, §2º).

§3º Aos fiscais partidários, nos trabalhos de votação, só é permitido que, de seus crachás, constem o nome e a sigla do partido político ou coligação a que sirvam, vedada a padronização do vestuário (Lei nº 9.504/97, art. 39-A, §3º).

§4º No dia da eleição, serão afixadas cópias deste artigo em lugares visíveis nas partes interna e externa das seções eleitorais (Lei nº 9.504/97, art. 39-A, §4º).

§5º A violação dos §1º a §3º deste artigo configurará divulgação de propaganda, nos termos do inciso III do §5º do art. 39 da Lei nº 9.504/97.

CAPÍTULO IX
Das Condutas Vedadas aos Agentes Públicos em Campanha Eleitoral

Art. 50. São proibidas aos agentes públicos, servidores ou não, as seguintes condutas tendentes a afetar a igualdade de oportunidades entre candidatos nos pleitos eleitorais (Lei nº 9.504/97, art. 73, I a VIII):

I - ceder ou usar, em benefício de candidato, partido político ou coligação, bens móveis ou imóveis pertencentes à Administração direta ou indireta da União, dos Estados, do

Distrito Federal, dos Territórios e dos Municípios, ressalvada a realização de convenção partidária;
II - usar materiais ou serviços, custeados pelos governos ou casas legislativas, que excedam as prerrogativas consignadas nos regimentos e normas dos órgãos que integram;
III - ceder servidor público ou empregado da Administração direta ou indireta federal, estadual ou municipal do Poder Executivo, ou usar de seus serviços, para comitês de campanha eleitoral de candidato, partido político ou coligação, durante o horário de expediente normal, salvo se o servidor ou o empregado estiver licenciado;
IV - fazer ou permitir uso promocional em favor de candidato, partido político ou coligação, de distribuição gratuita de bens e serviços de caráter social custeados ou subvencionados pelo poder público;
V - nomear, contratar ou de qualquer forma admitir, demitir sem justa causa, suprimir ou readaptar vantagens ou por outros meios dificultar ou impedir o exercício funcional e, ainda, *ex officio*, remover, transferir ou exonerar servidor público, na circunscrição do pleito, a partir de 7 de julho de 2012 até a posse dos eleitos, sob pena de nulidade de pleno direito, ressalvadas:
a) a nomeação ou exoneração de cargos em comissão e designação ou dispensa de funções de confiança;
b) a nomeação para cargos do Poder Judiciário, do Ministério Público, dos Tribunais ou conselhos de contas e dos órgãos da Presidência da República;
c) a nomeação dos aprovados em concursos públicos homologados até o início daquele prazo;
d) a nomeação ou contratação necessária à instalação ou ao funcionamento inadiável de serviços públicos essenciais, com prévia e expressa autorização do Chefe do Poder Executivo;
e) a transferência ou remoção *ex officio* de militares, policiais civis e de agentes penitenciários;
VI - a partir de 7 de julho de 2012 até a realização do pleito:
a) realizar transferência voluntária de recursos da União aos Estados e Municípios, e dos Estados aos Municípios, sob pena de nulidade de pleno direito, ressalvados os recursos destinados a cumprir obrigação formal preexistente para a execução de obra ou serviço em andamento e com cronograma prefixado, e os destinados a atender situações de emergência e de calamidade pública;
b) com exceção da propaganda de produtos e serviços que tenham concorrência no mercado, autorizar publicidade institucional dos atos, programas, obras, serviços e campanhas dos órgãos públicos ou das respectivas entidades da Administração indireta, salvo em caso de grave e urgente necessidade pública, assim reconhecida pela Justiça Eleitoral;
c) fazer pronunciamento em cadeia de rádio e televisão fora do horário eleitoral gratuito, salvo quando, a critério da Justiça Eleitoral, tratar-se de matéria urgente, relevante e característica das funções de governo;
VII - realizar, em ano de eleição, antes do prazo fixado no inciso anterior, despesas com publicidade dos órgãos públicos ou das respectivas entidades da Administração indireta, que excedam a média dos gastos nos 3 últimos anos que antecedem o pleito ou do último ano imediatamente anterior à eleição, prevalecendo o que for menor;
VIII - fazer, na circunscrição do pleito, revisão geral da remuneração dos servidores públicos que exceda a recomposição da perda de seu poder aquisitivo ao longo do ano da eleição, a partir de 10 de abril de 2012 até a posse dos eleitos.
§1º Reputa-se agente público, para os efeitos deste artigo, quem exerce, ainda que transitoriamente ou sem remuneração, por eleição, nomeação, designação, contratação ou qualquer outra forma de investidura ou vínculo, mandato, cargo, emprego ou função nos órgãos ou entidades da Administração Pública direta, indireta ou fundacional (Lei nº 9.504/97, art. 73, §1º).
§2º A vedação do inciso I deste artigo não se aplica ao uso, em campanha, pelos candidatos à reeleição de Prefeito e Vice-Prefeito, de suas residências oficiais, com os serviços

inerentes à sua utilização normal, para realização de contatos, encontros e reuniões pertinentes à própria campanha, desde que não tenham caráter de ato público (Lei nº 9.504/97, art. 73, §2º).

§3º As vedações do inciso VI, alíneas b e c deste artigo, aplicam-se apenas aos agentes públicos das esferas administrativas cujos cargos estejam em disputa na eleição (Lei nº 9.504/97, art. 73, §3º).

§4º O descumprimento do disposto neste artigo acarretará a suspensão imediata da conduta vedada, quando for o caso, e sujeitará os agentes responsáveis à multa no valor de R$5.320,50 (cinco mil trezentos e vinte reais e cinquenta centavos) a R$106.410,00 (cento e seis mil quatrocentos e dez reais), sem prejuízo de outras sanções de caráter constitucional, administrativo ou disciplinar fixadas pelas demais leis vigentes (Lei nº 9.504/97, art. 73, §4º, c.c. o art. 78).

§5º Nos casos de descumprimento dos incisos do *caput* e do estabelecido no §9º, sem prejuízo do disposto no §4º deste artigo, o candidato beneficiado, agente público ou não, ficará sujeito à cassação do registro ou do diploma, ressalvadas outras sanções de caráter constitucional, administrativo ou disciplinar fixadas pelas demais leis vigentes (Lei nº 9.504/97, art. 73, §5º, c.c. o art. 78).

§6º As multas de que trata este artigo serão duplicadas a cada reincidência (Lei nº 9.504/97, art. 73, §6º).

§7º As condutas enumeradas no *caput* caracterizam, ainda, atos de improbidade administrativa, a que se refere o art. 11, inciso I, da Lei nº 8.429, de 2 de junho de 1992, e sujeitam-se às disposições daquele diploma legal, em especial às cominações do art. 12, inciso III (Lei nº 9.504/97, art. 73, §7º).

§8º Aplicam-se as sanções do §4º deste artigo aos agentes públicos responsáveis pelas condutas vedadas e aos partidos políticos, às coligações e aos candidatos que delas se beneficiarem (Lei nº 9.504/97, art. 73, §8º).

§9º No ano em que se realizar eleição, fica proibida a distribuição gratuita de bens, valores ou benefícios por parte da Administração Pública, exceto nos casos de calamidade pública, de estado de emergência ou de programas sociais autorizados em lei e já em execução orçamentária no exercício anterior, casos em que o Ministério Público poderá promover o acompanhamento de sua execução financeira e administrativa (Lei nº 9.504/97, art. 73, §10).

§10. Nos anos eleitorais, os programas sociais de que trata o parágrafo anterior não poderão ser executados por entidade nominalmente vinculada a candidato ou por esse mantida (Lei nº 9.504/97, art. 73, §11).

Art. 51. A publicidade dos atos, programas, obras, serviços e campanhas dos órgãos públicos deverá ter caráter educativo, informativo ou de orientação social, dela não podendo constar nomes, símbolos ou imagens que caracterizem promoção pessoal de autoridades ou servidores públicos (Constituição Federal, art. 37, §1º).

Parágrafo único. Configura abuso de autoridade, para os fins do disposto no art. 22 da Lei Complementar no 64/90, a infringência do disposto no *caput*, ficando o responsável, se candidato, sujeito ao cancelamento do registro de sua candidatura ou do diploma (Lei nº 9.504/97, art. 74).

Art. 52. A partir de 7 de julho de 2012, na realização de inaugurações é vedada a contratação de *shows* artísticos pagos com recursos públicos (Lei nº 9.504/97, art. 75).

Parágrafo único. Nos casos de descumprimento do disposto neste artigo, sem prejuízo da suspensão imediata da conduta, o candidato beneficiado, agente público ou não, ficará sujeito à cassação do registro ou do diploma (Lei nº 9.504/97, art. 75, parágrafo único).

Art. 53. É proibido a qualquer candidato comparecer, a partir de 7 de julho de 2012, a inaugurações de obras públicas (Lei nº 9.504/97, art. 77, *caput*).

Parágrafo único. A inobservância do disposto neste artigo sujeita o infrator à cassação do registro ou do diploma (Lei nº 9.504/97, art. 77, parágrafo único).

CAPÍTULO X
Disposições Penais

Art. 54. Constituem crimes, no dia da eleição, puníveis com detenção de 6 meses a 1 ano, com a alternativa de prestação de serviços à comunidade pelo mesmo período, e multa no valor de R$5.320,50 (cinco mil trezentos e vinte reais e cinquenta centavos) a R$15.961,50 (quinze mil novecentos e sessenta e um reais e cinquenta centavos) (Lei nº 9.504/97, art. 39, §5º, I a III):
I - o uso de alto-falantes e amplificadores de som ou a promoção de comício ou carreata;
II - a arregimentação de eleitor ou a propaganda de boca de urna;
III - a divulgação de qualquer espécie de propaganda de partidos políticos ou de seus candidatos.

Art. 55. Constitui crime, punível com detenção de 6 meses a 1 ano, com a alternativa de prestação de serviços à comunidade pelo mesmo período, e multa no valor de R$10.641,00 (dez mil seiscentos e quarenta e um reais) a R$21.282,00 (vinte e um mil duzentos e oitenta e dois reais), o uso, na propaganda eleitoral, de símbolos, frases ou imagens, associadas ou semelhantes às empregadas por órgão de governo, empresa pública ou sociedade de economia mista (Lei nº 9.504/97, art. 40).

Art. 56. Constitui crime, punível com detenção de 2 meses a 1 ano ou pagamento de 120 a 150 dias-multa, divulgar, na propaganda, fatos que se sabem inverídicos, em relação a partidos ou a candidatos, capazes de exercerem influência perante o eleitorado (Código Eleitoral, art. 323, *caput*).
Parágrafo único. A pena é agravada se o crime é cometido pela imprensa, rádio ou televisão (Código Eleitoral, art. 323, parágrafo único).

Art. 57. Constitui crime, punível com detenção de 6 meses a 2 anos e pagamento de 10 a 40 dias-multa, caluniar alguém, na propaganda eleitoral ou para fins de propaganda, imputando-lhe falsamente fato definido como crime (Código Eleitoral, art. 324, *caput*).
§1º Nas mesmas penas incorre quem, sabendo falsa a imputação, a propala ou divulga (Código Eleitoral, art. 324, §1º).
§2º A prova da verdade do fato imputado exclui o crime, mas não é admitida (Código Eleitoral, art. 324, §2º, I a III):
I - se, constituindo o fato imputado crime de ação privada, o ofendido não foi condenado por sentença irrecorrível;
II - se o fato é imputado ao Presidente da República ou a chefe de governo estrangeiro;
III - se do crime imputado, embora de ação pública, o ofendido foi absolvido por sentença irrecorrível.

Art. 58. Constitui crime, punível com detenção de 3 meses a 1 ano e pagamento de 5 a 30 dias-multa, difamar alguém, na propaganda eleitoral ou para fins de propaganda, imputando-lhe fato ofensivo à sua reputação (Código Eleitoral, art. 325, *caput*).
Parágrafo único. A exceção da verdade somente se admite se o ofendido é funcionário público e a ofensa é relativa ao exercício de suas funções (Código Eleitoral, art. 325, parágrafo único).

Art. 59. Constitui crime, punível com detenção de até 6 meses ou pagamento de 30 a 60 dias-multa, injuriar alguém, na propaganda eleitoral ou visando a fins de propaganda, ofendendo-lhe a dignidade ou o decoro (Código Eleitoral, art. 326, *caput*).
§1º O Juiz pode deixar de aplicar a pena (Código Eleitoral, art. 326, §1º, I e II):
I - se o ofendido, de forma reprovável, provocou diretamente a injúria;
II - no caso de retorsão imediata que consista em outra injúria.

§2º Se a injúria consiste em violência ou em vias de fato, que, por sua natureza ou meio empregado, se considerem aviltantes, a pena será de detenção de 3 meses a 1 ano e pagamento de 5 a 20 dias-multa, além das penas correspondentes à violência prevista no Código Penal (Código Eleitoral, art. 326, §2º).

Art. 60. As penas cominadas nos arts. 57, 58 e 59 desta resolução serão aumentadas em um terço, se qualquer dos crimes for cometido (Código Eleitoral, art. 327, I a III):
I - contra o Presidente da República ou chefe de governo estrangeiro;
II - contra funcionário público, em razão de suas funções;
III - na presença de várias pessoas, ou por meio que facilite a divulgação da ofensa.

Art. 61. Constitui crime, punível com detenção de até 6 meses ou pagamento de 90 a 120 dias-multa, inutilizar, alterar ou perturbar meio de propaganda devidamente empregado (Código Eleitoral, art. 331).

Art. 62. Constitui crime, punível com detenção de até 6 meses e pagamento de 30 a 60 dias-multa, impedir o exercício de propaganda (Código Eleitoral, art. 332).

Art. 63. Constitui crime, punível com detenção de 6 meses a 1 ano e cassação do registro se o responsável for candidato, utilizar organização comercial de vendas, distribuição de mercadorias, prêmios e sorteios para propaganda ou aliciamento de eleitores (Código Eleitoral, art. 334).

Art. 64. Constitui crime, punível com detenção de 3 a 6 meses e pagamento de 30 a 60 dias-multa, fazer propaganda, qualquer que seja a sua forma, em língua estrangeira (Código Eleitoral, art. 335).
Parágrafo único. Além da pena cominada, a infração ao presente artigo importa a apreensão e a perda do material utilizado na propaganda (Código Eleitoral, art. 335, parágrafo único).

Art. 65. Constitui crime, punível com detenção de até 6 meses e pagamento de 90 a 120 dias-multa, participar o estrangeiro ou brasileiro que não estiver no gozo dos seus direitos políticos de atividades partidárias, inclusive comícios e atos de propaganda em recintos fechados ou abertos (Código Eleitoral, art. 337, *caput*).
Parágrafo único. Na mesma pena incorrerá o responsável pelas emissoras de rádio ou televisão que autorizar transmissões de que participem as pessoas mencionadas neste artigo, bem como o diretor de jornal que lhes divulgar os pronunciamentos (Código Eleitoral, art. 337, parágrafo único).

Art. 66. Constitui crime, punível com o pagamento de 30 a 60 dias-multa, não assegurar o funcionário postal a prioridade prevista no art. 239 do Código Eleitoral (Código Eleitoral, art. 338).

Art. 67. Constitui crime, punível com reclusão de até 4 anos e pagamento de 5 a 15 dias-multa, dar, oferecer, prometer, solicitar ou receber, para si ou para outrem, dinheiro, dádiva, ou qualquer outra vantagem, para obter ou dar o voto e para conseguir ou prometer abstenção, ainda que a oferta não seja aceita (Código Eleitoral, art. 299).

Art. 68. Aplicam-se aos fatos incriminados no Código Eleitoral e na Lei nº 9.504/97 as regras gerais do Código Penal (Código Eleitoral, art. 287 e Lei nº 9.504/97, art. 90, *caput*).

Art. 69. As infrações penais aludidas nesta resolução são puníveis mediante ação pública, e o processo seguirá o disposto nos arts. 357 e seguintes do Código Eleitoral (Código Eleitoral, art. 355 e Lei nº 9.504/97, art. 90, *caput*).

Art. 70. Na sentença que julgar ação penal pela infração de qualquer dos arts. 56, 57, 58, 59, 61, 62, 63 e 64 desta resolução, deve o Juiz verificar, de acordo com o seu livre convencimento, se o diretório local do partido político, por qualquer dos seus membros, concorreu para a prática de delito, ou dela se beneficiou conscientemente (Código Eleitoral, art. 336, *caput*).
Parágrafo único. Nesse caso, o Juiz imporá ao diretório responsável pena de suspensão de sua atividade eleitoral pelo prazo de 6 a 12 meses, agravada até o dobro nas reincidências (Código Eleitoral, art. 336, parágrafo único).

Art. 71. Todo cidadão que tiver conhecimento de infração penal prevista na legislação eleitoral deverá comunicá-la ao Juiz da Zona Eleitoral onde ela se verificou (Código Eleitoral, art. 356, *caput*).
§1º Quando a comunicação for verbal, mandará a autoridade judicial reduzi-la a termo, assinado pelo comunicante e por duas testemunhas, e remeterá ao órgão do Ministério Público local, que procederá na forma do Código Eleitoral (Código Eleitoral, art. 356, §1º).
§2º Se o Ministério Público julgar necessários maiores esclarecimentos e documentos complementares ou outros elementos de convicção, deverá requisitá-los diretamente de quaisquer autoridades ou funcionários que possam fornecê-los (Código Eleitoral, art. 356, §2º).

Art. 72. Para os efeitos da Lei nº 9.504/97, respondem penalmente pelos partidos políticos e pelas coligações os seus representantes legais (Lei nº 9.504/97, art. 90, §1º).

Art. 73. Nos casos de reincidência no descumprimento dos arts. 54 e 55 desta resolução, as penas pecuniárias serão aplicadas em dobro (Lei nº 9.504/97, art. 90, §2º).

CAPÍTULO XI
Disposições Finais

Art. 74. A representação relativa à propaganda irregular deve ser instruída com prova da autoria ou do prévio conhecimento do beneficiário, caso este não seja por ela responsável (Lei nº 9.504/97, art. 40-B).
§1º A responsabilidade do candidato estará demonstrada se este, intimado da existência da propaganda irregular, não providenciar, no prazo de 48 horas, sua retirada ou regularização e, ainda, se as circunstâncias e as peculiaridades do caso específico revelarem a impossibilidade de o beneficiário não ter tido conhecimento da propaganda (Lei nº 9.504/97, art. 40-B, parágrafo único).
§2º A intimação de que trata o parágrafo anterior poderá ser realizada por candidato, partido político, coligação ou pelo Ministério Público, por meio de comunicação feita diretamente ao responsável ou beneficiário da propaganda, com prova de recebimento, devendo dela constar a precisa identificação da propaganda apontada como irregular.

Art. 75. A comprovação do cumprimento das determinações da Justiça Eleitoral relacionadas a propaganda realizada em desconformidade com o disposto na Lei nº 9.504/97 poderá ser apresentada no Juízo Eleitoral, na hipótese de candidato a Prefeito, Vice-Prefeito e Vereador (Lei nº 9.504/97, art. 36, §5º).

Art. 76. A propaganda exercida nos termos da legislação eleitoral não poderá ser objeto de multa nem cerceada sob alegação do exercício do poder de polícia ou de violação de postura municipal, casos em que se deve proceder na forma prevista no art. 40 da Lei nº 9.504/97 (Lei nº 9.504/97, art. 41, *caput*).
§1º O poder de polícia sobre a propaganda eleitoral será exercido pelos Juízes Eleitorais e pelos Juízes designados pelos Tribunais Regionais Eleitorais (Lei nº 9.504/97, art. 41, §1º).
§2º O poder de polícia se restringe às providências necessárias para inibir práticas

ilegais, vedada a censura prévia sobre o teor dos programas e matérias jornalísticas a serem exibidos na televisão, no rádio, na internet e na imprensa escrita (Lei nº 9.504/97, art. 41, §2º).

§3º No caso de condutas sujeitas a penalidades, o Juiz Eleitoral delas cientificará o Ministério Público, para os fins previstos nesta resolução.

Art. 77. Ressalvado o disposto no art. 26 e incisos da Lei nº 9.504/97, constitui captação ilegal de sufrágio o candidato doar, oferecer, prometer ou entregar ao eleitor, com o fim de obter-lhe o voto, bem ou vantagem pessoal de qualquer natureza, inclusive emprego ou função pública, desde o registro da candidatura até o dia da eleição, inclusive, sob pena de multa de R$1.064,10 (mil e sessenta e quatro reais e dez centavos) a R$53.205,00 (cinquenta e três mil duzentos e cinco reais) e cassação do registro ou do diploma, observado o procedimento previsto nos incisos I a XIII do art. 22 da Lei Complementar nº 64/90 (Lei nº 9.504/97, art. 41-A).

§1º Para a caracterização da conduta ilícita, é desnecessário o pedido explícito de votos, bastando a evidência do dolo, consistente no especial fim de agir (Lei nº 9.504/97, art. 41-A, §1º).

§2º As sanções previstas no *caput* aplicam-se contra quem praticar atos de violência ou grave ameaça a pessoa, com o fim de obter-lhe o voto (Lei nº 9.504/97, art. 41-A, §2º).

§3º A representação prevista no *caput* poderá ser ajuizada até a data da diplomação (Lei nº 9.504/97, art. 41-A, §3º).

Art. 78. Ninguém poderá impedir a propaganda eleitoral nem inutilizar, alterar ou perturbar os meios lícitos nela empregados, bem como realizar propaganda eleitoral vedada por lei ou por esta resolução (Código Eleitoral, art. 248).

Art. 79. A requerimento do interessado, a Justiça Eleitoral adotará as providências necessárias para coibir, no horário eleitoral gratuito, a propaganda que se utilize de criação intelectual sem autorização do respectivo autor ou titular.

Parágrafo único. A indenização pela violação do direito autoral deverá ser pleiteada perante a Justiça Comum.

Art. 80. Aos partidos políticos, coligações e candidatos será vedada a utilização de simulador de urna eletrônica na propaganda eleitoral (Resolução nº 21.161/2002).

Art. 81. As disposições desta resolução aplicam-se às emissoras de rádio e de televisão comunitárias, às emissoras de televisão que operam em VHF e UHF, aos provedores de internet e aos canais de televisão por assinatura sob a responsabilidade do Senado Federal, da Câmara dos Deputados, das Assembleias Legislativas, da Câmara Legislativa do Distrito Federal ou das Câmaras Municipais (Lei nº 9.504/97, art. 57 e art. 57-A).

Parágrafo único. Aos canais de televisão por assinatura não compreendidos no *caput*, será vedada a veiculação de qualquer propaganda eleitoral, salvo a retransmissão integral do horário eleitoral gratuito e a realização de debates, observadas as disposições legais.

Art. 82. As emissoras de rádio e televisão terão direito à compensação fiscal pela cessão do horário gratuito previsto nesta resolução (Lei nº 9.504/97, art. 99).

Art. 83. A requerimento de partido político, coligação, candidato ou do Ministério Público, a Justiça Eleitoral poderá determinar a suspensão, por 24 horas, da programação normal de emissora de rádio ou televisão ou do acesso a todo o conteúdo informativo dos sítios da internet, quando deixarem de cumprir as disposições da Lei nº 9.504/97, observado o rito do art. 96 dessa mesma lei (Lei nº 9.504/97, art. 56 e 57-I).

§1º No período de suspensão, a emissora transmitirá, a cada 15 minutos, a informação de que se encontra fora do ar, e o responsável pelo sítio na internet informará que se encontra

temporariamente inoperante, ambos por desobediência à lei eleitoral (Lei nº 9.504/97, art. 56, §1º, e art. 57-I, §2º).
§2º A cada reiteração de conduta, o período de suspensão será duplicado (Lei nº 9.504/97, art. 56, §2º, e art. 57-I, §1º).

Art. 84. O Tribunal Superior Eleitoral poderá requisitar das emissoras de rádio e televisão, no período compreendido entre 31 de julho de 2012 e o dia do pleito, até 10 minutos diários, contínuos ou não, que poderão ser somados e usados em dias espaçados, para a divulgação de seus comunicados, boletins e instruções ao eleitorado (Lei nº 9.504/97, art. 93).
Parágrafo único. O Tribunal Superior Eleitoral, a seu juízo exclusivo, poderá ceder parte do tempo referido no *caput* para utilização por Tribunal Regional Eleitoral.

Art. 85. As autoridades administrativas federais, estaduais e municipais proporcionarão aos partidos políticos e às coligações, em igualdade de condições, as facilidades permitidas para a respectiva propaganda (Código Eleitoral, art. 256).
Parágrafo único. A partir de 6 de julho de 2012, independentemente do critério de prioridade, os serviços telefônicos, oficiais ou concedidos, farão instalar, nas sedes dos diretórios nacionais, regionais e municipais devidamente registrados, telefones necessários, mediante requerimento do respectivo Presidente e pagamento das taxas devidas (Código Eleitoral, art. 256, §1º).

Art. 86. O serviço de qualquer repartição Federal, Estadual ou Municipal, autarquia, fundação pública, sociedade de economia mista, entidade mantida ou subvencionada pelo poder público, ou que realize contrato com este, inclusive o respectivo prédio e suas dependências, não poderá ser utilizado para beneficiar partido político ou coligação (Código Eleitoral, art. 377, *caput*).
Parágrafo único. O disposto no *caput* será tornado efetivo, a qualquer tempo, pelo órgão competente da Justiça Eleitoral, conforme o âmbito nacional, regional ou municipal do órgão infrator, mediante representação fundamentada de autoridade pública, de representante partidário ou de qualquer eleitor (Código Eleitoral, art. 377, parágrafo único).

Art. 87. Aos partidos políticos e às coligações é assegurada a prioridade postal a partir de 8 de agosto de 2012, para a remessa de material de propaganda de seus candidatos (Código Eleitoral, art. 239 e Lei nº 9.504/97, art. 36, *caput*).

Art. 88. No prazo de até 30 dias após a eleição, os candidatos, os partidos políticos e as coligações deverão remover a propaganda eleitoral, com a restauração do bem em que fixada, se for o caso.
Parágrafo único. O descumprimento do que determinado no *caput* sujeitará os responsáveis às consequências previstas na legislação comum aplicável.

Art. 89. O material da propaganda eleitoral gratuita deverá ser retirado das emissoras 60 dias após a respectiva divulgação, sob pena de sua destruição.

Art. 90. Na fixação das multas de natureza não penal, o Juiz Eleitoral deverá considerar a condição econômica do infrator, a gravidade do fato e a repercussão da infração, sempre justificando a aplicação do valor acima do mínimo legal.

Art. 91. Esta resolução entra em vigor na data de sua publicação.

Brasília, 13 de dezembro de 2011.

Resolução nº 23.372, de 14 de dezembro de 2011

Instrução nº 1452-56.2011.6.00.0000, Classe 19, Brasília/DF.
Rel. Min. Arnaldo Versiani. DJE-TSE, 28.12.2011.

Dispõe sobre os atos preparatórios, a recepção de votos, as garantias eleitorais, a justificativa eleitoral, a totalização, a divulgação, a proclamação dos resultados e a diplomação para as eleições de 2012.

O Tribunal Superior Eleitoral, no uso das atribuições que lhe conferem o art. 23, inciso IX, do Código Eleitoral e o art. 105 da Lei nº 9.504, de 30 de setembro de 1997, resolve expedir a seguinte instrução:

TÍTULO I
Da Preparação das Eleições

CAPÍTULO I
Disposições Preliminares

Art. 1º Serão realizadas eleições para Prefeito, Vice-Prefeito e Vereador simultaneamente em todo o país em 7 de outubro de 2012, primeiro turno, e em 28 de outubro de 2012, segundo turno, onde houver, por sufrágio universal e voto direto e secreto (Constituição Federal, art. 14, *caput*, Código Eleitoral, art. 82, e Lei nº 9.504/97, art. 1º, parágrafo único, II).

Art. 2º As eleições para Prefeito e Vice-Prefeito obedecerão ao princípio majoritário (Lei 9.504 art. 3º e Código Eleitoral, art. 83).
Parágrafo único. Se nenhum candidato, nos Municípios com mais de 200 mil eleitores, alcançar maioria absoluta na primeira votação, será feita nova eleição em 28 de outubro de 2012 (segundo turno), com os 2 mais votados (Constituição Federal, arts. 29, II, e 77, §3º, e Lei nº 9.504/97, art. 3º, §2º).

Art. 3º As eleições para Vereador obedecerão ao princípio da representação proporcional (Código Eleitoral, art. 84).

Art. 4º Nas eleições para Prefeito, Vice-Prefeito e Vereador, a circunscrição do pleito será o Município (Código Eleitoral, art. 86).

Art. 5º O voto é obrigatório para os maiores de 18 anos e facultativo para os analfabetos, os maiores de 70 anos e os maiores de 16 e menores de 18 anos (Constituição Federal, art. 14, §1º, I e II).
Parágrafo único. Poderão votar os eleitores regularmente inscritos até 9 de maio de 2012 (Lei nº 9.504/97, art. 91, *caput*).

CAPÍTULO II
Dos Sistemas de Informática

Art. 6º Nas eleições serão utilizados os sistemas informatizados desenvolvidos pelo Tribunal Superior Eleitoral ou sob sua encomenda, sendo o sistema eletrônico de votação utilizado em todas as Seções Eleitorais (Lei nº 9.504/97, art. 59, *caput*).
§1º Os sistemas de que trata o *caput* são os seguintes:

I - Configurador de Eleição;
II - Candidaturas;
III - Horário Eleitoral;
IV - Preparação e Gerenciamento da Totalização;
V - Transportador;
VI - Receptor de Arquivos de Urna;
VII - Gerenciador de Dados, Aplicativos e Interface com a Urna Eletrônica;
VIII - Sistemas da Urna;
IX - Prestação de Contas Eleitorais;
X - Divulgação de Candidatos;
XI - Divulgação de Resultados;
XII - Candidaturas – módulo externo;
XIII - Prestação de Contas Eleitorais – módulo externo.
§2º Os sistemas descritos nos incisos I a IX serão instalados, exclusivamente, em equipamentos de posse da Justiça Eleitoral, observadas as especificações técnicas definidas pelo Tribunal Superior Eleitoral.
§3º É vedada a utilização, pelos órgãos da Justiça Eleitoral, de qualquer outro sistema em substituição aos fornecidos pelo Tribunal Superior Eleitoral.

CAPÍTULO III
Dos Atos Preparatórios da Votação

Seção I
Das Mesas Receptoras de Votos e de Justificativas

Art. 7º A cada Seção Eleitoral corresponde uma Mesa Receptora de Votos, salvo na hipótese de agregação (Código Eleitoral, art. 119).
Parágrafo único. Os Tribunais Regionais Eleitorais poderão determinar a agregação de Seções Eleitorais visando à racionalização dos trabalhos eleitorais, desde que não importe qualquer prejuízo à votação.

Art. 8º Os Tribunais Regionais Eleitorais determinarão o recebimento das justificativas, no dia da eleição, por Mesas Receptoras de Votos, por Mesas Receptoras de Justificativas ou por ambas.
§1º Nos Municípios onde não houver segundo turno de votação, é obrigatória a instalação de pelo menos uma Mesa Receptora de Justificativas, podendo, conforme planejamento estabelecido pelo Tribunal Regional Eleitoral, ser dispensado o uso de urna eletrônica para tal fim.
§2º O Tribunal Regional Eleitoral que adotar, para o segundo turno, mecanismo alternativo de captação de justificativa deverá regulamentar os procedimentos e divulgá-los amplamente ao eleitorado.

Art. 9º Constituirão as Mesas Receptoras de Votos e de Justificativas um Presidente, um primeiro e um segundo mesários, 2 secretários e um suplente (Código Eleitoral, art. 120, *caput*).
§1º São facultadas aos Tribunais Regionais Eleitorais as dispensas do segundo secretário e do suplente, nas Mesas Receptoras de Votos, e a redução do número de membros das Mesas Receptoras de Justificativas para, no mínimo, 2.
§2º Não poderão ser nomeados para compor as Mesas Receptoras de Votos e de Justificativas (Código Eleitoral, art. 120, §1º, I a IV, e Lei nº 9.504/97, art. 63, §2º):
I - os candidatos e seus parentes, ainda que por afinidade, até o segundo grau, inclusive, e bem assim o cônjuge;

II - os membros de diretórios de partido político, desde que exerçam função executiva;
III - as autoridades e agentes policiais, bem como os funcionários no desempenho de cargos de confiança do Executivo;
IV - os que pertencerem ao serviço eleitoral;
V - os eleitores menores de 18 anos.

§3º Para as Mesas que sejam exclusivamente Receptoras de Justificativas, fica dispensada a observância do disposto no inciso IV do §2º deste artigo.

§4º Na mesma Mesa Receptora de Votos, é vedada a participação de parentes em qualquer grau ou de servidores da mesma repartição pública ou empresa privada (Lei nº 9.504/97, art. 64).

§5º Não se incluem na proibição do parágrafo anterior os servidores de dependências diversas do mesmo Ministério, Secretaria de Estado, Secretaria de Município, autarquia ou fundação pública de qualquer ente federativo, nem de sociedade de economia mista ou empresa pública, nem os serventuários de cartórios judiciais e extrajudiciais diferentes.

§6º Os nomeados que não declararem a existência dos impedimentos referidos nos incisos I a IV do §2º deste artigo incorrerão na pena estabelecida no art. 310 do Código Eleitoral (Código Eleitoral, art. 120, §5º).

Art. 10. Os componentes das Mesas Receptoras de Votos serão nomeados, de preferência, entre os eleitores da própria Seção Eleitoral e, dentre estes, os diplomados em escola superior, os professores e os serventuários da Justiça (Código Eleitoral, art. 120, §2º).

§1º A convocação para os trabalhos eleitorais deve ser realizada, como regra, entre os eleitores pertencentes à Zona Eleitoral da autoridade judiciária convocadora, excepcionadas as situações de absoluta necessidade e mediante autorização do Juízo da inscrição, ainda que se trate de eleitor voluntário (Resolução nº 22.098/2005).

§2º A inobservância dos pressupostos descritos no parágrafo anterior poderá resultar na nulidade da convocação, impedindo a imposição de multa pela Justiça Eleitoral (Resolução nº 22.098/2005).

Art. 11. O Juiz Eleitoral intimará os mesários, por via postal ou por outro meio eficaz, nomeando-os até 8 de agosto de 2012 para constituírem as Mesas Receptoras de Votos e de Justificativas nos dias, horário e lugares designados (Código Eleitoral, art. 120).
Parágrafo único. Os motivos justos que tiverem os mesários para recusar a nomeação, e que ficarão à livre apreciação do Juiz Eleitoral, somente poderão ser alegados até 5 dias da ciência da nomeação, salvo se sobrevindos depois desse prazo (Código Eleitoral, art. 120, §4º).

Art. 12. O Juiz Eleitoral fará publicar, no jornal oficial, onde houver, e, não havendo, em cartório, até 8 de agosto de 2012, as nomeações que tiver feito, dos mesários para constituírem as Mesas no dia e lugares designados, às 7 horas (Código Eleitoral, art. 120, §3º).

§1º Da composição da Mesa Receptora de Votos ou de Justificativas qualquer partido político ou coligação poderá reclamar ao Juiz Eleitoral, no prazo de 5 dias da publicação, devendo a decisão ser proferida em 48 horas (Lei nº 9.504/97, art. 63).

§2º Da decisão do Juiz Eleitoral caberá recurso para o Tribunal Regional Eleitoral, interposto dentro de 3 dias, devendo, em igual prazo, ser resolvido (Código Eleitoral, art. 121, §1º).

§3º Se o vício da constituição da Mesa Receptora resultar da incompatibilidade prevista no inciso I do §2º do art. 9º desta resolução, e o registro do candidato for posterior à nomeação do mesário, o prazo para reclamação será contado da publicação dos nomes dos candidatos registrados (Código Eleitoral, art. 121, §2º).

§4º Se o vício resultar de qualquer das proibições dos incisos II, III e IV do §2º do mesmo artigo 9º desta resolução, e em virtude de fato superveniente, o prazo será contado a partir do ato da nomeação ou eleição (Código Eleitoral, art. 121, §2º).

§5º O partido político ou coligação que não reclamar contra a composição da Mesa Receptora não poderá arguir, sob esse fundamento, a nulidade da Seção respectiva (Código Eleitoral, art. 121, §3º).

Art. 13. Os Juízes Eleitorais, ou quem estes designarem, deverão instruir os mesários sobre o processo de votação e de justificativa, em reuniões para esse fim convocadas com a necessária antecedência, ensejando crime de desobediência o não comparecimento, inclusive a terceiros que, por qualquer meio, obstruam o cumprimento da ordem judicial (Código Eleitoral, arts. 122 e 347).

Art. 14. O membro da Mesa Receptora de Votos ou de Justificativas que não comparecer ao local em dia e hora determinados para a realização das eleições incorrerá em multa cobrada por meio de recolhimento de Guia de Recolhimento da União (GRU), se não apresentada justa causa ao Juiz Eleitoral em até 30 dias da data da eleição (Código Eleitoral, art. 124, *caput*).

§1º Se o arbitramento e pagamento da multa não for requerido pelo mesário faltoso, a multa será arbitrada e cobrada na forma prevista no art. 367 do Código Eleitoral (Código Eleitoral, art. 124, §1º).

§2º Se o mesário faltoso for servidor público ou autárquico, a pena será de suspensão de até 15 dias (Código Eleitoral, art. 124, §2º).

§3º As penas previstas neste artigo serão aplicadas em dobro se a Mesa Receptora deixar de funcionar por culpa dos faltosos, bem como ao membro que abandonar os trabalhos no decurso da votação sem justa causa apresentada ao Juiz Eleitoral, até 3 dias após a ocorrência (Código Eleitoral, art. 124, §§3º e 4º).

Seção II
Dos Locais de Votação e de Justificativa

Art. 15. Os lugares designados para funcionamento das Mesas Receptoras, assim como a sua composição, serão publicados, até 8 de agosto de 2012, no Diário de Justiça Eletrônico, nas capitais, e no Cartório Eleitoral, nas demais localidades (Código Eleitoral, arts. 120, §3º, e 135).

§1º A publicação deverá conter a Seção, inclusive as agregadas, com a numeração ordinal e o local em que deverá funcionar, com a indicação da rua, número e qualquer outro elemento que facilite a sua localização pelo eleitor, bem como os nomes dos mesários nomeados para atuarem nas Mesas Receptoras (Código Eleitoral, arts. 120, §3º, e 135, §1º).

§2º Será dada preferência aos edifícios públicos, recorrendo-se aos particulares se faltarem aqueles em número e condições adequadas (Código Eleitoral, art. 135, §2º).

§3º A propriedade particular será obrigatória e gratuitamente cedida para esse fim (Código Eleitoral, art. 135, §3º).

§4º Para os fins previstos neste artigo, é expressamente vedado o uso de propriedade pertencente a candidato, membro de diretório de partido político, delegado de partido político ou de coligação, autoridade policial, bem como dos respectivos cônjuges e parentes, consanguíneos ou afins, até o segundo grau, inclusive (Código Eleitoral, art. 135, §4º).

§5º Não poderão ser localizadas Seções Eleitorais em fazenda, sítio ou qualquer propriedade rural privada, mesmo existindo no local prédio público, incorrendo o Juiz nas penas do art. 312 do Código Eleitoral, em caso de infringência (Código Eleitoral, art. 135, §5º).

§6º Os Tribunais Regionais Eleitorais, nas capitais, e os Juízes Eleitorais, nas demais Zonas Eleitorais, farão ampla divulgação da localização das Seções (Código Eleitoral, art. 135, §6º).

§7º Da designação dos lugares de votação, qualquer partido político ou coligação poderá reclamar ao Juiz Eleitoral, dentro de 3 dias a contar da publicação, devendo a decisão ser proferida dentro de 48 horas (Código Eleitoral, art. 135, §7º).

§8º Da decisão do Juiz Eleitoral, caberá recurso ao Tribunal Regional Eleitoral, interposto dentro de 3 dias, devendo, no mesmo prazo, ser resolvido (Código Eleitoral, art. 135, §8º).

§9º Esgotados os prazos referidos nos §§7º e 8º deste artigo, não mais poderá ser alegada, no processo eleitoral, a proibição contida no seu §5º (Código Eleitoral, art.135, §9º).

Art. 16. Até 27 de setembro de 2012, os Juízes Eleitorais comunicarão aos chefes das repartições públicas e aos proprietários, arrendatários ou administradores das propriedades particulares a resolução de que serão os respectivos edifícios, ou parte deles, utilizados para o funcionamento das Mesas Receptoras (Código Eleitoral, art. 137).

Art. 17. No local destinado à votação, a Mesa Receptora ficará em recinto separado do público; próximo, haverá uma cabina indevassável (Código Eleitoral, art. 138).
Parágrafo único. O Juiz Eleitoral providenciará para que nos edifícios escolhidos sejam feitas as necessárias adaptações (Código Eleitoral, art. 138, parágrafo único).

Seção III
Dos Locais Especiais de Votação e de Justificativa

Art. 18. Deverão ser instaladas Seções nas vilas e povoados, assim como nos estabelecimentos de internação coletiva, onde haja, pelo menos, 50 eleitores, ressalvadas as disposições específicas (Código Eleitoral, art. 136, *caput*).
Parágrafo único. A Mesa Receptora designada para qualquer dos estabelecimentos de internação coletiva deverá funcionar em local indicado pelo respectivo diretor; o mesmo critério será adotado para os estabelecimentos especializados para a proteção de pessoas com deficiência visual (Código Eleitoral, art. 136, parágrafo único).

Art. 19. Até 9 de julho de 2012, os eleitores com deficiência ou mobilidade reduzida que tenham solicitado transferência para Seção Eleitoral Especial deverão comunicar ao Juiz Eleitoral, por escrito, suas restrições e necessidades, a fim de que a Justiça Eleitoral providencie os meios e recursos destinados a facilitar-lhes o exercício do voto (Resolução nº 21.008/2002, art. 3º).

Art. 20. Os Juízes Eleitorais, sob a coordenação dos Tribunais Regionais Eleitorais, poderão criar Seções Eleitorais especiais em estabelecimentos penais e em unidades de internação de adolescentes, a fim de que os presos provisórios e os adolescentes internos possam exercer o direito de voto, observadas as normas eleitorais e, no que couber, o disposto nos arts. 15 a 17 desta resolução.
Parágrafo único. Para efeito do que dispõe este artigo, consideram-se:
I - presos provisórios aqueles que, apesar de recolhidos a estabelecimento de privação de liberdade, não possuírem condenação criminal transitada em julgado;
II - adolescentes internados os menores de 21 e os maiores de 16 anos submetidos à medida socioeducativa de internação ou à internação provisória.

Art. 21. Os serviços eleitorais de alistamento, revisão e transferência deverão ser realizados pelos servidores da Justiça Eleitoral, nos próprios estabelecimentos penais e nas unidades de internação, até o dia 9 de maio de 2012, em datas a serem definidas de comum acordo entre o Tribunal Regional Eleitoral e os administradores dos estabelecimentos e das unidades.

Art. 22. Os membros das Mesas Receptoras de Votos e de Justificativas das Seções Eleitorais especiais serão nomeados pelo Juiz Eleitoral, preferencialmente, dentre

servidores dos Departamentos Penitenciários dos Estados, das Secretarias de Justiça, Cidadania e Direitos Humanos, de Defesa Social, de Assistência Social, do Ministério Público Federal e Estadual, das Defensorias Públicas dos Estados e da União, da Ordem dos Advogados do Brasil ou dentre outros cidadãos indicados pelos órgãos citados, que enviarão listagem ao Juízo Eleitoral do local de votação, até o dia 30 de abril de 2012.
Parágrafo único. O Juiz Eleitoral deverá nomear os membros para compor as Mesas Receptoras de Votos e de Justificativas de que trata o *caput* até o dia 30 de abril de 2012.

Art. 23. Nas Seções Eleitorais especiais previstas no art. 20 desta resolução, será permitida a presença de força policial e de agentes penitenciários a menos de 100 metros do local de votação.

Art. 24. Os Juízes Eleitorais, de acordo com o planejamento estabelecido pelos Tribunais Regionais Eleitorais, poderão também criar Seções Eleitorais especiais em Quartéis ou outra instituição policial indicada, a fim de que os policiais, de plantão ou em serviço no dia da eleição, possam exercer o direito de voto, observadas as normas eleitorais e, no que couber, o disposto nos arts. 15 a 17 desta resolução.

CAPÍTULO IV
Da Preparação das Urnas

Art. 25. Após o fechamento do Sistema de Candidaturas e antes da geração de mídias, será emitido o relatório "Ambiente de Totalização" pelo Sistema de Preparação, contendo os dados a serem utilizados para a preparação das urnas e totalização de resultados, que será assinado pelo Juiz responsável pela apuração.
Parágrafo único. O relatório de que trata o *caput* deverá ser anexado à Ata da Junta Eleitoral.

Art. 26. Os Tribunais Regionais Eleitorais, de acordo com o planejamento estabelecido, determinarão a geração de mídias, por meio de sistema informatizado, utilizando-se dos dados das tabelas de:
I - partidos políticos e coligações;
II - eleitores;
III - Seções com as respectivas agregações e Mesas Receptoras de Justificativas;
IV - candidatos aptos a concorrer à eleição, na data desta geração, da qual constarão os números, os nomes indicados para urna e as correspondentes fotografias;
V - candidatos inaptos a concorrer à eleição, da qual constarão apenas os números, desde que não tenham sido substituídos por candidatos com o mesmo número.
§1º As mídias a que se refere o *caput* são cartões de memória de carga, cartões de memória de votação, mídias com aplicativos de urna e de gravação de resultado.
§2º Após o início da geração de mídias, não serão alterados os dados de que tratam os incisos I a V deste artigo, salvo por determinação do Juiz Eleitoral ou de autoridade designada pelo Tribunal Regional Eleitoral, ouvida a área de tecnologia da informação sobre a viabilidade técnica.
§3º Os partidos políticos e coligações, o Ministério Público e a Ordem dos Advogados do Brasil poderão acompanhar a geração das mídias a que se refere o *caput*, para o que serão convocados, por edital publicado no Diário de Justiça Eletrônico, com a antecedência mínima de 48 horas.
§4º Na hipótese de a geração de mídias e a preparação das urnas não ocorrerem em ato contínuo, os cartões de memória de carga, ao final da geração, deverão ser acondicionados em envelopes lacrados, por Município ou Zona Eleitoral, conforme logística de cada Tribunal Regional Eleitoral.

§5º Os arquivos *log* referentes ao Sistema Gerenciador de Dados, Aplicativos e Interface com a Urna Eletrônica somente poderão ser solicitados pelos partidos políticos e coligações, Ministério Público e Ordem dos Advogados do Brasil à autoridade responsável pela geração de mídias nos locais de sua utilização até 15 de janeiro de 2013.

Art. 27. Do procedimento de geração de mídias, deverá ser lavrada ata circunstanciada, assinada pelo Juiz Eleitoral ou autoridade designada pelo Tribunal Regional Eleitoral para esse fim, pelos representantes do Ministério Público, da Ordem dos Advogados do Brasil e pelos fiscais dos partidos políticos e coligações presentes.
§1º A ata de que trata o *caput* deverá registrar os seguintes dados:
I - identificação e versão dos sistemas utilizados;
II - data, horário e local de início e término das atividades;
III - nome e qualificação dos presentes;
IV - quantidade de cartões de memória de votação e de carga gerados.
§2º As informações requeridas nos incisos II a IV do parágrafo anterior deverão ser consignadas diariamente.
§3º Cópia da ata será afixada no local de geração de mídias, para conhecimento geral, mantendo-se a original arquivada sob a guarda do Juiz ou da autoridade responsável pelo procedimento.

Art. 28. Havendo necessidade de outra geração de mídias, os representantes do Ministério Público, da Ordem dos Advogados do Brasil e fiscais dos partidos políticos e coligações deverão ser imediatamente convocados.

Art. 29. O Juiz, nas Zonas Eleitorais, ou a autoridade designada pelo Tribunal Regional Eleitoral, em dia e hora previamente indicados em edital de convocação publicado no Diário de Justiça Eletrônico, com a antecedência mínima de 48 horas, na sua presença, na dos representantes do Ministério Público, da Ordem dos Advogados do Brasil, dos fiscais dos partidos políticos e coligações que comparecerem, determinará que:
I - as urnas de votação sejam preparadas e lacradas, utilizando-se o cartão de memória de carga; após o que serão inseridos o cartão de memória de votação e a mídia para gravação de arquivos, e, realizado o teste de funcionamento das urnas, serão identificadas as suas embalagens com a Zona Eleitoral, o Município e a Seção a que se destinam;
II - as urnas destinadas às Mesas Receptoras de Justificativas sejam preparadas e lacradas, utilizando-se o cartão de memória de carga; após o que serão inseridos o cartão de memória de votação e a mídia para gravação de arquivos, e, realizado o teste de funcionamento das urnas, as suas embalagens serão identificadas com o fim e local a que se destinam;
III - as urnas de contingência sejam também preparadas e lacradas, utilizando-se o cartão de memória de carga, e, realizado o teste de funcionamento das urnas, as suas embalagens serão identificadas com o fim a que se destinam;
IV - sejam acondicionados, individualmente, em envelopes lacrados, os cartões de memória de votação para contingência;
V - sejam acondicionados em envelopes lacrados, ao final da preparação, os cartões de memória de carga;
VI - seja verificado se as urnas de lona, que serão utilizadas no caso de votação por cédula, estão vazias e, uma vez fechadas, sejam lacradas.
§1º Do edital de que trata o *caput* deverá constar o nome dos técnicos responsáveis pela preparação das urnas.
§2º Os lacres referidos neste artigo serão assinados pelo Juiz Eleitoral, ou autoridade designada pelo Tribunal Regional Eleitoral, pelos representantes do Ministério Público e da Ordem dos Advogados do Brasil e pelos fiscais dos partidos políticos e coligações presentes.

§3º Antes de se lavrar a ata da cerimônia de carga, os lacres não utilizados deverão ser acondicionados em envelope lacrado e assinado pelos presentes; aqueles assinados e não utilizados deverão ser destruídos.

Art. 30. Onde houver segundo turno, serão observados, na geração das mídias, no que couber, os procedimentos adotados para o primeiro turno descritos nos arts. 26 e 27 desta resolução.

Art. 31. A preparação das urnas para o segundo turno se dará por meio da inserção da mídia específica para gravação de arquivos nas urnas utilizadas no primeiro turno.
§1º Caso o procedimento descrito no *caput* não seja suficiente, serão observados os procedimentos previstos no art. 29 desta resolução, no que couber, preservando-se o cartão de memória de votação utilizado no primeiro turno.
§2º Para fins do disposto no parágrafo anterior, poderá ser usado o cartão de memória de carga do primeiro turno, que deverá ser novamente lacrado, após a conclusão da preparação.

Art. 32. Após a lacração das urnas a que se refere o art. 29 desta resolução, ficará facultado à Justiça Eleitoral realizar a conferência visual dos dados de carga constantes das urnas, mediante a ligação dos equipamentos, notificados o Ministério Público, a Ordem dos Advogados do Brasil, os partidos políticos e as coligações com antecedência mínima de 24 horas.

Art. 33. Eventual ajuste de horário ou calendário interno da urna, após a lacração a que se refere o art. 29 desta resolução, será feito por meio da utilização de programa específico desenvolvido pelo Tribunal Superior Eleitoral, por técnico autorizado pelo Juiz Eleitoral, notificados os partidos políticos, coligações, Ministério Público e Ordem dos Advogados do Brasil, lavrando-se ata.
§1º A ata a que se refere o *caput* deverá ser assinada pelos presentes e conter os seguintes dados:
I - data, horário e local de início e término das atividades;
II - nome e qualificação dos presentes;
III - quantidade e identificação das urnas que tiveram o calendário ou o horário alterado.
§2º Cópia da ata será afixada no local onde se realizou o procedimento, mantendo-se a original arquivada no respectivo Cartório Eleitoral.

Art. 34. Na hipótese de ser constatado problema em uma ou mais urnas antes do início da votação, o Juiz Eleitoral poderá determinar a substituição por outra de contingência, substituir o cartão de memória de votação ou realizar nova carga, conforme conveniência, sendo convocados os representantes do Ministério Público, da Ordem dos Advogados do Brasil e dos partidos políticos e coligações para, querendo, participar do ato, que deverá, no que couber, obedecer ao disposto nos arts. 27 a 29 desta resolução.
Parágrafo único. Ocorrendo a hipótese prevista no *caput*, os lacres e os cartões de memória de carga utilizados para a intervenção deverão ser novamente colocados em envelopes, os quais devem ser lacrados.

Art. 35. No dia da votação poderá ser efetuada carga, a qualquer momento, em urnas de contingência ou de justificativa.

Art. 36. Para garantir o uso do sistema de votação, será permitida a carga em urna no dia da votação, desde que observado o disposto no art. 34 desta resolução e não tenha ocorrido votação naquela Seção.

Art. 37. Durante o período de carga e lacração descrito no art. 29 desta resolução, aos representantes do Ministério Público, da Ordem dos Advogados do Brasil, dos partidos políticos e das coligações será garantida a conferência dos dados constantes das urnas, inclusive para verificar se os programas carregados nas urnas são idênticos aos que foram lacrados (Lei nº 9.504/97, art. 66, §5º).

§1º A conferência por amostragem será realizada em até 3% das urnas preparadas para cada Zona Eleitoral, observado o mínimo de uma urna por Município, escolhidas pelos representantes do Ministério Público, da Ordem dos Advogados do Brasil, dos partidos políticos e das coligações, aleatoriamente entre as urnas de votação, as de justificativa e as de contingência.

§2º Na hipótese de serem escolhidas urnas destinadas exclusivamente ao recebimento de justificativa e à contingência, deverá ser constatada a ausência de dados relativos a eleitores e candidatos.

Art. 38. No período que abrange o procedimento de carga e lacração, deverá ser realizado teste de votação acionado pelo aplicativo de Verificação Pré-Pós em pelo menos uma urna por Município da Zona Eleitoral.

§1º O teste de que trata o *caput* poderá ser realizado em uma das urnas escolhidas para a conferência prevista no art. 37 desta resolução.

§2º Nas urnas submetidas ao teste de votação, serão realizadas nova carga e lacração.

§3º É obrigatória a impressão e conferência do resumo digital (hash) dos arquivos das urnas submetidas ao teste de votação.

§4º Nos casos de teste de votação realizados para o segundo turno, a urna deverá ser novamente preparada conforme o disposto no art. 29 desta resolução, preservando-se o cartão de memória de votação com os dados do primeiro turno em envelope lacrado, até 15 de janeiro de 2013.

Art. 39. Os cartões de memória que apresentarem defeito durante a carga ou teste de votação não poderão ser reutilizados, devendo ser remetidos ao respectivo Tribunal Regional Eleitoral, no prazo e pelo meio por ele estabelecido.

Art. 40. Do procedimento de carga, lacração e conferência das urnas deverá ser lavrada ata circunstanciada, que será assinada pelo Juiz Eleitoral ou por autoridade designada pelo Tribunal Regional Eleitoral, pelos representantes do Ministério Público e da Ordem dos Advogados do Brasil e pelos fiscais dos partidos políticos e coligações presentes.

§1º A ata de que trata o *caput* deverá registrar os seguintes dados:
I - identificação e versão dos sistemas utilizados;
II - data, horário e local de início e término das atividades;
III - nome e qualificação dos presentes;
IV - quantidade de urnas preparadas para votação, contingência e justificativa;
V - quantidade e identificação das urnas submetidas à conferência e ao teste de votação, com o resultado obtido em cada uma delas;
VI - quantidade de cartões de memória de votação para contingência;
VII - quantidade de urnas de lona lacradas.

§2º As informações requeridas nos incisos II a VII do parágrafo anterior deverão ser consignadas diariamente.

§3º Todos os relatórios emitidos pelas urnas nos procedimentos de conferência e teste de votação, inclusive relatórios de *hash* e nova carga, devem ser anexados à ata de que trata o *caput*.

§4º Cópia da ata será afixada no local de carga, para conhecimento geral, arquivando-se a original no respectivo Cartório Eleitoral, juntamente com os extratos de carga emitidos pela urna.

Art. 41. Até a véspera da votação, o Tribunal Superior Eleitoral tornará disponível, em sua página da internet, a tabela de correspondências esperadas entre urna e Seção.
Parágrafo único. A tabela de correspondências esperadas poderá ser atualizada em sua página da internet até as 15 horas do dia da eleição, considerando o horário local de cada unidade da Federação.

CAPÍTULO V
Do Material de Votação e de Justificativa

Art. 42. Os Juízes Eleitorais enviarão ao Presidente de cada Mesa Receptora de Votos e de Justificativas, no que couber, o seguinte material:
I - urna lacrada, podendo, a critério do Tribunal Regional Eleitoral, ser previamente instalada na Seção Eleitoral ou no posto de justificativa por equipe designada pela Justiça Eleitoral;
II - lista contendo o nome e o número dos candidatos registrados, a qual deverá estar disponível nos recintos das Seções Eleitorais;
III - cadernos de votação dos eleitores da Seção contendo também a lista dos eleitores impedidos de votar;
IV - cabina de votação sem alusão a entidades externas;
V - formulários Ata da Mesa Receptora de Votos ou Ata da Mesa Receptora de Justificativas, conforme modelo fornecido pela Justiça Eleitoral;
VI - almofada para carimbo, visando à coleta da impressão digital do eleitor que não saiba ou não possa assinar;
VII - senhas para serem distribuídas aos eleitores após as 17 horas;
VIII - canetas esferográficas e papéis necessários aos trabalhos;
IX - envelopes para remessa à Junta Eleitoral dos documentos relativos à Mesa;
X - embalagem apropriada para acondicionar a mídia de resultado retirada da urna, ao final dos trabalhos;
XI - exemplar das instruções expedidas pela Justiça Eleitoral;
XII - formulários Requerimento de Justificativa Eleitoral;
XIII - envelope para acondicionar os formulários Requerimento de Justificativa Eleitoral;
XIV - cópias padronizadas do inteiro teor do disposto no art. 39-A da Lei nº 9.504/97, com material para afixação.
§1º O material de que trata este artigo deverá ser entregue mediante protocolo, acompanhado de relação, na qual o destinatário declarará o que e como recebeu, apondo sua assinatura (Código Eleitoral, art. 133, §1º).
§2º Os Presidentes das Mesas Receptoras que não tiverem recebido o material de que trata este artigo até 48 horas antes da votação, à exceção das urnas previamente instaladas, deverão diligenciar para o seu recebimento (Código Eleitoral, art. 133, §2º).

CAPÍTULO VI
Da Votação

Seção I
Das Providências Preliminares

Art. 43. No dia marcado para a votação, às 7 horas, os componentes da Mesa Receptora verificarão se estão em ordem, no lugar designado, o material remetido pelo Juiz Eleitoral e a urna, bem como se estão presentes os fiscais dos partidos políticos e coligações (Código Eleitoral, art. 142).

Art. 44. O Presidente da Mesa Receptora emitirá o relatório Zerésima da urna, que será assinado por ele, pelo primeiro secretário e pelos fiscais dos partidos políticos e coligações que o desejarem.

Art. 45. Os mesários substituirão o Presidente, de modo que haja sempre quem responda pessoalmente pela ordem e regularidade do processo eleitoral, cabendo-lhes, ainda, assinar a Ata da Mesa Receptora (Código Eleitoral, art. 123, *caput*).

§1º O Presidente deverá estar presente ao ato de abertura e de encerramento das atividades, salvo por motivo de força maior, comunicando o impedimento ao Juiz Eleitoral pelo menos 24 horas antes da abertura dos trabalhos, ou imediatamente, aos mesários e secretários, se o impedimento se der dentro do horário previsto para a votação (Código Eleitoral, art. 123, §1º).

§2º Não comparecendo o Presidente até as 7h30, assumirá a presidência o primeiro mesário e, na sua falta ou impedimento, o segundo mesário, um dos secretários ou o suplente (Código Eleitoral, art. 123, §2º).

§3º Poderá o Presidente ou o membro da Mesa Receptora que assumir a presidência nomear *ad hoc*, entre os eleitores presentes, os membros que forem necessários para complementá-la, obedecidas as normas dos §2º, §3º e §4º do art. 9º desta resolução (Código Eleitoral, art. 123, §3º).

Art. 46. A integridade e o sigilo do voto são assegurados mediante o disposto nos incisos I a IV do art. 103 do Código Eleitoral, devendo ser adotadas, também, as seguintes providências:
I - uso de urna eletrônica;
II - uso de sistemas de informática exclusivos da Justiça Eleitoral.
Parágrafo único. É nula a votação quando preterida formalidade essencial da integridade e do sigilo do voto (Código Eleitoral, art. 220, IV).

Seção II
Das Atribuições dos Membros da Mesa Receptora

Art. 47. Compete ao Presidente da Mesa Receptora de Votos e da Mesa Receptora de Justificativas, no que couber:
I - verificar as credenciais dos fiscais dos partidos políticos e coligações;
II - adotar os procedimentos para emissão do relatório Zerésima antes do início dos trabalhos;
III - autorizar os eleitores a votar ou a justificar;
IV - anotar o código de autenticação emitido pela urna nos campos apropriados do formulário Requerimento de Justificativa Eleitoral;
V - resolver imediatamente todas as dificuldades ou dúvidas que ocorrerem;
VI - manter a ordem, para o que disporá de força pública necessária;
VII - comunicar ao Juiz Eleitoral as ocorrências cujas soluções dele dependerem;
VIII - receber as impugnações dos fiscais dos partidos políticos e coligações concernentes à identidade do eleitor, consignando-as em ata;
IX - fiscalizar a distribuição das senhas;
X - zelar pela preservação da urna;
XI - zelar pela preservação da embalagem da urna;
XII - zelar pela preservação da cabina de votação;
XIII - zelar pela preservação da lista contendo os nomes e os números dos candidatos, disponível no recinto da Seção, tomando providências para a imediata obtenção de nova lista, no caso de sua inutilização total ou parcial;
XIV - afixar na parte interna e externa das Seções, cópias do inteiro teor do disposto no art. 39-A da Lei nº 9.504/97.

Art. 48. Compete, ao final dos trabalhos, ao Presidente da Mesa Receptora de Votos e da Mesa Receptora de Justificativas, no que couber:
I - proceder ao encerramento da urna e emitir as vias do boletim de urna;

II - emitir o boletim de justificativa, acondicionando-o, juntamente com os requerimentos recebidos, em envelope próprio;
III - assinar todas as vias do boletim de urna e do boletim de justificativa com o primeiro secretário e fiscais dos partidos políticos e coligações presentes;
IV - afixar uma cópia do boletim de urna em local visível da Seção e entregar uma via assinada ao representante do comitê interpartidário;
V - romper o lacre do compartimento da mídia de gravação de resultados da urna e retirá-la, após o que colocará novo lacre;
VI - desligar a urna por meio da sua chave;
VII - desconectar a urna da tomada ou da bateria externa;
VIII - acondicionar a urna na embalagem própria;
IX - anotar, após o encerramento da votação, o não comparecimento do eleitor, fazendo constar do local destinado à assinatura, no caderno de votação, a observação "não compareceu";
X - entregar vias extras do boletim de urna, assinadas, aos interessados dos partidos políticos, coligações, imprensa e Ministério Público;
XI - remeter à Junta Eleitoral, mediante recibo em 2 vias, com a indicação da hora de entrega, a mídia de resultado, acondicionada em embalagem lacrada, 3 vias do boletim de urna, o relatório Zerésima, o boletim de justificativa, os requerimentos de justificativa eleitoral, o caderno de votação contendo a ata da Mesa Receptora.

Art. 49. Compete aos mesários, no que couber:
I - identificar o eleitor e entregar o comprovante de votação;
II - conferir o preenchimento dos requerimentos de justificativa eleitoral e dar o recibo;
III - cumprir as demais obrigações que lhes forem atribuídas.

Art. 50. Compete aos secretários (Código Eleitoral, art. 128, I a III):
I - distribuir aos eleitores, às 17 horas, as senhas de entrada, previamente rubricadas ou carimbadas, segundo a ordem numérica;
II - lavrar a ata da Mesa Receptora, preenchendo o modelo aprovado pelo Tribunal Superior Eleitoral, para o que irá anotando, durante os trabalhos, as ocorrências que se verificarem;
III - cumprir as demais obrigações que lhes forem atribuídas.

Seção III
Dos Trabalhos de Votação

Art. 51. O Presidente da Mesa Receptora de Votos, às 8 horas, declarará iniciada a votação.
§1º Os membros da Mesa Receptora de Votos e os fiscais dos partidos políticos e coligações, munidos da respectiva credencial, deverão votar depois dos eleitores que já se encontravam presentes no momento da abertura dos trabalhos, ou no encerramento da votação (Código Eleitoral, art. 143, §1º).
§2º Terão preferência para votar os candidatos, os Juízes Eleitorais, seus auxiliares e servidores da Justiça Eleitoral, os Promotores Eleitorais e os policiais militares em serviço e, ainda, os eleitores maiores de 60 anos, os enfermos, os eleitores com deficiência ou com mobilidade reduzida e as mulheres grávidas e lactantes (Código Eleitoral, art. 143, §2º).

Art. 52. Só serão admitidos a votar os eleitores cujos nomes estiverem cadastrados na Seção.
§1º Poderá votar o eleitor cujo nome não figure no caderno de votação, desde que os seus dados constem do cadastro de eleitores da urna.
§2º Para votar, o eleitor, deverá apresentar documento oficial com foto que comprove sua identidade (Lei nº 9.504/97, art. 91-A).

§3º São documentos oficiais para comprovação da identidade do eleitor:
I - carteira de identidade, passaporte ou outro documento oficial com foto de valor legal equivalente, inclusive carteira de categoria profissional reconhecida por lei;
II - certificado de reservista;
III - carteira de trabalho;
IV - carteira nacional de habilitação.
§4º Não será admitida a certidão de nascimento ou casamento como prova de identidade do eleitor no momento da votação.
§5º Não poderá votar o eleitor cujos dados não figurem no cadastro de eleitores da Seção, constante da urna, ainda que apresente título de eleitor correspondente à Seção e documento que comprove sua identidade, devendo, nessa hipótese, a Mesa Receptora de Votos orientar o eleitor a comparecer ao Cartório Eleitoral a fim de regularizar a sua situação.

Art. 53. Existindo dúvida quanto à identidade do eleitor, mesmo que esteja portando título de eleitor e documento oficial, o Presidente da Mesa Receptora de Votos deverá interrogá-lo sobre os dados do título, documento oficial ou do caderno de votação; em seguida, deverá confrontar a assinatura constante desses documentos com aquela feita pelo eleitor na sua presença e mencionar na ata a dúvida suscitada.
§1º A impugnação à identidade do eleitor, formulada pelos membros da Mesa Receptora de Votos, pelos fiscais ou por qualquer eleitor, será apresentada verbalmente, antes de ser admitido a votar.
§2º Se persistir a dúvida ou for mantida a impugnação, o Presidente da Mesa Receptora de Votos fará constar em ata e solicitará a presença do Juiz Eleitoral para decisão.

Art. 54. Na cabina de votação é vedado ao eleitor portar aparelho de telefonia celular, máquinas fotográficas, filmadoras, equipamento de radiocomunicação, ou qualquer instrumento que possa comprometer o sigilo do voto, devendo ficar retidos na Mesa Receptora enquanto o eleitor estiver votando (Lei nº 9.504/97, art. 91-A, parágrafo único).

Art. 55. Será permitido o uso de instrumentos que auxiliem o eleitor analfabeto a votar, os quais serão submetidos a decisão do Presidente da Mesa Receptora, não sendo a Justiça Eleitoral obrigada a fornecê-los.

Art. 56. O eleitor com deficiência ou mobilidade reduzida, ao votar, poderá ser auxiliado por pessoa de sua confiança, ainda que não o tenha requerido antecipadamente ao Juiz Eleitoral.
§1º O Presidente da Mesa Receptora de Votos, verificando ser imprescindível que o eleitor com necessidades especiais seja auxiliado por pessoa de sua confiança para votar, autorizará o ingresso dessa segunda pessoa, com o eleitor, na cabina, podendo esta, inclusive, digitar os números na urna.
§2º A pessoa que auxiliará o eleitor com necessidades especiais não poderá estar a serviço da Justiça Eleitoral, de partido político ou de coligação.
§3º A assistência de outra pessoa ao eleitor com necessidades especiais de que trata este artigo deverá ser consignada em ata.

Art. 57. Para votar, serão asseguradas ao eleitor com deficiência visual (Código Eleitoral, art. 150, I a III):
I - a utilização do alfabeto comum ou do sistema braile para assinar o caderno de votação ou assinalar as cédulas, se for o caso;
II - o uso de qualquer instrumento mecânico que portar ou lhe for fornecido pela Mesa Receptora de Votos;
III - o uso do sistema de áudio, quando disponível na urna, sem prejuízo do sigilo do voto;
IV - o uso da marca de identificação da tecla número 5 da urna.

Art. 58. A votação será feita no número do candidato ou da legenda partidária, devendo o nome e a fotografia do candidato, assim como a sigla do partido político, aparecerem no painel da urna, com o respectivo cargo disputado (Lei nº 9.504/97, art. 59, §1º).

§1º A urna exibirá ao eleitor, primeiramente, o painel relativo à eleição proporcional e, em seguida, o referente à eleição majoritária (Lei nº 9.504/97, art. 59, §3º).

§2º O painel referente ao candidato a Prefeito exibirá, também, a foto e o nome do respectivo candidato a vice.

Art. 59. O primeiro eleitor a votar será convidado a aguardar, junto à Mesa Receptora de Votos, que o segundo eleitor conclua o seu voto.

Parágrafo único. Na hipótese de ocorrer falha que impeça a continuidade da votação antes que o segundo eleitor conclua seu voto, deverá o primeiro eleitor votar novamente, sendo o primeiro voto considerado insubsistente.

Art. 60. Serão observados na votação os seguintes procedimentos (Código Eleitoral, art. 146):

I - o eleitor, ao apresentar-se na Seção e antes de adentrar o recinto da Mesa Receptora de Votos, deverá postar-se em fila;

II - admitido a adentrar, o eleitor apresentará seu documento de identificação com foto à Mesa Receptora de Votos, o qual poderá ser examinado pelos fiscais dos partidos políticos e coligações;

III - o componente da Mesa localizará no cadastro de eleitores da urna e no caderno de votação o nome do eleitor e o confrontará com o nome constante no documento de identificação;

IV - não havendo dúvida sobre a identidade do eleitor, será ele convidado a apor sua assinatura ou impressão digital no caderno de votação;

V - em seguida o eleitor será autorizado a votar;

VI - na cabina de votação, o eleitor indicará os números correspondentes aos seus candidatos;

VII - concluída a votação, serão restituídos ao eleitor os documentos apresentados, juntamente com o comprovante de votação.

§1º Na hipótese de o eleitor, após a identificação, recusar-se a votar ou apresentar dificuldade na votação eletrônica antes de confirmar o primeiro voto, deverá o Presidente da Mesa Receptora de Votos suspender a liberação de votação do eleitor na urna; utilizará, para tanto, código próprio, reterá o comprovante de votação e consignará o fato, imediatamente, em ata, assegurando-se ao eleitor o exercício do direito do voto até o encerramento da votação.

§2º Se o eleitor confirmar pelo menos um voto, deixando de concluir a votação para o outro cargo, o Presidente da Mesa o alertará para o fato, solicitando que retorne à cabina e a conclua; recusando-se o eleitor, deverá o Presidente da Mesa, utilizando-se de código próprio, liberar a urna a fim de possibilitar o prosseguimento da votação, sendo considerado nulo o outro voto não confirmado, e entregar ao eleitor o respectivo comprovante de votação.

Seção IV
Da Contingência na Votação

Art. 61. Na hipótese de falha na urna, em qualquer momento da votação, o Presidente da Mesa Receptora de Votos, à vista dos fiscais presentes, deverá desligar e religar a urna, digitando o código de reinício da votação.

§1º Persistindo a falha, o Presidente da Mesa Receptora de Votos solicitará a presença de equipe designada pelo Juiz Eleitoral, à qual incumbirá analisar a situação e adotar um ou mais dos seguintes procedimentos para a solução do problema:

I - reposicionar o cartão de memória de votação;
II - utilizar o cartão de memória de contingência na urna de votação, acondicionando o cartão de memória de votação danificado em envelope específico e remetendo-o ao local designado pela Justiça Eleitoral;
III - utilizar uma urna de contingência, remetendo a urna com defeito ao local designado pela Justiça Eleitoral.

§2º Os lacres rompidos durante os procedimentos deverão ser repostos e assinados pelo Juiz Eleitoral ou autoridade designada pelo Tribunal Regional Eleitoral, ou, na sua impossibilidade, pelos componentes da Mesa Receptora de Votos, bem como pelos fiscais dos partidos políticos e coligações presentes.

§3º Para garantir a continuidade do processo eletrônico de votação, a equipe designada pelo Juiz Eleitoral poderá realizar mais de uma tentativa, dentre as previstas neste artigo.

Art. 62. Não havendo êxito nos procedimentos de contingência referidos no artigo anterior, a votação se dará por cédulas até seu encerramento, adotando-se as seguintes providências:
I - retornar o cartão de memória de votação à urna original;
II - lacrar a urna original, enviando-a, ao final da votação, à Junta Eleitoral, com os demais materiais de votação;
III - lacrar a urna de contingência, que ficará sob a guarda da equipe designada pelo Juiz Eleitoral;
IV - colocar o cartão de memória de contingência em envelope específico, que deverá ser lacrado e remetido ao local designado pela Justiça Eleitoral, não podendo ser reutilizado.

Art. 63. Todas as ocorrências descritas nos artigos 61 e 62 desta resolução deverão ser consignadas em ata.

Art. 64. Uma vez iniciada a votação por cédulas, não se poderá retornar ao processo eletrônico de votação na mesma Seção Eleitoral.

Art. 65. É proibido realizar manutenção da urna eletrônica na Seção Eleitoral no dia da votação, salvo ajuste ou troca de bateria e de módulo impressor.

Art. 66. As ocorrências de troca de urnas deverão ser comunicadas pelos Juízes Eleitorais aos Tribunais Regionais Eleitorais durante o processo de votação.
Parágrafo único. Os partidos políticos e as coligações poderão requerer formalmente aos Tribunais Regionais Eleitorais, até 15 de janeiro de 2013, as informações relativas a troca de urnas.

Seção V
Do Encerramento da Votação

Art. 67. O recebimento dos votos terminará às 17 horas, desde que não haja eleitores presentes (Código Eleitoral, art. 144).

Art. 68. Às 17 horas do dia da votação, o Presidente da Mesa Receptora de Votos fará entregar as senhas a todos os eleitores presentes, começando pelo último da fila e, em seguida, os convidará a entregar seus documentos de identificação, para que sejam admitidos a votar (Código Eleitoral, art. 153, *caput*).

§1º A votação continuará na ordem decrescente das senhas distribuídas, sendo o documento de identificação devolvido ao eleitor logo que tenha votado (Código Eleitoral, art. 153, parágrafo único).

§2º Caso ocorra defeito na urna que impeça a continuidade da votação e falte apenas o voto de um eleitor presente na Seção, a votação será encerrada sem o voto desse eleitor e após lhe será entregue o comprovante de votação, com o registro dessa ocorrência na ata.

Art. 69. Encerrada a votação, o Presidente da Mesa adotará as providências previstas no art. 48 desta resolução e finalizará a Ata da Mesa Receptora de Votos, da qual constarão:
I - o nome dos membros da Mesa Receptora de Votos que compareceram;
II - as substituições e nomeações realizadas;
III - o nome dos fiscais que compareceram e dos que se retiraram durante a votação;
IV - a causa, se houver, do retardamento para o início da votação;
V - o número total, por extenso, dos eleitores da Seção que compareceram e votaram, assim como dos que deixaram de comparecer, e da Seção agregada, se houver;
VI - o motivo de não haverem votado eleitores que compareceram;
VII - os protestos e as impugnações apresentadas, assim como as decisões sobre elas proferidas, tudo em seu inteiro teor;
VIII - a razão da interrupção da votação, se tiver havido, o tempo da interrupção e as providências adotadas;
IX - a ressalva das rasuras, emendas e entrelinhas porventura existentes nos cadernos e na Ata da Mesa Receptora de Votos, ou a declaração de não existirem.
§1º A comunicação de que trata o inciso VII do art. 154 do Código Eleitoral será atendida pelas informações contidas no boletim de urna emitido após o encerramento da votação.
§2º A urna ficará permanentemente à vista dos interessados e sob a guarda de pessoa designada pelo Presidente da Junta Eleitoral até que seja determinado o seu recolhimento (Código Eleitoral, art. 155, §2º).

Art. 70. Os boletins de urna serão impressos em 5 vias obrigatórias e em até 15 vias adicionais.
Parágrafo único. A não expedição do boletim de urna imediatamente após o encerramento da votação, ressalvados os casos de defeito da urna, constitui o crime previsto no art. 313 do Código Eleitoral (Código Eleitoral, art. 179, §9º).

Art. 71. Na hipótese de não ser emitido o boletim de urna por qualquer motivo, ou ser imprecisa ou ilegível a impressão, o Presidente da Mesa Receptora de Votos tomará, à vista dos fiscais dos partidos políticos e coligações presentes, as seguintes providências:
I - desligará a urna com chave própria;
II - desconectará a urna da tomada ou da bateria externa;
III - acondicionará a urna na embalagem própria;
IV - registrará na ata da Mesa Receptora de Votos a ocorrência;
V - comunicará o fato ao Presidente da Junta Eleitoral pelo meio de comunicação mais rápido;
VI - encaminhará a urna para a Junta Eleitoral, acompanhada dos fiscais dos partidos políticos e das coligações que o desejarem para a adoção de medidas que possibilitem a impressão dos boletins de urna.

Art. 72. O Presidente da Junta Eleitoral ou quem for designado pelo Tribunal Regional Eleitoral tomará as providências necessárias para o recebimento das mídias com os arquivos e dos documentos da votação (Código Eleitoral, art. 155, *caput*).

Art. 73. Os fiscais dos partidos políticos e das coligações poderão acompanhar a urna, bem como todo e qualquer material referente à votação, desde o início dos trabalhos até o seu encerramento na Junta Eleitoral.

Art. 74. Até as 12 horas do dia seguinte à votação, o Juiz Eleitoral é obrigado, sob pena de responsabilidade e multa, a comunicar ao Tribunal Regional Eleitoral e aos representantes dos partidos políticos e das coligações o número de eleitores que votaram em cada uma das Seções sob sua jurisdição, bem como o total de votantes da Zona Eleitoral (Código Eleitoral, art. 156, *caput*).

§1º A comunicação de que trata o *caput* será feita ao Tribunal Regional Eleitoral por meio da transmissão dos resultados apurados.

§2º Qualquer candidato, delegado ou fiscal de partido político e de coligação poderá obter cópia do relatório emitido pelo sistema informatizado de que constem as informações referidas no *caput*, sendo defeso ao Juiz Eleitoral recusar ou procrastinar a sua entrega ao requerente (Código Eleitoral, art. 156, §3º).

§3º Se houver retardamento na emissão do boletim de urna, o Juiz Eleitoral fará a comunicação mencionada no *caput* assim que souber do fato (Código Eleitoral, art. 156, §1º).

Seção VI
Da Votação por Cédulas de Uso Contingente

Art. 75. Se necessária a votação por cédulas, essa se dará por meio da cédula de uso contingente, conforme modelo definido pelo Tribunal Superior Eleitoral.

Art. 76. Para os casos de votação por cédulas, o Juiz Eleitoral fará entregar ao Presidente da Mesa Receptora de Votos, mediante recibo, os seguintes materiais:
I - cédulas de uso contingente, destinadas à votação majoritária e à votação proporcional;
II - urna de lona lacrada;
III - lacre para a fenda da urna de lona, a ser colocado após a votação.

Art. 77. Serão observadas, na votação por cédulas, no que couber, as normas do art. 60 desta resolução, e ainda o seguinte:
I - identificado, o eleitor será instruído sobre a forma de dobrar as cédulas após a anotação do voto, bem como a maneira de colocá-las na urna de lona;
II - entrega das cédulas abertas ao eleitor;
III - o eleitor será convidado a se dirigir à cabina para indicar o número ou o nome dos candidatos de sua preferência e dobrar as cédulas;
IV - ao sair da cabina, o eleitor depositará as cédulas na urna de lona, fazendo-o de maneira a mostrar a parte rubricada ao mesário e aos fiscais dos partidos políticos e das coligações, para que verifiquem, sem nelas tocar, se não foram substituídas;
V - se as cédulas não forem as mesmas, o eleitor será convidado a voltar à cabina e a trazer o seu voto nas cédulas que recebeu; se não quiser retornar à cabina, será anotada na ata a ocorrência e, nesse caso, ficará o eleitor retido pela Mesa Receptora de Votos e à sua disposição até o término da votação, ou até que lhe devolva as cédulas rubricadas e numeradas que dela recebeu;
VI - se o eleitor, ao receber as cédulas, ou durante o ato de votar, verificar que se acham rasuradas ou de algum modo viciadas, ou se ele, por imprudência, imprevidência ou ignorância, as inutilizar, estragar ou assinalar erradamente, poderá pedir outras ao mesário, restituindo-lhe as primeiras, que serão imediatamente inutilizadas à vista dos presentes e sem quebra do sigilo do que o eleitor nelas haja indicado;
VII - após o depósito das cédulas na urna de lona, o mesário devolverá o documento de identificação ao eleitor, entregando-lhe o comprovante de votação.

Art. 78. Além do previsto no art. 69 desta resolução, o Presidente da Mesa Receptora de Votos tomará as seguintes providências, no que couber:
I - vedará a fenda da urna de lona com o lacre apropriado, rubricado por ele, pelos demais mesários e, facultativamente, pelos fiscais dos partidos políticos e das coligações presentes;
II - entregará a urna de lona, a urna eletrônica e os documentos da votação ao Presidente

da Junta ou a quem for designado pelo Tribunal Regional Eleitoral, mediante recibo em 2 vias, com a indicação de hora, devendo aqueles documentos ser acondicionados em envelopes rubricados por ele e pelos fiscais dos partidos políticos e coligações que o desejarem.

Seção VII
Dos Trabalhos de Justificativa

Art. 79. Os trabalhos das Mesas Receptoras de Justificativas terão início às 8 horas e terminarão às 17 horas do dia da eleição, caso não haja eleitores na fila.

Art. 80. Cada Mesa Receptora de Justificativas poderá funcionar com até 3 urnas.

Art. 81. O eleitor deverá comparecer aos locais destinados ao recebimento das justificativas com o formulário Requerimento de Justificativa preenchido, munido do número do título de eleitor e de documento de identificação, nos termos do §3º do art. 52 desta resolução.
§1º O eleitor deverá postar-se em fila única à entrada do recinto da Mesa e, quando autorizado, entregará o formulário preenchido com o número do título de eleitor e apresentará o documento de identificação ao mesário.
§2º Após a conferência do preenchimento do formulário e da verificação da identidade do eleitor, o número da inscrição eleitoral será digitado na urna e, em seguida, serão anotados o código de autenticação, a Unidade da Federação, a Zona Eleitoral e a Mesa Receptora de Justificativas da entrega do requerimento, nos campos próprios do formulário, e será restituído ao eleitor o seu documento e o comprovante de justificativa, autenticado com a rubrica do componente da Mesa.
§3º Quando verificada a impossibilidade do uso de urnas, será utilizado o processo manual de recepção de justificativas, com posterior digitação dos dados na Zona Eleitoral responsável pelo seu recebimento.
§4º Compete ao Juízo Eleitoral responsável pela recepção dos requerimentos de justificativa assegurar o lançamento dessas informações no cadastro de eleitores, até 6 de dezembro de 2012, em relação ao 1º turno, e até 27 de dezembro de 2012, em relação ao 2º turno, determinando todas as providências relativas à conferência obrigatória e digitação dos dados, quando necessário.
§5º O formulário preenchido com dados incorretos, que não permitam a identificação do eleitor, não será hábil para justificar a ausência na eleição.
§6º Os formulários Requerimento de Justificativa Eleitoral, após seu processamento, serão arquivados no Cartório responsável pela recepção das justificativas, até o próximo pleito, quando poderão ser descartados.

Art. 82. O formulário Requerimento de Justificativa Eleitoral será fornecido gratuitamente aos eleitores, nos seguintes locais:
I - Cartórios Eleitorais;
II - páginas da Justiça Eleitoral na internet;
III - locais de votação ou de justificativa, no dia da eleição;
IV - outros locais, desde que haja prévia autorização da Justiça Eleitoral.

Art. 83. O eleitor que deixar de votar por se encontrar ausente de seu domicílio eleitoral e não justificar a falta no dia da eleição poderá fazê-lo até 6 de dezembro de 2012, em relação ao 1º turno, e até 27 de dezembro de 2012, em relação ao 2º turno, por meio de requerimento formulado na Zona Eleitoral em que se encontrar o eleitor, devendo o respectivo Chefe de Cartório providenciar a sua remessa ao Juízo da Zona Eleitoral em que é inscrito (Lei nº 6.091/74, art. 16, *caput*).

Parágrafo único. Para o eleitor que se encontrar no exterior na data do pleito, o prazo de que trata o *caput* deste artigo será de 30 dias, contados do seu retorno ao país (Resolução nº 21.538/2003, art. 80, §1º).

CAPÍTULO VII
Da Votação nas Seções com Identificação Biométrica do Eleitor

Art. 84. Nas Seções Eleitorais dos Municípios que utilizarem a biometria como forma de identificação do eleitor, aplica-se o disposto no capítulo VI desta resolução, no que couber, acrescido dos seguintes procedimentos:
I - o mesário digitará o número do título de eleitor;
II - aceito o número do título pelo sistema, o mesário solicitará ao eleitor que posicione o dedo sobre o leitor de impressões digitais, para identificação;
III - havendo a identificação do eleitor por intermédio da biometria, o mesário o autorizará a votar, dispensando a assinatura do eleitor na folha de votação;
IV - caso não haja a identificação do eleitor por intermédio da biometria, o mesário repetirá o procedimento para o mesmo dedo, por até 3 vezes, observando as mensagens apresentadas pelo sistema no terminal do mesário;
V - persistindo a não identificação do eleitor, o mesário solicitará o eleitor a posicionar outro dedo sobre o leitor de impressões digitais, observado o descrito no inciso anterior;
VI - na hipótese de não haver a identificação do eleitor por meio da biometria, o mesário adotará o disposto nos artigos 52 e 53 desta resolução, verificando a foto constante no caderno de votação;
VII - comprovada a identidade do eleitor, na forma do inciso anterior:
a) o eleitor assinará a folha de votação;
b) o mesário digitará código específico para habilitar o eleitor a votar;
c) o sistema coletará a impressão digital do mesário;
d) o mesário consignará o fato em ata e orientará o eleitor a comparecer posteriormente ao Cartório Eleitoral.
VIII - o mesário deverá anotar na ata da eleição, no curso da votação, todos os incidentes relacionados com a identificação biométrica do eleitor, registrando as dificuldades verificadas e relatando eventos relevantes.

CAPÍTULO VIII
Da Fiscalização perante as Mesas Receptoras

Art. 85. Cada partido político ou coligação poderá nomear 2 delegados para cada Município e 2 fiscais para cada Mesa Receptora, atuando um de cada vez (Código Eleitoral, art. 131, *caput*).
§1º O fiscal poderá acompanhar mais de uma Mesa Receptora (Lei nº 9.504/97, art. 65, §1º).
§2º Quando o Município abranger mais de uma Zona Eleitoral, cada partido político ou coligação poderá nomear 2 delegados para cada uma delas (Código Eleitoral, art. 131, §1º).
§3º A escolha de fiscal e delegado de partido político ou de coligação não poderá recair em menor de 18 anos ou em quem, por nomeação de Juiz Eleitoral, já faça parte da Mesa Receptora (Lei nº 9.504/97, art. 65, *caput*).
§4º As credenciais dos fiscais e delegados serão expedidas, exclusivamente, pelos partidos políticos e coligações, sendo desnecessário o visto do Juiz Eleitoral (Lei nº 9.504/97, art. 65, §2º).
§5º Para efeito do disposto no parágrafo anterior, o presidente do partido político, o representante da coligação ou outra pessoa por ele indicada deverá indicar aos Juízes Eleitorais o nome das pessoas autorizadas a expedir as credenciais dos fiscais e delegados (Lei nº 9.504/97, art. 65, §3º).

§6º O fiscal de partido político ou de coligação poderá ser substituído no curso dos trabalhos eleitorais (Código Eleitoral, art. 131, §7º).
§7º O credenciamento de fiscais se restringirá aos partidos políticos e às coligações que participarem das eleições em cada Município.

Art. 86. Os candidatos registrados, os delegados e os fiscais de partido político ou de coligação serão admitidos pelas Mesas Receptoras a fiscalizar a votação, formular protestos e fazer impugnações, inclusive sobre a identidade do eleitor (Código Eleitoral, art. 132).

Art. 87. No dia da votação, durante os trabalhos, aos fiscais dos partidos políticos e das coligações só é permitido que, em seus crachás, constem o nome e a sigla do partido político ou da coligação a que sirvam, vedada a padronização do vestuário (Lei nº 9.504/97, art. 39-A, §3º).
Parágrafo único. O crachá deverá ter medidas que não ultrapassem 10 centímetros de comprimento por 5 centímetros de largura, o qual conterá apenas o nome do usuário e a indicação do partido político que represente, sem qualquer referência que possa ser interpretada como propaganda eleitoral.

CAPÍTULO IX
Da Polícia dos Trabalhos Eleitorais

Art. 88. Ao Presidente da Mesa Receptora e ao Juiz Eleitoral caberá a polícia dos trabalhos eleitorais (Código Eleitoral, art. 139).

Art. 89. Somente poderão permanecer no recinto da Mesa Receptora os seus membros, um fiscal de cada partido político ou coligação e, durante o tempo necessário à votação, o eleitor (Código Eleitoral, art. 140, *caput*).
§1º O Presidente da Mesa Receptora, que é, durante os trabalhos, a autoridade superior, fará retirar do recinto ou do edifício quem não guardar a ordem e compostura devidas e estiver praticando qualquer ato atentatório à liberdade eleitoral (Código Eleitoral, art. 140, §1º).
§2º Salvo o Juiz Eleitoral e os técnicos por ele designados, nenhuma autoridade estranha à Mesa Receptora poderá intervir em seu funcionamento (Código Eleitoral, art. 140, §2º).

Art. 90. A força armada se conservará a até 100 metros da Seção Eleitoral e não poderá aproximar-se do lugar da votação ou adentrá-lo sem ordem do Presidente da Mesa Receptora (Código Eleitoral, art. 141).

TÍTULO II
Da Totalização das Eleições

CAPÍTULO I
Das Providências Preliminares

Seção I
Das Juntas Eleitorais

Art. 91. Em cada Zona Eleitoral haverá pelo menos uma Junta Eleitoral, composta por um Juiz de Direito, que será o Presidente, e por 2 ou 4 cidadãos que atuarão como membros titulares, de notória idoneidade, convocados e nomeados pelo Tribunal Regional Eleitoral, por edital publicado no Diário de Justiça Eletrônico, até 8 de agosto de 2012 (Código Eleitoral, art. 36, *caput* e §1º).

§1º Até 10 dias antes da nomeação, os nomes das pessoas indicadas para compor as Juntas Eleitorais serão publicados no Diário de Justiça Eletrônico, podendo qualquer partido político ou coligação, no prazo de 3 dias, em petição fundamentada, impugnar as indicações (Código Eleitoral, art. 36, §2º).
§2º Ao Presidente da Junta Eleitoral será facultado desdobrá-la em Turmas.
§3º O Tribunal Regional Eleitoral poderá autorizar, nos locais de difícil acesso, a contagem de votos pelas Mesas Receptoras, designando os mesários como escrutinadores da Junta Eleitoral, no prazo previsto no *caput* (Código Eleitoral, arts. 188 e 189).

Art. 92. Se necessário, poderão ser organizadas tantas Juntas Eleitorais quanto permitir o número de Juízes de Direito que gozem das garantias do art. 95 da Constituição Federal, mesmo que não sejam Juízes Eleitorais (Código Eleitoral, art. 37, *caput*).
Parágrafo único. Nas Zonas Eleitorais em que for organizada mais de uma Junta, ou quando estiver vago o cargo de Juiz Eleitoral ou estiver este impedido, o Presidente do Tribunal Regional Eleitoral, com a aprovação deste, designará Juízes de Direito da mesma ou de outras comarcas para presidirem as Juntas (Código Eleitoral, art. 37, parágrafo único).

Art. 93. Ao Presidente da Junta Eleitoral será facultado nomear, dentre cidadãos de notória idoneidade, escrutinadores e auxiliares em número capaz de atender à boa marcha dos trabalhos (Código Eleitoral, art. 38, *caput*).
§1º Até 7 de setembro de 2012, o Presidente da Junta Eleitoral comunicará ao Presidente do Tribunal Regional Eleitoral as nomeações que houver feito e as divulgará, por edital publicado ou afixado, podendo qualquer partido político ou coligação oferecer impugnação motivada no prazo de 3 dias (Código Eleitoral, art. 39, *caput*).
§2º Na hipótese do desdobramento da Junta Eleitoral em Turmas, o respectivo Presidente nomeará escrutinador para atuar como secretário em cada Turma (Código Eleitoral, art. 38, §2º).
§3º Além dos secretários a que se refere o parágrafo anterior, o Presidente da Junta Eleitoral designará escrutinador para secretário-geral, competindo-lhe lavrar as atas e tomar por termo ou protocolar os recursos, neles funcionando como escrivão (Código Eleitoral, art. 38, §3º, I e II).

Art. 94. Compete à Junta Eleitoral (Código Eleitoral, art. 40, I a IV):
I - apurar a votação realizada nas Seções Eleitorais sob sua jurisdição;
II - resolver as impugnações, dúvidas e demais incidentes verificados durante os trabalhos da apuração;
III - expedir os boletins de urna na impossibilidade de sua emissão normal nas Seções Eleitorais, com emprego dos sistemas de votação, de recuperação de dados ou de apuração.
Parágrafo único. O Presidente da Junta Eleitoral designará os responsáveis pela operação do Sistema de Apuração.

Art. 95. Compete ao secretário da Junta Eleitoral:
I - organizar e coordenar os trabalhos da Junta Eleitoral ou Turma;
II - esclarecer as dúvidas referentes ao processo de apuração;
III - na hipótese da utilização do Sistema de Apuração:
a) esclarecer as dúvidas referentes às cédulas;
b) ler os números referentes aos candidatos e rubricar as cédulas com caneta vermelha.

Art. 96. Compete ao primeiro escrutinador da Junta Eleitoral, na hipótese de utilização do Sistema de Apuração:
I - proceder à contagem das cédulas, sem abri-las;

II - abrir as cédulas e nelas apor as expressões "em branco" ou "nulo", conforme o caso;
III - colher, nas vias dos boletins de urna emitidas, as assinaturas do Presidente e dos demais componentes da Junta Eleitoral ou Turma e, se presentes, dos fiscais dos partidos políticos e das coligações e do representante do Ministério Público;
IV - entregar as vias do boletim de urna e a respectiva mídia gerada pela urna ao secretário-geral da Junta Eleitoral.

Art. 97. Compete ao segundo escrutinador e ao suplente, na hipótese de utilização do Sistema de Apuração, auxiliar na contagem dos votos e nos demais trabalhos da Junta ou Turma Eleitoral.

Art. 98. Havendo necessidade, mais de uma Junta Eleitoral poderá ser instalada no mesmo local de apuração, mediante prévia autorização do Tribunal Regional Eleitoral, desde que fiquem separadas, de modo a acomodar, perfeitamente distinguidos, os trabalhos de cada uma delas.

Seção II
Do Comitê Interpartidário

Art. 99. O comitê interpartidário de fiscalização será previamente constituído por um representante de cada partido político ou coligação participantes da eleição.
Parágrafo único. Os comitês informarão ao Presidente da Junta Eleitoral os nomes das pessoas autorizadas a receber cópia de boletins de urna e demais documentos da Justiça Eleitoral.

Art. 100. Na hipótese de não ser constituído o comitê interpartidário de fiscalização ou de não estar presente o seu representante, os documentos a ele destinados serão encaminhados à Junta Eleitoral.

Seção III
Da Fiscalização Perante as Juntas Eleitorais

Art. 101. Cada partido político ou coligação poderá credenciar, perante as Juntas Eleitorais, até 3 fiscais, que se revezarão na fiscalização dos trabalhos de apuração (Código Eleitoral, art. 161, *caput*).
§1º Em caso de divisão das Juntas Eleitorais em Turmas, cada partido político ou coligação poderá credenciar até 3 fiscais para cada Turma, que se revezarão na fiscalização dos trabalhos de apuração (Código Eleitoral, art. 161, §1º).
§2º As credenciais dos fiscais serão expedidas, exclusivamente, pelos partidos políticos ou coligações, e não necessitam de visto do Presidente da Junta Eleitoral (Lei nº 9.504/97, art. 65, §2º).
§3º Para efeito do disposto no parágrafo anterior, os representantes dos partidos políticos ou das coligações deverão indicar ao Presidente da Junta Eleitoral o nome das pessoas autorizadas a expedir as credenciais dos fiscais (Lei nº 9.504/97, art. 65, §3º).
§4º Não será permitida, na Junta Eleitoral ou na Turma, a atuação concomitante de mais de um fiscal de cada partido político ou coligação (Código Eleitoral, art. 161, §2º).
§5º O credenciamento de fiscais se restringirá aos partidos políticos ou coligações que participarem das eleições em cada Município.

Art. 102. Os fiscais dos partidos políticos e coligações serão posicionados a distância não inferior a 1 metro de onde estiverem sendo desenvolvidos os trabalhos da Junta Eleitoral, de modo a que possam observar diretamente qualquer procedimento realizado nas urnas eletrônicas e, na hipótese de apuração de cédulas:

I - a abertura da urna de lona;
II - a numeração sequencial das cédulas;
III - o desdobramento das cédulas;
IV - a leitura dos votos;
V - a digitação dos números no Sistema de Apuração.

CAPÍTULO II
Da Apuração da Votação

Seção I
Do Registro dos Votos

Art. 103. Os votos serão registrados e contados eletronicamente nas Seções Eleitorais pelo Sistema de Votação da urna.

§1º À medida que sejam recebidos, os votos serão registrados individualmente e assinados digitalmente, resguardado o anonimato do eleitor.

§2º Após cada voto, haverá a assinatura digital do arquivo de votos, com aplicação do registro de horário, de maneira a impedir a substituição de votos.

Art. 104. Os votos registrados na urna que correspondam integralmente ao número de candidato apto serão computados como voto nominal e, antes da confirmação do voto, a urna apresentará as informações do nome, partido e a foto do respectivo candidato.

Art. 105. Os votos registrados na urna que tenham os 2 primeiros dígitos coincidentes com a numeração de partido válido, concorrente ao pleito, e os últimos dígitos correspondentes a candidato inapto antes da geração dos dados para carga da urna, de que trata o art. 26 desta resolução, serão computados como nulos.
Parágrafo único. Na hipótese do *caput*, antes da confirmação do voto, a urna apresentará mensagem informando ao eleitor que, se confirmado o voto, ele será computado como nulo.

Art. 106. Os votos registrados na urna que tenham os 2 primeiros dígitos coincidentes com a numeração de partido válido, concorrente ao pleito, e os últimos dígitos não correspondentes a candidato existente serão computados para a legenda.
Parágrafo único. Na hipótese do *caput*, antes da confirmação do voto, a urna apresentará a informação do respectivo partido e mensagem alertando ao eleitor que, se confirmado o voto, ele será computado para a legenda (Lei nº 9.504/97, art. 59, §2º).

Art. 107. Ao final da votação, serão assinados digitalmente o arquivo de votos e o de boletim de urna, com aplicação do registro de horário, de forma a impossibilitar a substituição de votos e a alteração dos registros dos termos de início e término da votação.

Seção II
Dos Boletins Emitidos pela Urna

Art. 108. Os boletins de urna conterão os seguintes dados (Código Eleitoral, art. 179):
I - a data da eleição;
II - a identificação do Município, da Zona Eleitoral e da Seção;
III - a data e o horário de encerramento da votação;
IV - o código de identificação da urna;
V - o número de eleitores aptos;
VI - o número de votantes por Seção;
VII - a votação individual de cada candidato;

VIII - os votos para cada legenda partidária;
IX - os votos nulos;
X - os votos em branco;
XI - a soma geral dos votos;
XII - quantidade de votos liberados por senha dos mesários nas urnas biométricas.

Art. 109. O boletim de urna fará prova do resultado apurado, podendo ser apresentado recurso à própria Junta Eleitoral, caso o número de votos constantes do resultado da apuração não coincida com os nele consignados (Código Eleitoral, art.179, §5º).

CAPÍTULO III
Da Apuração da Votação por Meio de Cédulas

Seção I
Disposições Preliminares

Art. 110. A apuração dos votos das Seções Eleitorais em que houver votação em cédulas será processada com a utilização do Sistema de Apuração, imediatamente após o seu recebimento pela Junta Eleitoral, observados, no que couber, os procedimentos previstos nos arts. 159 a 187 do Código Eleitoral e o disposto nesta resolução.

Art. 111. Os membros, os escrutinadores e os auxiliares das Juntas Eleitorais somente poderão, no curso dos trabalhos, portar e utilizar caneta esferográfica de cor vermelha.

Seção II
Dos Procedimentos

Art. 112. A apuração dos votos das Seções Eleitorais que passarem à votação por cédulas, sempre à vista dos fiscais dos partidos políticos e coligações presentes, ocorrerá da seguinte maneira:
I - a equipe técnica designada pelo Presidente da Junta Eleitoral procederá à geração de mídia com os dados recuperados, contendo os votos colhidos pelo sistema eletrônico até o momento da interrupção havida, fará imprimir o boletim parcial de urna, em 2 vias obrigatórias e até 3 vias opcionais, e as entregará ao secretário da Junta Eleitoral;
II - o secretário da Junta Eleitoral colherá a assinatura do Presidente e dos componentes da Junta e, se presentes, dos fiscais dos partidos políticos e coligações e do representante do Ministério Público, nas vias do boletim parcial de urna emitidas pela equipe técnica;
III - os dados contidos na mídia serão recebidos pelo Sistema de Apuração;
IV - em seguida, será iniciada a apuração das cédulas.
§1º No início dos trabalhos, será emitido o relatório Zerésima do Sistema de Apuração, que deverá ser assinado pelos fiscais dos partidos políticos e coligações que o desejarem e pelo secretário da Junta Eleitoral, devendo fazer constar a sua emissão da ata, à qual será anexado.
§2º No início da apuração de cada Seção, será emitido o relatório Zerésima da Seção, do qual constará a informação de que não há votos registrados para aquela Seção, adotando-se o mesmo procedimento do parágrafo anterior.

Art. 113. As urnas utilizadas para a apuração dos votos serão configuradas, para cada Seção a ser apurada, com a identificação do Município, Zona, Seção Eleitoral, Junta e Turma e o motivo da operação.

Art. 114. As Juntas Eleitorais deverão:
I - inserir a mídia com os dados parciais de votação na urna em que se realizará a apuração;
II - separar as cédulas majoritárias das proporcionais;

III - contar as cédulas, digitando essa informação na urna;
IV - iniciar a apuração no sistema eletrônico, obedecendo aos seguintes procedimentos:
a) desdobrar as cédulas, uma de cada vez, numerando-as sequencialmente;
b) ler os votos e apor, nas cédulas, as expressões "em branco" ou "nulo", se for o caso, colhendo-se a rubrica do secretário;
c) digitar no Sistema de Apuração o número do candidato ou legenda referente ao voto do eleitor.
V - gravar a mídia com os dados da votação da Seção.
§1º As ocorrências relativas às cédulas somente poderão ser suscitadas nessa oportunidade (Código Eleitoral, art. 174, §4º).
§2º A Junta Eleitoral ou a Turma somente desdobrará a cédula seguinte após confirmação do registro da cédula anterior na urna.
§3º Os eventuais erros de digitação deverão ser corrigidos enquanto não for comandada a confirmação final do conteúdo da cédula.

Art. 115. Verificada a não correspondência entre o número sequencial da cédula em apuração e o apresentado pela urna, deverá a Junta Eleitoral ou Turma proceder da seguinte maneira:
I - emitir o espelho parcial de cédulas;
II - comparar o conteúdo das cédulas com o do espelho parcial, a partir da última cédula até o momento em que se iniciou a incoincidência;
III - comandar a exclusão dos dados referentes às cédulas incoincidentes e retomar a apuração.
Parágrafo único. Havendo motivo justificado, a critério da Junta Eleitoral ou Turma, a apuração poderá ser reiniciada, apagando-se todos os dados da Seção até então registrados.

Art. 116. A incoincidência entre o número de votantes e o de cédulas apuradas não constituirá motivo de nulidade da votação, desde que não resulte de fraude comprovada (Código Eleitoral, art. 166, §1º).
Parágrafo único. Se a Junta Eleitoral entender que a incoincidência resulta de fraude, anulará a votação, fará a apuração em separado e recorrerá de ofício para o Tribunal Regional Eleitoral (Código Eleitoral, art. 166, §2º).

Art. 117. Concluída a contagem dos votos, a Junta Eleitoral ou Turma providenciará a emissão de 3 vias obrigatórias e até 15 vias opcionais do boletim de urna.
§1º Os boletins de urna serão assinados pelo Presidente e demais componentes da Junta Eleitoral ou Turma e, se presentes, pelos fiscais dos partidos políticos e coligações e pelo representante do Ministério Público.
§2º Apenas os boletins de urna poderão servir como prova posterior perante a Junta Eleitoral.
§3º A não expedição do boletim de urna imediatamente após a apuração de cada urna e antes de se passar à subsequente, sob qualquer pretexto, ressalvados os casos de defeito da urna, constitui o crime previsto no art. 313 do Código Eleitoral (Código Eleitoral, art. 179, §9º).

Art. 118. O encerramento da apuração de uma Seção consistirá na emissão do boletim de urna e na geração da mídia com os resultados.

Art. 119. Durante a apuração, na hipótese de defeito da urna instalada na Junta Eleitoral, o Presidente determinará nova apuração com emprego de outra urna.

Art. 120. Concluída a apuração de uma urna e antes de se passar à subsequente, as cédulas serão recolhidas, no primeiro turno de votação, em envelope especial, e, no segundo, à

urna de lona, os quais serão fechados e lacrados, assim permanecendo até 15 de janeiro de 2013, salvo se houver pedido de recontagem ou recurso quanto ao seu conteúdo (Código Eleitoral, art. 183, *caput*).
Parágrafo único. O descumprimento do disposto neste artigo, sob qualquer pretexto, constitui o crime previsto no art. 314 do Código Eleitoral (Código Eleitoral, art. 183, parágrafo único).

CAPÍTULO IV
Da Totalização

Seção I
Dos Sistemas de Totalização

Art. 121. A oficialização do Sistema de Gerenciamento nos Tribunais e Zonas Eleitorais ocorrerá após as 12 horas do dia anterior à eleição, por meio de senha própria, fornecida em envelope lacrado, que será aberto somente nessa oportunidade.
§1º Os representantes do Ministério Público, da Ordem dos Advogados do Brasil e os fiscais e delegados dos partidos políticos e coligações serão notificados por edital publicado no Diário de Justiça Eletrônico ou ofício para participar do ato de que trata o *caput*.
§2º Após o procedimento de oficialização, à vista dos presentes, será emitido o relatório Zerésima, com a finalidade de comprovar a inexistência de voto computado no sistema, e que ficará sob a guarda da autoridade competente para compor a Ata da Junta Eleitoral.

Art. 122. A oficialização do Sistema Transportador se dará, automaticamente, a partir das 12 horas do dia da eleição.

Art. 123. Se, no decorrer dos trabalhos, houver necessidade de reinicialização do Sistema de Gerenciamento, deverá ser utilizada senha própria, comunicando-se o fato aos partidos políticos, às coligações e ao Ministério Público.
Parágrafo único. Ocorrendo a hipótese prevista no *caput*, os relatórios emitidos pelo sistema e os dados anteriores à reinicialização serão tornados sem efeito.

Seção II
Dos Procedimentos na Junta Eleitoral

Art. 124. As Juntas Eleitorais procederão da seguinte forma:
I - receberão as mídias com os arquivos oriundos das urnas e providenciarão imediatamente a sua transmissão;
II - receberão os documentos da votação, examinando sua idoneidade e regularidade, inclusive quanto ao funcionamento normal da Seção;
III - destinarão as vias do boletim recebidas, da seguinte forma:
a) uma via acompanhará a mídia de gravação dos arquivos, para posterior arquivamento no Cartório;
b) uma via será entregue, mediante recibo, ao representante do comitê interpartidário;
c) uma via será afixada na Junta Eleitoral.
IV - resolverão todas as impugnações e incidentes verificados durante os trabalhos de apuração;
V - providenciarão a recuperação dos dados constantes da urna, em caso de necessidade.

Art. 125. A autenticidade e a integridade dos arquivos contidos na mídia serão verificadas pelos sistemas eleitorais.

Art. 126. Detectada qualquer irregularidade na documentação referente à Seção cuja mídia já tenha sido processada, o Juiz poderá excluir da totalização os dados recebidos.

Art. 127. A transmissão e a recuperação de dados de votação, bem como a reimpressão dos boletins de urna poderão ser efetuadas por técnicos designados pelo Presidente da Junta Eleitoral nos locais previamente definidos pelos Tribunais Regionais Eleitorais.

Art. 128. Havendo necessidade de recuperação dos dados da urna, serão adotados os seguintes procedimentos, na ordem em que se fizer adequada para a solução do problema:
I - geração de nova mídia a partir da urna utilizada na Seção, com emprego do sistema recuperador de dados;
II - geração de nova mídia a partir dos cartões de memória da urna utilizada na Seção, por meio do sistema recuperador de dados, em urna de contingência;
III - digitação dos dados constantes do boletim de urna no Sistema de Apuração.
§1º Os cartões de memória retirados de urnas de votação utilizados para recuperação de dados em urna de contingência deverão ser recolocados nas respectivas urnas de votação utilizadas nas Seções.
§2º Os boletins de urna, impressos em 3 vias obrigatórias e em até 15 opcionais, e o boletim de justificativa serão assinados pelo Presidente e demais integrantes da Junta Eleitoral e, se presentes, pelos fiscais dos partidos políticos e coligações e pelo representante do Ministério Público.
§3º As urnas de votação cujos lacres forem removidos para recuperação de dados deverão ser novamente lacradas.
§4º É facultado aos fiscais dos partidos políticos e coligações e ao representante do Ministério Público o acompanhamento da execução dos procedimentos previstos neste artigo, observado o disposto no art. 102 desta resolução.

Art. 129. Verificada a impossibilidade de leitura da mídia gerada pelo Sistema de Apuração, o Presidente da Junta Eleitoral determinará a recuperação dos dados a partir de um ou mais dos seguintes procedimentos para a solução do problema:
I - a geração de nova mídia, a partir da urna na qual a Seção foi apurada;
II - a digitação, em nova urna, dos dados constantes do boletim de urna.

Art. 130. Nos casos de perda total ou parcial dos votos de determinada Seção, a Junta Eleitoral poderá decidir:
I - pela não apuração da Seção, se ocorrer perda total dos votos;
II - pelo aproveitamento dos votos recuperados, no caso de perda parcial, considerando o comparecimento dos eleitores, de modo a não haver divergência entre esse número e o total de votos.

Art. 131. Na hipótese de impossibilidade da transmissão de dados, a Junta Eleitoral providenciará a remessa da mídia ao ponto de transmissão de dados da Justiça Eleitoral mais próximo, para que se proceda à transmissão dos dados para a totalização.

Art. 132. A decisão da Junta Eleitoral que determinar a não instalação, a não apuração, a anulação e a apuração em separado da respectiva Seção deverá ser registrada em opção própria do Sistema de Gerenciamento.

Art. 133. Concluídos os trabalhos de apuração das Seções e de transmissão dos dados pela Junta Eleitoral, esta providenciará, no prazo máximo de 24 horas, a transmissão dos arquivos *log* das urnas e da imagem do boletim de urna.

Art. 134. Excepcionalmente, o Juiz Eleitoral poderá autorizar a retirada dos lacres da urna, a fim de possibilitar a recuperação de dados.

§1º Os fiscais dos partidos políticos e coligações deverão ser convocados por edital, com 24 horas de antecedência, para que acompanhem os procedimentos previstos no *caput*.
§2º Concluído o procedimento de que trata o *caput*, a urna deverá ser novamente lacrada, mantendo os cartões de memória originais em seus respectivos compartimentos.
§3º Todos os procedimentos descritos neste artigo deverão ser registrados em ata.

Seção III
Da Destinação dos Votos na Totalização

Art. 135. Serão válidos apenas os votos dados a candidatos regularmente inscritos e às legendas partidárias (Lei nº 9.504/97, art. 5º).

Art. 136. Serão nulos, para todos os efeitos, inclusive para a legenda:
I - os votos dados a candidatos inelegíveis ou não registrados (Código Eleitoral, art. 175, §3º, e Lei nº 9.504/97, art. 16-A);
II - os votos dados a candidatos com o registro cassado, ainda que o respectivo recurso esteja pendente de apreciação;
III - os votos dados à legenda de partido considerado inapto.
Parágrafo único. A validade dos votos dados a candidato cujo registro esteja pendente de decisão, assim como o seu cômputo para o respectivo partido ou coligação, ficará condicionada ao deferimento do registro (Lei nº 9.504/97, art. 16-A).

Art. 137. Ocorrendo substituição de candidato ainda sem decisão transitada em julgado, serão computados para o substituto os votos atribuídos ao substituído.

Art. 138. Determina-se o quociente eleitoral dividindo-se o número de votos válidos apurados pelo número de lugares a preencher, desprezando-se a fração, se igual ou inferior a meio, ou arredondando-se para um, se superior (Código Eleitoral, art. 106, *caput*).

Art. 139. Determina-se, para cada partido político ou coligação, o quociente partidário, dividindo-se pelo quociente eleitoral o número de votos válidos dados sob a mesma legenda ou coligação de legendas, desprezada a fração (Código Eleitoral, art. 107).

Art. 140. Os lugares não preenchidos com a aplicação dos quocientes partidários serão distribuídos mediante observância das seguintes regras:
I - o número de votos válidos atribuídos a cada partido político ou coligação será dividido pelo número de lugares por eles obtidos mais um, cabendo ao partido político ou à coligação que apresentar a maior média um dos lugares a preencher (Código Eleitoral, art. 109, I);
II - será repetida a operação para a distribuição de cada um dos lugares (Código Eleitoral, art. 109, II);
III - no caso de empate de médias entre 2 ou mais partidos políticos ou coligações, será considerado aquele com maior votação (Resolução nº 16.844/90);
IV - ocorrendo empate na média e no número de votos dados aos partidos políticos ou coligações, prevalecerá, para o desempate, o número de votos nominais recebidos.
§1º O preenchimento dos lugares com que cada partido político ou coligação for contemplado se fará segundo a ordem de votação nominal de seus candidatos (Código Eleitoral, art. 109, §1º).
§2º Só poderão concorrer à distribuição dos lugares os partidos políticos ou as coligações que tiverem obtido quociente eleitoral (Código Eleitoral, art. 109, §2º).
§3º Em caso de empate na votação de candidatos e de suplentes de um mesmo partido político ou coligação, será eleito o candidato mais idoso (Código Eleitoral, art. 110).

Art. 141. Se nenhum partido político ou coligação alcançar o quociente eleitoral, serão eleitos, até o preenchimento de todos os lugares, os candidatos mais votados (Código Eleitoral, art. 111).

Art. 142. Serão suplentes dos candidatos eleitos todos os demais candidatos da mesma legenda ou coligação de legendas que não forem eleitos, na ordem decrescente de votação.

Seção IV
Do Encerramento dos Trabalhos de Totalização

Art. 143. Finalizado o processamento eletrônico, o Presidente da Junta Eleitoral lavrará a ata da Junta Eleitoral, em 2 vias, as quais serão assinadas e rubricadas pelo Presidente e membros da Junta Eleitoral, fiscais dos partidos políticos e das coligações e representante do comitê interpartidário de fiscalização que o desejarem.

§1º O relatório Resultado da Junta Eleitoral, disponível no Sistema de Gerenciamento, substituirá os mapas de apuração.

§2º As Juntas Eleitorais não responsáveis pela totalização lavrarão a ata da Junta Eleitoral em 3 vias e encaminharão 2 delas para a Junta Eleitoral responsável pela totalização, para subsidiar a elaboração da Ata Geral da Eleição, mantendo a outra via arquivada no Cartório Eleitoral.

Art. 144. Ao final dos trabalhos, o Presidente da Junta Eleitoral responsável pela totalização lavrará a Ata Geral da Eleição de sua circunscrição, em 2 vias, as quais serão assinadas e rubricadas pelo Presidente e membros da Junta Eleitoral, fiscais dos partidos políticos e das coligações e representante do comitê interpartidário de fiscalização que o desejarem, anexando o relatório Resultado da Totalização, do qual constarão, pelo menos, os seguintes dados (Código Eleitoral, art. 186, §1º):

I - as Seções apuradas e o número de votos apurados diretamente pelas urnas;
II - as Seções apuradas pelo sistema de apuração, os motivos da utilização do sistema de apuração e o respectivo número de votos;
III - as Seções anuladas e as não apuradas, os motivos e o número de votos anulados ou não apurados;
IV - as Seções onde não houve votação e os motivos;
V - a votação de cada partido político, coligação e candidato nas eleições majoritária e proporcional;
VI - o quociente eleitoral, os quocientes partidários e a distribuição das sobras;
VII - a votação dos candidatos a Vereador, na ordem da votação recebida;
VIII - a votação dos candidatos a Prefeito, na ordem da votação recebida;
IX - as impugnações apresentadas às Juntas Eleitorais e como foram resolvidas, assim como os recursos que tenham sido interpostos.

Art. 145. A segunda via da Ata Geral da Eleição e os respectivos anexos ficarão em local designado pelo Presidente da Junta Eleitoral responsável pela totalização, pelo prazo de 3 dias, para exame dos partidos políticos e coligações interessadas.

§1º Os documentos nos quais a Ata Geral da Eleição foi baseada, inclusive arquivos ou relatórios gerados pelos Sistemas de Votação ou Totalização, estarão disponíveis nas respectivas Zonas Eleitorais.

§2º Terminado o prazo previsto no *caput*, os partidos políticos e coligações poderão apresentar reclamações, no prazo de 2 dias, sendo estas submetidas a parecer da Junta Eleitoral, que, no prazo de 3 dias, apresentará aditamento a Ata Geral da Eleição com proposta das modificações que julgar procedentes ou com a justificação da improcedência das arguições.

§3º O partido político, a coligação ou o candidato poderá apresentar à Junta Eleitoral o boletim de urna no prazo mencionado no parágrafo anterior, ou antes, se, no curso dos trabalhos da Junta Eleitoral, tiver conhecimento da inconsistência de qualquer resultado.
§4º Apresentado o boletim de urna, será aberta vista, pelo prazo de 2 dias, aos demais partidos políticos e coligações, que poderão contestar o erro indicado com a apresentação de boletim da mesma urna, revestido das mesmas formalidades (Código Eleitoral, art. 179, §7º).
§5º Os prazos para análise e apresentação de reclamações sobre a Ata Geral da Eleição, citados no *caput* e parágrafos anteriores, somente começarão a ser contados após a disponibilização dos dados de votação especificados por Seção Eleitoral na página da internet da Justiça Eleitoral.

Art. 146. Decididas as reclamações, a Junta Eleitoral responsável pela totalização proclamará os eleitos e marcará a data para a expedição solene dos diplomas em sessão pública.

Art. 147. A Junta Eleitoral responsável pela totalização dos Municípios com mais de 200 mil eleitores, verificando que os votos totalizados, ainda que parcialmente, demonstram a impossibilidade de que algum dos candidatos a Prefeito obtenha a maioria absoluta dos votos válidos na primeira votação, deverá divulgar imediatamente os resultados provisórios e, com base neles, dar início às providências relativas ao segundo turno.
Parágrafo único. A divulgação dos resultados definitivos para Vereador será feita independentemente do disposto no *caput*.

CAPÍTULO VI
Da Fiscalização da Totalização

Art. 148. Aos partidos políticos e coligações, à Ordem dos Advogados do Brasil e ao Ministério Público é garantido amplo direito de fiscalização dos trabalhos de transmissão e totalização de dados.
Parágrafo único. Nas instalações onde se desenvolverão os trabalhos de que trata o *caput*, será vedado o ingresso simultâneo de mais de um representante de cada partido político ou coligação, ou da Ordem dos Advogados do Brasil, os quais não poderão dirigir-se diretamente aos responsáveis pelos trabalhos.

Art. 149. Os partidos políticos e coligações concorrentes ao pleito poderão constituir sistema próprio de fiscalização, apuração e totalização dos resultados, contratando, inclusive, empresas de auditoria de sistemas que, credenciadas perante a Justiça Eleitoral, receberão os dados alimentadores do Sistema de Totalização (Lei nº 9.504/97, art. 66, §7º).
§1º Os dados alimentadores do sistema serão os referentes aos candidatos, partidos políticos, coligações, Municípios, Zonas e Seções, contidos em arquivos, e os boletins de urna.
§2º Os arquivos a que se refere o parágrafo anterior serão entregues aos interessados em meio de armazenamento de dados definido pela Justiça Eleitoral, desde que os requerentes forneçam as mídias para sua geração.

Art. 150. Em até 3 dias após o encerramento da totalização em cada Unidade da Federação, o Tribunal Superior Eleitoral disponibilizará em sua página da internet os dados de votação especificados por Seção Eleitoral, assim como as tabelas de correspondências efetivadas.

Art. 151. Concluída a totalização, os Tribunais Regionais Eleitorais ou os Cartórios Eleitorais entregarão aos partidos políticos e às coligações, quando solicitados, o relatório dos boletins de urna que estiveram em pendência, sua motivação e a respectiva decisão.

Art. 152. Após a conclusão dos trabalhos de totalização e transmissão dos arquivos de *log* das urnas, os partidos políticos e coligações poderão solicitar aos Tribunais Eleitorais, até 15 de janeiro de 2013, cópias desses arquivos, dos espelhos de boletins de urna, dos arquivos de *log* referentes ao sistema de totalização e dos Registros Digitais dos Votos.
Parágrafo único. O pedido de que trata o *caput* deste artigo deverá ser atendido no prazo máximo de 48 horas.

CAPÍTULO VII
Da Divulgação dos Resultados

Art. 153. Na divulgação dos resultados parciais ou totais das eleições, pela Justiça Eleitoral, deverá ser utilizado o sistema fornecido pelo Tribunal Superior Eleitoral.
§1º A divulgação será feita na página da internet da Justiça Eleitoral, por telões ou outros recursos audiovisuais disponibilizados pelos Tribunais Regionais Eleitorais e pelas entidades cadastradas como parceiros da Justiça Eleitoral na divulgação dos resultados.
§2º Os resultados das votações para os cargos de Prefeito e Vereador, incluindo os votos brancos, os nulos e as abstenções verificadas nas eleições de 2012, serão divulgados na abrangência municipal, observado o seguinte:
I - os dados de resultado dos cargos em disputa estarão disponíveis a partir das 17 horas da respectiva Unidade da Federação a que pertence o Município;
II - é facultado ao Juiz Eleitoral suspender a divulgação dos resultados da eleição de seu Município a qualquer momento.

Art. 154. O Tribunal Superior Eleitoral definirá, até 9 de julho de 2012, o modelo de distribuição e os padrões tecnológicos e de segurança a serem adotados na disponibilização dos dados oficiais que serão fornecidos às entidades cadastradas, bem como os serviços e os níveis de qualidade dos serviços delas exigidos.

Art. 155. Até 9 de julho de 2012, a Justiça Eleitoral realizará audiência com os interessados em firmarem parceria na divulgação dos resultados para apresentar as definições do artigo anterior.

Art. 156. As entidades interessadas em divulgar os resultados oficiais das eleições deverão solicitar cadastramento nos órgãos da Justiça Eleitoral até 8 de agosto de 2012.
§1º Os pedidos de inscrição serão analisados e aprovados pela Assessoria de Comunicação do Tribunal onde se efetuou o pedido e posteriormente encaminhados à Secretaria de Tecnologia da Informação do Tribunal Superior Eleitoral, que prestará o suporte técnico às entidades.
§2º A Secretaria de Tecnologia da Informação do Tribunal Superior Eleitoral decidirá sobre a sua capacidade operacional de prestação de suporte técnico às entidades, podendo limitar o número de parceiros que receberão os dados da Justiça Eleitoral, observando-se a ordem cronológica das inscrições.

Art. 157. Os dados do resultado das eleições serão distribuídos pela Justiça Eleitoral às entidades parceiras da divulgação por meio de arquivo digital ou de programa de computador.
§1º Os dados de resultados estarão disponíveis de forma centralizada em Centro de Dados provido pelo Tribunal Superior Eleitoral no período de 7 a 10 de outubro de 2012, para o primeiro turno, e de 28 a 31 de outubro de 2012, para o segundo turno.
§2º Após o período de que trata o parágrafo anterior, os resultados das eleições poderão ser consultados diretamente na página da internet do Tribunal Superior Eleitoral.
§3º Será de responsabilidade dos parceiros estabelecer infraestrutura de comunicação com o Centro de Dados provido pelo Tribunal Superior Eleitoral.

§4º Para estabelecimento da parceria, a entidade interessada deverá cumprir as seguintes exigências:
I - ser provedora de acesso à internet, empresa de telecomunicação, veículo de imprensa ou partido político com representação na Câmara Federal;
II - acatar as orientações, critérios e prazos determinados pelos órgãos da Justiça Eleitoral;
III - disponibilizar os resultados gratuitamente a qualquer interessado;
IV - divulgar os dados recebidos, informando a sua origem;
V - ter inscrição no Cadastro Nacional da Pessoa Jurídica (CNPJ) com situação regular na Secretaria da Receita Federal;
VI - cadastrar-se na Justiça Eleitoral no prazo e nos moldes estabelecidos nesta resolução.
§5º As entidades inscritas como parceiros da divulgação deverão buscar os arquivos periodicamente à medida que esses sejam atualizados, em conformidade com os padrões a serem definidos pela Justiça Eleitoral.

Art. 158. Após o término do prazo de cadastramento e até 23 de agosto de 2012, será realizada audiência com os parceiros inscritos momento em que serão tratados assuntos de caráter técnico, visando esclarecer aos parceiros sobre os procedimentos e recursos tecnológicos utilizados na divulgação dos resultados.

Art. 159. É vedado às entidades cadastradas envolvidas na divulgação oficial de resultados promover qualquer alteração de conteúdo dos dados produzidos pela Justiça Eleitoral.

Art. 160. Na divulgação de resultados parciais ou totais das eleições, as entidades cadastradas não poderão majorar o preço de seus serviços em razão dos dados fornecidos pela Justiça Eleitoral.

Art. 161. O não cumprimento das exigências descritas neste Capítulo acarretará desconexão do parceiro ao Centro de Dados provido pelo Tribunal Superior Eleitoral, ressalvados problemas originados pelo próprio Tribunal.

TÍTULO III
Da Proclamação dos Eleitos e da Diplomação

CAPÍTULO I
Da Proclamação dos Eleitos

Art. 162. Serão eleitos os candidatos a Prefeito, assim como seus respectivos candidatos a vice, que obtiverem a maioria de votos, não computados os votos em branco e os votos nulos (Constituição Federal, art. 29, I, II, e Lei nº 9.504/97, art. 3º, *caput*).
§1º Nos Municípios com mais de 200 mil eleitores, se nenhum candidato alcançar maioria absoluta na primeira votação, será feita outra votação no dia 28 de outubro de 2012, ao qual concorrerão os dois candidatos mais votados, considerando-se eleito aquele que obtiver a maioria dos votos válidos (Constituição Federal, art. 77, §3º, c/c art.29, II, e Lei nº 9.504/97, art. 3º, §2º).
§2º Se, antes de realizado o segundo turno, ocorrer morte, desistência ou impedimento legal de um dos candidatos, será convocado, entre os remanescentes, o de maior votação (Constituição Federal, art. 77, §4º, e Lei nº 9.504/97, art. 2º, §2º).
§3º Se, na hipótese dos parágrafos anteriores, remanescer em segundo lugar mais de um candidato com a mesma votação, será qualificado o mais idoso (Constituição Federal, art. 77, §5º e Lei nº 9.504/97, art. 2º, §3º).

Art. 163. Serão eleitos pelo sistema proporcional, para as Câmaras de Vereadores, os candidatos mais votados de cada partido político ou coligação, na ordem da votação nominal, tantos quantos indicarem os quocientes partidários e o cálculo da distribuição das sobras (Código Eleitoral, art. 108).

Art. 164. Nas eleições majoritárias, respeitado o disposto no §1º do art. 162 desta resolução, serão observadas, ainda, as seguintes regras para a proclamação dos resultados:
I - deve a Junta Eleitoral proclamar eleito o candidato que obteve a maioria dos votos válidos, não computados os votos em branco e os votos nulos, quando não houver candidatos com registro indeferido, ou, se houver, quando os votos dados a esses candidatos não forem superiores a 50% da votação válida;
II - não deve a Junta Eleitoral proclamar eleito o candidato que obteve a maioria da votação válida, quando houver votos dados a candidatos com registros indeferidos, mas com recursos ainda pendentes, cuja nulidade for superior a 50% da votação válida, o que poderá ensejar nova eleição, nos termos do art. 224 do Código Eleitoral;
III - se a nulidade dos votos dados a candidatos com registro indeferido for superior a 50% da votação válida e se já houver decisão do Tribunal Superior Eleitoral indeferitória do pedido de registro, deverão ser realizadas novas eleições imediatamente; caso não haja, ainda, decisão do Tribunal Superior Eleitoral, não se realizarão novas eleições;
IV - havendo segundo turno e dele participar candidato que esteja *sub judice* e que venha a ter o seu registro indeferido posteriormente, caberá à Junta Eleitoral verificar se, com a nulidade dos votos dados a esse candidato no primeiro turno, a hipótese é de realizar novo segundo turno, com os outros 2 candidatos mais votados no primeiro turno, ou de considerar eleito o mais votado no primeiro turno; se a hipótese for de realização de novo segundo turno, ele deverá ser realizado imediatamente, inclusive com a diplomação do candidato que vier a ser eleito.

CAPÍTULO II
Da Diplomação

Art. 165. Os candidatos eleitos aos cargos de Prefeito e de Vereador, assim como os vices e suplentes, receberão diplomas assinados pelo Presidente da Junta Eleitoral (Código Eleitoral, art. 215, *caput*).
Parágrafo único. Dos diplomas deverão constar o nome do candidato, a indicação da legenda do partido ou da coligação sob a qual concorreu, o cargo para o qual foi eleito ou a sua classificação como suplente e, facultativamente, outros dados a critério da Justiça Eleitoral (Código Eleitoral, art. 215, parágrafo único).

Art. 166. A diplomação de militar candidato a cargo eletivo implica a imediata comunicação à autoridade a que este estiver subordinado, para os fins do art. 98 do Código Eleitoral (Código Eleitoral, art. 218).

Art. 167. A expedição de qualquer diploma pela Justiça Eleitoral dependerá de prova de que o eleito esteja em dia com o serviço militar.

Art. 168. Não poderá ser diplomado nas eleições majoritárias ou proporcionais o candidato que estiver com o seu registro indeferido, ainda que *sub judice*.
Parágrafo único. Nas eleições majoritárias, se, à data da respectiva posse, não houver candidato diplomado, caberá ao Presidente do Poder Legislativo assumir e exercer o cargo, até que sobrevenha decisão favorável no processo de registro, ou, se já encerrado esse, realizem-se novas eleições, com a posse dos eleitos.

Art. 169. Contra a expedição de diploma, caberá o recurso previsto no art. 262 do Código Eleitoral, no prazo de 3 dias da diplomação.

Parágrafo único. Enquanto o Tribunal Superior Eleitoral não decidir o recurso interposto contra a expedição do diploma, poderá o diplomado exercer o mandato em toda a sua plenitude (Código Eleitoral, art. 216).

Art. 170. O mandato eletivo poderá também ser impugnado perante a Justiça Eleitoral após a diplomação, no prazo de 15 dias, instruída a ação com provas de abuso do poder econômico, corrupção ou fraude (Constituição Federal, art. 14, §10).

§1º A ação de impugnação de mandato eletivo observará o procedimento previsto na Lei Complementar nº 64/90 para o registro de candidaturas, com a aplicação subsidiária, conforme o caso, das disposições do Código de Processo Civil, e tramitará em segredo de justiça, respondendo o autor na forma da lei, se temerária ou de manifesta má-fé (Constituição Federal, art. 14, §11).

§2º A decisão proferida na ação de impugnação de mandato eletivo tem eficácia imediata, não se lhe aplicando a regra do art. 216 do Código Eleitoral.

TÍTULO V
Disposições Finais

Art. 171. A Justiça Eleitoral, por meio de ampla campanha de esclarecimento, informará aos eleitores sobre como proceder para justificar a ausência às eleições.

Art. 172. Os Tribunais Regionais Eleitorais, a partir de 27 de setembro de 2012, informarão por telefone, na respectiva página da internet ou outro meio, o que for necessário para que o eleitor vote, vedada a prestação de tal serviço por terceiros.

Parágrafo único. A vedação prevista no *caput* não se aplicará à contratação de mão de obra para montagem de central de atendimento telefônico em ambiente supervisionado pelos Tribunais Regionais Eleitorais, assim como para a divulgação de dados referentes à localização de Seções e locais de votação.

Art. 173. Se, no dia designado para as eleições, deixarem de se reunir todas as Mesas Receptoras de Votos de um Município, o Presidente do Tribunal Regional Eleitoral determinará nova data para a votação, instaurando-se inquérito para a apuração das causas da irregularidade e punição dos responsáveis (Código Eleitoral, art. 126).

Parágrafo único. A nova data para a votação deverá ser marcada dentro de 48 horas, para se realizar no prazo máximo de 30 dias.

Art. 174. Os eleitores nomeados para compor as Mesas Receptoras de Votos, de Justificativas, as Juntas Eleitorais e os requisitados para auxiliar os seus trabalhos, inclusive aqueles destinados a treinamento, preparação ou montagem de locais de votação, serão dispensados do serviço e terão direito à concessão de folga, mediante declaração expedida pelo Juiz Eleitoral ou pelo Tribunal Regional Eleitoral, sem prejuízo do salário, vencimento ou qualquer outra vantagem, pelo dobro dos dias de convocação (Lei nº 9.504/97, art. 98).

Art. 175. No dia determinado para a realização das eleições, as urnas serão utilizadas exclusivamente para votação oficial, recebimento de justificativas, contingências, apuração e votação paralela.

Art. 176. Encerrada a votação, as urnas e os cartões de memória de carga deverão permanecer com os respectivos lacres até 15 de janeiro de 2013.

§1º As urnas que apresentarem defeito no dia da eleição poderão ser encaminhadas para manutenção, preservados os cartões de memória.

§2º Decorrido o prazo de que cuida o *caput*, serão permitidas a retirada dos cartões de memória de votação e a formatação das mídias, de acordo com o procedimento definido pelo Tribunal Regional Eleitoral.

§3º Os procedimentos descritos nos parágrafos anteriores não poderão ser realizados se estiver pendente de julgamento recurso sobre a votação ou apuração da respectiva Seção.

Art. 177. Não havendo recurso contra a votação ou apuração, as urnas poderão ser ligadas para que seja verificado se foram preparadas como urna de contingência sem que tenham sido utilizadas para este fim ou em Mesas Receptoras de Justificativas, caso em que serão permitidos a retirada dos lacres e o aproveitamento em eventos posteriores.

Art. 178. Havendo necessidade de nova totalização após a diplomação, o Juiz Eleitoral em exercício na circunscrição deverá proceder ao reprocessamento do resultado, bem como à nova diplomação, observado, no que couber, o disposto nesta resolução.

§1º Os partidos políticos e o Ministério Público deverão ser convocados por edital para acompanhamento do reprocessamento, com 48 horas de antecedência.

§2º Na hipótese de alteração na relação de eleitos e suplentes, os respectivos diplomas deverão ser confeccionados, cancelando-se os anteriormente emitidos para os candidatos cuja situação foi modificada.

Art. 179. A nulidade de qualquer ato não decretada de ofício pela Junta Eleitoral só poderá ser arguida por ocasião de sua prática, não mais podendo ser alegada, salvo se a arguição se basear em motivo superveniente ou de ordem constitucional (Código Eleitoral, art. 223, *caput*).

§1º Caso ocorra em fase na qual não possa mais ser alegada, a nulidade poderá ser arguida na primeira oportunidade subsequente que para tanto se apresentar (Código Eleitoral, art. 223, §1º).

§2º A nulidade fundada em motivo superveniente deverá ser alegada imediatamente, assim que se tornar conhecida, podendo as razões do recurso ser apresentadas no prazo de 2 dias (Código Eleitoral, art. 223, §2º).

§3º A nulidade de qualquer ato baseada em motivo de ordem constitucional não poderá ser conhecida em recurso interposto fora do prazo; perdido o prazo numa fase própria, só em outra que se apresentar poderá ser arguida (Código Eleitoral, art. 223, §3º).

Art. 180. Se a nulidade atingir mais da metade dos votos do Município, as demais votações serão julgadas prejudicadas e o Tribunal Regional Eleitoral marcará dia para nova eleição dentro do prazo de 20 a 40 dias (Código Eleitoral, art. 224, *caput*).

§1º Se o Tribunal Regional Eleitoral, na área de sua competência, deixar de cumprir o disposto neste artigo, o Procurador Regional levará o fato ao conhecimento do Procurador-Geral, que providenciará, perante o Tribunal Superior Eleitoral, pedido de marcação imediata de nova eleição (Código Eleitoral, art. 224, §1º).

§2º Para os fins previstos no *caput*, em não sendo deferidos os pedidos de registro dos candidatos a cargo majoritário, os votos nulos dados a esses candidatos não se somam aos votos nulos resultantes da manifestação apolítica dos eleitores.

Art. 181. Poderá o candidato, o partido político, a coligação ou o Ministério Público reclamar ao Tribunal Regional Eleitoral contra o Juiz Eleitoral que descumprir as disposições desta resolução ou der causa a seu descumprimento, inclusive quanto aos prazos processuais; neste caso, ouvido o representado em 24 horas, o Tribunal ordenará a observância do procedimento que explicitar, sob pena de incorrer o Juiz em desobediência (Lei nº 9.504/97, art. 97, *caput*).

§1º É obrigatório, para os membros dos Tribunais Eleitorais e do Ministério Público, fiscalizar o cumprimento da Lei nº 9.504/97 pelos Juízes e Promotores Eleitorais das instâncias inferiores, determinando, quando for o caso, a abertura de procedimento disciplinar para apuração de eventuais irregularidades que verificarem (Lei nº 9.504/97, art. 97, §1º).

§2º No caso de descumprimento de disposições desta resolução por Tribunal Regional Eleitoral, a representação poderá ser feita ao Tribunal Superior Eleitoral, observado o disposto neste artigo (Lei nº 9.504/97, art. 97, §2º).

Art. 182. Esta resolução entra em vigor na data de sua publicação.

Brasília, 14 de dezembro de 2011.

Resolução nº 23.373, de 14 de dezembro de 2011

*Instrução nº 1450-86.2011.6.00.0000, Classe 19, Brasília/DF.
Rel. Min. Arnaldo Versiani. DJE-TSE, 28.12.2011.*

Dispõe sobre a escolha e o registro de candidatos nas eleições de 2012.

O Tribunal Superior Eleitoral, no uso das atribuições que lhe conferem o art. 23, inciso IX, do Código Eleitoral e o art. 105 da Lei nº 9.504, de 30 de setembro de 1997, resolve expedir a seguinte instrução:

CAPÍTULO I
Das Eleições

Art. 1º Serão realizadas, simultaneamente em todo o País, no dia 7 de outubro de 2012, eleições para Prefeito, Vice-Prefeito e Vereador, nos municípios criados até 31 de dezembro de 2011 (Lei nº 9.504/97, art. 1º, parágrafo único, II).

CAPÍTULO II
Dos Partidos Políticos e das Coligações

Art. 2º Poderá participar das eleições o partido político que, até 7 de outubro de 2011, tenha registrado seu estatuto no Tribunal Superior Eleitoral e tenha, até a data da convenção, órgão de direção constituído no Município, devidamente anotado no Tribunal Regional Eleitoral competente (Lei nº 9.504/97, art. 4º, e Lei nº 9.096/95, art. 10, parágrafo único, II).

Art. 3º É facultado aos partidos políticos, dentro da mesma circunscrição, celebrar coligações para eleição majoritária, proporcional, ou para ambas, podendo, neste último caso, formar-se mais de uma coligação para a eleição proporcional dentre os partidos que integram a coligação para o pleito majoritário (Lei nº 9.504/97, art. 6º, *caput*).

Art. 4º Na chapa da coligação para as eleições proporcionais podem inscrever-se candidatos filiados a qualquer partido político dela integrante (Lei nº 9.504/97, art. 6º, §3º, I).

Art. 5º A coligação terá denominação própria, que poderá ser a junção de todas as siglas dos partidos políticos que a integram, sendo a ela atribuídas as prerrogativas e obrigações de partido político no que se refere ao processo eleitoral, devendo funcionar como um só partido político no relacionamento com a Justiça Eleitoral e no trato dos interesses interpartidários (Lei nº 9.504/97, art. 6º, §1º).
§1º A denominação da coligação não poderá coincidir, incluir ou fazer referência a nome ou a número de candidato, nem conter pedido de voto para partido político (Lei nº 9.504/97, art. 6º, §1º-A).
§2º O Juiz Eleitoral decidirá sobre denominações idênticas de coligações, observadas, no que couber, as regras constantes desta resolução relativas à homonímia de candidatos.

Art. 6º Na formação de coligações, devem ser observadas as seguintes normas (Lei nº 9.504/97, art. 6º, §3º, III e IV, a):
I - os partidos políticos integrantes da coligação devem designar um representante, que terá atribuições equivalentes às de Presidente de partido político, no trato dos interesses e na representação da coligação, no que se refere ao processo eleitoral;

II - a coligação será representada, perante a Justiça Eleitoral, pela pessoa designada na forma do inciso anterior ou por até 3 delegados indicados ao Juízo Eleitoral pelos partidos políticos que a compõem.

Art. 7º Durante o período compreendido entre a data da convenção e o termo final do prazo para a impugnação do registro de candidatos, o partido político coligado somente possui legitimidade para atuar de forma isolada no processo eleitoral quando questionar a validade da própria coligação (Lei nº 9.504/97, art. 6º, §4º).

CAPÍTULO III
Das Convenções

Art. 8º As convenções destinadas a deliberar sobre a escolha dos candidatos e a formação de coligações serão realizadas no período de 10 a 30 de junho de 2012, obedecidas as normas estabelecidas no estatuto partidário, encaminhando-se a respectiva ata digitada, devidamente assinada, ao Juízo Eleitoral competente (Lei nº 9.504/97, arts. 7º e 8º).

§1º Em caso de omissão do estatuto sobre normas para escolha e substituição dos candidatos e para a formação de coligações, caberá ao órgão de direção nacional do partido político estabelecê-las, publicando-as no Diário Oficial da União até 10 de abril de 2012 e encaminhando-as ao Tribunal Superior Eleitoral antes da realização das convenções (Lei nº 9.504/97, art. 7º, §1º, e Lei nº 9.096/95, art. 10).

§2º Para a realização das convenções, os partidos políticos poderão usar gratuitamente prédios públicos, responsabilizando-se por danos causados com a realização do evento (Lei nº 9.504/97, art. 8º, §2º).

§3º Para os efeitos do §2º deste artigo, os partidos políticos deverão comunicar por escrito ao responsável pelo local, com antecedência mínima de 72 horas, a intenção de ali realizar a convenção; na hipótese de coincidência de datas, será observada a ordem de protocolo das comunicações.

Art. 9º As convenções partidárias previstas no artigo anterior sortearão, em cada Município, os números com que cada candidato concorrerá, consignando na ata o resultado do sorteio, observado o que dispõem os arts. 16 e 17 desta resolução (Código Eleitoral, art. 100, §2º).

Art. 10. Se, na deliberação sobre coligações, a convenção partidária de nível inferior se opuser às diretrizes legitimamente estabelecidas pelo órgão de direção nacional, nos termos do respectivo estatuto, poderá esse órgão anular a deliberação e os atos dela decorrentes (Lei nº 9.504/97, art. 7º, §2º).

§1º As anulações de deliberações dos atos decorrentes de convenção partidária, na condição acima estabelecida, deverão ser comunicadas aos Juízos Eleitorais até 4 de agosto de 2012 (Lei nº 9.504/97, art. 7º, §3º).

§2º Se da anulação decorrer a necessidade de escolha de novos candidatos, o pedido de registro deverá ser apresentado à Justiça Eleitoral nos 10 dias seguintes à deliberação sobre a anulação, observado o disposto no art. 67, §6º e §7º, desta resolução (Lei nº 9.504/97, art. 7º, §4º).

CAPÍTULO IV
Dos Candidatos

Art. 11. Qualquer cidadão pode pretender investidura em cargo eletivo, respeitadas as condições constitucionais e legais de elegibilidade e de incompatibilidade, desde que não incida em quaisquer das causas de inelegibilidade (Código Eleitoral, art. 3º e LC nº 64/90, art. 1º).

§1º São condições de elegibilidade, na forma da lei (Constituição Federal, art. 14, §3º, I a VI, c e d):
I - a nacionalidade brasileira;
II - o pleno exercício dos direitos políticos;
III - o alistamento eleitoral;
IV - o domicílio eleitoral na circunscrição;
V - a filiação partidária;
VI - a idade mínima de vinte e um anos para Prefeito e Vice-Prefeito e dezoito anos para Vereador.
§2º A idade mínima constitucionalmente estabelecida como condição de elegibilidade é verificada tendo por referência a data da posse (Lei nº 9.504/97, art. 11, §2º).

Art. 12. Para concorrer às eleições, o candidato deverá possuir domicílio eleitoral no respectivo município, desde 7 de outubro de 2011, e estar com a filiação deferida pelo partido político na mesma data, desde que o estatuto partidário não estabeleça prazo superior (Lei nº 9.504/97, art. 9º e Lei nº 9.096/95, arts. 18 e 20).
§1º Havendo fusão ou incorporação de partidos políticos após o prazo estabelecido no *caput*, será considerada, para efeito de filiação partidária, a data de filiação do candidato ao partido político de origem (Lei nº 9.504/97, art. 9º, parágrafo único).
§2º Nos municípios criados até 31 de dezembro de 2011, o domicílio eleitoral será comprovado pela inscrição nas Seções Eleitorais que funcionam dentro dos limites territoriais do novo Município.

Art. 13. Os Prefeitos e quem os houver sucedido ou substituído no curso dos mandatos poderão concorrer à reeleição para um único período subsequente (Constituição Federal, art. 14, §5º).
Parágrafo único. O Prefeito reeleito não poderá candidatar-se ao mesmo cargo, nem ao cargo de Vice, para mandato consecutivo no mesmo Município (Resolução nº 22.005/2005).

Art. 14. Para concorrerem a outros cargos, o Presidente da República, os Governadores de Estado e do Distrito Federal e os Prefeitos devem renunciar aos respectivos mandatos até 6 meses antes do pleito (Constituição Federal, art. 14, §6º).

Art. 15. São inelegíveis:
I - os inalistáveis e os analfabetos (Constituição Federal, art. 14, §4º);
II - no território de jurisdição do titular, o cônjuge e os parentes consanguíneos ou afins, até o segundo grau ou por adoção, do Presidente da República, de Governador de Estado ou do Distrito Federal, de Prefeito ou de quem os haja substituído dentro dos 6 meses anteriores ao pleito, salvo se já titular de mandato eletivo e candidato à reeleição (Constituição Federal, art. 14, §7º);
III - os que se enquadrarem nas hipóteses previstas na Lei Complementar nº 64/90.

CAPÍTULO V
Do Número dos Candidatos e das Legendas Partidárias

Art. 16. Aos partidos políticos fica assegurado o direito de manter os números atribuídos à sua legenda na eleição anterior, e aos candidatos, nesta hipótese, o direito de manter os números que lhes foram atribuídos na eleição anterior, para o mesmo cargo (Lei nº 9.504/97, art. 15, §1º).
§1º Os detentores de mandato de Vereador, que não queiram fazer uso da prerrogativa de que trata o *caput*, poderão requerer novo número ao órgão de direção de seu partido, independentemente do sorteio a que se refere o §2º do art. 100 do Código Eleitoral (Lei nº 9.504/97, art. 15, §2º).

§2º Aos candidatos de partidos políticos resultantes de fusão, será permitido:
I - manter os números que lhes foram atribuídos na eleição anterior, para o mesmo cargo, desde que o número do novo partido político coincida com aquele ao qual pertenciam;
II - manter, para o mesmo cargo, os 3 dígitos finais dos números que lhes foram atribuídos na eleição anterior, quando o número do novo partido político não coincidir com aquele ao qual pertenciam e desde que outro candidato não tenha preferência sobre o número que vier a ser composto.

Art. 17. A identificação numérica dos candidatos será feita mediante a observação dos seguintes critérios (Lei nº 9.504/97, art. 15, I e IV e §3º):
I - os candidatos ao cargo de Prefeito concorrerão com o número identificador do partido político ao qual estiverem filiados;
II - os candidatos ao cargo de Vereador concorrerão com o número do partido ao qual estiverem filiados, acrescido de 3 algarismos à direita.
Parágrafo único. Os candidatos de coligações, na eleição de Prefeito, serão registrados com o número da legenda do respectivo partido e, na eleição para o cargo de Vereador, com o número da legenda do respectivo partido, acrescido do número que lhes couber (Lei nº 9.504/97, art. 15, §3º).

CAPÍTULO VI
Do Registro dos Candidatos

Seção I
Do Número de Candidatos a Serem Registrados

Art. 18. Não é permitido registro de um mesmo candidato para mais de um cargo eletivo (Código Eleitoral, art. 88, *caput*).

Art. 19. Cada partido político ou coligação poderá requerer registro de um candidato a Prefeito, com seu respectivo vice (Código Eleitoral, art. 91, *caput*).

Art. 20. Cada partido político poderá requerer o registro de candidatos para a Câmara Municipal até 150% (cento e cinquenta por cento) do número de lugares a preencher (Lei nº 9.504/97, art. 10, *caput*).
§1º No caso de coligação para as eleições proporcionais, independentemente do número de partidos políticos que a integrem, poderão ser registrados candidatos até o dobro do número de lugares a preencher (Lei nº 9.504/97, art. 10, §1º).
§2º Do número de vagas requeridas, cada partido ou coligação preencherá o mínimo de 30% (trinta por cento) e o máximo de 70% (setenta por cento) para candidaturas de cada sexo (Lei nº 9.504/97, art.10, §3º).
§3º No cálculo do número de lugares previsto no *caput*, será sempre desprezada a fração, se inferior a meio, e igualada a um, se igual ou superior (Lei nº 9.504/97, art. 10, §4º).
§4º Na reserva de vagas previstas no §2º deste artigo, qualquer fração resultante será igualada a um no cálculo do percentual mínimo estabelecido para um dos sexos e desprezada no cálculo das vagas restantes para o outro sexo.
§5º No caso de as convenções para a escolha de candidatos não indicarem o número máximo de candidatos previsto no *caput* e no §1º deste artigo, os órgãos de direção dos partidos políticos respectivos poderão preencher as vagas remanescentes, requerendo o registro até 8 de agosto de 2012, observados os limites mínimo e máximo para candidaturas de cada sexo constantes do §2º deste artigo (Lei nº 9.504/97, art. 10, §5º; Código Eleitoral, art. 101, §5º).
§6º Os percentuais de que trata o §2º deste artigo também deverão ser observados para o preenchimento das vagas remanescentes, na substituição de candidatos e na hipótese do art. 23, *caput*, desta resolução.

§7º Nos Municípios criados até 31 de dezembro de 2011, os cargos de Vereador corresponderão, na ausência de fixação pela Câmara Municipal, ao número mínimo fixado na Constituição Federal para a respectiva faixa populacional (Constituição Federal, art. 29, IV, e Resolução nº 18.206/92).

Seção II
Do Pedido de Registro

Art. 21. Os partidos políticos e as coligações solicitarão ao Juízo Eleitoral competente o registro de seus candidatos até as 19 horas do dia 5 de julho de 2012 (Lei nº 9.504/97, art. 11, *caput*).

§1º O registro de candidatos a Prefeito e Vice-Prefeito se fará sempre em chapa única e indivisível, ainda que resulte da indicação de coligação (Código Eleitoral, art. 91, *caput*).

§2º Nos Municípios onde houver mais de uma Zona Eleitoral, será competente para o registro de candidatos o(s) Juiz(es) Eleitoral(ais) designado(s) pelo Tribunal Regional Eleitoral.

Art. 22. O pedido de registro deverá ser apresentado obrigatoriamente em meio magnético gerado pelo Sistema de Candidaturas – Módulo Externo (CANDex), desenvolvido pelo Tribunal Superior Eleitoral, acompanhado das vias impressas dos formulários Demonstrativo de Regularidade de Atos Partidários (DRAP) e Requerimento de Registro de Candidatura (RRC), emitidos pelo sistema e assinados pelos requerentes.

§1º O CANDex poderá ser obtido nos sítios do Tribunal Superior Eleitoral e dos Tribunais Regionais Eleitorais, ou, diretamente, nos próprios Tribunais Eleitorais ou nos Cartórios Eleitorais, desde que fornecidas pelos interessados as respectivas mídias.

§2º Na hipótese de inobservância do disposto no §2º do art. 20 desta resolução, a geração do meio magnético pelo CANDex será precedida de um aviso sobre o descumprimento dos percentuais de candidaturas para cada sexo.

§3º O pedido de registro será subscrito pelo Presidente do diretório municipal, ou da respectiva comissão diretora provisória, ou por delegado autorizado.

§4º Na hipótese de coligação, o pedido de registro dos candidatos deverá ser subscrito pelos Presidentes dos partidos políticos coligados, ou por seus delegados, ou pela maioria dos membros dos respectivos órgãos executivos de direção, ou por representante da coligação designado na forma do inciso I do art. 6º desta resolução (Lei nº 9.504/97, art. 6º, §3º, II).

§5º O subscritor do pedido deverá informar, no Sistema CANDex, o número do seu título de eleitor.

§6º Com o requerimento de registro, o partido político ou a coligação fornecerá, obrigatoriamente, o número de fac-símile e o endereço completo nos quais receberá intimações e comunicados e, no caso de coligação, deverá indicar, ainda, o nome da pessoa designada para representá-la perante a Justiça Eleitoral (Lei nº 9.504/97, art. 6º, §3º, IV, a, e art. 96-A).

§7º As intimações e os comunicados a que se referem o parágrafo anterior poderão ser feitos, subsidiariamente, por via postal com aviso de recebimento ou, ainda, por Oficial de Justiça.

Art. 23. Na hipótese de o partido político ou a coligação não requerer o registro de seus candidatos, estes poderão fazê-lo, individualmente, no prazo máximo de 48 horas seguintes à publicação da lista dos candidatos pelo Juízo Eleitoral competente para receber e processar os pedidos de registro, apresentando o formulário Requerimento de Registro de Candidatura Individual (RRCI), na forma prevista no artigo anterior, com as informações e documentos previstos nos arts. 24 e 25 desta resolução (Lei nº 9.504/97, art. 11, §4º).

Parágrafo único. Caso o partido político ou a coligação não tenha apresentado o formulário Demonstrativo de Regularidade de Atos Partidários (DRAP), o respectivo representante será intimado, pelo Juízo Eleitoral competente, para fazê-lo no prazo de 72 horas; apresentado o DRAP, será formado o processo principal nos termos do inciso I do art. 36 desta resolução.

Art. 24. O formulário Demonstrativo de Regularidade de Atos Partidários (DRAP) deve ser preenchido com as seguintes informações:
I - nome e sigla do partido político;
II - na hipótese de coligação, seu nome e as siglas dos partidos políticos que a compõem;
III - data da(s) convenção(ões);
IV - cargos pleiteados;
V - na hipótese de coligação, nome de seu representante e de seus delegados;
VI - endereço completo e telefones, inclusive de fac-símile;
VII - lista dos nomes, números e cargos pleiteados pelos candidatos;
VIII - valores máximos de gastos que o partido político fará por cargo eletivo em cada eleição a que concorrer, observando-se que:
a) no caso de coligação, cada partido político que a integra fixará o seu valor máximo de gastos (Lei nº 9.504/97, art. 18, *caput* e §1º);
b) nas candidaturas de vices, os valores máximos de gastos serão incluídos naqueles pertinentes às candidaturas dos titulares e serão informados pelo partido político a que estes forem filiados.

Art. 25. A via impressa do formulário Demonstrativo de Regularidade de Atos Partidários (DRAP) deve ser apresentada com a cópia da ata, digitada, devidamente assinada, da convenção a que se refere o art. 8º, *caput*, da Lei nº 9.504/97 (Código Eleitoral, art. 94, §1º, I, e Lei nº 9.504/97, art. 11, §1º, I).

Art. 26. O formulário Requerimento de Registro de Candidatura (RRC) conterá as seguintes informações:
I - autorização do candidato (Código Eleitoral, art. 94, §1º, II; Lei nº 9.504/97, art. 11, §1º, II);
II - número de fac-símile e o endereço completo nos quais o candidato receberá intimações, notificações e comunicados da Justiça Eleitoral (Lei nº 9.504/97, art. 96-A);
III - dados pessoais: título de eleitor, nome completo, data de nascimento, Unidade da Federação e Município de nascimento, nacionalidade, sexo, estado civil, ocupação, número da carteira de identidade com órgão expedidor e Unidade da Federação, número de registro no Cadastro de Pessoa Física (CPF), endereço completo e números de telefone;
IV - dados do candidato: partido político, cargo pleiteado, número do candidato, nome para constar da urna eletrônica, se é candidato à reeleição, qual cargo eletivo ocupa e a quais eleições já concorreu.

Art. 27. A via impressa do formulário Requerimento de Registro de Candidatura (RRC) será apresentada com os seguintes documentos:
I - declaração atual de bens, preenchida no Sistema CANDex e assinada pelo candidato na via impressa pelo sistema (Lei nº 9.504/97, art. 11, §1º, IV);
II - certidões criminais fornecidas pelos órgãos de distribuição da Justiça Federal e Estadual (Lei nº 9.504/97, art. 11, §1º, VII);
III - fotografia recente do candidato, obrigatoriamente digitalizada e anexada ao CANDex, preferencialmente em preto e branco, observado o seguinte (Lei nº 9.504/97, art. 11, §1º, VIII):
a) dimensões: 5 x 7cm, sem moldura;
b) cor de fundo: uniforme, preferencialmente branca;
c) características: frontal (busto), trajes adequados para fotografia oficial e sem adornos, especialmente aqueles que tenham conotação de propaganda eleitoral ou que induzam ou dificultem o reconhecimento pelo eleitor;

IV - comprovante de escolaridade;
V - prova de desincompatibilização, quando for o caso;
VI - propostas defendidas pelos candidatos a Prefeito, que deverão ser entregues em uma via impressa e outra digitalizada e anexada ao CANDex (Lei nº 9.504/97, art. 11, §1º, IX);
VII - cópia de documento oficial de identificação.

§1º Os requisitos legais referentes à filiação partidária, domicílio e quitação eleitoral, e à inexistência de crimes eleitorais serão aferidos com base nas informações constantes dos bancos de dados da Justiça Eleitoral, sendo dispensada a apresentação dos documentos comprobatórios pelos requerentes (Lei nº 9.504/97, art. 11, §1º, III, V, VI e VII).

§2º As certidões de que trata o inciso II deverão ser apresentadas em uma via impressa e outra digitalizada e anexada ao CANDex.

§3º A quitação eleitoral de que trata o §1º deste artigo abrangerá exclusivamente a plenitude do gozo dos direitos políticos, o regular exercício do voto, o atendimento a convocações da Justiça Eleitoral para auxiliar os trabalhos relativos ao pleito, a inexistência de multas aplicadas, em caráter definitivo, pela Justiça Eleitoral e não remitidas, e a apresentação de contas de campanha eleitoral (Lei nº 9.504/97, art. 11, §7º).

§4º Para fins de expedição da certidão de quitação eleitoral, serão considerados quites aqueles que (Lei nº 9.504/97, art. 11, §8º, I e II):
I - condenados ao pagamento de multa, tenham, até a data da formalização do seu pedido de registro de candidatura, comprovado o pagamento ou o parcelamento da dívida regularmente cumprido;
II - pagarem a multa que lhes couber individualmente, excluindo-se qualquer modalidade de responsabilidade solidária, mesmo quando imposta concomitantemente com outros candidatos e em razão do mesmo fato.

§5º A Justiça Eleitoral enviará aos partidos políticos, na respectiva circunscrição, até 5 de junho de 2012, a relação de todos os devedores de multa eleitoral, a qual embasará a expedição das certidões de quitação eleitoral (Lei nº 9.504/97, art. 11, §9º).

§6º As condições de elegibilidade e as causas de inelegibilidade devem ser aferidas no momento da formalização do pedido de registro da candidatura, ressalvadas as alterações, fáticas ou jurídicas, supervenientes ao registro que afastem a inelegibilidade (Lei nº 9.504/97, art. 11, §10).

§7º A Justiça Eleitoral observará, no parcelamento da dívida a que se refere o §5º deste artigo, as regras de parcelamento previstas na legislação tributária federal (Lei nº 9.504/97, art. 11, §11).

§8º A ausência do comprovante de escolaridade a que se refere o inciso IV do *caput* poderá ser suprida por declaração do próprio punho, podendo a exigência de alfabetização do candidato ser aferida por outros meios, desde que individual e reservadamente.

§9º Se a fotografia de que trata o inciso III do *caput* não estiver nos moldes exigidos, o Juiz Eleitoral competente determinará a apresentação de outra, e, caso não seja suprida a falha, o registro deverá ser indeferido.

Art. 28. Os formulários e todos os documentos que acompanham o pedido de registro são públicos e podem ser livremente consultados pelos interessados, que poderão obter cópia de suas peças, respondendo pelos respectivos custos e pela utilização que derem aos documentos recebidos (Lei nº 9.504/97, art. 11, §6º).

Art. 29. O candidato será identificado pelo nome escolhido para constar na urna e número indicado no pedido de registro.

Art. 30. O nome indicado, que será também utilizado na urna eletrônica, terá no máximo trinta caracteres, incluindo-se o espaço entre os nomes, podendo ser o prenome, sobrenome, cognome, nome abreviado, apelido ou nome pelo qual o candidato é mais conhecido, desde que não se estabeleça dúvida quanto à sua identidade, não atente contra o pudor e não seja ridículo ou irreverente.

Parágrafo único. O candidato que, mesmo depois de intimado, não indicar o nome que deverá constar da urna eletrônica, concorrerá com seu nome próprio, o qual, no caso de homonímia ou de excesso no limite de caracteres, será adaptado pelo Juiz Eleitoral no julgamento do pedido de registro.

Art. 31. Verificada a ocorrência de homonímia, o Juiz Eleitoral competente procederá atendendo ao seguinte (Lei nº 9.504/97, art. 12, §1º, I a V):
I - havendo dúvida, poderá exigir do candidato prova de que é conhecido pela opção de nome indicada no pedido de registro;
II - ao candidato que, até 5 de julho de 2012, estiver exercendo mandato eletivo, ou o tenha exercido nos últimos quatro anos, ou que, nesse mesmo prazo, se tenha candidatado com o nome que indicou, será deferido o seu uso, ficando outros candidatos impedidos de fazer propaganda com esse mesmo nome;
III - ao candidato que, por sua vida política, social ou profissional, seja identificado pelo nome que tiver indicado, será deferido o seu uso, ficando outros candidatos impedidos de fazer propaganda com o mesmo nome;
IV - tratando-se de candidatos cuja homonímia não se resolva pelas regras dos incisos II e III deste artigo, o Juiz Eleitoral deverá notificá-los para que, em 2 dias, cheguem a acordo sobre os respectivos nomes a serem usados;
V - não havendo acordo no caso do inciso IV deste artigo, o Juiz Eleitoral registrará cada candidato com o nome e sobrenome constantes do pedido de registro.
§1º O Juiz Eleitoral poderá exigir do candidato prova de que é conhecido por determinada opção de nome por ele indicado, quando seu uso puder confundir o eleitor (Lei nº 9.504/97, art. 12, §2º).
§2º O Juiz Eleitoral indeferirá todo pedido de variação de nome coincidente com nome de candidato à eleição majoritária, salvo para candidato que esteja exercendo mandato eletivo ou o tenha exercido nos últimos quatro anos, ou que, nesse mesmo prazo, tenha concorrido em eleição com o nome coincidente (Lei nº 9.504/97, art. 12, §3º).
§3º Não havendo preferência entre candidatos que pretendam o registro da mesma variação nominal, defere-se o do que primeiro o tenha requerido (Súmula-TSE nº 4).

Art. 32. Havendo qualquer falha ou omissão no pedido de registro, que possa ser suprida pelo candidato, partido político ou coligação, o Juiz Eleitoral competente converterá o julgamento em diligência para que o vício seja sanado, no prazo de até 72 horas, contado da respectiva intimação por fac-símile (Lei nº 9.504/97, art. 11, §3º).

Art. 33. No caso de ser requerido pelo mesmo partido político mais de um pedido de registro de candidatura com o mesmo número para o respectivo cargo, inclusive nos casos de dissidência partidária interna, o Cartório Eleitoral procederá à inclusão de todos os pedidos no Sistema de Candidaturas, certificando a ocorrência em cada um dos pedidos.
Parágrafo único. Na hipótese prevista no *caput*, serão observadas as seguintes regras:
I - serão inseridos na urna eletrônica apenas os dados do candidato vinculado ao DRAP que tenha sido julgado regular;
II - não sendo julgado regular nenhum DRAP ou não havendo decisão até o fechamento do Sistema de Candidaturas, competirá ao Juiz Eleitoral decidir, de imediato, qual dos candidatos com mesmo número terá seus dados inseridos na urna eletrônica.

Seção III
Do Processamento do Pedido de Registro

Art. 34. Os Cartórios Eleitorais responsáveis pelo registro de candidaturas utilizarão obrigatoriamente o Sistema de Candidaturas (Cand) desenvolvido pelo TSE.

Art. 35. Protocolados os pedidos de registro das candidaturas, o Cartório Eleitoral providenciará:
I - a leitura dos arquivos magnéticos gerados pelo Sistema CANDex, com os dados constantes dos formulários do Requerimento de Registro de Candidatura (RRC) e Demonstrativo de Regularidade de Atos Partidários (DRAP);
II - a publicação de edital sobre o pedido de registro, para ciência dos interessados, no Diário de Justiça Eletrônico, preferencialmente, ou no Cartório Eleitoral (Código Eleitoral, art. 97, §1º).

§1º Feita a leitura a que se refere o inciso I deste artigo, o Cartório Eleitoral emitirá recibo em duas vias, uma para ser entregue ao requerente e outra para ser juntada aos autos e, após, encaminhará os dados do candidato, pelo sistema, à Receita Federal para o fornecimento do número de registro no CNPJ.

§2º Da publicação do edital prevista no inciso II deste artigo, correrá o prazo de 48 horas para que o candidato escolhido em convenção requeira individualmente o registro de sua candidatura, caso o partido político ou a coligação não o tenha requerido, bem como o prazo de 5 dias para a impugnação dos pedidos de registro de candidatura (Lei nº 9.504/97, art. 11, §4º, e LC nº 64/90, art. 3º).

§3º Decorrido o prazo de 48 horas para os pedidos individuais de registro de candidatura de que trata o parágrafo anterior, novo edital será publicado, passando a correr, para esses pedidos, o prazo de impugnação previsto no art. 3º da Lei Complementar nº 64/90.

Art. 36. Na autuação dos pedidos de registro de candidatura, serão adotados os seguintes procedimentos:
I - o formulário Demonstrativo de Regularidade de Atos Partidários (DRAP) e os documentos que o acompanham receberão um só número de protocolo e constituirão o processo principal dos pedidos de registro de candidatura;
II - cada formulário Requerimento de Registro de Candidatura (RRC) e os documentos que o acompanham receberão um só número de protocolo e constituirão o processo individual de cada candidato.

§1º Os processos individuais dos candidatos serão vinculados ao principal, referido no inciso I deste artigo.

§2º Os processos dos candidatos a Prefeito e a Vice-Prefeito devem tramitar apensados e ser analisados e julgados em conjunto, assim subsistindo, ainda que eventual recurso tenha por objeto apenas uma das candidaturas.

§3º O Cartório Eleitoral certificará, nos processos individuais dos candidatos, o número do processo principal (DRAP) ao qual estejam vinculados, bem como, no momento oportuno, o resultado do julgamento daquele processo.

Art. 37. Encerrado o prazo de impugnação ou, se for o caso, o de contestação, o Cartório Eleitoral imediatamente informará, nos autos, sobre a instrução do processo, para apreciação do Juiz Eleitoral.

§1º No processo principal (DRAP), o Cartório Eleitoral deverá verificar e certificar:
I - a comprovação da situação jurídica do partido político na circunscrição;
II - legitimidade do subscritor para representar o partido político ou coligação;
III - a informação sobre o valor máximo de gastos;
IV - a observância dos percentuais a que se refere o §2º do art. 20 desta resolução.

§2º Nos processos individuais dos candidatos (RRCs e RRCIs), o Cartório Eleitoral verificará e informará:
I - a regularidade do preenchimento do formulário Requerimento de Registro de Candidatura (RRC);
II - a regularidade da documentação do candidato.

Art. 38. Processados os pedidos de registro e constatada a inobservância dos percentuais previstos no §2º do art. 20 desta resolução, o Juiz Eleitoral determinará a intimação do partido ou coligação para a sua regularização no prazo de 72 horas.

Art. 39. As impugnações ao pedido de registro de candidatura, as questões referentes a homonímias e às notícias de inelegibilidade serão processadas nos próprios autos dos processos individuais dos candidatos.

Seção IV
Das Impugnações

Art. 40. Caberá a qualquer candidato, a partido político, a coligação ou ao Ministério Público Eleitoral, no prazo de 5 dias, contados da publicação do edital relativo ao pedido de registro, impugná-lo em petição fundamentada (LC nº 64/90, art. 3º, *caput*).
§1º A impugnação por parte do candidato, do partido político ou da coligação não impede a ação do Ministério Público Eleitoral no mesmo sentido (LC nº 64/90, art. 3º, §1º).
§2º Não poderá impugnar o registro de candidato o representante do Ministério Público Eleitoral que, nos 2 anos anteriores, tenha disputado cargo eletivo, integrado diretório de partido político ou exercido atividade político-partidária (LC nº 64/90, art. 3º, §2º; LC nº 75/93, art. 80).
§3º O impugnante especificará, desde logo, os meios de prova com que pretende demonstrar a veracidade do alegado, arrolando testemunhas, se for o caso, no máximo de 6 (LC nº 64/90, art. 3º, §3º).

Art. 41. Terminado o prazo para impugnação, o candidato, o partido político ou a coligação serão notificados para, no prazo de 7 dias, contestá-la ou se manifestar sobre a notícia de inelegibilidade, juntar documentos, indicar rol de testemunhas e requerer a produção de outras provas, inclusive documentais, que se encontrarem em poder de terceiros, de repartições públicas ou em procedimentos judiciais ou administrativos, salvo os processos que estiverem tramitando em segredo de justiça (LC nº 64/90, art. 4º).

Art. 42. Decorrido o prazo para contestação, se não se tratar apenas de matéria de direito, e a prova protestada for relevante, o Juiz Eleitoral designará os 4 dias seguintes para inquirição das testemunhas do impugnante e do impugnado, as quais comparecerão por iniciativa das partes que as tiverem arrolado, após notificação judicial. (LC nº 64/90, art. 5º, *caput*).
§1º As testemunhas do impugnante e do impugnado serão ouvidas em uma só assentada (LC nº 64/90, art. 5º, §1º).
§2º Nos 5 dias subsequentes, o Juiz Eleitoral procederá a todas as diligências que determinar, de ofício ou a requerimento das partes (LC nº 64/90, art. 5º, §2º).
§3º No mesmo prazo de que trata o parágrafo anterior, o Juiz Eleitoral poderá ouvir terceiros referidos pelas partes ou testemunhas, como conhecedores dos fatos e circunstâncias que possam influir na decisão da causa (LC nº 64/90, art. 5º, §3º).
§4º Quando qualquer documento necessário à formação da prova se achar em poder de terceiro, o Juiz Eleitoral poderá, ainda, no mesmo prazo de 5 dias, ordenar o respectivo depósito (LC nº 64/90, art. 5º, §4º).
§5º Se o terceiro, sem justa causa, não exibir o documento ou não comparecer a juízo, poderá o Juiz Eleitoral expedir mandado de prisão e instaurar processo por crime de desobediência (LC nº 64/90, art. 5º, §5º).

Art. 43. Encerrado o prazo da dilação probatória, as partes, inclusive o Ministério Público Eleitoral, poderão apresentar alegações no prazo comum de 5 dias, sendo os autos conclusos ao Juiz Eleitoral, no dia imediato, para proferir sentença (LC nº 64/90, arts. 6º e 7º, *caput*).

Art. 44. Qualquer cidadão no gozo de seus direitos políticos poderá, no prazo de 5 dias contados da publicação do edital relativo ao pedido de registro, dar notícia de inelegibilidade ao Juízo Eleitoral competente, mediante petição fundamentada, apresentada em duas vias.

§1º O Cartório Eleitoral procederá à juntada de uma via aos autos do pedido de registro do candidato a que se refere a notícia e encaminhará a outra via ao Ministério Público Eleitoral.

§2º No que couber, será adotado na instrução da notícia de inelegibilidade o procedimento previsto para as impugnações.

Art. 45. O candidato cujo registro esteja *sub judice* poderá efetuar todos os atos relativos à campanha eleitoral, inclusive utilizar o horário eleitoral gratuito no rádio e na televisão e ter seu nome mantido na urna eletrônica enquanto estiver sob essa condição.

Art. 46. A declaração de inelegibilidade do candidato a Prefeito não atingirá o candidato a Vice-Prefeito, assim como a deste não atingirá aquele; reconhecida por sentença a inelegibilidade, e sobrevindo recurso, a validade dos votos atribuídos à chapa que esteja *sub judice* no dia da eleição fica condicionada ao deferimento do respectivo registro (LC nº 64/90, art. 18).

Seção V
Do Julgamento dos Pedidos de Registro no Cartório Eleitoral

Art. 47. O pedido de registro será indeferido, ainda que não tenha havido impugnação, quando o candidato for inelegível ou não atender a qualquer das condições de elegibilidade.
Parágrafo único. Constatada qualquer das situações previstas no *caput*, o Juiz determinará a intimação prévia do partido ou coligação para que se manifeste no prazo de 72 horas.

Art. 48. O pedido de registro do candidato, a impugnação, a notícia de inelegibilidade e as questões relativas à homonímia serão processadas nos próprios autos dos processos dos candidatos e serão julgados em uma só decisão.

Art. 49. O julgamento do processo principal (DRAP) precederá ao dos processos individuais de registro de candidatura, devendo o resultado daquele ser certificado nos autos destes.

Art. 50. Os processos dos candidatos à eleição majoritária deverão ser julgados conjuntamente, com o exame individualizado de cada uma das candidaturas, e o registro da chapa somente será deferido se ambos os candidatos forem considerados aptos, não podendo ser deferido o registro sob condição.
Parágrafo único. Se o Juiz Eleitoral indeferir o registro da chapa, deverá especificar qual dos candidatos não preenche as exigências legais e apontar o óbice existente, podendo o candidato, o partido político ou a coligação, por sua conta e risco, recorrer da decisão ou, desde logo, indicar substituto ao candidato que não for considerado apto, na forma dos arts. 67 e 68 desta resolução.

Art. 51. O Juiz Eleitoral formará sua convicção pela livre apreciação da prova, atendendo aos fatos e às circunstâncias constantes dos autos, ainda que não alegados pelas partes, mencionando, na decisão, os que motivaram seu convencimento (LC nº 64/90, art. 7º, parágrafo único).

Art. 52. O pedido de registro, com ou sem impugnação, será julgado no prazo de 3 dias após a conclusão dos autos ao Juiz Eleitoral (LC nº 64/90, art. 8º, *caput*).

§1º A decisão será publicada em cartório ou no Diário de Justiça Eletrônico, passando a correr deste momento o prazo de 3 dias para a interposição de recurso para o Tribunal Regional Eleitoral.
§2º Quando a sentença for entregue em cartório antes de 3 dias contados da conclusão ao Juiz Eleitoral, o prazo para o recurso eleitoral, salvo intimação pessoal anterior, só se conta do termo final daquele tríduo.

Art. 53. Se o Juiz Eleitoral não apresentar a sentença no prazo do artigo anterior, o prazo para recurso só começará a correr após a publicação da decisão (LC nº 64/90, art. 9º, *caput*).
Parágrafo único. Ocorrendo a hipótese prevista no *caput*, o Corregedor Regional, de ofício, apurará o motivo do retardamento e proporá ao Tribunal Regional Eleitoral, se for o caso, a aplicação da penalidade cabível (LC nº 64/90, art. 9º, parágrafo único).

Art. 54. A partir da data em que for protocolada a petição de recurso eleitoral, passará a correr o prazo de 3 dias para apresentação de contrarrazões, notificado o recorrido em cartório (LC nº 64/90, art. 8º, §1º).

Art. 55. Apresentadas as contrarrazões ou transcorrido o respectivo prazo, os autos serão imediatamente remetidos ao Tribunal Regional Eleitoral, inclusive por portador, se houver necessidade, decorrente da exiguidade de prazo, correndo as despesas do transporte por conta do recorrente (LC nº 64/90, art. 8º, §2º).

Art. 56. Após decidir sobre os pedidos de registro e determinar o fechamento do sistema de candidaturas, o Juiz Eleitoral fará publicar no Diário de Justiça Eletrônico, preferencialmente, ou no Cartório Eleitoral, a relação dos nomes dos candidatos e respectivos números com os quais concorrerão nas eleições, inclusive daqueles cujos pedidos indeferidos se encontrem em grau de recurso.

Art. 57. Todos os pedidos de registro de candidatos, inclusive os impugnados, devem estar julgados, e as respectivas decisões publicadas perante o Juízo Eleitoral até o dia 5 de agosto de 2012 (Lei nº 9.504/97, art. 16, §1º).

CAPÍTULO VII
Dos Recursos

Seção I
Do Julgamento dos Recursos pelo Tribunal Regional Eleitoral

Art. 58. Recebidos os autos na Secretaria do Tribunal Regional Eleitoral, serão autuados e distribuídos na mesma data, abrindo-se vista ao Ministério Público Eleitoral pelo prazo de 2 dias (LC nº 64/90, art. 10, *caput*).
Parágrafo único. Findo o prazo, com ou sem parecer, os autos serão enviados ao relator, que os apresentará em mesa para julgamento, em 3 dias, independentemente de publicação em pauta (LC nº 64/90, art. 10, parágrafo único).

Art. 59. Na sessão de julgamento, feito o relatório, será facultada a palavra às partes e ao Ministério Público Eleitoral pelo prazo de 10 minutos (LC nº 64/90, art. 11, *caput*).
§1º Havendo pedido de vista, o julgamento deverá ser retomado na sessão seguinte, quando será concluído.
§2º Proclamado o resultado, o Tribunal lavrará o acórdão, no qual serão indicados o direito, os fatos e as circunstâncias, com base nos fundamentos do voto do relator ou do voto vencedor (LC nº 64/90, art. 11, §1º).

§3º Terminada a sessão, será lido e publicado o acórdão, passando a correr dessa data o prazo de 3 dias para a interposição de recurso (LC nº 64/90, art. 11, §2º).
§4º O Ministério Público Eleitoral será pessoalmente intimado dos acórdãos, em sessão de julgamento, quando nela publicados.

Art. 60. A partir da data em que for protocolado o recurso para o Tribunal Superior Eleitoral, passará a correr o prazo de 3 dias para apresentação de contrarrazões, notificado o recorrido em Secretaria.

Art. 61. Apresentadas as contrarrazões ou transcorrido o respectivo prazo, os autos serão imediatamente remetidos ao Tribunal Superior Eleitoral, inclusive por portador, se houver necessidade, correndo as despesas do transporte, nesse último caso, por conta do recorrente (LC nº 64/90, art. 8º, §2º, c.c. art. 12, parágrafo único).
Parágrafo único. O recurso para o Tribunal Superior Eleitoral subirá imediatamente, dispensado o juízo de admissibilidade (LC nº 64/90, art. 12, parágrafo único).

Seção II
Do Julgamento dos Recursos pelo Tribunal Superior Eleitoral

Art. 62. Recebido os autos na Secretaria do Tribunal Superior Eleitoral, serão autuados e distribuídos na mesma data, abrindo-se vista ao Ministério Público Eleitoral pelo prazo de 2 dias (LC nº 64/90, art. 14 c/c art. 10, *caput*).
Parágrafo único. Findo o prazo, com ou sem parecer, os autos serão enviados ao relator, que os apresentará em mesa para julgamento, em 3 dias, independentemente de publicação em pauta (LC nº 64/90, art. 14 c/c art. 10, parágrafo único).

Art. 63. Na sessão de julgamento, feito o relatório, será facultada a palavra às partes e ao Ministério Público Eleitoral pelo prazo de 10 minutos (LC nº 64/90, art. 14 c/c art. 11, *caput*).
§1º Havendo pedido de vista, o julgamento deverá ser retomado na sessão seguinte.
§2º Proclamado o resultado, o Tribunal se reunirá para a lavratura do acórdão, no qual serão indicados o direito, os fatos e as circunstâncias, com base nos fundamentos contidos no voto do relator ou no do primeiro voto vencedor (LC nº 64/90, art. 14 c/c art. 11, §1º).
§3º Terminada a sessão, será lido e publicado o acórdão, passando a correr dessa data o prazo de 3 dias para a interposição de recurso (LC nº 64/90, art. 14 c/c art. 11, §2º).
§4º O Ministério Público Eleitoral será pessoalmente intimado dos acórdãos, em sessão de julgamento, quando nela publicados.

Art. 64. Interposto recurso extraordinário, a parte recorrida será intimada para apresentação de contrarrazões no prazo de três dias.
§1º O prazo para contrarrazões corre em secretaria.
§2º A intimação do Ministério Público Eleitoral e da Defensoria Pública se dará por mandado e, para as demais partes, mediante publicação em Secretaria.
§3º Apresentadas as contrarrazões ou transcorrido o respectivo prazo, os autos serão conclusos ao Presidente para juízo de admissibilidade.
§4º Da decisão de admissibilidade, serão intimados o Ministério Público Eleitoral e/ou a Defensoria Pública, quando integrantes da lide, por cópia, e as demais partes mediante publicação em Secretaria.
§5º Admitido o recurso e feitas as intimações, os autos serão remetidos imediatamente ao Supremo Tribunal Federal.

Art. 65. Todos os recursos sobre pedido de registro de candidatos deverão estar julgados pela Justiça Eleitoral e publicadas as respectivas decisões até 23 de agosto de 2012 (Lei nº 9.504/97, art. 16, §1º).

CAPÍTULO VIII
Da Substituição de Candidatos e do Cancelamento de Registro

Art. 66. O partido político poderá requerer, até a data da eleição, o cancelamento do registro do candidato que dele for expulso, em processo no qual seja assegurada ampla defesa, com observância das normas estatutárias (Lei nº 9.504/97, art. 14).

Art. 67. É facultado ao partido político ou à coligação substituir candidato que tiver seu registro indeferido, inclusive por inelegibilidade, cancelado, ou cassado, ou, ainda, que renunciar ou falecer após o termo final do prazo do registro (Lei nº 9.504/97, art. 13, *caput*; LC nº 64/90, art. 17; Código Eleitoral, art. 101, §1º).

§1º A escolha do substituto se fará na forma estabelecida no estatuto do partido político a que pertencer o substituído, devendo o pedido de registro ser requerido até 10 dias contados do fato ou da notificação do partido da decisão judicial que deu origem à substituição (Lei nº 9.504/97, art. 13, §1º).

§2º Nas eleições majoritárias, a substituição poderá ser requerida a qualquer tempo antes do pleito, observado o prazo previsto no parágrafo anterior (Código Eleitoral, art. 101, §2º).

§3º Nas eleições majoritárias, se o candidato for de coligação, a substituição deverá ser feita por decisão da maioria absoluta dos órgãos executivos de direção dos partidos políticos coligados, podendo o substituto ser filiado a qualquer partido dela integrante, desde que o partido político ao qual pertencia o substituído renuncie ao direito de preferência (Lei nº 9.504/97, art. 13, §2º).

§4º Se ocorrer a substituição de candidatos a cargo majoritário após a geração das tabelas para elaboração da lista de candidatos e preparação das urnas, o substituto concorrerá com o nome, o número e, na urna eletrônica, com a fotografia do substituído, computando-se àquele os votos a este atribuídos.

§5º Na hipótese da substituição de que trata o parágrafo anterior, caberá ao partido político e/ou coligação do substituto dar ampla divulgação ao fato para esclarecimento do eleitorado, sem prejuízo da divulgação também por outros candidatos, partidos políticos e/ou coligações e, ainda, pela Justiça Eleitoral, inclusive nas próprias Seções Eleitorais, quando determinado ou autorizado pela autoridade eleitoral competente.

§6º Nas eleições proporcionais, a substituição só se efetivará se o novo pedido for apresentado até o dia 8 de agosto de 2012, observado o prazo previsto no §1º deste artigo (Lei nº 9.504/97, art. 13, §3º; Código Eleitoral, art. 101, §1º).

§7º Não será admitido o pedido de substituição de candidatos quando não forem respeitados os limites mínimo e máximo das candidaturas de cada sexo previstos no §2º do art. 20 desta resolução.

§8º O ato de renúncia, datado e assinado, deverá ser expresso em documento com firma reconhecida por tabelião ou por duas testemunhas, e o prazo para substituição será contado da publicação da decisão que a homologar.

Art. 68. O pedido de registro de substituto, assim como o de novos candidatos, deverá ser apresentado por meio do Requerimento de Registro de Candidatura (RRC), contendo as informações e documentos previstos nos arts. 26 e 27 desta resolução, dispensada a apresentação daqueles já existentes nos respectivos Cartórios Eleitorais, certificando-se a sua existência em cada um dos pedidos.

Art. 69. Recebida a comunicação de que foi anulada a deliberação sobre coligações e os atos dela decorrentes, objeto do §1º do art. 10 desta resolução, o Juiz Eleitoral deverá, de ofício, cancelar todos os pedidos de registro, para as eleições majoritárias e proporcionais, que tenham sido requeridos pela coligação integrada pelo respectivo partido político comunicante.

Art. 70. Os Juízes Eleitorais deverão, de ofício, cancelar automaticamente o registro de candidato que venha a renunciar ou falecer, quando tiverem conhecimento do fato.

CAPÍTULO IX
Da Audiência de Verificação e Validação de Dados e Fotografia

Art. 71. Decididos todos os pedidos de registro, os partidos políticos, as coligações e os candidatos serão notificados, por edital, publicado no Diário de Justiça Eletrônico, preferencialmente, ou no Cartório Eleitoral, para a audiência de verificação das fotografias e dos dados que constarão da urna eletrônica, a ser realizada até 2 de setembro de 2012, anteriormente ao fechamento do sistema de candidaturas.

§1º O candidato poderá nomear procurador para os fins deste artigo, devendo a procuração ser individual e conceder poderes específicos para a validação dos dados, dispensado o reconhecimento de firma.

§2º Sujeitam-se à validação a que se refere o *caput* o nome para urna, o cargo, o número, o partido, o sexo e a fotografia.

§3º Na hipótese de rejeição de quaisquer dos dados previstos no parágrafo anterior, o candidato ou seu procurador será intimado na audiência para apresentar, no prazo de 2 dias, os dados a serem alterados, em petição que será submetida à apreciação do Juiz Eleitoral.

§4º A alteração da fotografia somente será requerida quando constatado que a definição da foto digitalizada poderá dificultar o reconhecimento do candidato, devendo ser substituída no prazo e nos moldes previstos no parágrafo anterior.

§5º Se o novo dado não atender aos requisitos previstos nesta resolução, o requerimento será indeferido, permanecendo o candidato com o anteriormente apresentado.

§6º O não comparecimento dos interessados ou de seus representantes implicará aceite tácito, não podendo ser suscitada questão relativa a problemas de exibição em virtude da má qualidade da foto apresentada.

§7º Da audiência de verificação será lavrada ata, consignando as ocorrências e manifestações dos interessados.

CAPÍTULO X
Disposições Finais

Art. 72. Transitada em julgado ou publicada a decisão proferida por órgão colegiado que declarar a inelegibilidade do candidato, será negado o seu registro, ou cancelado, se já tiver sido feito, ou declarado nulo o diploma, se já expedido (LC nº 64/90, art. 15, *caput*).

Parágrafo único. A decisão a que se refere o *caput*, independentemente da apresentação de recurso, deverá ser comunicada, de imediato, ao Ministério Público Eleitoral e ao Juízo Eleitoral competente para o registro de candidatura e expedição de diploma do réu (LC nº 64/90, art. 15, parágrafo único).

Art. 73. Constitui crime eleitoral a arguição de inelegibilidade ou a impugnação de registro de candidato feita por interferência do poder econômico, desvio ou abuso do poder de autoridade, deduzida de forma temerária ou de manifesta má-fé, incorrendo os infratores na pena de detenção de 6 meses a 2 anos e multa (LC nº 64/90, art. 25).

Art. 74. Os processos de registro de candidaturas terão prioridade sobre quaisquer outros, devendo a Justiça Eleitoral adotar as providências necessárias para o cumprimento dos prazos previstos nesta resolução, inclusive com a realização de sessões extraordinárias e a convocação dos Juízes Suplentes pelos Tribunais, sem prejuízo da eventual aplicação do disposto no art. 97 da Lei nº 9.504/97 e de representação ao Conselho Nacional de Justiça (Lei nº 9.504/97, art. 16, §2º).

Art. 75. Os prazos a que se refere esta resolução serão peremptórios e contínuos, correndo em cartório ou secretaria, e não se suspenderão aos sábados, domingos e feriados, entre 5 de julho de 2012 e a data fixada no calendário eleitoral (LC nº 64/90, art. 16).

§1º Os Cartórios Eleitorais e Tribunais Regionais Eleitorais divulgarão o horário de seu funcionamento para o período previsto no *caput*, que não poderá ser encerrado antes das 19 horas locais.

§2º O Tribunal Superior Eleitoral permanecerá em funcionamento aos sábados, domingos e feriados a partir do dia 4 de agosto de 2012 até a data fixada no calendário eleitoral.

Art. 76. Da convenção partidária até a apuração final da eleição, não poderão servir como Juízes Eleitorais o cônjuge ou companheiro, parente consanguíneo ou afim, até o segundo grau, de candidato a cargo eletivo registrado na circunscrição (Código Eleitoral, art. 14, §3º).

Art. 77. Não poderão servir como chefe de Cartório Eleitoral, sob pena de demissão, membro de diretório de partido político, candidato a cargo eletivo, seu cônjuge ou companheiro e parente consanguíneo ou afim até o segundo grau (Código Eleitoral, art. 33, §1º).

Art. 78. O membro do Ministério Público que mantém o direito à filiação partidária não poderá exercer funções eleitorais enquanto não decorridos 2 anos do cancelamento da aludida filiação (LC nº 75/93, art. 80).

Art. 79. Ao Juiz Eleitoral que seja parte em ações judiciais que envolvam determinado candidato é defeso exercer suas funções em processo eleitoral no qual o mesmo candidato seja interessado (Lei nº 9.504/97, art. 95).
Parágrafo único. Se, posteriormente ao registro da candidatura, candidato propuser ação contra Juiz que exerce função eleitoral, o afastamento deste somente decorrerá de declaração espontânea de suspeição ou de procedência da respectiva exceção.

Art. 80. Os feitos eleitorais, no período entre 10 de junho e 2 de novembro de 2012, terão prioridade para a participação do Ministério Público e dos Juízes de todas as justiças e instâncias, ressalvados os processos de *habeas corpus* e mandado de segurança (Lei nº 9.504/97, art. 94, *caput*).

§1º É defeso às autoridades mencionadas neste artigo deixar de cumprir qualquer prazo desta resolução em razão do exercício de suas funções regulares (Lei nº 9.504/97, art. 94, §1º).

§2º O descumprimento do disposto neste artigo constitui crime de responsabilidade e será objeto de anotação funcional para efeito de promoção na carreira (Lei nº 9.504/97, art. 94, §2º).

§3º Além das polícias judiciárias, os órgãos da Receita Federal, Estadual e Municipal, os Tribunais e os órgãos de contas auxiliarão a Justiça Eleitoral na apuração dos delitos eleitorais, com prioridade sobre suas atribuições regulares (Lei nº 9.504/97, art. 94, §3º).

Art. 81. Esta resolução entra em vigor na data de sua publicação.

Brasília, 14 de dezembro de 2011.

Resolução nº 23.376, de 1º de março de 2012

Instrução nº 1542-64.2011.6.00.0000, Classe 19, Brasília/DF.
Rel. Min. Arnaldo Versiani. DJE-TSE, 5.3.2012.

Dispõe sobre a arrecadação e os gastos de recursos por partidos políticos, candidatos e comitês financeiros e, ainda, sobre a prestação de contas nas eleições de 2012.

O Tribunal Superior Eleitoral, no uso das atribuições que lhe conferem o artigo 23, inciso IX, do Código Eleitoral e o artigo 105 da Lei nº 9.504, de 30 de setembro de 1997, resolve expedir a seguinte instrução:

TÍTULO I
Da Arrecadação e Aplicação de Recursos

CAPÍTULO I
Das Disposições Gerais

Art. 1º Os partidos políticos, candidatos e comitês financeiros poderão arrecadar recursos para custear as despesas de campanhas destinadas às eleições de 2012.

Art. 2º A arrecadação de recursos de qualquer natureza e a realização de gastos de campanha por partidos políticos, candidatos e comitês financeiros deverão observar os seguintes requisitos:
I - requerimento do registro de candidatura ou do comitê financeiro;
II - inscrição no Cadastro Nacional da Pessoa Jurídica (CNPJ);
III - comprovação da abertura de conta bancária específica destinada a registrar a movimentação financeira de campanha;
IV - emissão de recibos eleitorais.

Seção I
Do Limite de Gastos

Art. 3º Caberá a lei fixar, até 10 de junho de 2012, o limite máximo dos gastos de campanha para os cargos em disputa (Lei nº 9.504/97, art. 17-A).
§1º Na hipótese de não ser editada lei até a data estabelecida no *caput*, os partidos políticos, por ocasião do registro de candidatura, informarão os valores máximos de gastos na campanha, por cargo eletivo (Lei nº 9.504/97, art. 17-A).
§2º Havendo coligação em eleições proporcionais, cada partido político que a integra fixará para os seus candidatos o valor máximo de gastos de que trata este artigo (Lei nº 9.504/97, art. 18, §1º).
§3º O valor máximo de gastos relativos à candidatura de Vice-Prefeito será incluído no valor de gastos da candidatura do titular e deverá ser informado pelo partido político a que for filiado o candidato a Prefeito.
§4º Os candidatos a Vice-Prefeito são solidariamente responsáveis no caso de extrapolação do limite máximo de gastos fixados para os respectivos titulares.
§5º O gasto de recursos, além dos limites estabelecidos nos termos deste artigo, sujeita os responsáveis ao pagamento de multa no valor de 5 a 10 vezes a quantia em excesso, a qual deverá ser recolhida no prazo de 5 dias úteis, contados da intimação da decisão judicial, podendo os responsáveis responder, ainda, por abuso do poder econômico, na

forma do art. 22 da Lei Complementar nº 64/90 (Lei nº 9.504/97, art. 18, §2º), sem prejuízo de outras sanções cabíveis.

§6º Após registrado, o limite de gastos dos candidatos só poderá ser alterado com a autorização do Juízo Eleitoral, mediante solicitação justificada, com base na ocorrência de fatos supervenientes e imprevisíveis, cujo impacto sobre o financiamento da campanha eleitoral inviabilize o limite de gastos fixado previamente, nos termos do §1º.

§7º O pedido de alteração de limite de gastos a que se refere o parágrafo anterior, devidamente fundamentado, será:
I - encaminhado à Justiça Eleitoral pelo partido político a que está filiado o candidato cujo limite de gastos se pretende alterar;
II - protocolado e juntado aos autos do processo de registro de candidatura, para apreciação e julgamento pelo Juiz Eleitoral.

§8º Deferida a alteração, serão atualizadas as informações constantes do Sistema de Registro de Candidaturas (CAND) e no Sistema de Prestação de Contas Eleitorais (SPCE).

§9º Enquanto não autorizada a alteração do limite de gastos prevista no §6º, deverá ser observado o limite vigente.

Seção II
Dos Recibos Eleitorais

Art. 4º Toda e qualquer arrecadação de recursos para a campanha eleitoral, financeiros ou estimáveis em dinheiro, só poderá ser efetivada mediante a emissão do recibo eleitoral.

Art. 5º Os recibos eleitorais terão numeração seriada composta por dezoito dígitos, conforme indicado a seguir:
I - Composição da numeração dos recibos eleitorais para candidatos:

Composição	Número do candidato	Código do Município	UF	Número do recibo eleitoral (sequencial)	Total
Tamanho	5 (numérico)	5 (numérico)	2 (alfabético)	6 (numérico)	18 posições

a) o delimitador dos campos deve ser (.);
b) UF e o Município são os de registro do candidato na Justiça Eleitoral;
c) quando se tratar de candidato a Prefeito, o número da candidatura será precedido de 3 zeros à esquerda (000XX).
Parágrafo único. O candidato a Vice-Prefeito deverá utilizar os recibos eleitorais do candidato a Prefeito, não lhe sendo permitido utilizar recibos eleitorais com a numeração do seu partido.
II - Composição da numeração dos recibos eleitorais para comitês financeiros:

Composição	Identificador	Número do Partido	Código do comitê	Código do Município	UF	Número do recibo eleitoral (sequencial)	Total
Nº de posições	C	2 (numérico)	2 (numérico)	5 (numérico)	2 (alfabético)	6 (numérico)	18 posições

a) o delimitador dos campos deve ser (.);
b) a UF e o Município são os de registro do comitê financeiro na Justiça Eleitoral;

c) quando se tratar de comitê financeiro, o número do partido deve ser precedido do identificador "C" – de comitê financeiro.
Parágrafo único. Tipo de comitê financeiro e os respectivos códigos:

Tipo do comitê financeiro	Código
Comitê Financeiro Municipal Único	00
Comitê Financeiro Municipal para Prefeito	04
Comitê Financeiro Municipal para Vereador	05

III - Composição da numeração dos recibos eleitorais para partidos políticos:

Composição	Identificador	Número do Partido	Código do partido	Código do Município	UF	Número do recibo eleitoral (sequencial)	Total
Nº de posições	P	2 (numérico)	2 (numérico)	5 (numérico)	2 (alfabético)	6 (numérico)	18 posições

a) o delimitador dos campos deve ser (.);
b) a UF e o Município são os de registro do diretório partidário municipal na Justiça Eleitoral;
c) o código do Município a ser utilizado para os diretórios estaduais deve ser o da respectiva capital;
d) para os diretórios nacionais a UF deve ser BR e o código do Município deverá ter 5 dígitos zeros (00000).

Seção III
Da Constituição e Registro de Comitês Financeiros

Art. 7º Até 10 dias úteis após a escolha de seus candidatos em convenção, o partido político deverá constituir comitês financeiros, com a finalidade de arrecadar recursos e aplicá-los nas campanhas eleitorais, podendo optar pela criação de (Lei nº 9.504/97, art. 19, *caput*):
I - um único comitê que compreenda todas as eleições de determinado Município; ou
II - um comitê para cada eleição em que o partido político apresente candidato próprio, sendo um para eleição de prefeito e outro para eleição de Vereador.
§1º Os comitês financeiros serão constituídos por tantos membros quantos forem indicados pelo partido político, sendo obrigatória a designação de, no mínimo, um Presidente e um tesoureiro.
§2º Não será admitida a constituição de comitê financeiro de coligação partidária.

Art. 8º Os comitês financeiros deverão ser registrados, até 5 dias após a sua constituição, perante o Juízo Eleitoral responsável pelo registro dos candidatos (Lei nº 9.504/97, art. 19, §3º).

Art. 9º O requerimento de registro do comitê financeiro, devidamente assinado pelo seu Presidente e pelo tesoureiro, será protocolado, autuado em classe própria e deverá ser instruído com os seguintes documentos:
I - original ou cópia autenticada da ata da reunião lavrada pelo partido político na qual foi deliberada a sua constituição, com data e especificação do tipo de comitê criado, nos termos dos incisos I e II do art. 7º desta resolução;

II - relação nominal de seus membros, com as suas funções, os números de inscrição no Cadastro de Pessoas Físicas (CPF) e as respectivas assinaturas;
III - comprovante de regularidade perante o Cadastro de Pessoas Físicas do Ministério da Fazenda (CPF) do Presidente e do tesoureiro do comitê financeiro, nos termos de Instrução Normativa Conjunta do Tribunal Superior Eleitoral e da Receita Federal do Brasil;
IV - endereço e número de telefone e de fac-símile por meio dos quais os membros do comitê financeiro poderão receber notificações, intimações e comunicados da Justiça Eleitoral.
Parágrafo único. O pedido de registro deverá ser apresentado obrigatoriamente em meio eletrônico gerado pelo Sistema de Registro do Comitê financeiro (SRCF), acompanhado da via impressa do formulário Requerimento de Registro do Comitê financeiro (RRCF), emitido pelo sistema e assinado pelo Presidente e tesoureiro do comitê financeiro.

Art. 10. Examinada a documentação de que trata o artigo anterior, o Juízo Eleitoral, se for o caso, poderá determinar o cumprimento de diligências para a obtenção de informações e documentos adicionais e/ou a complementação dos dados apresentados, assinalando prazo não superior a 72 horas, sob pena de indeferimento do pedido do registro do comitê financeiro.
Parágrafo único. Verificada a regularidade da documentação, o Juízo Eleitoral determinará o registro do comitê financeiro e a guarda da documentação para subsidiar a análise da prestação de contas.

Art. 11. O comitê financeiro do partido político tem por atribuição (Lei nº 9.504/97, arts. 19, 28, §§1º e 2º, e 29):
I - arrecadar e aplicar recursos de campanha eleitoral;
II - fornecer aos candidatos orientação sobre os procedimentos de arrecadação e aplicação de recursos e sobre as consequentes prestações de contas de campanhas eleitorais;
III - encaminhar ao Juízo Eleitoral a prestação de contas de candidatos a Prefeito, que abrangerá a de seu Vice, caso eles não o façam diretamente;
IV - encaminhar ao Juízo Eleitoral a prestação de contas dos candidatos a vereador, caso eles não o façam diretamente.

Seção IV
Da Conta Bancária

Art. 12. É obrigatória para os candidatos, comitês financeiros e partidos políticos, em todos os níveis de direção, a abertura de conta bancária específica, na Caixa Econômica Federal, no Banco do Brasil ou em outra instituição financeira com carteira comercial reconhecida pelo Banco Central do Brasil, para registrar o movimento financeiro de campanha eleitoral, vedado o uso de conta bancária preexistente (Lei nº 9.504/97, art. 22, *caput*).
§1º A conta bancária específica de que trata o *caput* deverá ser aberta:
a) pelo candidato e pelo comitê financeiro no prazo de 10 dias a contar da concessão do CNPJ pela Secretaria da Receita Federal do Brasil; e
b) pelos partidos políticos a partir de 1º de janeiro de 2012.
§2º A obrigação prevista neste artigo deverá ser cumprida pelos candidatos, pelos comitês financeiros e pelos partidos políticos em todos os níveis de direção, mesmo que não ocorra arrecadação e/ou movimentação de recursos financeiros.
§3º Os candidatos a Vice-Prefeito não serão obrigados a abrir conta bancária específica, mas, se o fizerem, os respectivos extratos bancários deverão compor a prestação de contas dos candidatos a Prefeito.
§4º A conta bancária a que se refere este artigo somente poderá receber depósitos/créditos de origem identificada pelo nome ou razão social e respectivo número de inscrição no CPF ou CNPJ.

§5º A abertura da conta bancária é facultativa para:
I - representações partidárias municipais, comitês financeiros e candidatos em Municípios onde não haja agência bancária e/ou correspondente bancário;
II - candidatos a vereador em Municípios com menos de 20 mil eleitores.

Art. 13. A conta bancária deverá ser aberta mediante a apresentação dos seguintes documentos:
I - para candidatos e comitês financeiros:
a) requerimento de Abertura de Conta Bancária Eleitoral (RACE), conforme Anexo III, disponível na página da internet dos Tribunais Eleitorais;
b) comprovante de inscrição no CNPJ para as eleições, disponível na página da internet da Secretaria da Receita Federal do Brasil (www.receita.fazenda.gov.br).
II - para partidos políticos:
a) requerimento de Abertura de Conta Eleitoral de Partidos (RACEP), conforme Anexo IV, disponível na página da internet dos Tribunais Eleitorais;
b) comprovante da respectiva inscrição no CNPJ da Secretaria da Receita Federal do Brasil, a ser impresso mediante consulta à página daquela secretaria na internet (www.receita.fazenda. gov.br); e
c) certidão de composição partidária, disponível na página da internet do TSE (www.tse.jus.br).
§1º No caso de comitê financeiro, a conta bancária específica de campanha eleitoral deve ser identificada com a denominação "ELEIÇÕES 2012 – COMITÊ FINANCEIRO", seguida da denominação "cargo eletivo" ao qual se destinarão os recursos, ou da expressão "ÚNICO", do "Município" e da "UF", quando os recursos se destinarem a todos os cargos eletivos, e da sigla do partido.
§2º No caso de candidato, a conta bancária aberta para a campanha eleitoral deve ser identificada com a denominação "ELEIÇÕES 2012", seguida do nome do candidato, do cargo ao qual concorrerá, do "Município" e da "UF".
§3º Em se tratando de partido político, a conta deve ser identificada com a denominação "ELEIÇÕES 2012", seguida da sigla do partido político e da identificação do seu órgão nacional, estadual ou municipal.

Art. 14. Os partidos políticos, em todas as esferas de direção, deverão providenciar, até 5 de julho de 2012, a abertura da conta específica de que trata o art. 12 desta resolução, utilizando o CNPJ próprio já existente.
§1º Os partidos políticos, em todas as esferas de direção, devem manter em sua escrituração contábil contas específicas para o registro das movimentações financeiras dos recursos destinados às campanhas eleitorais, a fim de permitir a segregação desses recursos de quaisquer outros e a identificação de sua origem.
§2º O partido político que aplicar recursos do Fundo Partidário na campanha eleitoral deverá fazer a movimentação financeira diretamente na conta bancária estabelecida no art. 43 da Lei nº 9.096/95, vedada a transferência desses recursos para a conta bancária específica de campanha de que trata o art. 12 desta resolução.

Art. 15. Os bancos são obrigados a acatar, no prazo de até 3 dias, o pedido de abertura de conta específica de qualquer comitê financeiro, partido político ou candidato escolhido em convenção, sendo-lhes vedado condicioná-la a depósito mínimo e a cobrança de taxas e/ou outras despesas de manutenção (Lei nº 9.504/97, art. 22, §1º).

Art. 16. As instituições financeiras que procederem à abertura de conta bancária específica para a campanha eleitoral de 2012 fornecerão aos órgãos da Justiça Eleitoral os extratos eletrônicos do movimento financeiro para fins de instrução dos processos de prestação de contas dos candidatos, dos comitês financeiros e dos partidos políticos (Lei 9.504/97, art. 22).

§1º No caso de a conta específica ter sido aberta por meio de correspondente bancário, as instituições financeiras fornecerão aos órgãos da Justiça Eleitoral os extratos físicos do movimento financeiro para fins de instrução dos processos de prestação de contas dos candidatos, dos comitês financeiros e dos partidos políticos.

§2º Os extratos eletrônicos serão padronizados e disponibilizados conforme normas específicas do Banco Central do Brasil e deverão compreender o registro da movimentação financeira entre a data da abertura e a do encerramento da conta bancária.

Art. 17. A movimentação de recursos financeiros fora da conta específica de que trata o art. 12 desta resolução, a exceção dos recursos do Fundo Partidário, implica a desaprovação das contas de campanha e o posterior envio dos autos ao Ministério Público Eleitoral para a propositura da ação cabível.

Parágrafo único. Comprovado abuso do poder econômico, será cancelado o registro da candidatura ou cassado o diploma, se já houver sido outorgado (Lei nº 9.504/97, art. 22, §3º), sem prejuízo de outras sanções previstas em lei.

CAPÍTULO II
Da Arrecadação

Seção I
Das Origens dos Recursos

Art. 18. Os recursos destinados às campanhas eleitorais, respeitados os limites previstos nesta resolução, são os seguintes:
I - recursos próprios dos candidatos;
II - recursos e fundos próprios dos partidos políticos;
III - doações, em dinheiro ou estimáveis em dinheiro, de pessoas físicas ou de pessoas jurídicas;
IV - doações, por cartão de débito ou de crédito;
V - doações de outros candidatos, comitês financeiros ou partidos políticos;
VI - repasse de recursos provenientes do Fundo de Assistência Financeira aos Partidos Políticos – Fundo Partidário, de que trata o art. 38 da Lei nº 9.096/95;
VII - receita decorrente da comercialização de bens e/ou serviços e/ou da promoção de eventos, bem como da aplicação financeira dos recursos de campanha.

Seção II
Da Aplicação dos Recursos

Art. 19. Os partidos políticos poderão aplicar ou distribuir pelas diversas eleições os recursos financeiros recebidos de pessoas físicas e jurídicas, devendo, obrigatoriamente:
I - discriminar a origem e a destinação dos recursos repassados a candidatos e a comitês financeiros;
II - observar as normas estatutárias e os critérios definidos pelos respectivos órgãos de direção nacional, os quais devem ser fixados e encaminhados à Justiça Eleitoral até 10 de junho de 2012 (Lei n. 9.096/95, art. 39, §5º).
III - depósito na conta específica de campanha do partido político, antes da sua destinação ou utilização, ressalvados os recursos do Fundo Partidário, cuja utilização deverá observar o disposto no §2º do art. 14 desta resolução.

Art. 20. As doações recebidas pelos partidos políticos em anos anteriores ao da eleição poderão ser aplicadas na campanha eleitoral de 2012, desde que observados os seguintes requisitos:

I - identificação da sua origem e escrituração contábil individualizada das doações recebidas;
II - transferência para a conta específica de campanha do partido político, antes de sua destinação ou utilização, respeitado o limite legal imposto a tais doações, tendo por base o ano anterior ao da eleição;
III - identificação do comitê financeiro ou do candidato beneficiário.

Art. 21. Os partidos políticos, em todos os níveis de direção, poderão aplicar nas campanhas eleitorais os recursos do Fundo Partidário, inclusive de exercícios anteriores, por meio de doações a candidatos e a comitês financeiros, devendo manter escrituração contábil que identifique o destinatário dos recursos ou o seu beneficiário.

Seção III
Das Doações

Art. 22. As doações, inclusive pela internet, feitas por pessoas físicas e jurídicas em favor de candidato, comitê financeiro e/ou partido político serão realizadas mediante:
I - cheques cruzados e nominais, transferência bancária, boleto de cobrança com registro, cartão de crédito ou cartão de débito;
II - depósitos em espécie, devidamente identificados com o CPF/CNPJ do doador;
III - doação ou cessão temporária de bens e/ou serviços estimáveis em dinheiro.

Art. 23. São considerados bens estimáveis em dinheiro fornecidos pelo próprio candidato apenas aqueles integrantes do seu patrimônio em período anterior ao pedido de registro da candidatura.
Parágrafo único. Os bens e/ou serviços estimáveis em dinheiro doados por pessoas físicas e jurídicas, com exceção de partidos políticos, comitês financeiros e candidatos, devem constituir produto de seu próprio serviço, de suas atividades econômicas e, no caso dos bens permanentes, deverão integrar o patrimônio do doador.

Art. 24. Para arrecadar recursos pela internet, o candidato, o comitê financeiro e o partido político deverão tornar disponível mecanismo em página eletrônica, observados os seguintes requisitos:
a) identificação do doador pelo nome ou razão social com CPF/CNPJ;
b) emissão obrigatória de recibo eleitoral para cada doação realizada;
c) efetivação do crédito na conta bancária específica de campanha até a data da realização do pleito;
d) fixação de data de vencimento do boleto de cobrança até o dia da eleição;
e) utilização de terminal de captura de transações para as doações por meio de cartão de crédito e de cartão de débito.

Art. 25. As doações de que tratam esta Seção ficam limitadas (Lei nº 9.504/97, arts. 23, §1º, I e II, §7º e 81, §1º):
I - a 10% dos rendimentos brutos auferidos por pessoa física, no ano-calendário anterior à eleição, declarados à Receita Federal do Brasil, excetuando-se as doações estimáveis em dinheiro relativas à utilização de bens móveis ou imóveis de propriedade do doador, desde que o valor da doação não ultrapasse R$50.000,00 (cinquenta mil reais), apurados conforme o valor de mercado, bem como a atividade voluntária, pessoal e direta do eleitor em apoio à candidatura ou partido político de sua preferência;
II - a 2% do faturamento bruto auferido por pessoa jurídica, no ano-calendário anterior à eleição, declarado à Receita Federal do Brasil;

III - ao valor máximo do limite de gastos estabelecido na forma do art. 3º desta resolução, caso o candidato utilize recursos próprios.

§1º É vedada a realização de doações por pessoas jurídicas que tenham iniciado ou retomado as suas atividades no ano-calendário de 2012, em virtude da impossibilidade de apuração dos limites de doação constante do inciso II do *caput*.

§2º A doação de quantia acima dos limites fixados neste artigo sujeita o infrator ao pagamento de multa no valor de 5 a 10 vezes a quantia em excesso, sem prejuízo de responder o candidato por abuso do poder econômico, nos termos do art. 22 da Lei Complementar nº 64/90 (Lei nº 9.504/97, arts. 23, §3º, e 81, §2º).

§3º Além do disposto no parágrafo anterior, a pessoa jurídica que ultrapassar o limite de doação fixado no inciso II deste artigo estará sujeita à proibição de participar de licitações públicas e de celebrar contratos com o poder público pelo período de até 5 anos, por decisão da Justiça Eleitoral, processo no qual seja assegurada a ampla defesa (Lei nº 9.504/97, art. 81, §3º).

§4º A verificação dos limites de doação, após a consolidação pela Justiça Eleitoral dos valores doados, será realizada mediante o encaminhamento das informações à Receita Federal do Brasil que, se apurar excesso, fará a devida comunicação à Justiça Eleitoral, resguardado o respectivo sigilo dos rendimentos da pessoa física e do faturamento da pessoa jurídica.

Art. 26. As doações entre candidatos, comitês financeiros e partidos políticos deverão ser realizadas mediante recibo eleitoral e não estão sujeitas aos limites fixados nos incisos I e II do art. 25 desta resolução.

§1º As doações previstas no *caput*, caso oriundas de recursos próprios do candidato, deverão respeitar o limite legal estabelecido para pessoas físicas.

§2º Os empréstimos contraídos pela pessoa física do candidato serão considerados doação de recursos próprios se aplicados na campanha eleitoral.

Seção IV
Das Fontes Vedadas

Art. 27. É vedado a partido político, comitê financeiro e candidato receber, direta ou indiretamente, doação em dinheiro ou estimável em dinheiro, inclusive por meio de publicidade de qualquer espécie, procedente de (Lei nº 9.504/97, art. 24, I a XI):
I - entidade ou governo estrangeiro;
II - órgão da administração pública direta e indireta ou fundação mantida com recursos provenientes do poder público;
III - concessionário ou permissionário de serviço público;
IV - entidade de direito privado que receba, na condição de beneficiária, contribuição compulsória em virtude de disposição legal;
V - entidade de utilidade pública;
VI - entidade de classe ou sindical;
VII - pessoa jurídica sem fins lucrativos que receba recursos do exterior;
VIII - entidades beneficentes e religiosas;
IX - entidades esportivas;
X - organizações não governamentais que recebam recursos públicos;
XI - organizações da sociedade civil de interesse público;
XII - sociedades cooperativas de qualquer grau ou natureza, cujos cooperados sejam concessionários ou permissionários de serviços públicos ou que estejam sendo beneficiadas com recursos públicos (Lei nº 9.504/97, art. 24, parágrafo único).

§1º Os recursos de fontes vedadas deverão ser transferidos ao Tesouro Nacional, por meio de Guia de Recolhimento da União (GRU), pelo partido político, pelo comitê financeiro ou pelo candidato até 5 dias após a decisão definitiva que julgar a prestação de contas de campanha, com a apresentação do respectivo comprovante de recolhimento dentro desse mesmo prazo.

§2º O não cumprimento da obrigação constante do parágrafo anterior sujeita o responsável às medidas cabíveis.

§3º A transferência de recursos de fontes vedadas para outros diretórios partidários, candidatos e comitês financeiros não isenta os donatários da obrigação prevista no §1º.

Seção V
Da Comercialização de Bens e/ou Serviços e/ou da Promoção de Eventos

Art. 28. Para a comercialização de bens e/ou serviços e/ou a promoção de eventos que se destinem a arrecadar recursos para campanha eleitoral, o comitê financeiro, o partido político ou o candidato deverá:
I - comunicar a sua realização, formalmente e com antecedência mínima de 5 dias úteis, ao Juízo Eleitoral, que poderá determinar a sua fiscalização;
II - manter à disposição da Justiça Eleitoral a documentação necessária à comprovação de sua realização.
§1º Os valores arrecadados com a venda de bens e/ou serviços e/ou com a promoção de eventos destinados a angariar recursos para a campanha eleitoral constituem doação e estão sujeitos aos limites legais e à emissão de recibos eleitorais.
§2º O montante bruto dos recursos arrecadados deverá, antes de sua utilização, ser depositado na conta bancária específica.
§3º Para a fiscalização de eventos, prevista no inciso I do *caput*, a Justiça Eleitoral poderá nomear, dentre seus servidores, fiscais *ad hoc*, devidamente credenciados para a sua atuação.

Seção VI
Da Data Limite para a Arrecadação e Despesas

Art. 29. Os candidatos, partidos políticos e comitês financeiros poderão arrecadar recursos e contrair obrigações até o dia da eleição.
§1º É permitida a arrecadação de recursos após o prazo fixado no *caput* exclusivamente para a quitação de despesas já contraídas e não pagas até o dia da eleição, as quais deverão estar integralmente quitadas até a data da entrega da prestação de contas à Justiça Eleitoral.
§2º Eventuais débitos de campanha não quitados até a data fixada para a apresentação da prestação de contas poderão ser assumidos pelo partido político, por decisão do seu órgão nacional de direção partidária (Lei nº 9.504/97, art. 29, §3º).
§3º No caso do disposto no parágrafo anterior, o órgão partidário da respectiva circunscrição eleitoral passará a responder por todas as dívidas solidariamente com o candidato, hipótese em que a existência do débito não poderá ser considerada como causa para a rejeição das contas (Lei nº 9.504/97, art. 29, §4º).
§4º Os valores arrecadados para a quitação dos débitos de campanha a que se refere o §2º devem:
I - observar os requisitos da Lei nº 9.504/97 quanto aos limites legais de aplicação e às fontes lícitas de arrecadação;
II - transitar necessariamente pela conta bancária específica de campanha, a qual somente poderá ser encerrada após a quitação de todos os débitos.
§5º As despesas já contraídas e não pagas até a data a que se refere o *caput* deverão ser comprovadas por documento fiscal idôneo ou por outro permitido pela legislação tributária, emitido na data da realização da despesa.

CAPÍTULO III
Dos Gastos Eleitorais

Seção I
Disposições Preliminares

Art. 30. São gastos eleitorais, sujeitos a registro e aos limites fixados (Lei nº 9.504/97, art. 26):
I - confecção de material impresso de qualquer natureza e tamanho;
II - propaganda e publicidade direta ou indireta, por qualquer meio de divulgação;
III - aluguel de locais para a promoção de atos de campanha eleitoral;
IV - despesas com transporte ou deslocamento de candidato e de pessoal a serviço das candidaturas;
V - correspondências e despesas postais;
VI - despesas de instalação, organização e funcionamento de comitês financeiros e serviços necessários às eleições;
VII - remuneração ou gratificação de qualquer espécie paga a quem preste serviços às candidaturas, aos comitês financeiros ou aos partidos políticos;
VIII - montagem e operação de carros de som, de propaganda e de assemelhados;
IX - realização de comícios ou eventos destinados à promoção de candidatura;
X - produção de programas de rádio, televisão ou vídeo, inclusive os destinados à propaganda gratuita;
XI - realização de pesquisas ou testes pré-eleitorais;
XII - custos com a criação e inclusão de páginas na internet;
XIII - multas aplicadas, até as eleições, aos partidos políticos ou aos candidatos por infração do disposto na legislação eleitoral;
XIV - doações para outros candidatos, comitês financeiros ou partidos políticos;
XV - produção de *jingles*, vinhetas e *slogans* para propaganda eleitoral;
§1º Os gastos eleitorais de natureza financeira só poderão ser efetuados por meio de cheque nominal ou transferência bancária, ressalvadas as despesas de pequeno valor previstas nos §§2º e 3º.
§2º Para o pagamento de despesas de pequeno valor, poderão o candidato, o comitê financeiro e o partido político constituir reserva individual rotativa em dinheiro (Fundo de Caixa), por todo o período da campanha eleitoral, observado o trânsito prévio desses recursos na conta bancária específica, devendo ser mantida a documentação correspondente para fins de fiscalização, e respeitados os seguintes critérios:
a) nos Municípios com até 40.000 (quarenta mil) eleitores o montante da reserva deverá ser de até R$5.000,00 (cinco mil reais);
b) nos Municípios com mais de 40.000 (quarenta mil) até 100.000 (cem mil) eleitores o montante da reserva deverá ser de até R$10.000,00 (dez mil reais);
c) nos Municípios com mais de 100.000 (cem mil) até 200.000 (duzentos mil) eleitores o montante da reserva deverá ser de até R$15.000,00 (quinze mil reais);
d) nos Municípios com mais de 200.000 (duzentos mil) até 500.000 (quinhentos mil) eleitores o montante da reserva deverá ser de até R$20.000,00 (vinte mil reais);
e) nos Municípios com mais de 500.000 (quinhentos mil) até 900.000 (novecentos mil) eleitores o montante da reserva deverá ser de até R$30.000,00 (trinta mil reais);
f) nos Municípios acima de 900.000 (novecentos mil) eleitores o montante da reserva deverá ser de até R$50.000,00 (cinquenta mil reais).
§3º Consideram-se de pequeno valor as despesas individuais que não ultrapassem o limite de R$300,00 (trezentos reais).
§4º Todo material impresso de campanha eleitoral deverá conter o número de inscrição no Cadastro Nacional da Pessoa Jurídica (CNPJ) ou o número de inscrição no Cadastro de Pessoas Físicas (CPF) do responsável pela confecção, bem como de quem a contratou, e a respectiva tiragem (Lei nº 9.504/97, art. 38, §1º).

§5º Quando o material impresso veicular propaganda conjunta de diversos candidatos, os gastos relativos a cada um deles deverão constar da respectiva prestação de contas ou apenas daquela relativa ao que houver arcado com as despesas (Lei nº 9.504/97, art. 38, §2º).

§6º Os gastos efetuados por candidato, em benefício de outro candidato, comitê financeiro ou partido político, constituem doações estimáveis em dinheiro e serão computados no limite de gastos de campanha.

§7º O pagamento dos gastos eleitorais contraídos pelos candidatos será de sua responsabilidade, cabendo aos comitês financeiros e aos partidos políticos responder apenas pelos gastos que realizarem.

§8º Os gastos destinados à instalação física de comitês de campanha de candidatos e de partidos políticos poderão ser contratados a partir de 10 de junho de 2012, desde que devidamente formalizados sem o desembolso financeiro e cumpridos todos os requisitos exigidos nos incisos I e II do art. 2º desta resolução.

§9º Observado o disposto no parágrafo anterior, os gastos eleitorais efetivam-se na data da sua contratação, independentemente da realização do seu pagamento, momento em que a Justiça Eleitoral poderá exercer a fiscalização.

§10. A atividade voluntária, pessoal e direta do eleitor em apoio à candidatura ou a partido político de sua preferência não será objeto de contabilidade das doações à campanha, sem prejuízo da apuração e punição de eventuais condutas indevidas e excessos que configurem abuso do poder econômico ou qualquer outra infração a lei.

Art. 31. Com a finalidade de apoiar candidato de sua preferência, qualquer eleitor poderá realizar gastos totais até o valor de R$1.064,10 (mil e sessenta e quatro reais e dez centavos), não sujeitos à contabilização, desde que não reembolsados, hipótese em que o documento fiscal deverá ser emitido em nome do eleitor (Lei nº 9.504/97, art. 27).

Parágrafo único. À exceção do disposto no inciso I do art. 25 e §10 do art. 30 desta resolução, não representam gastos de que trata o *caput* os bens e serviços entregues ou prestados ao candidato, hipótese em que, por ser doação, deverão observar o art. 25 desta resolução.

Seção II
Dos Recursos de Origem não Identificada

Art. 32. Os recursos de origem não identificada não poderão ser utilizados pelos partidos políticos, candidatos ou comitês financeiros e deverão ser transferidos ao Tesouro Nacional, por meio de Guia de Recolhimento da União (GRU), até 5 dias após a decisão definitiva que julgar a prestação de contas de campanha, com a apresentação do respectivo comprovante de recolhimento dentro desse mesmo prazo.

Parágrafo único. A falta de identificação do doador e/ou a informação de números de inscrição inválidos no CPF ou no CNPJ caracteriza o recurso como de origem não identificada.

Seção III
Da Comprovação da Arrecadação

Art. 33. Toda e qualquer arrecadação de recurso deverá ser formalizada mediante a emissão de recibo eleitoral, nos termos do disposto no art. 4º desta resolução, o qual deverá ser integralmente preenchido.

Parágrafo único. A comprovação dos recursos financeiros arrecadados será feita mediante a apresentação dos canhotos de recibos eleitorais emitidos e dos correspondentes extratos bancários da conta de que trata o art. 12 desta resolução.

Art. 34. A comprovação da ausência de movimentação de recursos financeiros deverá ser efetuada mediante a apresentação dos correspondentes extratos bancários ou de declaração firmada pelo gerente da instituição financeira.

TÍTULO II
Da Prestação de Contas

CAPÍTULO I
Da Obrigação de Prestar Contas

Art. 35. Deverão prestar contas à Justiça Eleitoral:
I - o candidato;
II - os comitês financeiros;
III - os partidos políticos, em todas as suas esferas.
§1º O candidato fará, diretamente ou por intermédio de pessoa por ele designada, a administração financeira de sua campanha (Lei nº 9.504/97, art. 20).
§2º O candidato é solidariamente responsável com a pessoa indicada no parágrafo anterior pela regularidade de sua campanha.
§3º O candidato elaborará a prestação de contas, que será encaminhada ao respectivo Juízo Eleitoral, diretamente por ele ou por intermédio do comitê financeiro ou do partido político, no prazo estabelecido no art. 38 desta resolução.
§4º O candidato deverá assinar a prestação de contas, admitida a representação por pessoa por ele designada (Lei nº 9.504/97, art. 21).
§5º O candidato que renunciar à candidatura, dela desistir, for substituído ou tiver o seu registro indeferido pela Justiça Eleitoral deverá prestar contas correspondentes ao período em que participou do processo eleitoral, mesmo que não tenha realizado campanha.
§6º Se o candidato falecer, a obrigação de prestar contas, referente ao período em que realizou campanha, será de responsabilidade de seu administrador financeiro ou, na sua ausência, no que for possível, da respectiva direção partidária.
§7º A ausência de movimentação de recursos de campanha, financeiros ou estimáveis em dinheiro, não isenta o candidato, o comitê financeiro ou o partido político do dever de prestar contas na forma estabelecida nesta resolução.

Art. 36. Para os efeitos desta resolução, a prestação de contas dos comitês financeiros será feita conjuntamente com a prestação de contas da direção municipal do partido político que o constituiu.
Parágrafo único. Os dirigentes partidários e o Presidente e o tesoureiro do comitê financeiro são responsáveis pela veracidade das informações relativas à administração financeira das respectivas campanhas eleitorais, devendo assinar todos os documentos que integram a respectiva prestação de contas e encaminhá-la à Justiça Eleitoral (Lei nº 9.504/97, art. 21).

Art. 37. Sem prejuízo da prestação de contas anual prevista na Lei nº 9.096/95, o partido político, em todos os níveis de direção, deverá prestar contas dos recursos arrecadados e aplicados exclusivamente em campanha da seguinte forma:
a) o diretório partidário municipal e o respectivo comitê financeiro deverão encaminhar a prestação de contas ao Juízo Eleitoral;
b) o diretório partidário estadual deverá encaminhar a prestação de contas ao respectivo Tribunal Regional Eleitoral;
c) o diretório partidário nacional deverá encaminhar a prestação de contas ao Tribunal Superior Eleitoral.
Parágrafo único. Na prestação de contas de que trata o *caput*, o partido político deverá incluir os extratos da conta do Fundo Partidário, mesmo que não tenha havido movimentação ou repasse para a campanha.

CAPÍTULO II
Do Prazo para a Prestação de Contas

Art. 38. As contas de candidatos, de comitês financeiros e de partidos políticos deverão ser prestadas à Justiça Eleitoral até 6 de novembro de 2012 (Lei nº 9.504/97, art. 29, III).
§1º O candidato que disputar o segundo turno deverá apresentar as contas referentes aos dois turnos até 27 de novembro de 2012 (Lei nº 9.504/97, art. 29, IV).
§2º A prestação de contas de partido político e comitê financeiro que tenha candidato ao segundo turno, relativa à movimentação financeira realizada até o primeiro turno, deverá ser apresentada até a data prevista no *caput*.
§3º Encerrado o segundo turno, o partido político deverá encaminhar, no prazo fixado no §1º, a prestação de contas, incluídas as contas de seus comitês financeiros, com a arrecadação e a aplicação dos recursos da campanha eleitoral.
§4º Findo os prazos fixados neste artigo, sem que as contas tenham sido prestadas, a Justiça Eleitoral notificará, no prazo máximo de 5 dias, candidatos, partidos políticos e comitês financeiros da obrigação de prestá-las, no prazo de 72 horas, após o que, permanecendo a omissão, serão imediatamente julgadas não prestadas as contas (Lei nº 9.504/97, art. 30, inciso IV).

CAPÍTULO III
Das Sobras de Campanha

Art.39. Constituem sobras de campanha:
I - a diferença positiva entre os recursos arrecadados e os gastos realizados em campanha;
II - os bens e materiais permanentes.
§1º As sobras de campanhas eleitorais serão transferidas ao órgão partidário, na circunscrição do pleito, devendo o comprovante de transferência ser juntado às respectivas prestações de contas partidárias (Lei 9.504/97, art. 31).
§2º As sobras financeiras de recursos oriundos do Fundo Partidário deverão ser restituídas ao partido político para depósito na conta bancária destinada à movimentação de recursos dessa natureza.

CAPÍTULO IV
Das Peças e Documentos a Serem Apresentados

Art. 40. A prestação de contas, ainda que não haja movimentação de recursos financeiros ou estimáveis em dinheiro, deverá ser instruída com os seguintes documentos:
I - ficha de qualificação do candidato, dos responsáveis pela administração de recursos do comitê financeiro ou do partido político;
II - demonstrativo dos recibos eleitorais;
III - demonstrativo dos recursos arrecadados;
IV - demonstrativo com a descrição das receitas estimadas;
V - demonstrativo de doações efetuadas a candidatos, a comitês financeiros e a partidos políticos;
VI - demonstrativo de receitas e despesas;
VII - demonstrativo de despesas efetuadas;
VIII - demonstrativo da comercialização de bens e/ou serviços e/ou da promoção de eventos;
IX - demonstrativo das despesas pagas após a eleição;
X - conciliação bancária;
XI - extratos da conta bancária aberta em nome do candidato, do comitê financeiro ou do partido político, nos termos exigidos pelo inciso III do art. 2º desta resolução, demonstrando a movimentação financeira ou a sua ausência;

XII - comprovantes de recolhimento (depósitos/transferências) à respectiva direção partidária das sobras financeiras de campanha;
XIII - cópia do contrato firmado com instituição financeira ou administradora de cartão de crédito, se for o caso;
XIV - declaração firmada pela direção partidária comprovando o recebimento das sobras de campanha constituídas por bens e/ou materiais permanentes, quando houver.
§1º Para subsidiar o exame das contas prestadas, a Justiça Eleitoral poderá requerer a apresentação dos seguintes documentos:
a) documentos fiscais e outros legalmente admitidos, que comprovem a regularidade dos gastos eleitorais realizados com recursos do Fundo Partidário;
b) documentos fiscais e outros legalmente admitidos, que comprovem os demais gastos realizados na campanha com a utilização dos demais recursos;
c) canhotos dos recibos eleitorais, quando exigíveis.
§2º O demonstrativo dos recursos arrecadados deverá conter a identificação das doações recebidas, em dinheiro ou estimáveis em dinheiro, e daqueles oriundos da comercialização de bens e/ou serviços e da promoção de eventos.
§3º O demonstrativo com as receitas estimadas em dinheiro deverá descrever o bem e/ou serviço recebido, informando a quantidade, o valor unitário e avaliação pelos preços praticados no mercado, acompanhado do respectivo recibo eleitoral, com a origem de sua emissão.
§4º O demonstrativo de receitas e despesas especificará as receitas, as despesas, os saldos e as eventuais sobras de campanha.
§5º O demonstrativo das despesas pagas após a eleição deverá discriminar as obrigações assumidas até a data do pleito e pagas após essa data.
§6º O demonstrativo do resultado da comercialização de bens e/ou serviços e/ou da promoção de eventos discriminará:
I - o período da sua realização;
II - o valor total auferido na comercialização de bens e/ou serviços e/ou da promoção de eventos;
III - o custo total despendido na comercialização de bens e/ou serviços e/ou da promoção de eventos;
IV - as especificações necessárias à identificação da operação;
V - a identificação dos adquirentes de bens e/ou serviços.
§7º A conciliação bancária, com os débitos e os créditos ainda não lançados pela instituição bancária, deverá ser apresentada quando houver diferença entre o saldo financeiro do demonstrativo de receitas e despesas e o saldo bancário registrado em extrato, de forma a justificá-la.
§8º Os extratos bancários deverão ser entregues em sua forma definitiva, contemplando todo o período de campanha, vedada a apresentação de extratos sem validade legal, adulterados, parciais, ou que omitam qualquer movimentação financeira.
§9º O partido político que utilizar recursos originários do Fundo Partidário na campanha deverá apresentar à Justiça Eleitoral, na prestação de contas final, extrato bancário do período a que se referem as aplicações ou as doações efetuadas ou recebidas desse tipo de recurso.

Art. 41. A receita estimada, oriunda de doação/cessão ao candidato, ao comitê financeiro e ao partido político de bens e/ou serviços estimáveis em dinheiro, deverá ser comprovada com a apresentação dos seguintes documentos:
I - documento fiscal emitido pela pessoa jurídica doadora e termo de doação por ele firmado;
II - documentos fiscais emitidos em nome do doador ou termo de doação por ele firmado, quando se tratar de doação feita por pessoa física;

III - termo de cessão, ou documento equivalente, quando se tratar de bens pertencentes ao cedente, pessoa física ou jurídica, cedidos temporariamente ao candidato, comitê financeiro ou partido político.

Art. 42. A documentação fiscal relacionada aos gastos eleitorais realizados pelos partidos políticos, candidatos ou comitês financeiros deverá ser emitida em nome deles, inclusive com a identificação do número de inscrição no CNPJ, observada a exigência de apresentação, em original ou cópia, da correspondente nota fiscal ou recibo, esse último apenas nas hipóteses permitidas pela legislação fiscal.

Art. 43. No caso de utilização de recursos financeiros próprios, a Justiça Eleitoral poderá exigir do candidato a apresentação de documentos comprobatórios da respectiva origem.

CAPÍTULO V
Do Processamento da Prestação de Contas

Art. 44. Para a elaboração e o encaminhamento à Justiça Eleitoral das peças e documentos enumerados no art. 40 desta resolução, deverá ser utilizado o Sistema de Prestação de Contas Eleitorais (SPCE), disponibilizado na página da Justiça Eleitoral, na internet.
Parágrafo único. No SPCE deverão ser registradas as arrecadações e aplicações de recursos que o diretório partidário movimentar na campanha eleitoral, inclusive os originados do Fundo Partidário, ainda que convertidos em bens e/ou serviços estimáveis em dinheiro.

Art. 45. Recepcionadas eletronicamente as peças que compõem a prestação de contas, o Juízo Eleitoral emitirá o comprovante de recebimento, se o número de controle gerado eletronicamente pelo SPCE na mídia for idêntico ao existente nas peças impressas.
§1º Não serão consideradas recebidas eletronicamente as prestações de contas que apresentarem:
I - ausência do número de controle nas peças impressas;
II - divergência entre o número de controle constante das peças impressas e aquele gerado na mídia;
III - inconsistência ou ausência de dados;
IV - falha na mídia;
V - qualquer outra falha que impeça a recepção eletrônica das contas e das peças na base de dados da Justiça Eleitoral.
§2º Ocorrendo qualquer das hipóteses especificadas no parágrafo anterior, serão desconsideradas as peças apresentadas, situação em que o SPCE emitirá aviso com a informação de impossibilidade técnica de sua recepção, fazendo-se necessária a sua reapresentação, sob pena de serem as contas julgadas não prestadas.

CAPÍTULO VI
Da Análise e Julgamento das Contas

Art. 46. Para efetuar o exame das contas, a Justiça Eleitoral poderá requisitar técnicos do Tribunal de Contas da União, dos Estados e dos Tribunais e Conselhos de Contas dos Municípios, pelo tempo que for necessário, bem como servidores ou empregados públicos do Município, ou nele lotados, ou, ainda, pessoas idôneas da comunidade, devendo a escolha recair preferencialmente entre aqueles que possuírem formação técnica compatível, com ampla e imediata publicidade de cada requisição (Lei nº 9.504/97, art. 30, §3º).
§1º Para a requisição de técnicos e outros colaboradores prevista nesta resolução, devem ser observados os impedimentos aplicáveis aos integrantes de Mesas Receptoras de Votos, previstos nos incisos I a III do §1º do art. 120 do Código Eleitoral.

§2º As razões de impedimento apresentadas pelos técnicos requisitados serão submetidas à apreciação da Justiça Eleitoral e somente poderão ser alegadas até 5 dias a contar da designação, salvo na hipótese de motivos supervenientes.

Art. 47. Havendo indício de irregularidade na prestação de contas, o Juízo Eleitoral poderá requisitar diretamente, ou por delegação, informações adicionais do candidato, do comitê financeiro ou do partido político, bem como determinar diligências para a complementação dos dados ou para o saneamento das falhas (Lei nº 9.504/97, art. 30, §4º).
§1º Sempre que o cumprimento de diligências implicar a alteração das peças, será obrigatória a apresentação da prestação de contas retificadora, impressa e em nova mídia gerada pelo SPCE, acompanhada dos documentos que comprovem a alteração realizada.
§2º As diligências mencionadas no *caput* devem ser cumpridas no prazo de 72 horas, a contar da intimação do candidato, do comitê financeiro ou do partido político.
§3º Na fase de exame técnico, os agentes indicados no *caput* poderão promover circularizações, fixando o prazo máximo de 72 horas para seu cumprimento.
§4º Determinada a diligência, decorrido o prazo do seu cumprimento sem manifestação do candidato, do comitê financeiro ou do partido político, ou tendo sido prestadas informações, ainda que insuficientes, ou apresentados dados incapazes de sanear os indícios de irregularidade, será emitido relatório final acerca das contas, salvo a hipótese de se considerar necessária a expedição de nova diligência.

Art. 48. Emitido relatório técnico que conclua pela existência de irregularidades e/ou impropriedades sobre as quais não se tenha dado oportunidade de manifestação ao candidato, ao partido político ou ao comitê financeiro, o Juízo Eleitoral abrirá nova vista dos autos para manifestação em 72 horas, a contar da intimação.

Art. 49. Erros formais e materiais corrigidos ou tidos como irrelevantes no conjunto da prestação de contas não ensejam a sua desaprovação e a aplicação de sanção (Lei nº 9.504/97, art. 30, §§2º e 2º-A).

Art. 50. O Ministério Público Eleitoral terá vista dos autos da prestação de contas, devendo emitir parecer no prazo de 48 horas.

Art. 51. O Juízo Eleitoral verificará a regularidade das contas, decidindo (Lei nº 9.504/97, art. 30, *caput*):
I - pela aprovação, quando estiverem regulares;
II - pela aprovação com ressalvas, quando verificadas falhas que não lhes comprometam a regularidade;
III - pela desaprovação, quando constatadas falhas que comprometam a sua regularidade;
IV - pela não prestação, quando:
a) não apresentados, tempestivamente, as peças e documentos de que trata o art. 40 desta resolução;
b) não reapresentadas as peças que as compõem, nos termos previstos no §2º do art. 45 e no art. 47 desta resolução;
c) apresentadas desacompanhadas de documentos que possibilitem a análise dos recursos arrecadados e dos gastos realizados na campanha.
§1º Também serão consideradas não prestadas as contas quando elas estiverem desacompanhadas de documentos que possibilitem a análise dos recursos arrecadados e dos gastos de campanha e cuja falta não seja suprida no prazo de 72 horas, contado da intimação do responsável.
§2º Julgadas não prestadas, mas posteriormente apresentadas, as contas não serão objeto de novo julgamento, sendo considerada a sua apresentação apenas para fins de divulgação e de regularização no Cadastro Eleitoral ao término da legislatura, nos termos do inciso I do art. 53 desta resolução.

§3º O partido político, por si ou por intermédio de comitê financeiro, que tiver as suas contas desaprovadas por descumprimento às normas referentes à arrecadação e gastos de recursos fixadas na Lei nº 9.504/97 ou nesta resolução, perderá o direito ao recebimento da quota do Fundo Partidário do ano seguinte ao trânsito em julgado da decisão, sem prejuízo de os candidatos beneficiados responderem por abuso do poder econômico ou por outras sanções cabíveis (Lei nº 9.504/97, art. 25).

§4º A sanção de suspensão do repasse de novas quotas do Fundo Partidário, por desaprovação total ou parcial da prestação de contas, deverá ser aplicada de forma proporcional e razoável, pelo período de 1 (um) mês a 12 (doze) meses, ou por meio do desconto, do valor a ser repassado, na importância apontada como irregular, não podendo ser aplicada a sanção de suspensão, caso a prestação de contas não seja julgada após 5 (cinco) anos de sua apresentação (Lei nº 9.504/97, art. 25, parágrafo único).

Art. 52. A decisão que julgar as contas dos candidatos eleitos será publicada até 8 dias antes da diplomação (Lei nº 9.504/97, art. 30, §1º).

§1º Na hipótese de gastos irregulares de recursos do Fundo Partidário ou da ausência de sua comprovação, a decisão que julgar as contas determinará a devolução do valor correspondente ao Tesouro Nacional no prazo de 5 dias após o seu trânsito em julgado.

§2º Sem prejuízo do disposto no §1º, a decisão que desaprovar as contas de candidato implicará o impedimento de obter a certidão de quitação eleitoral.

Art. 53. A decisão que julgar as contas eleitorais como não prestadas acarretará:

I - ao candidato, o impedimento de obter a certidão de quitação eleitoral até o final da legislatura, persistindo os efeitos da restrição após esse período até a efetiva apresentação das contas.

II - ao partido político, em relação às suas próprias contas e às contas do comitê financeiro que a ele estiver vinculado, a perda do direito ao recebimento da quota do Fundo Partidário, nos termos dos §§3º e 4º do art. 51 desta resolução.

Parágrafo único. A penalidade prevista no inciso II deste artigo aplica-se exclusivamente à esfera partidária a que estiver vinculado o comitê financeiro.

Art. 54. A inobservância do prazo para encaminhamento das prestações de contas impedirá a diplomação dos eleitos, enquanto perdurar a omissão (Lei nº 9.504/97, art. 29, §2º).

Art. 55. A Justiça Eleitoral divulgará os nomes dos candidatos que não apresentaram as contas referentes às campanhas e encaminhará cópia dessa relação ao Ministério Público Eleitoral.

Parágrafo único. Após o recebimento da prestação de contas pelo SPCE na base de dados da Justiça Eleitoral, será feito, no cadastro eleitoral, o registro relativo à apresentação, ou não, da prestação de contas, com base nas informações inseridas no sistema.

Seção I
Dos Recursos

Art. 56. Da decisão dos Juízos Eleitorais que julgar as contas dos candidatos, dos comitês financeiros e dos partidos políticos caberá recurso para o Tribunal Regional Eleitoral, no prazo de 3 dias, a contar da publicação no Diário da Justiça Eletrônico (Lei nº 9.504/97, art. 30, §5º).

Art. 57. Do acórdão do Tribunal Regional Eleitoral caberá recurso especial para o Tribunal Superior Eleitoral, nas hipóteses previstas nos incisos I e II do §4o do art. 121 da Constituição Federal, no prazo de 3 dias, a contar da publicação no Diário da Justiça Eletrônico (Lei nº 9.504/97, art. 30, §6º).

CAPÍTULO VII
Da Fiscalização

Art. 58. Até 180 dias após a diplomação, os candidatos, os comitês financeiros e os partidos políticos conservarão a documentação concernente a suas contas.
Parágrafo único. Estando pendente de julgamento qualquer processo judicial relativo às contas eleitorais, a documentação a elas concernente deverá ser conservada até a decisão final (Lei nº 9.504/97, art. 32, parágrafo único).

Art. 59. O Ministério Público Eleitoral, os partidos políticos e os candidatos participantes das eleições poderão acompanhar o exame das prestações de contas.
Parágrafo único. No caso de acompanhamento por partidos políticos, será exigida a indicação expressa e formal de seu representante, respeitado o limite de um por partido político, em cada circunscrição.

Art. 60. Os candidatos e os partidos políticos são obrigados a entregar, no período de 28 de julho a 2 de agosto e 28 de agosto a 2 de setembro, os relatórios parciais, com a discriminação dos recursos em dinheiro ou estimáveis em dinheiro que tenham recebido para financiamento da campanha eleitoral e os gastos que realizarem, na página da internet criada pela Justiça Eleitoral para esse fim, exigindo-se a indicação dos nomes dos doadores e os respectivos valores doados somente na prestação de contas final de que tratam o *caput* e os §§1º a 3º do art. 38 desta resolução (Lei nº 9.504/97, art. 28, §4º).
§1º Os doadores e os fornecedores poderão, no curso da campanha, prestar informações, diretamente à Justiça Eleitoral, sobre doações em favor de candidatos, de comitês financeiros e de partidos políticos e, ainda, sobre gastos por eles efetuados.
§2º Para encaminhar as informações, será necessário o cadastramento prévio nas páginas da internet dos Tribunais Eleitorais.
§3º Durante o período da campanha, a unidade técnica responsável pelo exame das contas poderá circularizar fornecedores e doadores e fiscalizar comitês de campanha, a fim de obter informações prévias ao exame das contas.
§4º As informações prestadas à Justiça Eleitoral serão utilizadas para subsidiar o exame das prestações de contas de campanha eleitoral e serão encaminhadas à Secretaria da Receita Federal do Brasil para análise de regularidade.
§5º A apresentação de informações falsas sujeitará o infrator às penas previstas nos arts. 348 e seguintes do Código Eleitoral, sem prejuízo das demais sanções cabíveis.
§6º Caso os candidatos e partidos políticos não encaminhem os relatórios constantes do *caput*, a Justiça Eleitoral divulgará os saldos financeiros, a débito e a crédito, dos extratos bancários encaminhados pelas instituições financeiras, nos termos do art. 16 desta resolução.

CAPÍTULO VIII
Das Disposições Finais

Art. 61. Os órgãos e entidades da administração pública direta e indireta deverão fornecer informações na área de sua competência, quando solicitados, em casos específicos e de forma motivada, pelos Tribunais Eleitorais.

Art. 62. Ressalvados os sigilos impostos pela legislação vigente, os processos de prestação de contas são públicos e podem ser consultados, após autorização da Justiça Eleitoral, por qualquer interessado, que poderá obter cópia de suas peças e documentos, respondendo pelos respectivos custos de reprodução e pela utilização que deles fizer, desde que as referidas consultas não obstruam os trabalhos de análise das respectivas contas.

Art. 63. Esta Resolução entra em vigor na data de sua publicação, dela fazendo parte quatro anexos:
Anexo I - Modelo de Recibo Eleitoral;
Anexo II - Modelo de Requerimento de Registro do Comitê financeiro;
Anexo III - Modelo de Requerimento de Abertura de Conta Bancária Eleitoral (RACE);
Anexo IV - Modelo de Requerimento de Abertura de Conta Bancária Eleitoral de Partidos Políticos (RACEP).

Brasília, 1º de março de 2012.

ANEXO I

RECIBO ELEITORAL - VIA DOADOR						ELEIÇÕES 2012
Partido Político						Numeração
Dados bancários do Doador						
Banco	Agência		Conta Corrente	Cheque	DOC/TED/ Operação	Cartão de Crédito
Dados bancários do Beneficiário da doação						
Banco	Agência		Conta Corrente	Cheque	DOC/TED/ Operação	Cartão de Crédito
Outra forma de arrecadação – descrição da modalidade						
Estimável em dinheiro – descrição resumida dos bens /serviços recebidos em doação						
Valor em R$						Valor por extenso
Nome do doador						CPF/CNPJ do doador
Endereço do doador						
Assinatura do doador						Telefone do doador (com DDD)
Nome do responsável pela emissão do recibo						CPF do responsável pela emissão do recibo
Assinatura do responsável pela emissão do recibo						Data da emissão do recibo
Emissão válida até 6/11/2012 para o 1º turno e, no caso de 2º TURNO, até o dia 27/11/2012.						
Colabore com a Justiça Eleitoral, informe sua doação de campanha no endereço http://www.tse.jus.br/						

Medidas e impressão do Recibo Eleitoral:
Largura: 190mm (cada via)
Altura: 150mm (cada via)
Papel: A4 (210 x 297mm) de 75g/m2
Cor de impressão: Preta

ANEXO II

REQUERIMENTO DE REGISTRO DO COMITÊ FINANCEIRO — RRCF

Poder Judiciário — Justiça Eleitoral — Eleições 2012

SIGLA DO PARTIDO POLÍTICO

COMITÊ FINANCEIRO MUNICIPAL PARA:
☐ ÚNICO

COMITÊ FINANCEIRO MUNICIPAL PARA:
☐ PREFEITO   ☐ VEREADOR

1 - INFORMAÇÕES DO COMITÊ

DATA DE CONSTITUIÇÃO	UNIDADE DA FEDERAÇÃO

ENDEREÇO (avenida, rua e nº)

BAIRRO	MUNICÍPIO	UF	CEP

DDD/FAX	DDD/TELEFONE	E-MAIL (endereço eletrônico)

2 - QUALIFICAÇÃO DOS MEMBROS DO COMITÊ

NOME DO PRESIDENTE	CPF	Nº TÍTULO ELEITOR

INÍCIO DO PERÍODO DE GESTÃO	ENDEREÇO (avenida, rua e nº)	CEP

MUNICÍPIO	UF	DDD/FAX	ASSINATURA DO PRESIDENTE
DDD TELEFONE	E-MAIL (endereço eletrônico)		

NOME DO TESOUREIRO	CPF	Nº TÍTULO ELEITOR

INÍCIO DO PERÍODO DE GESTÃO	ENDEREÇO (avenida, rua e nº)	CEP

MUNICÍPIO	UF	DDD/FAX	ASSINATURA DO TESOUREIRO
DDD TELEFONE	E-MAIL (endereço eletrônico)		

NOME DO MEMBRO	ASSINATURA
Nº TÍTULO DE ELEITOR	CPF	FUNÇÃO

NOME DO MEMBRO	ASSINATURA
Nº TÍTULO DE ELEITOR	CPF	FUNÇÃO

NOME DO MEMBRO	ASSINATURA
Nº TÍTULO DE ELEITOR	CPF	FUNÇÃO

NOME DO MEMBRO	ASSINATURA
Nº TÍTULO DE ELEITOR	CPF	FUNÇÃO

NOME DO MEMBRO	ASSINATURA
Nº TÍTULO DE ELEITOR	CPF	FUNÇÃO

O Presidente do Comitê Financeiro acima identificado vem requerer o seu registro na Justiça Eleitoral, anexado a este requerimento a Ata de constituição do comitê e o comprovante de regularidade cadastral do CPF do Presidente do Comitê Financeiro.

ASSINATURA DO REPRESENTANTE DO PARTIDO POLÍTICO	DATA

REQUERIMENTO DE REGISTRO DO COMITÊ FINANCEIRO RRCF.DOC

RESOLUÇÃO Nº 23.376, DE 1º DE MARÇO DE 2012 | 427

ANEXO III

Poder Judiciário Justiça Eleitoral Eleições 2012	**ANEXO III** **REQUERIMENTO DE ABERTURA** **DE CONTA BANCÁRIA ELEITORAL**	**RACE**

Referência:	Eleições:		
☐ CANDIDATO	☐ PREFEITO	☐ VICE-PREFEITO	☐ VEREADOR

Referência:	Eleições:		
☐ COMITÊ FINANCEIRO	☐ ÚNICO	☐ PREFEITO	☐ VEREADOR

PARA INSCRIÇÃO DO CANDIDATO

NOME DO CANDIDATO	CNPJ DO CANDIDATO
ENDEREÇO	
NOME DO ADMINISTRADOR FINANCEIRO (SE FOR O CASO)	CPF DO ADMINISTRADOR FINANCEIRO (SE FOR O CASO)
ENDEREÇO	

PARA INSCRIÇÃO DO COMITÊ FINANCEIRO

NOME DO PARTIDO	SIGLA
CNPJ DO COMITÊ FINANCEIRO	MUNICÍPIO	UF
NOME DO PRESIDENTE DO COMITÊ	CPF
ENDEREÇO	
NOME DO TESOUREIRO	CPF
ENDEREÇO	

REQUERENTE (candidato ou presidente e tesoureiro do comitê financeiro, conforme o caso)

ASSINATURA CANDIDATO	DATA
ASSINATURA PRESIDENTE (SOMENTE PARA A ABERTURA DE CONTA BANCÁRIA DO COMITÊ FINANCEIRO)	DATA
ASSINATURA TESOUREIRO (SOMENTE PARA A ABERTURA DE CONTA BANCÁRIA DO COMITÊ FINANCEIRO)	DATA

INSTRUÇÕES PARA ABERTURA DE CONTA BANCÁRIA – RESOLUÇÃO-TSE Nº 23.376/2012

Art. 12 É obrigatória, para os candidatos, comitês financeiros e partidos políticos, em todos os níveis de direção, a abertura de conta bancária específica, na Caixa Econômica Federal, no Banco do Brasil ou em outra instituição financeira com carteira comercial reconhecida pelo Banco Central do Brasil, para registrar o movimento financeiro de campanha eleitoral, vedado o uso de conta bancária preexistente (Lei nº 9.504/97, art. 22, *caput*).

§ 1º. A conta bancária específica de que trata o *caput* deverá ser aberta:
a) pelo candidato e pelo comitê financeiro no prazo de 10 dias a contar da concessão do CNPJ pela Secretaria da Receita Federal do Brasil; e
b) pelos partidos políticos a partir de 1º de janeiro de 2012.

ANEXO IV

ANEXO IV

Poder Judiciário
Justiça Eleitoral
Eleições 2012

REQUERIMENTO DE ABERTURA DE CONTA BANCÁRIA ELEITORAL DE PARTIDO

RACEP

Diretório:

☐ NACIONAL   ☐ ESTADUAL   ☐ MUNICIPAL

PARA INSCRIÇÃO DO PARTIDO

NOME DO PARTIDO	CNPJ DO PARTIDO
ENDEREÇO	

NOME DO PRESIDENTE	CPF DO PRESIDENTE
ENDEREÇO	

NOME DO TESOUREIRO	CPF DO TESOUREIRO
ENDEREÇO	

REQUERENTE (presidente e tesoureiro do partido político)

ASSINATURA PRESIDENTE	DATA
ASSINATURA TESOUREIRO	DATA

INSTRUÇÕES PARA ABERTURA DE CONTA BANCÁRIA – RESOLUÇÃO-TSE Nº 23.376 /2012

Art. 12 É obrigatória, para os candidatos, comitês financeiros e partidos políticos, em todos os níveis de direção, a abertura de conta bancária específica, na Caixa Econômica Federal, no Banco do Brasil ou em outra instituição financeira com carteira comercial reconhecida pelo Banco Central do Brasil, para registrar o movimento financeiro de campanha eleitoral, vedado o uso de conta bancária preexistente (Lei nº 9.504/97, art. 22, *caput*).

§ 1º A conta bancária específica de que trata o *caput* deverá ser aberta:

a) pelo candidato e pelo comitê financeiro no prazo de 10 dias a contar da concessão do CNPJ pela Secretaria da Receita Federal do Brasil; e

b) pelos partidos políticos a partir de 1º de janeiro de 2012.

CERTIDÃO DE COMPOSIÇÃO PARTIDÁRIA

A Certidão de Composição Partidária poderá ser obtida no endereço: http://www.tse.jus.br/internet/partidos/orgao_blank.htm

Resolução nº 23.377, de 1º de março de 2012

Instrução nº 1162-41.2011.6.00.0000, Classe 19, Brasília/DF.
Rel. Min. Arnaldo Versiani. DJE-TSE, 5.3.2012.

Altera a Resolução-TSE nº 23.370/2011, que dispõe sobre a propaganda eleitoral e as condutas ilícitas em campanha eleitoral nas eleições de 2012.

O Tribunal Superior Eleitoral, usando das atribuições que lhe confere o artigo 23, inciso IX, do Código Eleitoral, resolve:

Art. 1º O §3º do art. 10 da Resolução-TSE nº 23.370/2011 passa a vigorar com a seguinte redação:
Art. 10. (...)
§3º Nas árvores e nos jardins localizados em áreas públicas, bem como em muros, cercas e tapumes divisórios, não é permitida a colocação de propaganda eleitoral de qualquer natureza, mesmo que não lhes cause dano (Lei nº 9.504/97, art. 37, §5º).

Art. 2º Esta resolução entra em vigor na data de sua publicação.

Brasília, 1º de março de 2012.

REFERÊNCIAS

ARENDT, Hannah. *A dignidade da política*: ensaios e conferências. 2. ed. Rio de Janeiro: Relume-dumará, 1993.

BARRETO, Lauro. *Investigação judicial eleitoral e ação de impugnação de mandato eletivo*. São Paulo: Edipro, 1994.

BARROSO, Luís Roberto. *Interpretação e aplicação da Constituição*: fundamentos de uma dogmática constitucional transformadora. São Paulo: Saraiva. 1996.

BITENCOURT, Antônio Carlos S. *Eleições municipais*: breves anotações à Lei 9.100/95. Belo Horizonte: Ciências Jurídica, 1996.

BRASIL. Lei nº 4.737 de 15.7.1965; institui o Código Eleitoral. 5. ed. atualizada e revisada.

BRASIL. Lei nº 9.096 de 19.9.1995; Lei dos Partidos Políticos, atualizada e revisada até 2002.

BRASIL. Lei nº 9.504 de 30.9.1997; Lei das Eleições, atualizada e revisada até 2002.

BRASIL. Tribunal Superior Eleitoral. Lei Complementar nº 64 de 18.5.1990; Lei de Inelegibilidade, atualizada até 2002.

CÂNDIDO, Joel José. *Direito eleitoral brasileiro*. 7. ed. São Paulo: Edipro, 1998.

CÂNDIDO, Joel José. *Inelegibilidade no direito brasileiro*. São Paulo: Edipro, 1999.

CASTRO, José Nilo de. *A defesa dos prefeitos e vereadores em face do Decreto-lei 201/67*. Belo Horizonte: Del Rey, 1995.

CASTRO, José Nilo. *Direito municipal positivo*. 3. ed. Belo Horizonte: Del Rey, 1996.

COSTA, Adriano Soares da. Apontamento sobre a responsabilidade tributária. *Revista de Ciência Jurídica* 74, mar./abr. 1997.

COSTA, Adriano Soares da. Elegibilidade e inelegibilidade. *Informativo TRE/AL*, Maceió, v. 4, n. 1, jan. 1998.

COSTA, Adriano Soares da. *Inabilitação para mandato eletivo*: aspectos eleitorais. Belo Horizonte: Ciência Jurídica, 1998.

COSTA, Adriano Soares da. O problema conceitual de impugnação e recurso eleitoral. *Revista de Ciência Jurídica*, v. 10, n. 68, mar./abr. 1996.

COSTA, Antônio Tito. *Recursos em matéria eleitoral*. 4. ed. São Paulo: Revista dos Tribunais, 1992.

COSTA, Antônio Tito. *Recursos em matéria eleitoral*. 5. ed. São Paulo: Revista dos Tribunais, 1996.

COSTA, Antônio Tito. *Responsabilidade de prefeitos e vereadores*. 3. ed. São Paulo: Revista dos Tribunais, 1998.

COSTA, Elcias Ferreira da. *Direito eleitoral*: legislação, doutrina e jurisprudência. Rio de Janeiro: Forense, 1992.

CUNHA, Sérgio Sérvulo da; AMARAL, Roberto. *Manual das eleições*: comentários à Lei 9.504/07 e à Lei Complementar 64/90. Rio de Janeiro: Forense, 1998.

D'ALMEIDA, Noely Manfredini *et al*. *Crimes eleitorais e outras infringências*. Curitiba: Juruá. 1994.

DECOMAIN, Pedro Roberto. *Eleições*: comentários à Lei 9.504/97. Florianópolis: Obra Jurídica. 1998.

DRUMOND, Clésio Múcio. *Eleiçoes 2004*: a legislação passo a passo. Novaminas, 2004.

DRUMOND, Clésio Múcio. *Eleiçoes 2008*: a legislação passo a passo. Belo Horizonte: Fórum, 2008.

FICHTNER, José Antônio. Da legitimidade para ação de impugnação de mandato eletivo. *Paraná Eleitoral 22*, Tribunal Regional Eleitoral do Paraná, abr./jun. 1996.

FICHTNER, José Antônio. *Impugnação de mandato eletivo*. Rio de Janeiro: Renovar, 1998.

GIAVARINA, Valmor. *Eleições 2000*: tudo o que você pode fazer: tudo o que você não pode fazer. 2. ed. Brasília: Fundação Milton Campos, [1999].

GISI, Mário José. As inelegibilidades. *Paraná Eleitoral 15*, Curitiba, jan. 1992.

JARDIM, Torquato. *Direito eleitoral positivo*: conforme a nova lei dos partidos políticos e a lei eleitoral municipal de 1996. Brasília: Brasília Jurídica, 1996.

MACHADO, Aluísio. *Como ganhar eleição*. União Nacional dos vereadores – UNV, Instituto Nacional Municipalista – INM. Apostila.

MENDES, Antonio Carlos. *Introdução a teoria das inelegibilidades*. São Paulo Malheiros, 1994.

MORALES, Planjon R. *Estratégias dinâmicas para ganhar eleições*. 2. ed. Lagoa Santa: Nova Minas, 2003.

NASCIMENTO, Tupinambá Miguel Castro do. *Lineamentos de direito eleitoral*. Porto Alegre: Síntese, 1996.

NIESS, Pedro Henrique Távora. *Ação de impugnação de mandato eletivo*. Bauru: Edipro, 1996.

NIESS, Pedro Henrique Távora. *Ação rescisória eleitoral*. Belo Horizonte: Del Rey, 1997.

NIESS, Pedro Henrique Távora. *Direitos políticos*: condições de elegibilidade e inelegibilidades. São Paulo: Saraiva 1994.

NOBRE JR., Edilson Pereira. O novo regramento da propaganda eleitoral. *Revista Brasileira de Direito Eleitoral II*, Fortaleza, 1999.

PINTO FERREIRA, Luís. *Código eleitoral comentado*. 3. ed. São Paulo: Saraiva, 1990.

RIBEIRO, Fávila. *Abuso de poder no direito eleitoral*. Rio de Janeiro. Forense, 1993.

RIBEIRO, Fávila. *Direito eleitoral*. 4. ed. Rio de Janeiro: Forense, 1996.

ROLLO, Alberto; BRAGA, Enir. *Inelegibilidade à luz da jurisprudência*. São Paulo: Fiúza, 1995.

SILVA, José Nepomuceno da. Inelegibilidades. *Informativo do TRE*, Alagoas, v. 2, n. 2, jan. 1996.

TRIBUNAL REGIONAL DA BAHIA. Semestre Eleitoral.

TRIBUNAL REGIONAL DE ALAGOAS. Informativo do TRE/AL.

TRIBUNAL REGIONAL DE MINAS GERAIS.
TRIBUNAL REGIONAL DO PARÁ. Ementário e jurisprudência.
TRIBUNAL REGIONAL DO PARANÁ. Revista Paraná Eleitoral.
TRIBUNAL SUPERIOR ELEITORAL. Ementário das Decisões do TSE.
TRIBUNAL SUPERIOR ELEITORAL. Jurisprudências.
TRIBUNAL SUPERIOR ELEITORAL. Resoluções expedidas pelo Tribunal Superior Eleitoral sobre Eleições Municipais de 2012.

Esta obra foi composta em fonte Palatino Linotype, corpo 10
e impressa em papel Offset 63g (miolo) e Supremo 250g (capa)
pela Gráfica e Editora O Lutador.
Belo Horizonte/MG, junho de 2012.